GRAMMAIRE

LATINE

Les exemplaires non revêtus de la signature de l'Éditeur, seront réputés contrefaits.

Lambert-Caron

GRAMMAIRE

LATINE

PAR

LE P. A. SENGLER

DE LA COMPAGNIE DE JÉSUS

AMIENS
TYPOGRAPHIE LAMBERT-CARON
IMPRIMEUR-LIBRAIRE DE MGR L'ÉVÊQUE
PLACE DU GRAND-MARCHÉ
1866
1867

PRÉFACE

Dans la composition de cette grammaire, nous avons pris le P. Emmanuel Alvarez pour maître, pour guide et pour modèle.

Où trouver en effet une doctrine plus abondante et plus sûre que dans le grand ouvrage d'Alvarez, résumé de la science grammaticale de l'antiquité et du moyen âge, sommaire substantiel et complet des travaux de Varron, de Quintilien, d'Aulu-Gelle, de Probus, de Diomède et de leurs successeurs, jusqu'à Laurent Valla et Budée inclusivement? Quelle méthode à la fois plus logique et plus simple, que celle qui consiste à suivre, dans la syntaxe comme dans les éléments, l'ordre naturel des diverses parties du discours?

En présence d'une œuvre si remarquable, estimée et admirée depuis près de trois siècles par les plus savants philologues, en particulier par le célèbre Vossius, notre ligne de conduite était toute tracée : nous n'avions qu'à nous pénétrer des leçons d'un tel maître, afin de les reproduire dans notre enseignement. D'ailleurs, nous ne pouvions oublier qu'aux termes de notre *Ratio Studiorum*, l'ouvrage du Jésuite portugais doit être comme le type des grammaires adoptées dans les colléges de la Compagnie de Jésus.

Ainsi, par amour et par devoir, nous avons tâché d'être partout son fidèle interprète.

Mais, tout en suivant la doctrine d'Alvarez, en nous conformant à son plan et à sa méthode, nous avons cru que notre travail serait plus utile à la jeunesse française, si nous prêtions à un fonds si riche d'ailleurs, mais parfois peu accessible à l'intelligence des enfants, cette forme simple et claire, ces exemples courts et intéressants, qui ont rendu Lhomond si populaire en France. Il nous était permis, sans doute, de redemander au célèbre professeur ce que lui-même avait emprunté aux grammaires en usage avant lui dans plusieurs colléges de la Compagnie.

Nous avons donc essayé de donner une expression plus limpide aux préceptes d'Alvaréz, quand ils nous semblaient ou trop concis ou trop abstraits; nous avons remplacé plusieurs de ses paradigmes par d'autres, qui ont l'avantage d'être plus généralement admis; enfin, nous avons adopté la plupart des exemples de Lhomond, que l'usage a comme consacrés en France, après nous être fait toutefois une loi invariable d'en vérifier l'exacte latinité. Notre pensée d'abord était de citer au bas des pages les textes qui justifient nos exemples; mais à quoi bon grossir de cet appareil scientifique un ouvrage élémentaire, lorsque les professeurs n'ont qu'à ouvrir la grande grammaire d'Alvarez[*], pour y trouver une constante confirmation de nos règles, une réponse sûre à leurs doutes, et partout une abondante moisson de textes choisis ?

---

[*] Il en a paru récemment une fort belle édition sous le titre : *Emmanuelis Alvari, e Soc. Jesu, de Institutione grammatica libri tres...* Paris, 1859, chez Adrien Le Clère, rue Cassette, 29. — Un beau volume in-4°.

Il fallait aussi combler certaines lacunes. Nous avons dû surtout ajouter quelques règles sur l'emploi des modes, savamment traité par Alvarez dans les longues dissertations du premier livre, mais omis presque entièrement dans la syntaxe.

De plus, comme une grammaire latine doit non-seulement exposer la construction de la langue latine, mais encore apprendre aux enfants à vaincre les principales difficultés qui naissent du génie de la langue française, nous avons introduit dans notre livre un certain nombre des gallicismes de Lhomond.

Enfin, pour couronner l'enseignement grammatical par une préparation immédiate aux classes d'Humanités, nous offrons aux élèves de Troisième, suivant en cela l'exemple de nos anciens Pères, quelques notions sur l'élégance du style latin, et sur certains autres points intimement liés à l'éducation littéraire. Voici les sujets de ces appendices : le travail de la *version*, aujourd'hui si important pour le succès final des études classiques, *la prononciation latine, le calendrier des Romains, leurs mesures, leurs poids, leurs monnaies, leurs chiffres, leurs noms, les abréviations* les plus ordinaires, enfin la manière de traduire en latin *les noms propres historiques et géographiques*, par le changement de leur terminaison. Deux listes encore méritent d'être signalées : l'une, à la fin du premier livre, renferme les *verbes irréguliers* avec leurs temps primitifs, rangés par ordre alphabétique; l'autre, placée immédiatement avant les tables, contient les *comparatifs* et les *superlatifs* usités en latin, avec l'indication des auteurs qui les ont employés.

Quelque soin que nous ayons apporté à cet ouvrage, nous sommes loin de le croire sans défauts : aussi nous ne cesserons de le revoir, de le corriger, de l'améliorer ; et nous prions les professeurs de vouloir bien nous communiquer leurs observations sur ce qu'il y aurait à modifier, à réformer, à ajouter ou à retrancher : leurs remarques seront accueillies avec reconnaissance, et nous serons heureux de pouvoir y faire droit.

Que Dieu daigne bénir ce travail, qui n'a été entrepris que pour sa plus grande gloire !

EXTRAIT
DU
RATIO STUDIORUM S. J.

Infima classis grammaticæ. (Sixième et Cinquième.)

« Gradus hujus scholæ est rudimentorum perfecta cognitio : incipit enim a communi declinatione nominum et conjugatione verborum ; pergit dein ad generales et communes regulas syntaxis, quibus addi possunt pauci quidam et faciliores idiotismi. »

Media classis grammaticæ. (Quatrième.)

« Gradus hujus scholæ est totius quidem grammaticæ, minus tamen plena cognitio : explicat enim præcipue genera et inflexiones nominum, et præterita ac supina verborum, nisi hæc jam in infima explicata recolere sufficiat. Quod superfuerit temporis, syntaxi impendit. »

Suprema classis grammaticæ. (Troisième.)

« Gradus hujus scholæ est absoluta grammaticæ cognitio : ita enim recolit ab initio syntaxim, ut addat omnes exceptiones et idiotismos, deinde explicet constructionem figuratam, et de arte metrica. »

En suivant cette direction, l'on pourra partager l'enseignement de la grammaire entre les différentes classes de la manière suivante.

On verra :

Dans le *Cours préparatoire (Septième)*, la déclinaison des noms, des adjectifs et des pronoms, avec la conjugaison des verbes.

En *Sixième*, les *Éléments* en entier, avec les définitions, les explications, les remarques, et, si l'on veut, la partie du *Supplément* la plus facile.

En *Cinquième*, tout le premier livre, en achevant le *Supplément*; puis les *règles* de la *Syntaxe*, en omettant les remarques.

En *Quatrième*, toute la *Syntaxe*, avec les remarques, jusqu'à la *Méthode* exclusivement.

En *Troisième*, la *Syntaxe* encore, en y ajoutant la *Méthode* et la *Prosodie* (3ᵉ livre de la grammaire du P. Alvarez).

Il importe extrêmement pour le vrai et solide progrès des élèves, que les professeurs leur fassent revoir avec soin, au commencement de chaque année, la partie de la grammaire qu'ils ont vue l'année précédente. « *In unaquaque classe, ea semper quæ in schola proxime inferiore tradita sunt, recurrantur.* » (Rat. Stud. Reg. comm. 12.)

Il est encore une chose qui contribue beaucoup au succès des études latines, c'est l'usage de parler latin dans les classes. Le *Ratio* le recommande en ces termes: « *Curandum imprimis est ut discipuli latine loquendi consuetudinem acquirant.* » (Ibid. 13.)

L'usage de parler latin donne l'habitude de penser en latin, habitude souverainement efficace, on peut dire, absolument nécessaire pour acquérir la perfection du vrai style latin.

Voici différents exercices qui peuvent conduire à ce résultat.

Dans les premières classes de grammaire, on commencera par exercer les enfants sur les mots latins les plus usités, pour leur en apprendre le sens; l'*Indiculus* du P. Pomey et le *Guide de la conversation latine* * seront très-utiles à cet effet.

Dès qu'on arrivera aux règles de la syntaxe, on proposera de petites phrases françaises, calquées sur l'exemple de la règle, ou bien des phrases latines, des textes d'auteurs confirmant la règle, afin que les élèves les traduisent à l'instant même, les unes en latin, les autres en français.

Bientôt on racontera en latin une fable, une petite histoire, pour la faire ensuite répéter aux plus habiles; ce qu'ils s'empresseront de faire, surtout s'ils sont aidés par le professeur, et encouragés par l'espoir d'une récompense.

Aux élèves plus avancés on fera reproduire de vive voix un passage d'auteur, expliqué le jour même ou la veille; on leur dira de rendre une même pensée de plusieurs manières, à l'aide de différentes locutions et de périphrases; enfin, on leur conseillera de prendre de temps à autre, pour sujet de déclamation, un morceau latin, soit une fable de Phèdre, soit un passage de Virgile ou de Cicéron, ou encore une narration ou un discours dont ils seraient eux-mêmes les auteurs.

Il est inutile de multiplier ces indications; l'expérience et le besoin de varier feront trouver aux professeurs mille autres industries, qui mèneront les élèves sans fatigue au but désiré.

N. B. *Les chiffres indiqués entre parenthèses renvoient aux paragraphes.*

---

* Toulouse, chez Édouard Privat, rue des Tourneurs, 45; et Paris, chez Pélagaud, rue des Saints-Pères, 57.

GRAMMAIRE LATINE

NOTIONS PRÉLIMINAIRES

I. Lettres et Diphthongues.

1. La *grammaire latine* enseigne à parler et à écrire correctement en latin.

Il y a en latin, comme en français, vingt-cinq lettres, qui sont :

A, a, B, b, C, c, D, d, E, e, F, f, G, g, H, h, I, i, J, j, K, k, L, l, M, m, N, n, O, o, P, p, Q, q, R, r, S, s, T, t, U, u, V, v, X, x, Y, y, Z, z.

REMARQUE. Les anciens Romains se servaient du caractère *I* pour la voyelle *I* et pour la consonne *J*; de même, ils employaient le caractère *V* pour représenter tantôt la voyelle *U*, tantôt la consonne *V*.

2. On compte en latin six voyelles et dix-neuf consonnes.

Les voyelles sont : *a, e, i, o, u, y.*

Les consonnes sont : *b, c, d, f, g, h, j, k, l, m, n, p, q, r, s, t, v, x, z.*

REMARQUE. La voyelle *y* vient de la lettre grecque *υ*; elle ne se trouve que dans les mots dérivés du grec, comme *zephyrus*, le zéphyr.

---

1. Qu'enseigne la grammaire latine ? Combien y a-t-il de lettres en latin ? Nommez-les. De quels caractères les anciens Romains se servaient-ils pour la voyelle *i* et pour la consonne *j* ? pour la voyelle *u* et pour la consonne *v* ?

2. Combien compte-t-on en latin de voyelles et de consonnes ? Quelles sont les voyelles ? Quelles sont les consonnes ? D'où vient la voyelle *y* ?

3. Il y a cinq diphthongues en latin, savoir : *æ, au, ei, eu, œ*. Ex. : *præmium*, la récompense ; *aurum*, l'or ; *hei!* hélas ! *Europa*, l'Europe ; *pœna*, la peine.

REMARQUE. Les voyelles *ui* se réunissent quelquefois pour former une diphthongue, comme dans *hui!* oh! On trouve encore dans certains mots grecs, employés en latin, la diphthongue *yi* (de *vi*), comme dans *har-pyi-a*, la harpie.

II. Parties du discours.

4. Les parties du discours sont, en latin, au nombre de neuf : le *Nom* ou *Substantif*, l'*Adjectif*, le *Pronom*, le *Verbe*, le *Participe*, la *Préposition*, l'*Adverbe*, la *Conjonction* et l'*Interjection*.

Il n'y a point d'*article* en latin.

Le nom, l'adjectif, le pronom, le verbe et le participe sont des mots *variables* ; la préposition, l'adverbe, la conjonction et l'interjection sont des mots *invariables*.

III. Genres.

5. Le latin a *trois genres* : le *genre masculin*, le *genre féminin* et le *genre neutre*.

Le genre *masculin* comprend surtout les noms d'hommes et d'animaux mâles, comme *homo*, l'homme, *Petrus*, Pierre, *leo*, le lion.

Le genre *féminin* comprend surtout les noms de femmes et d'animaux femelles, comme *femina*, la femme, *Maria*, Marie, *leæna*, la lionne.

Le genre *neutre* (de *neuter*, ni l'un ni l'autre) comprend les noms qui ne sont ni masculins ni féminins, comme *corpus*, le corps.

---

3. Combien y a-t-il de diphthongues en latin ? Citez-les. Les voyelles *ui* et *yi* ne forment-elles pas quelquefois des diphthongues ?

4. Combien y a-t-il en latin de parties du discours ? Nommez-les. Y a-t-il un article en latin ? Quels sont en latin les mots variables, et les mots invariables ?

5. Combien le latin a-t-il de genres ? quels sont-ils ? Quels sont les noms que comprend le genre masculin ? le genre féminin ? le genre neutre ? De quel genre sont les noms d'objets inanimés ?

NOTIONS PRÉLIMINAIRES. 3

Les noms d'objets inanimés sont ou masculins, ou féminins, ou neutres, comme *liber* (masc.), le livre; *rosa* (fém.), la rose; *templum* (neut.), le temple.

IV. Nombres.

6. Il y a *deux nombres* en latin : le *singulier* et le *pluriel*.

Le *singulier* s'emploie, quand il s'agit d'une seule personne ou d'une seule chose : *rosa*, une rose *ou* la rose.

Le *pluriel* s'emploie, quand il s'agit de plusieurs personnes ou de plusieurs choses : *rosæ*, des roses *ou* les roses.

V. Cas.

7. On appelle *cas* les différentes formes que prend le nom, suivant les différents rôles qu'il joue dans le discours.

Ces formes se distinguent généralement par la terminaison (en latin *casus*, chute ou fin du mot).

Il y a six cas en latin : le *Nominatif*, le *Vocatif*, le *Génitif*, le *Datif*, l'*Accusatif* et l'*Ablatif*.

Décliner un nom, c'est réciter ou écrire successivement les six cas de ce nom, tant au singulier qu'au pluriel.

L'adjectif, le pronom et le participe ont aussi les différents cas des noms.

8. 1ʳᵉ REMARQUE. Voici l'usage le plus ordinaire des cas en latin.

Le *nominatif* sert à marquer le sujet du verbe.

Ex. : Dieu est bon, *Deus est bonus*.

Le *vocatif* sert à marquer la personne qu'on appelle, ou à qui l'on adresse la parole.

Ex. : Paul, viens ici ; *Paule, huc veni*. — O Seigneur ! *O Domine !*

---

6. Combien y a-t-il de nombres en latin? Quand s'emploie le singulier? le pluriel?

7. Qu'appelle-t-on cas? Par quoi se distinguent les différentes formes du nom? Combien y a-t-il de cas en latin? quels sont-ils? Qu'est-ce que décliner un nom? Quelles sont les parties du discours qui ont aussi les cas des noms?

8. Quel est l'usage le plus ordinaire des cas en latin ? A quoi sert le nominatif? le vocatif? le génitif? le datif? l'accusatif? l'ablatif?

NOTIONS PRÉLIMINAIRES.

Le *génitif* sert à marquer la propriété ou la dépendance.
Ex. : Le livre de Pierre, liber *Petri*.
Le *datif* sert à marquer l'attribution.
Ex. : Je donne un habit au pauvre, do vestem *pauperi*.
L'*accusatif* sert à marquer le régime direct du verbe actif.
Ex. : J'aime Dieu, amo *Deum*.
L'*ablatif* sert à marquer le régime du verbe passif, ou à exprimer l'éloignement.
Ex. : Je suis aimé de Dieu, amor *a Deo*; je suis accablé de chagrin, *mœrore* conficior; éloigner de la ville, amovere *ab urbe*.

9. 2° REMARQUE. Dans les mots qui se déclinent, il faut distinguer deux parties : le *radical*, qui reste invariable à partir du génitif singulier, et la *terminaison*, qui varie suivant les cas.

On reconnaît le radical, en retranchant la terminaison du génitif singulier. Ainsi dans *ros-a*, *ros-æ*, le radical est *ros*; dans *soror*, *soror-is*, le radical est *soror*.

Quelquefois le radical subit une contraction au génitif singulier, comme dans *liber*, le livre, gén. *libr-i*, pour *liber-i*; le véritable radical serait *liber*.

VI. Division de la Grammaire.

10. Cette grammaire est divisée en deux livres contenant, le premier, les *Éléments*, et le second, la *Syntaxe*.

Dans les *Éléments* on traitera des mots considérés en eux-mêmes, et dans la *Syntaxe*, de leur arrangement entre eux.

---

9. Combien de parties faut-il distinguer dans les mots qui se déclinent ? quelles sont ces parties ? Comment reconnaît-on le radical ? Le radical ne subit-il pas quelquefois une contraction au génitif singulier ?

10. En combien de livres cette grammaire est-elle divisée ? Que contient le premier livre ? le second ? De quoi traitera-t-on dans les Éléments ? dans la Syntaxe ?

LIVRE PREMIER

ÉLÉMENTS

11. Le livre des *Éléments* enseigne la nature des différentes parties du discours, et les changements auxquels les mots sont sujets en latin.

CHAPITRE PREMIER.

NOMS ou SUBSTANTIFS.

12. Le *nom* ou *substantif* est un mot qui sert à désigner une personne ou une chose, comme *Pierre, lion, chapeau*.

Il y a en latin *cinq déclinaisons* pour les substantifs; ces déclinaisons se distinguent par la terminaison du génitif singulier.

Le génitif singulier se termine

dans la 1re déclinaison, en *æ*, comme *Ros a*,   *Ros æ;*
dans la 2e,   —   en *i*, comme *Domin us; Domin i;*
dans la 3e,   —   en *is*, comme *Soror*,   *Soror is;*
dans la 4e,   —   en *ûs*, comme *Man us*,   *Man ûs;*
                  ou en *u*, comme *Corn u*,   *Corn u;*
dans la 5e,   —   en *ei*, comme *Di es*,   *Di ei.*

---

11. Qu'enseigne le livre des Éléments?
12. Qu'est-ce que le nom ou substantif? Combien y a-t-il en latin de déclinaisons pour les substantifs? par quoi se distinguent-elles? Comment se termine le génitif singulier dans la 1re déclinaison? dans la 2e? dans la 3e? dans la 4e? dans la 5e?

PREMIÈRE DÉCLINAISON.

13. Le génitif singulier de la *première* déclinaison est en *æ*.

Les noms qu'elle renferme sont terminés en *a*; la plupart sont féminins, quelques-uns sont masculins; ils se déclinent tous comme *rosa*, la rose.

ROS A, Æ, *f.*

SINGULIER.

Nominatif,	Ros a,	la rose.
Vocatif,	o Ros a,	ô rose.
Génitif,	Ros æ,	de la rose.
Datif,	Ros æ,	à la rose.
Accusatif,	Ros am,	la rose.
Ablatif,	Ros ā,	de la rose.

PLURIEL.

Nominatif,	Ros æ,	les roses.
Vocatif,	o Ros æ,	ô roses.
Génitif,	Ros arum,	des roses.
Datif,	Ros is,	aux roses.
Accusatif,	Ros as,	les roses.
Ablatif,	Ros is,	des roses.

Déclinez sur Rosa :

Terr a, æ, *f.*, *la terre.* Naut a, æ, *m.*, *le matelot.*
Mens a, æ, *f.*, *la table.* Poet a, æ, *m.*, *le poète.*
Mari a, æ, *f.*, *Marie.* Agricol a, æ, *m.*, *le laboureur.*

---

13. Quel est le génitif singulier de la 1re déclinaison? Comment sont terminés les noms qu'elle renferme? de quels genres sont-ils? comment se déclinent-ils? Déclinez *rosa*.

DEUXIÈME DÉCLINAISON.

14. Le génitif singulier de la *deuxième* déclinaison est en *i*.

Cette déclinaison renferme des substantifs masculins et féminins, terminés en *us*, des substantifs masculins, terminés en *er* et en *ir*, et des noms neutres, terminés en *um*.

Les noms en *us* se déclinent sur *dominus*, le seigneur; ceux en *er* et en *ir*, sur *puer*, l'enfant, ou sur *liber*, le livre; ceux en *um*, sur *templum*, le temple.

I. Noms en US.

DOMIN US, I, *m.*

SINGULIER.

Nom.	Domin us,	*le seigneur.*
Voc.	o Domin e,	*ô seigneur.*
Gén.	Domin i,	*du seigneur.*
Dat.	Domin o,	*au seigneur.*
Acc.	Domin um,	*le seigneur.*
Abl.	Domin o,	*du seigneur.*

PLURIEL.

Nom.	Domin i,	*les seigneurs.*
Voc.	o Domin i,	*ô seigneurs.*
Gén.	Domin orum,	*des seigneurs.*
Dat.	Domin is,	*aux seigneurs.*
Acc.	Domin os,	*les seigneurs.*
Abl.	Domin is,	*des seigneurs.*

---

14. Quel est le génitif singulier de la 2ᵉ déclinaison? Quels substantifs cette déclinaison renferme-t-elle? Comment se déclinent les noms en *us*? ceux en *er* et en *ir*? ceux en *um*? Déclinez *dominus*.

15. — II. Noms en ER.

1° PUER, PUER I, m.

SINGULIER.

Nom.	Puer,	l'enfant.
Voc.	o Puer,	ô enfant.
Gén.	Puer i,	de l'enfant.
Dat.	Puer o,	à l'enfant.
Acc.	Puer um,	l'enfant.
Abl.	Puer o,	de l'enfant.

PLURIEL.

Nom.	Puer i,	les enfants.
Voc.	o Puer i,	ô enfants.
Gén.	Puer orum,	des enfants.
Dat.	Puer is,	aux enfants.
Acc.	Puer os,	les enfants.
Abl.	Puer is,	des enfants.

2° LIBER, LIBR I, m.

SINGULIER.

Nom.	Liber,	le livre.
Voc.	o Liber,	ô livre.
Gén.	Libr i,	du livre.
Dat.	Libr o,	au livre.
Acc.	Libr um,	le livre.
Abl.	Libr o,	du livre.

PLURIEL.

Nom.	Libr i,	les livres.
Voc.	o Libr i,	ô livres.
Gén.	Libr orum,	des livres.
Dat.	Libr is,	aux livres.
Acc.	Libr os,	les livres.
Abl.	Libr is,	des livres.

15. Déclinez *puer*, *liber*.

16. — III. Noms neutres en UM.

TEMPLUM, I, n.

SINGULIER.

Nom.	Templ um,	le temple.
Voc.	o Templ um,	ô temple.
Gén.	Templ i,	du temple.
Dat.	Templ o,	au temple.
Acc.	Templ um,	le temple.
Abl.	Templ o,	du temple.

PLURIEL.

Nom.	Templ a,	les temples.
Voc.	o Templ a,	ô temples.
Gén.	Templ orum,	des temples.
Dat.	Templ is,	aux temples.
Acc.	Templ a,	les temples.
Abl.	Templ is,	des temples.

17. REMARQUES. 1° Les noms terminés en *er* perdent pour la plupart, à partir du génitif singulier, l'*e* qui précède la lettre finale *r* du nominatif, comme *lib-er*, *lib-ri*, etc.

2° *Vir*, l'homme, et ses composés, se déclinent comme *puer*.
S. N. *vir*; V. *o vir*; G. *vir-i*; D. *vir-o*; Acc. *vir-um*; Abl. *vir-o*.
PL. N. V. *vir-i*; G. *vir-orum*; D. *vir-is*; Acc. *vir-os*; Abl. *vir-is*.

Déclinez sur Dominus :

Hort us, i, m., le jardin.   Māl us, i, f., le pommier.
Pŏpul us, i, m., le peuple.   Pōpul us, i, f., le peuplier.

Sur Puer :   *Sur Liber :*

Gen er, eri, m., le gendre.   Ag er, ag ri, m., le champ.
Soc er, eri, m., le beau-père. Ap er, ap ri, m., le sanglier.

Sur Templum :

Foli um, i, n., la feuille.   Viti um, i, n., le vice.
Bell um, i, n., la guerre.   Māl um, i, n., la pomme.

---

16. Déclinez *templum*.
17. Les noms en *er* gardent-ils tous au génitif singulier l'*e* qui

TROISIÈME DÉCLINAISON.

18. Le génitif singulier de la *troisième* déclinaison est en *is*.

Cette déclinaison renferme des substantifs des trois genres, et de toute espèce de terminaisons.

Les noms masculins et féminins se déclinent sur *soror*, f., la sœur, ou sur *avis*, f., l'oiseau; les neutres, sur *corpus*, n., le corps, ou sur *cubile*, n., le lit.

I. Noms masculins et féminins.

1° SOROR, SOROR IS, *f.*; *gén. pl.* **UM**.

SINGULIER.

Nom.	Soror,	la sœur.
Voc.	o Soror,	ô sœur.
Gén.	Soror is,	de la sœur.
Dat.	Soror i,	à la sœur.
Acc.	Soror em,	la sœur.
Abl.	Soror e,	de la sœur.

PLURIEL.

Nom.	Soror es,	les sœurs.
Voc.	o Soror es,	ô sœurs.
Gén.	Soror um,	des sœurs.
Dat.	Soror ibus,	aux sœurs.
Acc.	Soror es,	les sœurs.
Abl.	Soror ibus,	des sœurs.

---

précède la lettre finale *r* ? Comment se déclinent *vir* et ses composés ?

18. Quel est le génitif singulier de la 3° déclinaison ? Quels substantifs cette déclinaison renferme-t-elle ? Comment se déclinent les noms masculins et féminins ? les noms neutres ? Déclinez *soror, avis.*

DÉCLINAISON DES NOMS.

2° AV IS, IS, *f.; gén. pl.* IUM.

SINGULIER.

Nom.	Av is,	l'oiseau.
Voc.	o Av is,	ô oiseau.
Gén.	Av is,	de l'oiseau.
Dat.	Av i,	à l'oiseau.
Acc.	Av em,	l'oiseau.
Abl.	Av e,	de l'oiseau.

PLURIEL.

Nom.	Av es,	les oiseaux.
Voc.	o Av es,	ô oiseaux.
Gén.	Av ium,	des oiseaux.
Dat.	Av ibus,	aux oiseaux.
Acc.	Av es,	les oiseaux.
Abl.	Av ibus,	des oiseaux.

19. — II. Noms neutres.

1° CORPUS, CORPOR IS, *n.; gén. pl.* UM.

SINGULIER.

Nom.	Corpus,	le corps.
Voc.	o Corpus,	ô corps.
Gén.	Corpor is,	du corps.
Dat.	Corpor i,	au corps.
Acc.	Corpus,	le corps.
Abl.	Corpor e,	du corps.

PLURIEL.

Nom.	Corpor a,	les corps.
Voc.	o Corpor a,	ô corps.
Gén.	Corpor um,	des corps.
Dat.	Corpor ibus,	aux corps.
Acc.	Corpor a,	les corps.
Abl.	Corpor ibus,	des corps.

---

19. Déclinez *corpus, cubile.*

2° CUBIL E, IS, *n.; gén. pl.* IUM.

SINGULIER.

Nom.	Cubil e,	*le lit.*
Voc.	o Cubil e,	*ô lit.*
Gén.	Cubil is,	*du lit.*
Dat.	Cubil i,	*au lit.*
Acc.	Cubil e,	*le lit.*
Abl.	Cubil i,	*du lit.*

PLURIEL.

Nom.	Cubil ia,	*les lits.*
Voc.	o Cubil ia,	*ô lits.*
Gén.	Cubil iŭm,	*des lits.*
Dat.	Cubil ibus,	*aux lits.*
Acc.	Cubil ia,	*les lits.*
Abl.	Cubil ibus,	*des lits.*

20. Les noms de la troisième déclinaison se divisent en noms *parisyllabiques* et en noms *imparisyllabiques*.

Noms parisyllabiques.

On appelle noms *parisyllabiques*, ceux qui ont un nombre égal de syllabes au nominatif et au génitif singuliers, comme *av-is*, gén. *av-is*; *cubil-e*, gén. *cubil-is*.

Les noms parisyllabiques ont le génitif pluriel en *ium* : *av-ium*, *cubil-ium*.

Exceptez les six noms suivants, dont le génitif pluriel est en *um* :

Can - is, is, *m.*, *le chien.*   Sen - ex, is, *m.*, *le vieillard.*
Juven - is, is, *m.*, *le jeune homme.*   Stru - es, is, *f.*, *l'amas.*
Pan - is, is, *m.*, *le pain.*   Vat - es, is, *m.*, *le poète.*

---

20. Comment se divisent les noms de la 3e déclinaison? Qu'appelle-t-on noms parisyllabiques? Quel est le génitif pluriel des noms parisyllabiques? Quels noms sont exceptés? Quel est le génitif pluriel de: *canis, juvenis*, etc.? de *pater, frater, mater*?

REMARQUE. *Pater* (m., le père), *frater* (m., le frère), *mater* (f., la mère), qui ne deviennent parisyllabiques que par suite du retranchement de la lettre *e*, ont aussi le génitif pluriel en *um* : patr-*um*, fratr-*um*, matr-*um*.

Noms imparisyllabiques.

21. On appelle noms *imparisyllabiques*, ceux qui ont, à partir du génitif singulier, une syllabe de plus qu'au nominatif ; ainsi *soror*, qui est un mot de deux syllabes, en a trois au génitif, *so-ro-ris* ; de même, *cor-pus, cor-po-ris*. *Libertas* (f., la liberté), qui est un mot de trois syllabes, en a quatre au génitif, *li-ber-ta-tis* ; et ainsi des autres.

Les noms imparisyllabiques ont le génitif pluriel en *um*, comme *soro-rum*.

Exceptez la plupart des noms terminés par deux consonnes (surtout par *ns*) ; ces noms ont le génitif pluriel en *ium*. Ex.: *mons, mont-is* (m., la montagne), *mont-ium* ; *urbs, urb-is* (f., la ville), *urb-ium* ; etc.

Noms neutres en *E*, *AL*, *AR*.

22. Les noms neutres en *e, al, ar*, comme *cubil-e,-is*, le lit, *animal,-is*, l'animal, *calcar,-is*, l'éperon, ont l'ablatif singulier en *i*, le nominatif, le vocatif et l'accusatif pluriels en *ia*, et le génitif pluriel en *ium*.

Ex. : *cubil-e*, cubil-*i*, cubil-*ia*, cubil-*ium* ; *animal*, animal-*i*, animal-*ia*, animal-*ium* ; *calcar*, calcar-*i*, calcar-*ia*, calcar-*ium* ; etc.

---

21. Qu'appelle-t-on noms imparisyllabiques ? Quel est le génitif pluriel des noms imparisyllabiques ? Quels noms sont exceptés ? Quel est le génitif pluriel de *mons, urbs* ?

22. Comment les noms neutres en *e, al, ar*, font-ils à l'ablatif singulier ? au nominatif, au vocatif et à l'accusatif pluriels ? au génitif

DÉCLINAISON DES NOMS.

REMARQUE. La terminaison *i* de l'ablatif singulier sert à le distinguer des cas terminés en *e*. Les noms neutres en *al* et en *ar* étaient anciennement terminés en *e*, comme on le voit encore par *altar* ou *altare*, par *tribunal* ou *tribunale* (rare), etc.

Déclinez sur Soror, *g. pl. en* UM.

Dolor, dolor is, *m.*, *la douleur*. Arbor, arbor is, *f.*, *l'arbre*.
Homo, homin is, *m.*, *l'homme*. Uxor, uxor is, *f.*, *l'épouse*.
Flos, flor is, *m.*, *la fleur*. Laus, laud is, *f.*, *la louange*.

g. pl. en IUM.

Fons, font is, *m.*, *la fontaine*. Frons, front is, *f.*, *le front*.
Pons, pont is, *m.*, *le pont*. Frons, frond is, *f.*, *le feuillage*.
Dens, dent is, *m.*, *la dent*. Pars, part is, *f.*, *la partie*.

Sur Avis, *g. pl. en* IUM.

Host is, is, *m.*, *l'ennemi*. Vall is, is, *f.*, *la vallée*.
Ens is, is, *m.*, *l'épée*. Rup es, is, *f.*, *le rocher*.
Pisc is, is, *m.*, *le poisson*. Vulp es, is, *f.*, *le renard*.

Sur Corpus, *g. pl. en* UM.

Pectus, pector is, *n.*, *la poitrine*. Fulmen, fulmin is, *n.*, *la foudre*.
Littus, littor is, *n.*, *le rivage*. Flumen, flumin is, *n.*, *le fleuve*.
Vulnus, vulner is, *n.*, *la blessure*. Caput, capit is, *n.*, *la tête*.

Sur Cubile, *g. pl. en* IUM.

Mar e, is, *n.*, *la mer*. Tribunal, is, *n.*, *le tribunal*.
Ovil e, is, *n.*, *la bergerie*. Cochlear, is, *n.*, *la cuiller*.
Sedil e, is, *n.*, *le siège*. Laquear, is, *n.*, *le lambris*.

---

pluriel ? A quoi sert dans ces noms la terminaison *i* de l'ablatif singulier ?

QUATRIÈME DÉCLINAISON.

23. Le génitif singulier de la *quatrième* déclinaison est en *ûs*, ou en *u*.

Cette déclinaison renferme des substantifs masculins et féminins en *us*, et des substantifs neutres en *u*.

Les noms en *us* se déclinent comme *manus*, la main; et ceux en *u*, comme *cornu*, la corne.

Les noms neutres en *u* sont indéclinables au singulier.

I. Noms masculins et féminins.

MAN US, US, *f.*

SINGULIER.

Nom.	Man us,	la main.
Voc.	o Man us,	ô main.
Gén.	Man ûs,	de la main.
Dat.	Man ui,	à la main.
Acc.	Man um,	la main.
Abl.	Man u,	de la main.

PLURIEL.

Nom.	Man us,	les mains.
Voc.	o Man us,	ô mains.
Gén.	Man uum,	des mains.
Dat.	Man ibus,	aux mains.
Acc.	Man us,	les mains.
Abl.	Man ibus,	des mains.

23. Quel est le génitif singulier de la 4ᵉ déclinaison? Quels substantifs cette déclinaison renferme-t-elle? Comment se déclinent les noms en *us*? ceux en *u*? Les noms neutres en *u* se déclinent-ils au singulier? Déclinez *manus*, *cornu*. Quels sont les noms qui ont le

III. Noms neutres.

CORN U, U, n.

SINGULIER.

Nom.	Corn u,	la corne.
Voc.	o Corn u,	ô corne.
Gén.	Corn u,	de la corne.
Dat.	Corn u,	à la corne.
Acc.	Corn u,	la corne.
Abl.	Corn u,	de la corne.

PLURIEL.

Nom.	Corn ua,	les cornes.
Voc.	o Corn ua,	ô cornes.
Gén.	Corn uum,	des cornes.
Dat.	Corn ibus,	aux cornes.
Acc.	Corn ua,	les cornes.
Abl.	Corn ibus,	des cornes.

REMARQUE. Six noms de la 4° déclinaison ont le datif et l'ablatif pluriels en *ubus*; ce sont : *arcus, artus, lacus, partus, specus, tribus*. Voici leur signification :

Arc us, ûs, m., l'arc.   Part us, ûs, m., l'enfantement.
Art us, ûs, m., le membre.   Spec us, ûs, m., la caverne.
Lac us, ûs, m., le lac.   Trib us, ûs, f., la tribu.

Dans *port us, ûs* (m., le port), et dans *ver u, u* (n., la broche), le datif et l'ablatif pluriels sont en *ibus* ou en *ubus*; *quest us, ûs* (m., la plainte), fait ordinairement *quest-ibus*, quelquefois *quest-ubus*.

Déclinez sur Manus :

Curr us, ûs, m., le char.   Exercit us, ûs, m., l'armée.
Fruct us, ûs, m., le fruit.   Portic us, ûs, f., le portique.
Fluct us, ûs, m., le flot.   Nur us, ûs, f., la bru.

Sur Cornu :

Gen u, u, n., le genou.   Tonitr u, u, n., le tonnerre.

---

datif et l'ablatif pluriels en *ubus* ? Comment ces cas se terminent-ils dans *portus, veru* et *questus* ?

CINQUIÈME DÉCLINAISON.

24. Le génitif singulier de la *cinquième* déclinaison est en *ei*.

Cette déclinaison ne renferme que des noms féminins en *es*, excepté *dies* (le jour), qui est masculin ou féminin au singulier, toujours masculin au pluriel; et *meridies* (midi), qui est masculin, et ne s'emploie qu'au singulier.

Les noms de la cinquième déclinaison se déclinent sur *dies*.

DI ES, EI, *f.* ou *m.*

SINGULIER.

Nom.	Di es,	le jour.
Voc.	o Di es,	ô jour.
Gén.	Di ei,	du jour.
Dat.	Di ei,	au jour.
Acc.	Di em,	le jour.
Abl.	Di e,	du jour.

PLURIEL.

Nom.	Di es,	les jours.
Voc.	o Di es,	ô jours.
Gén.	Di erum,	des jours.
Dat.	Di ebus,	aux jours.
Acc.	Di es,	les jours.
Abl.	Di ebus,	des jours.

REMARQUE. *Dies* et *res* sont les seuls noms qui soient usités aux cas du pluriel en *erum* et en *ebus* : *dierum, diebus*, et *rerum, rebus*.

Déclinez sur Dies :

Faci es, ei, *f.*, la face.   Sp es, sp ei, *f.*, *l'espérance*.
Glaci es, ei, *f.*, la glace.   Effigi es, ei, *f.*, *l'image*.

---

24. Quel est le génitif singulier de la 5° déclinaison? Quels noms cette déclinaison renferme-t-elle? De quel genre sont *dies* et *meridies*? Comment se déclinent les noms de la 5° déclinaison? Quels sont les deux noms usités aux cas du pluriel en *erum* et en *ebus*?

25. Tableau général
DES CINQ DÉCLINAISONS.

Cas.	1re Déclin.	2e Déclin.	3e Déclin.	4e Déclin.	5e Déclin.
Singulier.					
Nom.	Ros a	Domin us	Soror	Man us	Di es
Voc.	o Ros a	o Domin e	o Soror	o Man us	o Di es
Gén.	Ros æ	Domin i	Soror is	Man ûs	Di ei
Dat.	Ros æ	Domin o	Soror i	Man ui	Di ei
Acc.	Ros am	Domin um	Soror em	Man um	Di em
Abl.	Ros â	Domin o	Soror e	Man u	Di e
Pluriel.					
Nom.	Ros æ	Domin i	Soror es	Man us	Di es
Voc.	o Ros æ	o Domin i	o Soror es	o Man us	o Di es
Gén.	Ros arum	Domin orum	Soror um	Man uum	Di erum
Dat.	Ros is	Domin is	Soror ibus	Man ibus	Di ebus
Acc.	Ros as	Domin os	Soror es	Man us	Di és
Abl.	Ros is	Domin is	Soror ibus	Man ibus	Di ebus

25. Donnez le génitif pluriel de *rosa*, *dominus*, *soror*, *manus*, *dies*; donnez leur datif singulier, leur accusatif pluriel, etc.

26. Tableau synoptique
DES TERMINAISONS DANS LES CINQ DÉCLINAISONS.

Cas.	1re Déclin.	2e Déclin.			3e Déclin.		4e Déclin.		5e Déclin.
	M. F.	M.		N.	M. F.	N.	M. F.	N.	F.

Singulier.

Nom.	a	us, er, ir,		um	—	—	us	u	es
Voc.	a	e, er, ir,		um	—	—	us	u	es
Gén.	æ	i			is	is	ûs	u	ei
Dat.	æ	o			i	i	ui	u	ei
Acc.	am	um			em	—	um	u	em
Abl.	â	o			e	e, i	u	u	e

Pluriel.

Nom.	æ	i		a	es	a, ia	us	ua	es
Voc.	æ	i		a	es	a, ia	us	ua	es
Gén.	arum	orum		orum	um, ium	um, ium	uum	uum	erum
Dat.	is	is		is	ibus	ibus	ibus	ibus	ebus
Acc.	as	os		a	es	a, ia	us	ua	es
Abl.	is	is		is	ibus	ibus	ibus	ibus	ebus

26. Donnez les terminaisons de la 1re déclinaison ; celles de la 2e, de la 3e, de la 4e, de la 5e. Quelles sont les terminaisons du datif pluriel dans les cinq déclinaisons? celles de l'ablatif singulier? etc.

DÉCLINAISON DES NOMS.

APPENDICE. — CAS SEMBLABLES.

27. — 1° Au pluriel de toutes les déclinaisons, le vocatif est semblable au nominatif, et l'ablatif au datif.

2° Les noms *neutres* de toutes les déclinaisons ont trois cas semblables, au singulier comme au pluriel, à savoir le *nominatif*, le *vocatif* et *l'accusatif*. Au pluriel, ces trois cas sont toujours terminés en *a* : *templa, corpora, cubilia, cornua.*

28. — Règle des Noms.

Liber Petri.

Le régime d'un nom se met au génitif.

Ex. : Le livre de Pierre, *liber Petri.*
La main de l'enfant, *manus pueri.*

On reconnaît ordinairement qu'un nom est régime d'un autre nom, lorsqu'il est uni à ce nom par la préposition *de*, indiquant un rapport de dépendance, et que tous deux ils désignent des objets différents.

---

27. Quels sont les cas semblables au pluriel de toutes les déclinaisons ? Combien les noms neutres ont-ils de cas semblables ? Quels sont ces cas, et comment sont-ils terminés au pluriel ?

28. A quel cas se met le régime d'un nom ? Comment reconnaît-on ordinairement qu'un nom est régime d'un autre nom ?

CHAPITRE DEUXIÈME.

ADJECTIFS.

29. L'*adjectif* est un mot que l'on ajoute au nom pour le modifier, en le qualifiant ou en le déterminant.

Il y a deux espèces d'adjectifs : les adjectifs *qualificatifs* et les adjectifs *déterminatifs*.

L'adjectif *qualificatif* est celui qui exprime la qualité d'une personne ou d'une chose, comme *bon* père, *bonne* mère : *bon, bonne*, sont des adjectifs qualificatifs.

L'adjectif *déterminatif* est celui qui précise la signification d'un nom, en y ajoutant une idée accessoire, comme *trois* livres, *mon* chapeau, *ce* mur, *lequel* mur, *quel* homme, *quelques* maisons : les mots *trois, mon, ce, lequel, quel, quelques*, sont des adjectifs déterminatifs.

Il y a six espèces d'adjectifs déterminatifs, savoir : 1° les adjectifs *numéraux*, 2° les adjectifs *possessifs*, 3° les adjectifs *démonstratifs*, 4° les adjectifs *relatifs*, 5° les adjectifs *interrogatifs*, 6° les adjectifs *indéfinis*.

N. B. En latin, les adjectifs possessifs, démonstratifs, relatifs, interrogatifs et indéfinis, sont très-souvent employés seuls, comme pronoms ; à l'exemple de la plupart des grammairiens, nous les rejetons au chapitre des pronoms.

Art. I. — DÉCLINAISON DES ADJECTIFS.

30. En latin, les adjectifs se déclinent au singulier et au pluriel ; ils ont les trois genres, le masculin, le féminin et le neutre.

---

29. Qu'est-ce que l'adjectif ? Combien y a-t-il d'espèces d'adjectifs ? Qu'est-ce que l'adjectif qualificatif ? Qu'est-ce que l'adjectif déterminatif ? Combien y a-t-il d'espèces d'adjectifs déterminatifs ? Nommez-les. Quels sont en latin les adjectifs employés souvent comme pronoms ?
30. Les adjectifs se déclinent-ils en latin ? Ont-ils les trois genres ?

DÉCLINAISON DES ADJECTIFS.

Sous le rapport de la déclinaison, les adjectifs se divisent en deux classes.

La 1re classe comprend les adjectifs qui suivent à la fois la 1re et la 2e déclinaison des substantifs ; la 2e classe renferme ceux qui suivent la 3e déclinaison.

PREMIÈRE CLASSE.

Adjectifs de la 1re et de la 2e déclinaison.

31. Les adjectifs de la 1re et de la 2e déclinaison sont terminés en *us, a, um*, ou en *er, ra, rum*, comme *bon us, bon a, bon um* ; *miser, miser a, miser um*, ou *niger, nigr a, nigr um*.

Le masculin *bonus, miser, niger*, se décline sur *Dominus, puer* ou *liber* ; le féminin *bona, misera, nigra*, sur *rosa* ; le neutre *bonum, miserum, nigrum*, sur *templum*.

1° BON US, BON A, BON UM.

SINGULIER.

	Masc.	Fém.	Neut.
Nom.	Bon us, *bon*,	bon a, *bonne*,	bon um, *bon*.
Voc.	Bon e,	bon a,	bon um.
Gén.	Bon i,	bon æ,	bon i.
Dat.	Bon o,	bon æ,	bon o.
Acc.	Bon um,	bon am,	bon um.
Abl.	Bon o,	bon ā,	bon o.

PLURIEL.

	Masc.	Fém.	Neut.
Nom.	Bon i, *bons*,	bon æ, *bonnes*,	bon a, *bons*.
Voc.	Bon i,	bon æ,	bon a.
Gén.	Bon orum,	bon arum,	bon orum.
Dat.	Bon is,	bon is,	bon is.
Acc.	Bon os,	bon as,	bon a.
Abl.	Bon is,	bon is,	bon is.

En combien de classes se divisent-ils sous le rapport de la déclinaison ? Quels adjectifs comprend la 1re classe ? la 2e ?

31. Comment sont terminés les adjectifs de la 1re et de la 2e déclinaison ? Comment se décline le masculin ? le féminin ? le neutre ? Déclinez *bon us, a, um*.

DÉCLINAISON DES ADJECTIFS.

32. — 2° MISER, MISER A, MISER UM.

SINGULIER.

	Masc.	Fém.	Neut.	
Nom.	Miser,	miser a,	miser um,	*malheureux, euse.*
Voc.	Miser,	miser a,	miser um.	
Gén.	Miser i,	miser æ,	miser i.	
Dat.	Miser o,	miser æ,	miser o.	
Acc.	Miser um,	miser am,	miser um.	
Abl.	Miser o,	miser ā,	miser o.	

PLURIEL.

	Masc.	Fém.	Neut.	
Nom.	Miser i,	miser æ,	miser a,	*malheureux, euses.*
Voc.	Miser i,	miser æ,	miser a.	
Gén.	Miser orum,	miser arum,	miser orum.	
Dat.	Miser is,	miser is,	miser is.	
Acc.	Miser os,	miser as,	miser a.	
Abl.	Miser is,	miser is,	miser is.	

3° NIGER, NIGR A, NIGR UM.

SINGULIER.

	Masc.	Fém.	Neut.	
Nom.	Niger,	nigr a,	nigr um,	*noir, noire.*
Voc.	Niger,	nigr a,	nigr um.	
Gén.	Nigr i,	nigr æ,	nigr i.	
Dat.	Nigr o,	nigr æ,	nigr o.	
Acc.	Nigr um,	nigr am,	nigr um.	
Abl.	Nigr o,	nigr ā,	nigr o.	

PLURIEL.

	Masc.	Fém.	Neut.	
Nom.	Nigr i,	nigr æ,	nigr a,	*noirs, noires.*
Voc.	Nigr i,	nigr æ,	nigr a.	
Gén.	Nigr orum,	nigr arum,	nigr orum.	
Dat.	Nigr is,	nigr is,	nigr is.	
Acc.	Nigr os,	nigr as,	nigr a.	
Abl.	Nigr is,	nigr is,	nigr is.	

---

32. Déclinez *miser, era, erum; niger, ra, rum.* Comment se décline *satur, satur a, satur um* ?

2.

DÉCLINAISON DES ADJECTIFS.

REMARQUE. *Satur, satur a, satur um* (rassasié) est le seul adjectif en *ur*; il se décline sur *miser*.

Déclinez sur Bon us, a, um :

Sanct us, a, um, *saint*.
Divin us, a, um, *divin*.
Human us, a, um, *humain*.

Mal us, a, um, *mauvais*.
Magn us, a, um, *grand*.
Parv us, a, um, *petit*.

Sur Mis er, era, erum :

Lib er, era, erum, *libre*.
Ten er, era, erum, *tendre*.

Sur Nig er, ra, rum :

Pulch er, ra, rum, *beau*.
Pig er, ra, rum, *paresseux*.

Génitif en IUS, Datif en I.

33. Les adjectifs *solus, totus, alter, alius, ullus, nullus, uter, neuter*, et leurs composés, se déclinent sur *bonus, miser* ou *niger*, à l'exception du génitif singulier qui est en *ius*, et du datif singulier qui est en *i*; ces deux terminaisons sont pour les trois genres.

Solus et *totus* sont les seuls qui aient un vocatif.

SOL US, IUS, I, *seul*.

SINGULIER.	PLURIEL.
Nom. Sol us, a, um.	*Nom.* Sol i, æ, a.
Voc. Sol e, a, um.	*Voc.* Sol i, æ, a.
Gén. Sol ius, } 3 genres.	*Gén.* Sol orum, arum, orum.
Dat. Sol i,	*Dat.* Sol is, 3 genres.
Acc. Sol um, am, um.	*Acc.* Sol os, as, a.
Abl. Sol o, â, o.	*Abl.* Sol is, 3 genres.

Alt er, era, erum, *l'autre*; . . . . . g. alter ius, d. alter i.
Ali us, a, ud, *un autre*; . . . . g. al ius, d. ali i.
Tot us, a, um, *tout entier*; . . . . g. tot ius, d. tot i.
Ull us, a, um, *quelque*; . . . . . g. ull ius, d. ull i.
Null us, a, um, *nul, aucun*; . . . . g. null ius, d. null i.
Ut er, ra, rum, *lequel des deux?* . . g. utr ius, d. utr i.
Neut er, ra, rum, *ni l'un ni l'autre*; g. neutr ius, d. neutr i.

Comme *uter* se déclinent ses composés, *uterque, alteruter*, etc. (69)

---

33. Comment se déclinent les adjectifs *solus, alter, alius*, etc.? Quels sont ceux qui ont un vocatif? Déclinez *solus, alter*, etc.

DEUXIÈME CLASSE.

Adjectifs de la 3ᵉ déclinaison.

34. Les adjectifs de la 3ᵉ déclinaison se divisent en *parisyllabiques* et en *imparisyllabiques*.

Les adjectifs *parisyllabiques* en *is* se déclinent sur *fort is*, g. *fort is*; et ceux en *er*, sur *celeber*, g. *celebr is*.

Les adjectifs *imparisyllabiques* se déclinent sur *felix*, g. *felic is*.

1° Adjectifs parisyllabiques.

FORT IS, *m.*, *f.*, **FORT E**, *n.*

SINGULIER.

	M. F.	N.	
Nom.	Fort is,	fort e,	*courageux, euse.*
Voc.	Fort is,	fort e.	
Gén.	Fort is,	fort is.	
Dat.	Fort i,	fort i.	
Acc.	Fort em,	fort e.	
Abl.	Fort i,	fort i.	

PLURIEL.

Nom.	Fort es,	fort ia,	*courageux, euses.*
Voc.	Fort es,	fort ia.	
Gén.	Fort ium,	fort ium.	
Dat.	Fort ibus,	fort ibus.	
Acc.	Fort es,	fort ia.	
Abl.	Fort ibus,	fort ibus.	

REMARQUE. Les adjectifs qui ont le nominatif neutre en *e*, comme *fort is*, *e*, ont toujours l'ablatif singulier en *i*, même au masculin et au féminin, afin que l'on puisse distinguer ces deux cas (22).

Déclinez sur *Fort is*, *e* :

Brev is, e, *bref*.   Util is, e, *utile*.
Lev is, e, *léger*.   Facil is, e, *facile*.
Grav is, e, *pesant*.   Fidel is, e, *fidèle*.

---

34. Comment se divisent les adjectifs de la 2ᵉ classe ? Comment se déclinent les adjectifs parisyllabiques en *is* ? ceux en *er* ? Comment

CELEBER, m., CELEBR IS, f., CELEBR E, n.

SINGULIER.

	M.	F.	N.
Nom.	Celeber,	celebr is,	celebr e, *célèbre*.
Voc.	Celeber,	celebr is,	celebr e.
Gén.	Celebr is, { 3 genres.		
Dat.	Celebr i,		
Acc.	Celebr em,	celebr em,	celebr e.
Abl.	Celebr i, 3 genres.		

PLURIEL.

	M.	F.	N.
Nom.	Celebr es,		celebr ia, *célèbres*.
Voc.	Celebr es,		celebr ia.
Gén.	Celebr ium, { 3 genres.		
Dat.	Celebr ibus,		
Acc.	Celebr es,		celebr ia.
Abl.	Celebr ibus, 3 genres.		

REMARQUE. Il y a douze adjectifs en *er, ris, re*; ce sont les suivants :

Ac er, ris, re, *aigre, vif*.
Alac er, ris, re, *alerte*.
Celeb er, ris, re, *célèbre*.
Cel er, eris, ere, *prompt*.
Salub er, ris, re, *salutaire*.
Voluc er, ris, re, *rapide*.
Campest er, ris, re, *de plaine*.
Equest er, ris, re, *équestre*.
Palust er, ris, re, *de marais*.
Pedest er, ris, re, *qui est à pied*.
Silvest er, ris, re, *de forêt*.
Terrest er, ris, re, *terrestre*.

Celer est le seul qui garde partout la voyelle *e* avant la lettre *r* : *celer, celeris, celere*, etc.; au génitif pluriel il fait *celerum*.

Le masculin est toujours en *er* dans *acer, celer* et *volucer*; dans les autres il se termine aussi en *ris*, quoique plus rarement; *celebris* qu'on trouve au nominatif masculin, ne doit pas être imité.

se déclinent les adjectifs imparisyllabiques? Déclinez *fortis, celeber*. Comment les adjectifs dont le nominatif neutre est en *e*, font-ils à l'ablatif singulier? Combien y a-t-il d'adjectifs en *er, ris, re*? Comment se décline *cel er, cris, cre*? Quels sont ceux où le masculin est toujours en *er*?

35. — 2° Adjectifs imparisyllabiques.

FELIX, m., f., n.

SINGULIER.

Nom. Felix,
Voc. Felix,   } 3 genres.
Gén. Felic is,
Dat. Felic i,
Acc. Felic em, m., f.; felix, n.
Abl. Felic e ou i, 3 genres.

heureux, euse.

PLURIEL.

Nom. Felic es, m., f.; felic ia, n.; heureux, euses.
Voc. Felic es, m., f.; felic ia, n.
Gén. Felic ium,   } 3 genres.
Dat. Felic ibus,
Acc. Felic es, m., f.; felic ia, n.
Abl. Felic ibus, 3 genres.

REMARQUE. Dans les adjectifs terminés par *ns*, comme *prudens* (prudent), l'ablatif singulier est ordinairement en *e*.

Déclinez sur Felix :

Aud ax, g. acis, *hardi*.   Pot ens, g. entis, *puissant*.
Fer ox, g. ocis, *fier*.   Sapi ens, g. entis, *sage*.
Simpl ex, g. icis, *simple*.   Const ans, g. antis, *constant*.

36. Règle des Adjectifs.

Deus sanctus.

L'adjectif s'accorde en genre, en nombre et en cas, avec le substantif auquel il se rapporte.

Ex. : Dieu saint, *Deus sanctus*; du Dieu saint, *Dei sancti*.
La Vierge sainte, *Virgo sancta*; de la Vierge sainte, *Virginis sanctæ*.
Le temple saint, *templum sanctum*; du temple saint, *templi sancti*.

---

35. Déclinez *felix*. Quel est ordinairement l'ablatif singulier dans les adjectifs terminés par *ns* ?
36. Quelle est la règle de l'accord de l'adjectif ?

Art. II. — DEGRÉS DE SIGNIFICATION
DANS LES ADJECTIFS.

37. Les adjectifs ont trois degrés de signification : le *positif*, le *comparatif* et le *superlatif*.

Le *positif* n'est autre chose que l'adjectif même, exprimant la qualité sans modification : saint, *sanctus*.

Le *comparatif* est l'adjectif, exprimant la qualité d'un objet comparé à d'autres objets.

Il y a trois sortes de comparatifs :

1° Le comparatif de *supériorité* : plus saint, *magis sanctus* ou *sanctior* ;

2° Le comparatif d'*infériorité* : moins saint, *minus sanctus* ;

3° Le comparatif d'*égalité* : aussi saint, *tam sanctus*.

Le *superlatif* est l'adjectif, exprimant la qualité d'un objet dans un très-haut degré, ou dans le plus haut degré avec une idée de comparaison.

Il y a deux sortes de superlatifs : le superlatif *absolu* et le superlatif *relatif*.

1° Le superlatif *absolu* exprime la qualité dans un très-haut degré, sans aucune idée de comparaison : très-saint, *maxime sanctus*, ou *sanctissimus* ;

2° Le superlatif *relatif* exprime la qualité dans le plus haut degré, avec une idée de comparaison : le plus saint (de tous), *(omnium) maxime sanctus*, ou *sanctissimus*.

38. REMARQUES. 1° En français, on reconnaît le superlatif absolu, quand il y a *très* devant un adjectif ; on reconnaît le superlatif relatif, quand il y a devant un adjectif *le plus*, *la plus*, ou bien *plus* précédé d'un adjectif possessif. Ainsi : *mon plus fidèle ami*, veut dire *le plus fidèle* de mes amis.

---

37. Combien les adjectifs ont-ils de degrés de signification ? Nommez-les. Qu'est-ce que le positif ? Qu'est-ce que le comparatif ? Combien y a-t-il de sortes de comparatifs ? Citez-les. Qu'est-ce que le superlatif ? Combien y a-t-il de sortes de superlatifs ? Nommez-les. Qu'exprime le superlatif *absolu* ? Qu'exprime le superlatif *relatif* ?

38. Comment reconnaît-on en français le superlatif absolu et le superlatif relatif ? Les deux sortes de superlatifs ont-elles en latin deux formes distinctes ? Comment les comparatifs et les superlatifs

Les deux sortes de superlatifs ont la même forme en latin : très-saint, le plus saint, *maxime sanctus* ou *sanctissimus*.

2° En latin, comme en français, les trois comparatifs et les deux superlatifs peuvent s'exprimer à l'aide des adverbes; mais en latin, le comparatif de supériorité et le superlatif s'expriment encore, et le plus souvent, par les terminaisons en *ior* et en *issimus*, ajoutées au radical de l'adjectif.

Formation du comparatif et du superlatif.

39. On forme le comparatif et le superlatif d'un adjectif, en changeant la terminaison du génitif, en *ior* pour le comparatif, et en *issimus* pour le superlatif : sanct-*us*, sanct-*i*, sanct-*ior*, sanct-*issimus* ; fort-*is*, fort-*is*, fort-*ior*, fort-*issimus*.

Les comparatifs se déclinent comme *fortior, fortius* ; les superlatifs, comme *bonus, bona, bonum* (31).

FORTIOR, m., f., FORTIUS, n.

SINGULIER.

	M. F.	N.	
Nom.	Fortior,	fortius,	*plus courageux, euse.*
Voc.	Fortior,	fortius.	
Gén.	Fortior is,	} 3 genres.	
Dat.	Fortior i,		
Acc.	Fortior em,	fortius.	
Abl.	Fortior e *ou* i, 3 genres.		

PLURIEL.

	M. F.	N.	
Nom.	Fortior es,	fortior a,	*plus courageux, euses.*
Voc.	Fortior es,	fortior a.	
Gén.	Fortior um,	} 3 genres.	
Dat.	Fortior ibus,		
Acc.	Fortior es,	fortior a.	
Abl.	Fortior ibus, 3 genres.		

---

peuvent-ils s'exprimer en latin ? Comment s'expriment ordinairement en latin le comparatif de supériorité et le superlatif ?

39. Comment forme-t-on le comparatif et le superlatif d'un adjectif ? Comment se déclinent les comparatifs et les superlatifs ? Déclinez *fortior*.

DÉCLINAISON DES ADJECTIFS.

1re Exception.

40. Dans les adjectifs en *er*, on forme le superlatif, en ajoutant à leur nominatif masculin la terminaison *rimus, rima, rimum*; le comparatif est régulier.

Ainsi *pulcher* (beau), g. *pulchr-i*, fait *pulchr-ior, ius*; *pulcher-rimus, rima, rimum. Celeber* (célèbre), g. *celebr-is*, fait *celebr-ior, ius*; *celeber-rimus, rima, rimum*.

2° Exception.

41. *Facilis, similis, humilis*, et leurs composés, ont le superlatif en *illimus*; leur comparatif est régulier.

POSITIF.		COMPARATIF.	SUPERLATIF.
Facilis,	facile;	*facil-ior, ius;*	*fac-illimus.*
Difficilis,	difficile;	*difficil-ior, ius;*	*diffic-illimus.*
Similis,	semblable;	*simil-ior, ius;*	*sim-illimus.*
Dissimilis,	différent;	*dissimil-ior, ius;*	*dissim-illimus.*
Humilis,	humble;	*humil-ior, ius;*	*hum-illimus.*

REMARQUE. *Imbec-illis* ou *-illus* (faible), fait *imbecill-ior, imbec-illimus* ou *imbecill-issimus*.

Les autres adjectifs en *ilis* forment leur superlatif régulièrement: ainsi *utilis* (utile) fait *util-issimus*.

3e Exception.

42. Dans les adjectifs en *dicus, ficus, volus*, comme *maledicus, magnificus, benevolus*, on forme le comparatif et le superlatif, en changeant *us* en *entior, entissimus*:

POS.		COMP.	SUP.
Maledicus,	médisant;	*maledic-entior;*	*maledic-entissimus.*
Magnificus,	magnifique;	*magnific-entior;*	*magnific-entissimus.*
Benevolus,	bienveillant;	*benevol-entior;*	*benevol-entissimus.*

---

40. Comment forme-t-on le superlatif dans les adjectifs en *er*? Comment *pulcher, celeber*, font-ils au comparatif et au superlatif?
41. Quel est le superlatif des adjectifs *facilis, similis, humilis*, et de leurs composés? Donnez le comparatif et le superlatif de *facilis*, de *dissimilis*, de *imbecillis*, etc. Comment les autres adjectifs en *ilis* forment-ils leur superlatif?
42. Comment forme-t-on le comparatif et le superlatif dans les adjectifs en *dicus, ficus, volus*?

DÉCLINAISON DES ADJECTIFS.

4° Exception.

43. Presque tous les adjectifs en *eus, ius, uus*, manquent des formes ordinaires du comparatif et du superlatif.

On met ces adjectifs au comparatif et au superlatif, en plaçant devant eux l'adverbe *magis* (plus), pour le comparatif ; et l'adverbe *maxime* (le plus, très), pour le superlatif.

POS.	COMP.	SUP.
Ex. : Idoneus, propre à ;	*magis idoneus* ;	*maxime idoneus*.
Noxius, nuisible ;	*magis noxius* ;	*maxime noxius*.
Arduus, difficile ;	*magis arduus* ;	*maxime arduus*.

REMARQUE. Le superlatif *piissimus* (de *pius*, pieux), employé par certains auteurs, a été blâmé par Cicéron.

5° Exception.

44. *Bonus, malus, magnus, parvus* et *multus*, ont un comparatif et un superlatif entièrement irréguliers :

POS.	COMP.	SUP.
Bonus, bon ;	*mel-ior, ius*, meilleur ;	*optimus*, le meilleur, très-bon.
Malus, mauvais ;	*pej-or, us*, pire ;	*pessimus*, le pire, très-mauvais.
Magnus, grand ;	*maj-or, us*, plus grand ;	*maximus*, le plus grand, très-grand.
Parvus, petit ;	*min-or, us*, plus petit, moindre ;	*minimus*, le plus petit, très-petit, le moindre.
Multus, nombreux, beaucoup de ;	*plur-es, a*, plus nombreux, plus de ;	*plurimus*, le plus nombreux, très-nombreux, le plus de.

On peut y ajouter l'adjectif indéclinable *nequam* :

Nequam, méchant,	*nequ-ior, ius*, plus méchant,	*nequissimus*, le plus méchant, très-méchant.

---

43. Les adjectifs en *eus, ius, uus*, ont-ils les formes ordinaires du comparatif et du superlatif ? Comment met-on ces adjectifs au comparatif et au superlatif ?

44. Quels sont les comparatifs et les superlatifs des adjectifs *bonus, malus, magnus, parvus* et *multus* ? Comment *nequam* fait-il au comparatif et au superlatif ?

45. — Règle des Comparatifs.

I. Doctior Petro.

Si le comparatif est exprimé par un seul mot latin, on met son régime à l'ablatif, en supprimant *que*.

Ex.: Plus savant que Pierre, *doctior Petro*.

II. Magis pius quam tu.

Si le comparatif est exprimé en latin par *magis* ajouté au positif, il faut traduire *que* par *quam*, en mettant après *quam* le cas demandé par le verbe exprimé ou sous-entendu dans le second membre de la comparaison.

Cette construction peut aussi s'employer, quand le comparatif est exprimé par un seul mot latin.

Ex.: Il est plus pieux que vous, *magis pius est quam tu* (sous-entendu *es*).
Paul est plus savant que Pierre, *Paulus est doctior Petro*, ou *doctior quam Petrus* (sous-entendu *est*).

46. — Règle des Superlatifs.

Altissima arborum, ou **ex arboribus**, ou **inter arbores**.

Le superlatif veut son régime au génitif, ou à l'ablatif avec *e* ou *ex*, ou bien, si le régime est au pluriel, à l'accusatif avec *inter*.

Ex.: Le plus haut des arbres, *altissima arborum*, ou *ex arboribus*, ou *inter arbores*.
Le plus sage de la ville, *sapientissimus urbis*, ou *ex urbe*. (On ne peut pas mettre l'accusatif avec *inter*, parce que le régime du superlatif est au singulier.)

---

45. Quelle est la règle *doctior Petro*, c'est-à-dire, la règle du comparatif exprimé par un seul mot? Quelle est la règle *magis pius quam tu*, c'est-à-dire, la règle du comparatif exprimé par *magis*?
46. Récitez la règle *altissima arborum*, c'est-à-dire, la règle du superlatif.

Art. III. — ADJECTIFS NUMÉRAUX.

47. Les *adjectifs numéraux* sont ceux qui désignent le nombre; c'est pour cela qu'on les appelle encore *noms de nombre*.

Ils désignent le nombre, en marquant la *quantité*, ou le *rang*, ou la *distribution*.

Il y a trois sortes d'adjectifs numéraux :

1° Les adjectifs numéraux *cardinaux*, qui marquent la quantité, comme *unus, duo, tres,* un, deux, trois.

2° Les adjectifs numéraux *ordinaux*, qui marquent le rang, l'ordre, comme *primus, secundus, tertius,* le premier, le second, le troisième.

3° Les adjectifs numéraux *distributifs*, qui marquent la distribution, la division, comme *singuli,* un à un, *bini,* deux à deux, *terni,* trois à trois.

I. Adjectifs numéraux cardinaux.

48. Parmi les adjectifs numéraux *cardinaux*, on ne décline que les suivants : 1° les trois premiers, *unus, duo* et *tres;* 2° les noms des *centaines*, excepté *centum ;* 3° enfin, le mot *mille*, quand il est substantif.

UNUS, UNA, UNUM.

SINGULIER.

	M.	F.	N.	
Nom.	Un us,	un a,	un um;	*un, une (un seul).*
Voc.	Un e,	un a,	un um.	
Gén.	Un ius,	} 3 genres.		
Dat.	Un i,			
Acc.	Un um,	un am,	un um.	
Abl.	Un o,	un ā,	un o.	

47. Qu'est-ce que les adjectifs numéraux ? Comment les appelle-t-on encore ? Comment désignent-ils le nombre ? Combien y a-t-il de sortes d'adjectifs numéraux ? Citez-les.

48. Quels sont les adjectifs numéraux cardinaux qui se déclinent ? Déclinez *unus*. L'adjectif *unus* s'emploie-t-il au pluriel ? Avec quels substantifs ?

REMARQUE. *Unus* s'emploie aussi au pluriel, mais seulement avec des substantifs qui n'ont pas de singulier ; alors il se décline comme *boni, æ, a* : un seul camp, *una castra* ; j'ai envoyé une seule lettre, *unas litteras misi*.

49. — DUO, DUÆ, DUO.

	M.	F.	N.	
Nom.	Du o,	du æ,	du o,	deux.
Voc.	Du o,	du æ,	du o,	ô deux.
Gén.	Du orum,	du arum,	du orum,	de deux.
Dat.	Du obus,	du abus,	du obus,	à deux.
Acc.	Du os,	du as,	du o,	deux.
Abl.	Du obus,	du abus,	du obus,	de deux.

REMARQUE. Comme *duo, duæ, duo*, se décline *ambo, ambæ, ambo*, tous les deux, les deux.

A l'accusatif masculin, on trouve encore *duo* et *ambo*, mais rarement, et presque uniquement chez les poètes.

50. — TRES, TRIA.

	M. F.	N.	
Nom.	Tres,	tria,	trois.
Voc.	Tres,	tria,	ô trois.
Gén.	Trium,	3 genres.	de trois.
Dat.	Tribus,		à trois.
Acc.	Tres,	tria,	trois.
Abl.	Tribus,	3 genres.	de trois.

51. Les noms des *centaines* (à partir de *ducenti, æ, a*, deux cents,) se déclinent comme le pluriel *boni, æ, a*.

Mille (mille) est tantôt adjectif, tantôt substantif ; il est adjectif, quand il correspond à l'adjectif français *mille*, employé pour déterminer un nom ; il est substantif, quand il correspond au substantif *millier*.

---

49. Déclinez *duo*. Comment se décline *ambo ?*
50. Déclinez *tres*.
51. Comment se déclinent les noms des centaines ? Quand *mille*

Quand *mille* est adjectif, il est indéclinable.

Ex. : Mille hommes, *mille homines*; trois mille hommes, *ter mille homines*; à trois mille hommes, *ter mille hominibus*.

Quand *mille* est substantif, il se décline, mais au pluriel seulement, comme *cubile* (19) : *millia* (des milliers), *millium, millibus, millia, millibus*.

Ex. : Un millier d'hommes, *unum mille hominum*; deux milliers d'hommes, *duo millia hominum*; à trois milliers d'hommes, *tribus millibus hominum*.

III. Adjectifs numéraux ordinaux et distributifs.

52. Les adjectifs numéraux *ordinaux* se déclinent tous comme *bon us, a, um* (31).

Ainsi *prim us, a, um*, premier, première; gén. *prim i, æ, i*, etc.

Les adjectifs numéraux *distributifs* ne s'emploient qu'au pluriel; ils se déclinent comme *bon i, æ, a*.

Ainsi *singul i, æ, a*, un à un ; gén. *singul orum, arum, orum* ; etc.

N. B. Pour tous les noms des nombres cardinaux, ordinaux et distributifs, voyez le tableau au Supplément (212).

---

est-il adjectif? Quand est-il substantif? Quand *mille* est-il indéclinable? Quand *mille* se décline-t-il ? Comment se décline-t-il ?

52. Comment se déclinent les adjectifs numéraux ordinaux ? A quel nombre s'emploient les adjectifs numéraux distributifs, et comment se déclinent-ils ?

CHAPITRE TROISIÈME.

PRONOMS.

53. Le *pronom* est un mot qui tient la place du nom.

Il y a en latin six sortes de pronoms : 1° les pronoms *personnels* ; 2° les pronoms *possessifs* ; 3° les pronoms *démonstratifs* ; 4° les pronoms *relatifs* ; 5° les pronoms *interrogatifs* ; 6° les pronoms *indéfinis*.

Les pronoms possessifs, démonstratifs, relatifs, interrogatifs et indéfinis, s'emploient aussi comme adjectifs ; c'est pour cela qu'on les appelle *pronoms-adjectifs* (29).

Ils sont adjectifs, quand ils sont joints à un nom : mon livre, *liber meus* ; ce livre, ce livre-ci, *hic liber* ; lequel livre, *qui liber* ; quel livre, *quis liber* ? quelque livre que... *quicumque liber*...

Ils sont pronoms, quand ils sont employés seuls : les miens, *mei* ; ceux-ci, *hi* ; (le livre) qui est là, *(liber) qui est ibi* ; qui ? *quis* ? quiconque fera cela, *quicumque hoc faciet*.

I. Pronoms personnels.

54. Les pronoms *personnels* sont ceux qui désignent la personne.

Il y a trois personnes : la *première* est celle qui parle, *ego*, moi ; la *seconde* est celle à qui l'on parle, *tu*, toi ; la *troisième* est celle de qui l'on parle, *is, ea, id*, lui, il, elle, etc.

Le pronom *is, ea, id*, est proprement un pronom-adjectif démonstratif (59).

---

53. Qu'est-ce que le pronom ? Combien y a-t-il en latin de sortes de pronoms ? Nommez-les. Quels sont les pronoms qui s'emploient aussi comme adjectifs ? Comment les appelle-t-on ? Quand sont-ils adjectifs ? Quand sont-ils pronoms ?

54. Qu'est-ce que les pronoms personnels ? Combien y a-t-il de personnes ? Nommez-les. Qu'est-ce, à proprement parler, que le pronom *is, ea, id* ? Quel autre pronom se rapporte à la 3° personne ?

DÉCLINAISON DES PRONOMS.

A la troisième personne se rapporte encore le pronom *suî*, de soi ; on l'appelle pronom *réfléchi*, parce qu'il ne s'emploie que quand il s'agit d'une action que la troisième personne fait sur elle-même.

Ex. : L'orgueilleux se loue, *superbus se laudat*.

Les pronoms personnels *ego, tu, suî* sont de tout genre.

55. — EGO, 1re personne.

	SINGULIER.		PLURIEL.	
Nom.	Ego,	*je, moi.*	Nos,	*nous.*
Gén.	Meî,	*de moi.*	Nostrûm ou nostrî,	*de nous.*
Dat.	Mihi,	*à moi (me).*	Nobis,	*à nous.*
Acc.	Me,	*moi (me).*	Nos,	*nous.*
Abl.	Me,	*de moi.*	Nobis,	*de nous.*

REMARQUE. *Ego* n'a pas de vocatif.

56. — TU, 2e personne.

	SINGULIER.		PLURIEL.	
Nom.	Tu,	*toi.*	Vos,	*vous.*
Voc.	o Tu,	*ô toi.*	o Vos,	*ô vous.*
Gén.	Tuî,	*de toi.*	Vestrûm ou vestrî,	*de vous.*
Dat.	Tibi,	*à toi (te).*	Vobis,	*à vous.*
Acc.	Te,	*toi (te).*	Vos,	*vous.*
Abl.	Te,	*de toi.*	Vobis,	*de vous.*

57. — SUI, pronom réfléchi de la 3e personne.

SINGULIER et PLURIEL.

Nom., Voc. manquent.
Gén. Suî, *de soi,* (de lui-même, d'elle-m., d'eux-mêmes, d'elles-m.).
Dat. Sibi, *à soi (se),* (à lui-même, à elle-m., à eux-mêmes, à elles-m.).
Acc. Se, *soi (se),* (lui-même, elle-même, eux-mêmes, elles-mêmes).
Abl. Se, *de soi,* (de lui-même, d'elle-m., d'eux-mêmes, d'elles-m.).

Pourquoi le pronom *suî* s'appelle-t-il pronom réfléchi ? De quel genre sont les pronoms *ego, tu, suî* ?

55. Déclinez *ego*.
56. Déclinez *tu*.
57. Déclinez *suî*.

II. Pronoms-adjectifs possessifs.

58. Les pronoms-adjectifs *possessifs* sont ceux qui marquent la possession.

Il y en a cinq, qui sont : *meus, tuus, suus, noster* et *vester*.

Meus, mea, meum, mon, ma; le mien, la mienne : pour la première personne du singulier ;

Tuus, tua, tuum, ton, ta; le tien, la tienne : pour la deuxième personne du singulier ;

Suus, sua, suum, son, sa, leur; le sien, la sienne; le leur, la leur : pour la troisième personne du singulier et du pluriel;

Noster, nostra, nostrum, notre; le nôtre, la nôtre : pour la première personne du pluriel ;

Vester, vestra, vestrum, votre; le vôtre, la vôtre : pour la deuxième personne du pluriel.

REMARQUE. *Suus, sua, suum,* s'appelle pronom-adjectif possessif *réfléchi,* parce qu'il correspond au pronom personnel réfléchi *sui, sibi, se,* et qu'il s'emploie généralement, quand il s'agit d'une action faite par le possesseur sur l'objet possédé, ou par l'objet possédé sur le possesseur.

Ex. : Un père aime ses enfants, *pater amat suos liberos.*

Sa modestie le recommande, *sua eum commendat modestia.*

Meus, tuus et *suus* se déclinent comme *bon us, a, um,* excepté au vocatif singulier. *Meus* fait *mi* au vocatif masculin singulier : ô mon frère! *o frater mi! Tuus* et *suus* n'ont pas de vocatif.

Noster et *vester* se déclinent comme *nig er, ra, rum* (32); *vester* n'a pas de vocatif.

III. Pronoms-adjectifs démonstratifs.

59. Les pronoms-adjectifs *démonstratifs* sont ceux qui servent à indiquer les objets.

Il y en a six, qui sont : *is, hic, iste, ille, ipse, idem.*

Comme pronoms, ils se rattachent à la troisième personne (54).

---

58. Qu'est-ce que les pronoms-adjectifs possessifs? Quels sont-ils? Pourquoi *suus* s'appelle-t-il pronom adjectif possessif réfléchi? Comment se déclinent *meus, tuus, suus*? Comment *meus* fait-il au vocatif masculin singulier? *Tuus* et *suus* ont-ils un vocatif? Comment se déclinent *noster* et *vester*? *Vester* a-t-il un vocatif?

59. Qu'est-ce que les pronoms-adjectifs démonstratifs? Quels

DÉCLINAISON DES PRONOMS.

1° IS, EA, ID.

SINGULIER.

	M.	F.	N.	
Nom.	Is,	ea,	id,	ce, cette; il, elle, cela.
Gén.	Ejus,	} 3 genres.		
Dat.	Ei,			
Acc.	Eum,	eam,	id.	
Abl.	Eo,	eā,	eo.	

PLURIEL.

	M.	F.	N.	
Nom.	Ii,	eæ,	ea,	ces; ils, elles; ces choses.
Gén.	Eorum,	earum,	eorum,	
Dat.	Eis *ou* iis, 3 genres.			
Acc.	Eos,	eas,	ea.	
Abl.	Eis *ou* iis, 3 genres.			

60. — 2° **HIC, HÆC, HOC.**

SINGULIER.

	M.	F.	N.	
Nom.	Hic,	hæc,	hoc,	ce, cette, celui-ci, celle-ci, ceci, cela.
Gén.	Hujus,	} 3 genres.		
Dat.	Huic,			
Acc.	Hunc,	hanc,	hoc.	
Abl.	Hoc,	hac,	hoc.	

PLURIEL.

	M.	F.	N.	
Nom.	Hi,	hæ,	hæc,	ces; ceux-ci, celles-ci, ces choses-ci.
Gén.	Horum,	harum,	horum.	
Dat.	His, 3 genres.			
Acc.	Hos,	has,	hæc.	
Abl.	His, 3 genres.			

sont-ils? A quelle personne se rattachent-ils comme pronoms?
Déclinez *is*, *ea*, *id*.

60. Déclinez *hic*, *hæc*, *hoc*.

DÉCLINAISON DES PRONOMS.

61. — 3° ISTE, ISTA, ISTUD.

SINGULIER.

	M.	F.	N.
Nom.	Iste,	ista,	istud, *ce, cette; celui-là, celle-là, cela.*
Gén.	Istius,	} 3 genres.	
Dat.	Isti,		
Acc.	Istum,	istam,	istud.
Abl.	Isto,	istā,	isto.

PLURIEL.

	M.	F.	N.
Nom.	Isti,	istæ,	ista, *ces; ceux-là, celles-là, ces choses-là.*
Gén.	Istorum,	istarum,	istorum.
Dat.	Istis, 3 genres.		
Acc.	Istos,	istas,	ista.
Abl.	Istis, 3 genres.		

62. — 4° ILLE, ILLA, ILLUD.

SINGULIER.

	M.	F.	N.
Nom.	Ille,	illa,	illud, *ce, cette; celui-là, celle-là, cela.*
Gén.	Illius,	} 3 genres.	
Dat.	Illi,		
Acc.	Illum,	illam,	illud.
Abl.	Illo,	illā,	illo.

PLURIEL.

	M.	F.	N.
Nom.	Illi,	illæ,	illa, *ces; ceux-là, celles-là, ces choses-là.*
Gén.	Illorum,	illarum,	illorum.
Dat.	Illis, 3 genres.		
Acc.	Illos,	illas,	illa.
Abl.	Illis, 3 genres.		

---

61. Déclinez *iste, ista, istud.*
62. Déclinez *ille, illa, illud.*

DÉCLINAISON DES PRONOMS.

63. — 5° IPSE, IPSA, IPSUM.

SINGULIER.

	M.	F.	N.
Nom.	Ipse,	ipsa,	ipsum, *même* (moi-même, toi-même);
Gén.	Ipsius,	} 3 genres.	*lui-même, elle-même.*
Dat.	Ipsi,		
Acc.	Ipsum,	ipsam,	ipsum.
Abl.	Ipso,	ipsā,	ipso.

PLURIEL.

	M.	F.	N.
Nom.	Ipsi,	ipsæ,	ipsa, *mêmes; eux-mêmes, elles-m.,*
Gén.	Ipsorum,	ipsarum,	ipsorum. *ces choses mêmes.*
Dat.	Ipsis, 3 genres.		
Acc.	Ipsos,	ipsas,	ipsa.
Abl.	Ipsis, 3 genres.		

64. — 6° IDEM, EADEM, IDEM.

SINGULIER.

	M.	F.	N.
Nom.	Idem,	eadem,	idem, *le même, la même,*
Gén.	Ejusdem,	} 3 genres.	*la même chose.*
Dat.	Eidem,		
Acc.	Eumdem,	eamdem,	idem.
Abl.	Eodem,	eādem,	eodem.

PLURIEL.

	M.	F.	N.
Nom.	Iidem,	eædem,	eadem, *les mêmes, les mêmes*
Gén.	Eorumdem,	earumdem,	eorumdem. *choses.*
Dat.	Eisdem *ou* iisdem, 3 genres.		
Acc.	Eosdem,	easdem,	eadem.
Abl.	Eisdem *ou* iisdem, 3 genres.		

REMARQUE. *Même* après l'article *le, la, les,* se traduit par *idem*; avant l'article, ou après un nom ou un pronom, il se traduit par *ipse.*

Ex. : Le même roi, *idem rex*; même le roi, le roi même, *rex ipse.*

---

63. Déclinez *ipse, ipsa, ipsum*.
64. Déclinez *idem, eadem, idem*. Comment se traduit *même* placé après l'article *le, la, les?* Comment se traduit-il, quand il est avant l'article, ou après un nom ou un pronom?

DÉCLINAISON DES PRONOMS.

IV. Pronom-adjectif relatif.

65. Le pronom-adjectif *relatif* est celui qui est en rapport immédiat avec un nom ou un pronom qui le précède, et qu'on appelle *antécédent*.

Il n'y a en latin qu'un seul pronom-adjectif relatif : c'est *qui, quæ, quod,* qui, lequel.

Il est pronom, quand il remplace un nom : *Deus, qui regnat in cœlo, nos judicabit;* Dieu, qui règne dans le ciel, nous jugera.

Il est adjectif, quand il est placé devant le nom auquel il se rapporte : *qui Deus est bonus,* lequel Dieu est bon.

QUI, QUÆ, QUOD.

SINGULIER.

	M.	F.	N.	
Nom.	Qui,	quæ,	quod,	*qui* (lequel, laquelle).
Gén.	Cujus,	3 genres,		*de qui* (duquel, de laquelle, dont).
Dat.	Cui,			*à qui* (auquel, à laquelle).
Acc.	Quem,	quam,	quod,	*que* (lequel, laquelle).
Abl.	Quo,	quā,	quo,	*de qui* (duquel, de laquelle, dont).

PLURIEL.

	M.	F.	N.	
Nom.	Qui,	quæ,	quæ,	*qui* (lesquels, lesquelles).
Gén.	Quorum,	quarum,	quorum,	*de qui* (desquels, desquelles, dont).
Dat.	Quibus,	3 genres,		*à qui* (auxquels, auxquelles).
Acc.	Quos,	quas,	quæ,	*qui* (lesquels, lesquelles).
Abl.	Quibus,	3 genres,		*de qui* (desquels, desquelles, dont).

REMARQUE. Pour *quibus,* on trouve *queis,* en poésie.

---

65. Qu'est-ce que le pronom-adjectif relatif? Quel est en latin le pronom-adjectif relatif? Quand est-il pronom? quand est-il adjectif? Déclinez *qui, quæ, quod.* Que trouve-t-on en poésie pour *quibus?*

V. Pronom-adjectif interrogatif.

66. Le pronom-adjectif *interrogatif* est celui qui sert à interroger.

Il n'y a en latin qu'un seul pronom-adjectif interrogatif : c'est *quis? quæ? quid? qui? quoi?*

Quis est pronom, quand il est seul : *quis tibi hoc dixit?* qui vous l'a dit? *quid facis?* que fais-tu?

Il est adjectif interrogatif, quand il est joint à un nom ; mais alors il fait *quod* au neutre, au lieu de *quid* : *quod flumen?* quel fleuve?

REMARQUE. La différence qui est entre *quid* et *quod*, existe aussi dans les pronoms-adjectifs composés de *quis*, qui font au neutre *quid* ou *quod* : *quisnam? quidnam* ou *quodnam?* etc. (68).

QUIS, QUÆ, QUID, ou QUOD (*adj.*).

SINGULIER.

	M.	F.	N.	
Nom.	Quis?	quæ?	quid? quod (*adj.*)?	qui? quoi? quel? quelle?
Gén.	Cujus?	} 3 genres,		de qui? de quel? etc.
Dat.	Cui?			à qui? à quel? etc.
Acc.	Quem?	quam?	quid? quod (*adj.*)?	qui? que? quel? etc.
Abl.	Quo?	quā?	quo?	de qui? de quel? etc.

PLURIEL.

Nom.	Qui?	quæ?	quæ?	lesquels? lesquelles? quels? quelles? quelles choses?
Gén.	Quorum?	quarum?	quorum?	desquels? de quels? etc.
Dat.	Quibus? 3 genres,			à quels? etc.
Acc.	Quos?	quas?	quæ?	lesquels? quels? quelles choses? etc.
Abl.	Quibus? 3 genres,			desquels? de quels? etc.

REMARQUE. Au lieu du masculin *quis*, on trouve quelquefois *qui*.

---

66. Qu'est-ce que le pronom-adjectif interrogatif? Quel est en latin le pronom-adjectif interrogatif? Quand *quis* est-il pronom? Quand est-il adjectif? Comment *quis* adjectif fait-il au neutre? La différence qui est entre *quid* et *quod* existe-t-elle aussi dans les composés de *quis*? Déclinez *quis, quæ, quid* ou *quod*. Que trouve-t-on pour *quis*?

APPENDICE. — PRONOMS-ADJECTIFS COMPOSÉS.

67. Les pronoms-adjectifs *qui* et *quis* servent à former des pronoms-adjectifs *composés*, qui se déclinent de la manière suivante :

1° *Composés de* QUI.

Dans les composés de *qui*, on décline seulement *qui*, *quæ*, *quod*, ou *quid* (pronom); les autres syllabes restent les mêmes.

Quicumque, quæcumque, quodcumque; *quiconque*, *qui que ce soit qui*, *quelconque*; *g.* cujuscumque; *d.* cuicumque; etc.

Quidam, quædam, quoddam ou quiddam; *certain*, *un certain*, *certaine chose*, *quelque*, *quelqu'un*; *g.* cujusdam; *d.* cuidam; etc.

Quilibet, quælibet, quodlibet ou quidlibet; *celui qu'on voudra*, *tout homme*, *toute chose*; *g.* cujuslibet; *d.* cuilibet; etc.

Quivis, quævis, quodvis ou quidvis; *celui qu'on voudra*, *quiconque*, *tout homme*, *tout*; *g.* cujusvis; *d.* cuivis; etc.

REMARQUE. *Quiddam*, *quidlibet*, *quidvis*, et tous les autres pronoms neutres qui renferment *quid*, s'emploient seulement comme pronoms, c'est-à-dire, substantivement.

2° *Composés de* QUIS.

68. — I. Lorsque le pronom *quis* commence le pronom composé, on décline seulement *quis*; les autres syllabes restent les mêmes.

Quisnam? quænam? quidnam ou quodnam? *qui? quoi? quel? quelle?* *g.* cujusnam? *d.* cuinam? etc.

Quispiam, quæpiam, quidpiam ou quodpiam; *quelque*, *quelqu'un*, *quelque chose*; *g.* cujuspiam; *d.* cuipiam; etc.

Quisquam, quæquam, quidquam ou quodquam; *quelque*, *quelqu'un*, *quelque chose*; *g.* cujusquam; *d.* cuiquam; etc.

Quisque, quæque, quidque ou quodque; *chaque*, *chacun*, *chacune*; *g.* cujusque; *d.* cuique; etc.

Quisquis, (*pas de féminin*), quidquid; *quiconque*, *tout homme qui*, *quel...que*; *tout ce qui*. Il n'a que les cas suivants :

SING. *m.* et *n. Dat.* cuicui; *Abl.* quoquo. PLUR. *m. Acc.* quosquos.

---

67. Nommez les composés de *qui*. Comment se déclinent-ils? Comment s'emploient les pronoms neutres qui renferment *quid*?

68. Nommez les composés de *quis*, dans lesquels *quis* commence le mot; nommez ceux où *quis* termine le mot. Lorsque *quis* termine le

DÉCLINAISON DES PRONOMS.

II. Lorsque le pronom *quis* termine le pronom composé, le féminin singulier et le neutre pluriel sont en *a*, au lieu d'être en *æ*. Le pronom *quis* seul se décline.

Aliquis, aliqua, aliquid ou aliquod; *quelque, quelqu'un, quelque chose*; g. alicujus; d. alicui; Pl. Aliqu i, æ, a; etc.

Ecquis? ecqua ou ecquæ? ecquid ou ecquod? *Y a-t-il quelqu'un qui? y a-t-il un, une?* g. eccujus? d. eccui? etc.

Nequis, nequa, nequid ou nequod; *de peur que quelqu'un, de peur que quelque chose*; g. necujus; d. necui; etc.

Siquis, siqua, siquid ou siquod; *si quelqu'un, si quelque chose*; g. sicujus; d. sicui; etc.

1re REMARQUE. *Nequis* et *siquis* s'écrivent en un seul mot ou en deux : *ne quis, ne qua, ne quid, ne quod*, etc.; et *si quis, si qua, si quid, si quod*, etc.

2° REMARQUE. Quelques-uns de ces pronoms composés forment de nouveaux pronoms composés, comme :

Unusquisque, unaquæque, unumquidque ou unumquodque; *chacun, chacune, chaque chose*; g. uniuscujusque; d. unicuique; etc.; on décline *unus* et *quis*.

Ecquisnam? ecquænam? ecquidnam ou ecquodnam? *y a-t-il quelqu'un qui? y a-t-il un, une?* g. eccujusnam? d. eccuinam? etc.; *quis* seul se décline.

VI. Pronoms-adjectifs indéfinis.

69. Les pronoms-adjectifs *indéfinis* sont ceux qui indiquent les objets d'une manière vague et générale.

Tels sont : *aliquis*, quelqu'un, quelque; *quisque*, chacun, chaque; *quidam*, certain; *quicumque*, quiconque, quel...que; *nullus*, aucun; et plusieurs autres, déjà cités parmi les pronoms-adjectifs composés (67 et 68).

Tels sont encore les suivants, composés de *uter* (33) :

Uterque, utraque, utrumque, *l'un et l'autre*; g. utriusque; d. utrique.

---

pronom composé, quelle est la terminaison du féminin singulier et du neutre pluriel? Comment se déclinent les pronoms composés de *quis?* Comment s'écrivent *nequis* et *siquis?* Citez quelques pronoms composés formés d'autres pronoms composés.

69. Qu'est-ce que les pronoms-adjectifs indéfinis? Citez-en.

DÉCLINAISON DES PRONOMS.

Alterut er, ra, rum, l'un ou l'autre; g. *alterutr ius*; d. *alterutr i*.
Utervis, utravis, utrumvis, lequel des deux vous voudrez;
   g. *utr iusvis*; d. *utr ivis*.
Uterlibet, utralibet, utrumlibet, qui des deux il vous plaira;
   g. *utr iuslibet*; d. *utr ilibet*.
*Utercumque, utracumque, utrumcumque, quel que soit celui
des deux qui*; g. *utr iuscumque*; d. *utr icumque*.

70. — Règle des pronoms.

I. Règle du QUI relatif.

Deus qui regnat.

Le relatif *qui, quæ, quod*, s'accorde en genre et en nombre avec son antécédent, et se met au cas demandé par le verbe qui suit.

Ex. : Dieu qui règne, *Deus qui regnat*; la mère qui est malade, *mater quæ ægrotat*; l'animal qui court, *animal quod currit*; Dieu que j'aime, *Deus quem amo*.

II. Règle des autres pronoms.

Id (caput) parvum est.

Les pronoms *is, hic, iste, ille, ipse, idem, quis? quisque*, etc., s'accordent en genre et en nombre avec le nom dont ils tiennent la place, et se mettent au cas demandé par le verbe de la proposition dont ils font partie.

Ainsi, en parlant de la tête, nous disons *elle*, parce que tête est du féminin; en latin, il faut mettre *id*, parce que *caput* est du neutre : elle est petite, *id parvum est*.

Id est au nominatif, parce qu'il est sujet de *est* (8).

REMARQUE. Quand les pronoms sont employés comme adjectifs, ils s'accordent, comme les adjectifs, en genre, en nombre et en cas, avec le substantif auquel ils se rapportent.

Ex. : Ma mère, *mater mea*; ces hommes, *isti homines*; quelle maison, *quæ domus?* etc.

---

70. Récitez la règle *Deus qui regnat* (règle du *qui* relatif). Quelle est la règle des pronoms *is, hic, iste, ille*, etc.? Quand les pronoms sont employés comme adjectifs, avec quel mot s'accordent-ils?

CHAPITRE QUATRIÈME.

VERBES.

I. Verbe, sujet et attribut.

71. Le *verbe* est un mot par lequel on affirme qu'une qualité convient ou ne convient pas à un objet.

Dans les phrases : *Dieu est bon, Dieu n'est pas injuste*, le verbe *est* sert à affirmer que la *bonté* convient ou appartient à Dieu, et que l'*injustice* ne lui convient pas, ou ne lui appartient pas.

Le nom de l'objet dont on affirme quelque chose, s'appelle *sujet* ; la qualité qu'on attribue ou qu'on n'attribue pas à un objet, s'appelle *attribut*.

Dans les deux exemples précédents, le mot *Dieu* est *sujet* ; les adjectifs *bon* et *injuste*, sont des *attributs*.

La réunion du sujet, du verbe et de l'attribut, forme un *jugement* de notre esprit, et l'énoncé de ce jugement s'appelle *proposition*.

II. Verbe substantif ; verbes attributifs.

72. On distingue deux espèces de verbes : le verbe *substantif*, et les verbes *attributifs*.

Le verbe *être*, en latin *sum*, est le verbe par excellence, et, à proprement parler, le seul véritable verbe.

Il s'appelle *substantif*, parce qu'il subsiste par lui-même, parfaitement distinct de l'attribut : Dieu *est* bon, Deus est bonus.

---

71. Qu'est-ce que le verbe ? Donnez un exemple. Qu'est-ce qu'on appelle sujet et attribut ? Que forme la réunion du verbe, du sujet et de l'attribut ? Qu'appelle-t-on proposition ?

72. Combien distingue-t-on d'espèces de verbes ? Quel est le verbe par excellence ? Pourquoi le verbe *être* s'appelle-t-il substantif ?

Tous les autres verbes s'appellent verbes *attributifs*, parce qu'ils renferment en eux-mêmes le verbe *être* et *l'attribut*. Ex. : Dieu *vit*, Dieu *aime*; les verbes *vit*, *aime*, équivalent à *est vivant*, *est aimant*.

Les verbes attributifs expriment une action ou un état du sujet. Ainsi les verbes *currere*, courir, et *laborare*, travailler, expriment une action ; les verbes *manere*, rester, et *jacere*, être étendu, expriment un état.

Dans tout verbe, il faut considérer six choses : les *personnes*, les *nombres*, les *temps*, les *modes*, la *conjugaison* et les *temps primitifs*.

III. Personnes.

73. Il y a trois *personnes* dans les verbes : elles sont indiquées en latin par les pronoms et par les terminaisons : *ego amo*, j'aime; *tu amas*, tu aimes; *is* ou *ille amat*, il aime; *nos amamus*, nous aimons; *vos amatis*, vous aimez; *ii* ou *illi amant*, ils aiment.

La troisième personne est souvent indiquée par un nom : *Deus regnat*, Dieu règne; *pueri ludunt*, les enfants jouent.

REMARQUE. On sous-entend ordinairement les pronoms, quand ils sont sujets : *amo*, j'aime; *amant*, ils aiment.

IV. Nombres.

74. Il y a deux *nombres* dans les verbes : le *singulier* et le *pluriel*.

Le singulier s'emploie, quand il s'agit d'une seule personne ou d'une seule chose.

Ex. : L'enfant dort, *puer dormit*; j'écoute, *ego audio*.

Le pluriel s'emploie, quand il s'agit de plusieurs personnes ou de plusieurs choses.

Ex. : Les enfants dorment, *pueri dormiunt*; nous écoutons, *nos audimus*.

Pourquoi tous les autres verbes s'appellent-ils attributifs? Qu'expriment les verbes attributifs? Que faut-il considérer dans tout verbe?

73. Combien y a-t-il de personnes dans les verbes? Par quoi sont-elles indiquées en latin? Par quoi est souvent indiquée la 3e personne? Exprime-t-on toujours les pronoms, quand ils sont sujets?

74. Combien y a-t-il de nombres dans les verbes? Quand s'emploie le singulier? le pluriel? Exemples.

V. Temps.

75. Les *temps* sont les différentes formes que prend le verbe, pour exprimer à quel moment se rapporte l'état ou l'action dont on parle.

Il y a en latin trois temps principaux, le *présent*, le *passé* ou *parfait*, et le *futur* ; et trois temps secondaires, appartenant au passé, l'*imparfait*, le *plus-que-parfait* et le *futur passé* qu'on appelle aussi *futur antérieur*.

Le *présent* exprime que la chose est ou se fait *actuellement*, comme *sum*, je suis ; *lego*, je lis.

Le *passé*, ou *parfait*, exprime que la chose a été, ou s'est faite, comme *fui*, j'ai été ; *legi*, j'ai lu.

REMARQUE. Le parfait latin rend à la fois le parfait défini et le parfait indéfini du français. Ainsi *fui* signifie *j'ai été*, ou *je fus* ; *legi* signifie *j'ai lu*, ou *je lus*.

Le *futur*, appelé aussi *futur simple*, exprime que la chose sera ou se fera, comme *ero*, je serai ; *legam*, je lirai.

L'*imparfait* indique une chose passée maintenant, mais qui était encore présente au moment où une autre avait lieu ; comme : *legebam, quum frater meus venit* ; je lisais, quand mon frère est arrivé.

Le *plus-que-parfait* indique une chose déjà passée au moment où une autre, maintenant aussi passée, a eu lieu ; comme : *legeram, quum frater meus venit* ; j'avais lu, quand mon frère est arrivé.

Le *futur passé*, ou *futur antérieur*, indique une chose future, mais qui sera passée, quand une autre chose également future aura lieu ; comme : *legero, quum frater meus veniet* ; j'aurai lu, quand mon frère arrivera.

---

75. Qu'est-ce que les temps? Combien y a-t-il en latin de temps principaux et de temps secondaires? Nommez-les. Qu'exprime le présent? le passé ou parfait? le futur? l'imparfait? le plus-que-parfait? le futur passé? Quel est en latin le temps qui rend à la fois le parfait défini et le parfait indéfini du français?

VI. Modes.

76. Les *modes* sont les différentes formes que prend le verbe, pour exprimer les différents points de vue sous lesquels on veut présenter l'état ou l'action, c'est-à-dire, l'affirmation, le commandement, le doute, la supposition, le désir, etc.

Il y a en latin cinq modes : l'*indicatif*, l'*impératif*, le *subjonctif*, l'*infinitif* et le *participe*.

Par l'*indicatif*, on affirme : *lego*, je lis.

Par l'*impératif*, on commande : *lege*, lis.

Par le *subjonctif*, on subordonne l'affirmation à une autre idée, exprimée ou sous-entendue : *volo ut legas*, je veux que tu lises ; *pereat!* qu'il périsse! etc.

Par l'*infinitif*, on indique l'état ou l'action d'une manière générale, sans désigner ni la personne, ni le nombre : *legere*, lire.

Par le *participe*, on présente l'état ou l'action que le verbe exprime, comme qualifiant ou déterminant un nom : *puer legens*, un enfant lisant.

77. REMARQUES. 1° A l'infinitif se rattachent, en latin, le *gérondif* et le *supin*.

Le *gérondif* et le *supin* sont deux formes de l'infinitif présent, destinées à le suppléer, quand il est employé comme substantif, au génitif, au datif, à l'ablatif, et souvent à l'accusatif.

Le *gérondif* a quatre cas : le génitif en *di*, le datif et l'ablatif en *do*, l'accusatif en *dum* : *amandi*, d'aimer ; *amando*, à aimer, en aimant ; *ad amandum*, pour aimer.

Le *supin* a deux cas : l'accusatif en *um*, avec le sens actif ou neutre, et l'ablatif en *u*, avec le sens passif ; *venio lusum*, je viens jouer ; *mirabile visu*, chose admirable à voir (à être vue).

---

76. Qu'est-ce que les modes? Combien y a-t-il de modes en latin? Nommez-les. Qu'exprime-t-on par l'indicatif? par l'impératif? par le subjonctif? par l'infinitif? par le participe?

77. Quelles sont les deux formes qui se rattachent en latin à l'infinitif? Qu'est-ce que le gérondif et le supin? Combien de cas a le gérondif? Combien de cas a le supin? Quelle est la forme qui se rattache

VERBES. 51

2° Au participe passif se rattache la forme en *dus*, appelée *participe passif de nécessité ou d'obligation*; elle se nomme ainsi, parce qu'elle est une espèce de *participe*, qui exprime généralement le *passif* avec une idée de *nécessité* ou *d'obligation*.

Ex. : *Amandus*, devant être aimé, c'est-à-dire, qui doit être aimé (qu'il faut aimer).

78. Les modes se divisent en modes *personnels* et en modes *impersonnels*.

Les modes *personnels* sont ceux qui indiquent les personnes : ce sont l'*indicatif*, l'*impératif* et le *subjonctif*.

Les modes *impersonnels* sont ceux qui n'indiquent pas les personnes : ce sont l'*infinitif* et le *participe*.

Remarque. Le mode du *conditionnel* n'existe pas en latin; on traduit généralement le *conditionnel présent* par l'imparfait du subjonctif, et le *conditionnel passé* par le plus-que-parfait du subjonctif.

Ex. : Je lirais, si j'avais un livre; *legerem, si librum haberem.*
J'aurais lu, si j'avais eu un livre; *legissem, si librum habuissem.*

79. Les modes n'ont pas tous, en latin, le même nombre de temps.

L'indicatif a les six temps, c'est-à-dire, le *présent*, l'*imparfait*, le *parfait*, le *plus-que-parfait*, le *futur*, et le *futur passé*.

L'impératif n'a que le *présent* et le *futur*.

Le subjonctif a le *présent*, l'*imparfait*, le *parfait* et le *plus-que-parfait*.

L'infinitif a le *présent*, le *parfait*, le *futur* et le *futur passé*.

Le participe actif a le *présent* et le *futur*; le participe passif n'a que le *parfait*, appelé *participe passé*, et la forme en *dus*.

---

au participe passif? Pourquoi la forme en *dus* s'appelle-t-elle participe passif de nécessité ou d'obligation ?

78. Comment se divisent les modes? Qu'est-ce que les modes personnels? Qu'est-ce que les modes impersonnels? Le conditionnel existe-t-il en latin? Par quoi le traduit-on généralement ?

79. Les modes ont-ils tous, en latin, le même nombre de temps? Quels sont les temps de l'indicatif? ceux de l'impératif? du subjonctif? de l'infinitif? du participe ?

VII. Conjugaisons.

80. *Conjuguer* un verbe, c'est réciter ou écrire de suite les différentes formes de ce verbe, selon les modes et les temps, selon les nombres et les personnes.

On appelle *conjugaison*, l'ensemble des différentes formes d'un verbe.

Il y a *quatre* conjugaisons en latin : elles se distinguent par la terminaison du présent de l'infinitif, et par celle de la seconde personne du singulier de l'indicatif présent.

La *première* conjugaison fait au présent de l'infinitif *are*, et à la seconde personne du singulier de l'indicatif présent *as*, comme *am-are*, *am-as*, aimer.

La *seconde* conjugaison fait au présent de l'infinitif *ēre* (e long), et à la seconde personne du singulier de l'indicatif présent *es*, comme *mon-ēre*, *mon-es*, avertir.

La *troisième* conjugaison fait au présent de l'infinitif *ĕre* (e bref), et à la seconde personne du singulier de l'indicatif présent *ĭs* (bref), comme *leg-ĕre*, *leg-ĭs*, lire.

La *quatrième* conjugaison fait au présent de l'infinitif *ire*, et à la seconde personne du singulier de l'indicatif présent *īs* (long), comme *aud-ire*, *aud-īs*, entendre.

On appelle verbes *réguliers*, ceux qui se conjuguent entièrement suivant la conjugaison à laquelle ils appartiennent.

VIII. Temps primitifs.

81. On appelle *temps primitifs*, les temps qui servent à former tous les autres temps.

On appelle *temps dérivés*, ceux qui sont formés des temps primitifs.

---

80. Qu'est-ce que conjuguer un verbe ? Qu'appelle-t-on conjugaison ? Combien y a-t-il de conjugaisons en latin ? Par quoi se distinguent-elles ? Quelles sont les terminaisons du présent de l'infinitif, et de la seconde personne du singulier de l'indicatif présent, dans la 1re conjugaison ? dans la 2e ? dans la 3e ? dans la 4e ? Qu'appelle-t-on verbes réguliers ?

81. Qu'appelle-t-on temps primitifs ? temps dérivés ? Combien y a-t-il en latin de temps primitifs ? Quels sont ils ?

Il y a en latin *quatre* temps primitifs : le *présent de l'indicatif*, le *parfait de l'indicatif*, le *présent de l'infinitif*, et le *supin* en *um*.

82. REMARQUE. Dans tout verbe, il faut distinguer deux parties : le *radical* et la *terminaison*.

Le *radical* est la première partie du verbe; on le reconnaît en retranchant la terminaison du présent de l'infinitif. Ainsi dans *amare*, le radical est *am*.

Le radical se maintient dans toutes les formes des verbes réguliers; il subit toutefois une légère modification au parfait et au supin d'un certain nombre de verbes réguliers d'ailleurs.

Ex. : *leg-o*, sup. *lec-tum*; *vinc-o*, parf. *vic-i*, sup. *vic-tum*; *jac-io*, *fac-io*, parf. *jec-i*, *fec-i*; etc.

La *terminaison* est la seconde partie du verbe; elle varie suivant les temps, les modes, les personnes et les nombres : *am-are*, *am-o*, *am-as*, *am-amus*; etc.

ART. I. — CONJUGAISON DU VERBE SUBSTANTIF *SUM*.

83. La conjugaison du verbe *sum* est irrégulière en latin, comme celle du verbe *être* l'est en français.

REMARQUE. De même que le verbe *être* en français, le verbe *sum* en latin devient *verbe auxiliaire*, en prêtant ses temps aux verbes passifs dans leurs temps passés.

Ex. : J'ai été aimé ou je fus aimé, *amatus sum* ou *fui*;
J'avais été aimé, *amatus eram* ou *fueram*;
Avoir été aimé, *amatum esse* ou *fuisse*; etc.

---

82. Combien de parties faut-il distinguer dans un verbe? Qu'est-ce que le radical? Comment le reconnaît-on? Le radical se maintient-il dans toutes les formes du verbe? Ne subit-il pas une légère modification dans certains verbes? Qu'est-ce que la terminaison? Comment varie-t-elle?

83. La conjugaison du verbe *sum* est-elle régulière? Le verbe *sum* devient-il verbe auxiliaire en latin? Conjuguez le verbe *sum*. Donnez le présent de tous les modes. Donnez le parfait de l'indicatif et celui du subjonctif. Quelle est la troisième personne du singulier du futur de l'indicatif? Quel est le futur de l'infinitif? etc., etc.

Conjugaison du verbe substantif SUM (ÊTRE).

INDICATIF.		IMPÉRATIF.	
PRÉSENT.		**PRÉSENT.**	
S. 1 p. Sum,	je suis.	(Pas de 1re personne.)	
2 p. Es,	tu es.	Es ou esto,	sois.
3 p. Est,	il est.	Sit,	qu'il soit.
P. 1 p. Sumus,	nous sommes.	Simus,	soyons.
2 p. Estis,	vous êtes.	Este ou estote,	soyez.
3 p. Sunt,	ils sont.	Sint,	qu'ils soient.
IMPARFAIT.			
S. 1 p. Er am,	j'étais.		
2 p. Er as,	tu étais.		
3 p. Er at,	il était.		
P. 1 p. Er amus,	nous étions.		
2 p. Er atis,	vous étiez.		
3 p. Er ant,	ils étaient.		
PARFAIT.			
S. 1 p. Fu i,	j'ai été (ou je fus).		
2 p. Fu isti,	tu as été.		
3 p. Fu it,	il a été.		
P. 1 p. Fu imus,	nous avons été.		
2 p. Fu istis,	vous avez été.		
3 p. Fu erunt ou fu ere,	ils ont été.		
PLUS-QUE-PARFAIT.			
S. 1 p. Fu eram,	j'avais été.		
2 p. Fu eras,	tu avais été.		
3 p. Fu erat,	il avait été.		
P. 1 p. Fu eramus,	nous avions été.		
2 p. Fu eratis,	vous aviez été.		
3 p. Fu erant,	ils avaient été.		
FUTUR.		**FUTUR.**	
S. 1 p. Er o,	je serai.	(Pas de 1re personne.)	
2 p. Er is,	tu seras.	Esto,	sois.
3 p. Er it,	il sera.	Esto,	qu'il soit.
P. 1 p. Er imus,	nous serons.		
2 p. Er itis,	vous serez.	Estote,	soyez.
3 p. Er unt,	ils seront.	Sunto,	qu'ils soient.
FUTUR PASSÉ.			
S. 1 p. Fu ero,	j'aurai été.		
2 p. Fu eris,	tu auras été.		
3 p. Fu erit,	il aura été.		
P. 1 p. Fu erimus,	nous aurons été.		
2 p. Fu eritis,	vous aurez été.		
3 p. Fu erint,	ils auront été.		

SUBJONCTIF.		INFINITIF.	PARTICIPE.
PRÉSENT.		**PRÉSENT.**	
Sim,	que je sois.	Esse, être.	
Sis,	que tu sois.		
Sit,	qu'il soit.		
Simus,	que nous soyons.		
Sitis,	que vous soyez.		
Sint,	qu'ils soient.		
IMPARFAIT.			
Essem ou forem,	que je fusse.		
Esses ou fores,	que tu fusses.		
Esset ou foret,	qu'il fût.		
Essemus,	que nous fussions.		
Essetis,	que vous fussiez.		
Essent ou forent,	qu'ils fussent.		
PARFAIT.		**PARFAIT.**	
Fu erim,	que j'aie été.	Fu isse, avoir été.	
Fu eris,	que tu aies été.		
Fu erit,	qu'il ait été.		
Fu erimus,	que nous ayons été.		
Fu eritis,	que vous ayez été.		
Fu erint,	qu'ils aient été.		
PLUS-QUE-PARFAIT.			
Fu issem,	que j'eusse été.		
Fu isses,	que tu eusses été.		
Fu isset,	qu'il eût été.		
Fu issemus,	que nous eussions été.		
Fu issetis,	que vous eussiez été.		
Fu issent,	qu'ils eussent été.		
		FUTUR.	**FUTUR.**
		Fore, ou Futur um (am, um) esse; Futur os (as, a) esse, devoir être (c.-à-d. qu'il sera, qu'ils seront).	Futur us (a, um), devant être (c.-à-d. qui sera).
		FUTUR PASSÉ.	
		Futur um (am, um) fuisse; Futur os (as, a) fuisse, avoir dû être (c.-à-d. qu'il aura été, qu'ils auront été).	

84. REMARQUE. Le verbe *sum* n'a ni gérondifs, ni supins, ni participe présent : il en est de même de ses composés. Cependant de *absum* et de *præsum* viennent les participes présents *absens* (étant absent, absent), et *præsens* (étant présent, présent), dont l'usage a fait de véritables adjectifs.

La forme *es* est rare à l'impératif; on la remplace ordinairement dans le verbe simple par *esto* ou par *sis*.

Les composés de *sum* se conjuguent comme lui. Les voici :

INDICAT. PRÉSENT.		PARFAIT.	INFINITIF PRÉSENT.		
Ab-sum,	— es,	ab-fui,	ab-esse,	n.,	être absent.
Ad-sum,	— es,	ad-fui,	ad-esse,	n.,	être présent.
De-sum,	— es,	de-fui,	de-esse,	n.,	manquer à.
In-sum,	— es,	in-fui (*rare*),	in-esse,	n.,	être dans.
Inter-sum,	— es,	inter-fui,	inter-esse,	n.,	assister à.
Ob-sum,	— es,	ob-fui,	ob-esse,	n.,	être nuisible.
Præ-sum,	— es,	præ-fui,	præ-esse,	n.,	être à la tête de.
Sub-sum,	— es,	(*manque*),	sub-esse,	n.,	être dessous.
Super-sum,	— es,	super-fui,	super-esse,	n.,	être de reste.

Possum et *prosum* se trouvent parmi les verbes irréguliers. (122, 123.)

85. Règle du Sujet et du Verbe.
Deus est ubique.

Le sujet de tout verbe personnel qui n'est pas à l'infinitif, se met au nominatif, et le verbe s'accorde en nombre et en personne avec son sujet.

Ex. : Dieu est partout, *Deus est ubique*.

86. Règle de l'Attribut.
Deus est sanctus.

L'attribut se met au même cas que le sujet; si l'attribut est un adjectif, il s'accorde avec son sujet, non-seulement en cas, mais encore en genre et en nombre.

Ex. : Dieu est saint, *Deus est sanctus*.
Dieu est créateur, *Deus est creator*.

---

84. Quelles sont les formes qui manquent au verbe *sum* et à ses composés? D'où viennent les adjectifs *absens* et *præsens*? Comment se conjuguent les composés de *sum*? Citez-les.
85. Récitez la règle *Deus est ubique* (règle du sujet et du verbe).
86. Récitez la règle *Deus est sanctus* (règle de l'attribut).

Art. II.

CONJUGAISON DES VERBES ATTRIBUTIFS.

Division des Verbes attributifs.

87. Les verbes attributifs, considérés sous le rapport de leur conjugaison, se divisent en sept classes, à savoir :

1° Les verbes *actifs* ;
2° Les verbes *passifs* ;
3° Les verbes *neutres* ;
4° Les verbes *déponents* ;
5° Les verbes *irréguliers* ;
6° Les verbes *défectifs* ;
7° Les verbes *impersonnels*.

I. Verbes actifs.

88. En latin, on reconnaît qu'un verbe est *actif*, lorsqu'il gouverne l'accusatif, et qu'il a un passif ; comme *amo* (j'aime), qui veut son régime direct à l'accusatif, *amo Deum* (j'aime Dieu), et qui a un passif *amor* (je suis aimé).

Les verbes actifs ont chacun deux voix, c'est-à-dire deux formes de conjugaison : la *voix active* et la *voix passive*.

La *voix active* est celle où le sujet fait l'action ; comme *amo*, j'aime.

La *voix passive* est celle où le sujet souffre l'action ou la reçoit, comme *amor*, je suis aimé.

Le verbe actif à la voix active porte proprement le nom de verbe *actif*; à la voix passive, il est appelé verbe *passif*.

Les quatre conjugaisons ont pour modèles, à la voix active, les verbes *amo, moneo, lego, audio*.

---

87. Comment se divisent les verbes attributifs, considérés sous le rapport de leur conjugaison ? Nommez les sept classes des verbes attributifs.

88. Quand reconnaît-on, en latin, qu'un verbe est actif ? Combien les verbes actifs ont-ils de voix ? Quelles sont-elles ? Qu'est-ce que la voix active ? Qu'est-ce que la voix passive ? Quel nom le verbe actif porte-t-il à la voix active ? Comment est-il appelé à la voix passive ? Quels sont les modèles des quatre conjugaisons à la voix active ?

89. AMO, actif, première conjugaison à la voix active. — ARE, AS.

INDICATIF.		IMPÉRATIF.		SUBJONCTIF.		INFINITIF.	PARTICIPE.
PRÉSENT.		**PRÉSENT.**		**PRÉSENT.**		**PRÉSENT.**	**PRÉSENT.**
S. 1 p. Am o,	j'aime.			Am om,	que j'aime.	Am are, aimer.	Am ans, antis, aimant (qui aime).
2 p. Am as,	tu aimes.	Am a ou ato,	aime.	Am es,	que tu aimes.		
3 p. Am at,	il aime.	Am et,	qu'il aime.	Am et,	qu'il aime.		
P. 1 p. Am amus,	nous aimons.	Am emus,	aimons.	Am emus,	que nous aimions.		
2 p. Am atis,	vous aimez.	Am ate ou atote,	aimez.	Am etis,	que vous aimiez.		
3 p. Am ant,	ils aiment.	Am ent,	qu'ils aiment.	Am ent,	qu'ils aiment.		
IMPARFAIT.				**IMPARFAIT.**			
S. 1 p. Am abam,	j'aimais.			Am arem,	que j'aimasse.		
2 p. Am abas,	tu aimais.			Am ares,	que tu aimasses.		
3 p. Am abat,	il aimait.			Am aret,	qu'il aimât.		
P. 1 p. Am abamus,	nous aimions.			Am aremus,	que nous aimassions.		
2 p. Am abatis,	vous aimiez.			Am aretis,	que vous aimassiez.		
3 p. Am abant,	ils aimaient.			Am arent,	qu'ils aimassent.		
PARFAIT.				**PARFAIT.**		**PARFAIT.**	
S. 1 p. Am avi,	j'ai aimé (ou j'aimai).			Am averim,	que j'aie aimé.	Am avisse, avoir aimé.	
2 p. Am avisti,	tu as aimé.			Am averis,	que tu aies aimé.		
3 p. Am avit,	il a aimé.			Am averit,	qu'il ait aimé.		
P. 1 p. Am avimus,	nous avons aimé.			Am averimus,	que nous ayons aimé.		
2 p. Am avistis,	vous avez aimé.			Am averitis,	que vous ayez aimé.		
3 p. Am averunt, ou Am avere,	ils ont aimé.			Am averint,	qu'ils aient aimé.		
PLUS-QUE-PARFAIT.				**PLUS-QUE-PARFAIT.**			
S. 1 p. Am averam,	j'avais aimé.			Am avissem,	que j'eusse aimé.		
2 p. Am averas,	tu avais aimé.			Am avisses,	que tu eusses aimé.		
3 p. Am averat,	il avait aimé.			Am avisset,	qu'il eût aimé.		
P. 1 p. Am averamus,	nous avions aimé.			Am avissemus,	que nous eussions aimé.		
2 p. Am averatis,	vous aviez aimé.			Am avissetis,	que vous eussiez aimé.		
3 p. Am averant,	ils avaient aimé.			Am avissent,	qu'ils eussent aimé.		
FUTUR.		**FUTUR.**				**FUTUR.**	**FUTUR.**
S. 1 p. Am abo,	j'aimerai.					Amaturum (am, um) esse;	Amaturus (a, um), devant aimer (qui aimera).
2 p. Am abis,	tu aimeras.	Am ato,	aime.			Amaturos (as, a) esse, devoir aimer (c.-à-d. qu'il aimera, qu'ils aimeront).	
3 p. Am abit,	il aimera.	Am ato,	qu'il aime.				**GÉRONDIFS.**
P. 1 p. Am abimus,	nous aimerons.						Gén. Amandi, d'aimer.
2 p. Am abitis,	vous aimerez.	Am atote,	aimez.				Dat. Am ando, à aimer.
3 p. Am abunt,	ils aimeront.	Am anto,	qu'ils aiment.				Acc. (ad) Am andum, pour aimer.
FUTUR PASSÉ.						**FUTUR PASSÉ.**	Abl. Am ando, en aimant.
S. 1 p. Am avero,	j'aurai aimé.					Amaturum (am, um) fuisse;	
2 p. Am averis,	tu auras aimé.					Amaturos (as, a) fuisse; avoir dû aimer (c.-à-d. qu'il aura aimé, qu'ils auront aimé).	**SUPIN.**
3 p. Am averit,	il aura aimé.						Am atum, aimer.
P. 1 p. Am averimus,	nous aurons aimé.						
2 p. Am averitis,	vous aurez aimé.						
3 p. Am averint,	ils auront aimé.						

90. MONEO, actif, deuxième conjugaison à la voix active. — ÉRE, ES.

INDICATIF.		IMPÉRATIF.	
PRÉSENT.		**PRÉSENT.**	
S. 1 p. Mon eo,	j'avertis.		
2 p. Mon es,	tu avertis.	Mon e ou eto,	avertis.
3 p. Mon et,	il avertit.	Mon eat,	qu'il avertisse.
P. 1 p. Mon emus,	nous avertissons.	Mon eamus,	avertissons.
2 p. Mon etis,	vous avertissez.	Mon ete ou etote,	avertissez.
3 p. Mon ent,	ils avertissent.	Mon eant,	qu'ils avertissent.
IMPARFAIT.			
S. 1 p. Mon ebam,	j'avertissais.		
2 p. Mon ebas,	tu avertissais.		
3 p. Mon ebat,	il avertissait.		
P. 1 p. Mon ebamus,	nous avertissions.		
2 p. Mon ebatis,	vous avertissiez.		
3 p. Mon ebant,	ils avertissaient.		
PARFAIT.			
S. 1 p. Mon ui,	j'ai averti (ou j'avertis).		
2 p. Mon uisti,	tu as averti.		
3 p. Mon uit,	il a averti.		
P. 1 p. Mon uimus,	nous avons averti.		
2 p. Mon uistis,	vous avez averti.		
3 p. Mon uerunt, ou Mon uere,	ils ont averti.		
PLUS-QUE-PARFAIT.			
S. 1 p. Mon ueram,	j'avais averti.		
2 p. Mon ueras,	tu avais averti.		
3 p. Mon uerat,	il avait averti.		
P. 1 p. Mon ueramus,	nous avions averti.		
2 p. Mon ueratis,	vous aviez averti.		
3 p. Mon uerant,	ils avaient averti.		
FUTUR.		**FUTUR.**	
S. 1 p. Mon ebo,	j'avertirai.		
2 p. Mon ebis,	tu avertiras.	Mon eto,	avertis.
3 p. Mon ebit,	il avertira.	Mon eto,	qu'il avertisse.
P. 1 p. Mon ebimus,	nous avertirons.		
2 p. Mon ebitis,	vous avertirez.	Mon etote,	avertissez.
3 p. Mon ebunt,	ils avertiront.	Mon ento,	qu'ils avertissent.
FUTUR PASSÉ.			
S. 1 p. Mon uero,	j'aurai averti.		
2 p. Mon ueris,	tu auras averti.		
3 p. Mon uerit,	il aura averti.		
P. 1 p. Mon uerimus,	nous aurons averti.		
2 p. Mon ueritis,	vous aurez averti.		
3 p. Mon uerint,	ils auront averti.		

SUBJONCTIF.		INFINITIF.	PARTICIPE.
PRÉSENT.		**PRÉSENT.**	**PRÉSENT.**
Mon eam,	que j'avertisse.	Mon ere, avertir.	Mon ens, entis, avertissant, (qui avertit).
Mon eas,	que tu avertisses.		
Mon eat,	qu'il avertisse.		
Mon eamus,	que nous avertissions.		
Mon eatis,	que vous avertissiez.		
Mon eant,	qu'ils avertissent.		
IMPARFAIT.			
Mon erem,	que j'avertisse.		
Mon eres,	que tu avertisses.		
Mon eret,	qu'il avertît.		
Mon eremus,	que nous avertissions.		
Mon eretis,	que vous avertissiez.		
Mon erent,	qu'ils avertissent.		
PARFAIT.		**PARFAIT.**	
Mon uerim,	que j'aie averti.	Mon uisse, avoir averti.	
Mon ueris,	que tu aies averti.		
Mon uerit,	qu'il ait averti.		
Mon uerimus,	que nous ayons averti.		
Mon ueritis,	que vous ayez averti.		
Mon uerint,	qu'ils aient averti.		
PLUS-QUE-PARFAIT.			
Mon uissem,	que j'eusse averti.		
Mon uisses,	que tu eusses averti.		
Mon uisset,	qu'il eût averti.		
Mon uissemus,	que nous eussions averti.		
Mon uissetis,	que vous eussiez averti.		
Mon uissent,	qu'ils eussent averti.		
		FUTUR.	**FUTUR.**
		Moniturum (am, um) esse; Moniturus os (as, a) esse, devoir avertir (c.-à-d. qu'il avertira, qu'ils avertiront).	Moniturus os (a, um), devant avertir (qui avertira).
			GÉRONDIFS. Gén. Mon endi, d'avertir. Dat. Mon endo, à avertir. Acc. (ad) Mon endum, pour avertir. Abl. Mon endo, en avertissant.
		FUTUR PASSÉ.	**SUPIN.**
		Moniturum (am, um) fuisse; Moniturus os (as, a) fuisse, avoir dû avertir (c.-à-d. qu'il aura averti, qu'ils auront averti).	Mouitum, avertir.

91. LEGO, actif, troisième conjugaison à la voix active. — ÈRE, IS.

INDICATIF.			IMPÉRATIF.	
PRÉSENT.			**PRÉSENT.**	
S. 1 p.	Leg o,	je lis.		
2 p.	Leg is,	tu lis.	Leg e ou ito,	lis.
3 p.	Leg it,	il lit.	Leg at,	qu'il lise.
P. 1 p.	Leg imus,	nous lisons.	Leg amus,	lisons.
2 p.	Leg itis,	vous lisez.	Leg ite ou itote,	lisez.
3 p.	Leg unt,	ils lisent.	Leg ant,	qu'ils lisent.
IMPARFAIT.				
S. 1 p.	Leg ebam,	je lisais.		
2 p.	Leg ebas,	tu lisais.		
3 p.	Leg ebat,	il lisait.		
P. 1 p.	Leg ebamus,	nous lisions.		
2 p.	Leg ebatis,	vous lisiez.		
3 p.	Leg ebant,	ils lisaient.		
PARFAIT.				
S. 1 p.	Leg i,	j'ai lu (ou je lus).		
2 p.	Leg isti,	tu as lu.		
3 p.	Leg it,	il a lu.		
P. 1 p.	Leg imus,	nous avons lu.		
2 p.	Leg istis,	vous avez lu.		
3 p.	Leg erunt,	ils ont lu.		
ou	Leg ere,			
PLUS-QUE-PARFAIT.				
S. 1 p.	Leg eram,	j'avais lu.		
2 p.	Leg eras,	tu avais lu.		
3 p.	Leg erat,	il avait lu.		
P. 1 p.	Leg eramus,	nous avions lu.		
2 p.	Leg eratis,	vous aviez lu.		
3 p.	Leg erant,	ils avaient lu.		
FUTUR.			**FUTUR.**	
S. 1 p.	Leg am,	je lirai.		
2 p.	Leg es,	tu liras.	Leg ito,	lis.
3 p.	Leg et,	il lira.	Leg ito,	qu'il lise.
P. 1 p.	Leg emus,	nous lirons.		
2 p.	Leg etis,	vous lirez.	Leg itote,	lisez.
3 p.	Leg ent,	ils liront.	Leg unto,	qu'ils lisent.
FUTUR PASSÉ.				
S. 1 p.	Leg ero,	j'aurai lu.		
2 p.	Leg eris,	tu auras lu.		
3 p.	Leg erit,	il aura lu.		
P. 1 p.	Leg erimus,	nous aurons lu.		
2 p.	Leg eritis,	vous aurez lu.		
3 p.	Leg erint,	ils auront lu.		

SUBJONCTIF.		INFINITIF.	PARTICIPE.
PRÉSENT.		**PRÉSENT.**	**PRÉSENT.**
Leg am,	que je lise.	Leg ere, lire.	Leg ens, entis,
Leg as,	que tu lises.		lisant (qui
Leg at,	qu'il lise.		lit).
Leg amus,	que nous lisions.		
Leg atis,	que vous lisiez.		
Leg ant,	qu'ils lisent.		
IMPARFAIT.			
Leg erem,	que je lusse.		
Leg eres,	que tu lusses.		
Leg eret,	qu'il lût.		
Leg eremus,	que nous lussions.		
Leg eretis,	que vous lussiez.		
Leg erent,	qu'ils lussent.		
PARFAIT.		**PARFAIT.**	
Leg erim,	que j'aie lu.	Leg isse, avoir lu.	
Leg eris,	que tu aies lu.		
Leg erit,	qu'il ait lu.		
Leg erimus,	que nous ayons lu.		
Leg eritis,	que vous ayez lu.		
Leg erint,	qu'ils aient lu.		
PLUS-QUE-PARFAIT.			
Leg issem,	que j'eusse lu.		
Leg isses,	que tu eusses lu.		
Leg isset,	qu'il eût lu.		
Leg issemus,	que nous eussions lu.		
Leg issetis,	que vous eussiez lu.		
Leg issent,	qu'ils eussent lu.		
		FUTUR.	**FUTUR.**
		Lecturum (am, um)	Lecturus (a,
		esse ;	um), devant
		Lecturos (as, a) esse,	lire (qui lira).
		devoir lire (c.-à-d.	
		qu'il lira, qu'ils	**GÉRONDIFS.**
		liront).	Gén. Leg endi,
			de lire.
		FUTUR PASSÉ.	Dat. Leg endo,
		Lecturum (am, um)	à lire.
		fuisse ;	Acc. (ad)
		Lecturos (as, a)	Leg endum,
		fuisse, avoir dû lire	pour lire.
		(c.-à-d. qu'il aura lu,	Abl. Leg endo,
		qu'ils auront lu).	en lisant.
			SUPIN.
			Lec tum, lire.

92. AUDIO, actif, quatrième conjugaison à la voix active. — IRE, IS.

INDICATIF.

PRÉSENT.
- S. 1 p. Aud io, j'entends.
- 2 p. Aud is, tu entends.
- 3 p. Aud it, il entend.
- P. 1 p. Aud imus, nous entendons.
- 2 p. Aud itis, vous entendez.
- 3 p. Aud iunt, ils entendent.

IMPARFAIT.
- S. 1 p. Aud iebam, j'entendais.
- 2 p. Aud iebas, tu entendais.
- 3 p. Aud iebat, il entendait.
- P. 1 p. Aud iebamus, nous entendions.
- 2 p. Aud iebatis, vous entendiez.
- 3 p. Aud iebant, ils entendaient.

PARFAIT.
- S. 1 p. Aud ivi, j'ai entendu (ou j'entendis).
- 2 p. Aud ivisti, tu as entendu.
- 3 p. Aud ivit, il a entendu.
- P. 1 p. Aud ivimus, nous avons entendu.
- 2 p. Aud ivistis, vous avez entendu.
- 3 p. Aud iverunt, ils ont entendu.
  ou Aud ivere,

PLUS-QUE-PARFAIT.
- S. 1 p. Aud iveram, j'avais entendu.
- 2 p. Aud iveras, tu avais entendu.
- 3 p. Aud iverat, il avait entendu.
- P. 1 p. Aud iveramus, nous avions entendu.
- 2 p. Aud iveratis, vous aviez entendu.
- 3 p. Aud iverant, ils avaient entendu.

FUTUR.
- S. 1 p. Aud iam, j'entendrai.
- 2 p. Aud ies, tu entendras.
- 3 p. Aud iet, il entendra.
- P. 1 p. Aud iemus, nous entendrons.
- 2 p. Aud ietis, vous entendrez.
- 3 p. Aud ient, ils entendront.

FUTUR PASSÉ.
- S. 1 p. Aud ivero, j'aurai entendu.
- 2 p. Aud iveris, tu auras entendu.
- 3 p. Aud iverit, il aura entendu.
- P. 1 p. Aud iverimus, nous aurons entendu.
- 2 p. Aud iveritis, vous aurez entendu.
- 3 p. Aud iverint, ils auront entendu.

IMPÉRATIF.

PRÉSENT.
- Aud i ou ito, entends.
- Aud ito, qu'il entende.
- Aud iamus, entendons.
- Aud ite ou itote, entendez.
- Aud iant, qu'ils entendent.

FUTUR.
- Aud ito, entends.
- Aud ito, qu'il entende.
- . . . . . .
- Aud itote, entendez.
- Aud iunto, qu'ils entendent.

SUBJONCTIF.

PRÉSENT.
- Aud iam, que j'entende.
- Aud ias, que tu entendes.
- Aud iat, qu'il entende.
- Aud iamus, que nous entendions.
- Aud iatis, que vous entendiez.
- Aud iant, qu'ils entendent.

IMPARFAIT.
- Aud irem, que j'entendisse.
- Aud ires, que tu entendisses.
- Aud iret, qu'il entendît.
- Aud iremus, que nous entendissions.
- Aud iretis, que vous entendissiez.
- Aud irent, qu'ils entendissent.

PARFAIT.
- Aud iverim, que j'aie entendu.
- Aud iveris, que tu aies entendu.
- Aud iverit, qu'il ait entendu.
- Aud iverimus, que nous ayons entendu.
- Aud iveritis, que vous ayez entendu.
- Aud iverint, qu'ils aient entendu.

PLUS-QUE-PARFAIT.
- Aud ivissem, que j'eusse entendu.
- Aud ivisses, que tu eusses entendu.
- Aud ivisset, qu'il eût entendu.
- Aud ivissemus, que nous eussions entendu.
- Aud ivissetis, que vous eussiez entendu.
- Aud ivissent, qu'ils eussent entendu.

FUTUR.
- Auditur um (am, um) esse;
- Auditur os (as, a) esse, devoir entendre (c.-à-d. qu'il entendra, qu'ils entendront).

FUTUR PASSÉ.
- Auditur um (am, um) fuisse;
- Auditur os (as, a) fuisse, avoir dû entendre (c.-à-d. qu'il aura entendu, qu'ils auront entendu).

INFINITIF.

PRÉSENT.
Aud ire, entendre.

PARFAIT.
Aud ivisse, avoir entendu.

PARTICIPE.

PRÉSENT.
Aud iens, ientis, entendant (qui entend).

FUTUR.
Auditur us (a, um), devant entendre (qui entendra).

GÉRONDIFS.
- G. Aud iendi, d'entendre.
- D. Aud iendo, à entendre.
- Acc. (ad) Aud iendum, pour entendre.
- A. Audiendo, en entendant.

SUPIN.
Aud itum, entendre.

VERBE *CAPIO*.

APPENDICE A LA TROISIÈME CONJUGAISON.

93. Verbes de la troisième conjugaison
Qui ont un *i* entre le radical et la terminaison *o* de l'indicatif présent.
CAPIO, actif, conjugaison en $\breve{E}RE$, *IO*, à la voix active.

INDICATIF.	IMPÉRATIF.	SUBJONCTIF.	INFINITIF.
PRÉSENT.	PRÉSENT.	PRÉSENT.	PRÉSENT.
Cap i o, *je prends.*	. . . . .	Cap i am, *que je*	Cap ere, *prendre.*
Cap is,	Cap e ou ito,	Cap i as, *prenne.*	
Cap it,	Cap i at, [*prends.*	Cap i at,	
Cap imus,	Cap i amus,	Cap i amus,	
Cap itis,	Cap ite ou itote,	Cap i atis,	
Cap i unt.	Cap i ant.	Cap i ant.	
IMPARFAIT.		IMPARFAIT.	
Cap i ebam, *je pre-*		Cap erem, *que je*	
Cap i ebas, *nais.*		Cap eres, *prisse.*	
Cap i ebat,		Cap eret,	
Cap i ebamus,		Cap eremus,	
Cap i ebatis,		Cap eretis,	
Cap i ebant.		Cap erent.	
PARFAIT.		PARFAIT.	PARFAIT.
Cep i, *j'ai pris,* ou		Cep erim, *que j'aie*	Cep isse,
Cep isti, [*je pris.*		Cep eris, *pris.*	*avoir pris.*
Cep it.		Cep erit	
PLUS-QUE-PARFAIT.		PLUS-QUE-PARFAIT.	
Cep eram, *j'avais*		Cep issem, *que j'eusse*	
Cep eras, *pris.*		Cep isses, *pris.*	
Cep erat. . . .		Cep isset. . . .	
FUTUR.	FUTUR.		FUTUR.
Cap i am, *je pren-*	. . . . .		Cap turum
Cap i es, *drai.*	Cap ito, *prends.*		esse, *devoir*
Cap i et,	Cap ito,		*prendre.*
Cap i emus,	. . . . .		
Cap i etis,	Cap itote,		
Cap i ent.	Cap i unto.		
FUTUR PASSÉ.			FUT. PASSÉ.
Cep ero, *j'aurai*			Cap turum
Cep eris, *pris.*			fuisse, *avoir*
Cep erit			*dû prendre.*
GÉRONDIFS.	SUPIN.	PARTICIPE.	
Cap i endi, *de prendre.*	Cap tum, *prendre.*	PRÉSENT.	
Cap i endo, *à prendre.*		Cap i ens, *prenant.*	
Cap i endum (*ad*), *pour*		FUTUR.	
prendre.		Cap turus, *devant prendre*	
Cap i endo, *en prenant.*		(c.-à-d. *qui prendra*).	

REMARQUES. 1° Quinze verbes de la troisième conjugaison ont un *i* entre le radical et la terminaison *o* du présent de l'indicatif; tous se conjuguent comme *cap ĕre, cap i o*, prendre.

Onze de ces verbes sont actifs : *capio, cupio, facio, fodio, fugio, jacio, pario, quatio, rapio*, enfin *lacio* et *specio*, usités seulement dans leurs composés; trois sont déponents : *gradior, morior* et *patior* (118); un seul est neutre, c'est *sapio* (109).

La plupart de ces verbes forment des composés qui se conjuguent de même.

2° Les verbes en *ĕre, io*, diffèrent de *lego*, en ce que, au présent de l'indicatif et aux temps qui en sont formés, ils prennent un *i* entre le radical et la terminaison, toutes les fois que la terminaison ne commence point par un *i* : *cap i o, cap is, cap i am*, etc.

Conjuguez 1° sur *Amo* :

Laud o,	as,	āvi,	ātum,	āre,	act., *louer*.
Voc o,	as,	āvi,	ātum,	āre,	act., *appeler*.
Verber o,	as,	āvi,	ātum,	āre,	act., *frapper*.

2° sur *Moneo* :

Deb eo,	es,	ui,	ĭtum,	ēre,	act., *devoir*.
Doc eo,	es,	ui,	tum,	ēre,	act., *enseigner*.
Terr eo,	es,	ui,	ĭtum,	ēre,	act., *effrayer*.

3° sur *Lego* :

Dic o,	ĭs,	dix i,	dic tum,	dic ĕre,	act., *dire*.
Duc o,	ĭs,	dux i,	duc tum,	duc ĕre,	act., *conduire*.
Vinc o,	ĭs,	vic i,	vic tum,	vinc ĕre,	act., *vaincre*.

4° sur *Audio* :

Erud io,	īs,	īvi *ou* ii,	ītum,	īre,	act., *instruire*.
Len io,	īs,	īvi *ou* ii,	ītum,	īre,	act., *adoucir*.
Mun io,	īs,	īvi *ou* ii,	ītum,	īre,	act., *fortifier*.

5° sur *Capio* :

Accip io,	ĭs,	accep i,	accep tum,	accip ĕre,	act., *recevoir*.
Aspic io,	ĭs,	aspex i,	aspec tum,	aspic ĕre,	act., *regarder*.
Rap io,	ĭs,	rap ui,	rap tum,	rap ĕre,	act., *saisir*.

89, 90, 91, 92. Conjuguez *amo, moneo, lego, audio*.

93. Conjuguez *capio*. Combien y a-t-il de verbes de la troisième conjugaison, qui prennent un *i* entre le radical et la terminaison *o* ? Quels sont ces verbes ? En quoi les verbes en *ere, io*, diffèrent-ils de *lego* ?

94. TABLEAU SYNOPTIQUE DES TERMINAISONS DE LA VOIX ACTIVE DANS LES QUATRE CONJUGAISONS.

INDICATIF.	IMPÉRATIF.	SUBJONCTIF.	INFINITIF.	PARTICIPE.
PRÉSENT.	**PRÉSENT.**	**PRÉSENT.**	**PRÉSENT.**	**PRÉSENT.**
1 Conj. *Am* o, as, at; amus, atis, ant.	a ou ato, et; emus, atou atote, ent.	*Am* em, es, et; emus, etis, ent.	*Am* are.	*Am* ans.
2 — *Mon* eo, es, et; emus, etis, ent.	e ou eto, eat; eamus, ete ou etote, eant.	*Mon* eam, eas, eat; eamus, eatis, eant.	*Mon* ere.	*Mon* ens.
3 — *Leg* o, is, it; imus, itis, unt.	e ou ito, at; amus, ite ou itote, ant.	*Leg* am, as, at; amus, atis, ant.	*Leg* ere.	*Leg* ens.
4 — *Aud* io, is, it; imus, itis, iunt.	i ou ito, iat; iamus, ite ou itote, iant.	*Aud* iam, ias, iat; iamus, iatis, iant.	*Aud* ire.	*Aud* iens.
IMPARFAIT.		**IMPARFAIT.**		
1 Conj. *Am* abam, abas, abat; abamus, abatis, abant.		*Am* arem, ares, aret; aremus, aretis, arent.		
2 — *Mon* ebam, ebas, ebat; ebamus, ebatis, ebant.		*Mon* erem, eres, eret; eremus, eretis, erent.		
3 — *Leg* ebam, ebas, ebat; ebamus, ebatis, ebant.		*Leg* erem, eres, eret; eremus, eretis, erent.		
4 — *Aud* iebam, iebas, iebat; iebamus, iebatis, iebant.		*Aud* irem, ires, iret; iremus, iretis, irent.		
PARFAIT.		**PARFAIT.**	**PARFAIT.**	
1 Conj. *Am* av		*Am* av	*Am* av	
2 — *Mon* u } i, isti, it; imus, istis, erunt ou ere.		*Mon* u } erim, eris, erit; erimus, eritis, erint.	*Mon* u } isse.	
3 — *Leg*		*Leg*	*Leg*	
4 — *Aud* iv		*Aud* iv	*Aud* iv	
PLUS-QUE-PARFAIT.		**PLUS-QUE-PARFAIT.**		
1 Conj. *Am* av		*Am* av		
2 — *Mon* u } eram, eras, erat; eramus, eratis, erant.		*Mon* u } issem, isses, isset; issemus, issetis, issent.		
3 — *Leg*		*Leg*		
4 — *Aud* iv		*Aud* iv		
FUTUR.	**FUTUR.**		**FUTUR.**	**FUTUR.**
1 Conj. *Am* abo, abis, abit; abimus, abitis, abunt.	ato, ato; atote, anto.		*Am* aturum (am, um; os, as, a),	*Am* aturus (a, um).
2 — *Mon* ebo, ebis, ebit; ebimus, ebitis, ebunt.	eto, eto; etote, ento.		*Mon* iturum (am, um; os, as, a) esse.	*Mon* iturus (a, um).
3 — *Leg* am, es, et; emus, etis, ent.	ito, ito; itote, unto.		*Leg* turum (am, um; os, as, a) fuisse.	*Leg* turus (a, um).
4 — *Aud* iam, ies, iet; iemus, ietis, ient.	ito, ito; itote, iunto.		*Aud* iturum (am, um; os, as, a).	*Aud* iturus (a, um).
FUTUR PASSÉ.			**GÉRONDIF.**	**SUPIN.**
1 Conj. *Am* av			*Am* and i, o, um, o.	*Am* atum.
2 — *Mon* u } ero, eris, erit; erimus, eritis, erint.			*Mon* end i, o, um, o.	*Mon* itum.
3 — *Leg*			*Leg* end i, o, um, o.	*Lec* tum.
4 — *Aud* iv			*Aud* iend i, o, um, o.	*Aud* itum.

95. TABLEAU GÉNÉRAL

DE LA FORMATION DES TEMPS A LA VOIX ACTIVE.

1. LE PRÉSENT DE L'INDICATIF FORME :

1° *L'imparfait de l'indicatif,*

en changeant
- o en *abam* (1ʳᵉ c.) : *am-o, am-abam.*
- eo en *ebam* (2ᵉ c.) : *mon-eo, mon-ebam.*
- o en *ebam* (3ᵉ c.) : *leg-o, leg-ebam.*
- io en *iebam* (4ᵉ c.) : *aud-io, aud-iebam.*

2° *Le futur de l'indicatif,*

en changeant
- o en *abo* (1ʳᵉ c.) : *am-o, am-abo.*
- eo en *ebo* (2ᵉ c.) : *mon-eo, mon-ebo.*
- o en *am* (3ᵉ c.) : *leg-o, leg-am.*
- io en *iam* (4ᵉ c.) : *aud-io, aud-iam.*

3° *Le présent du subjonctif,*

en changeant
- o en *em* (1ʳᵉ c.) : *am-o, am-em.*
- eo en *eam* (2ᵉ c.) : *mone-o, mon-eam.*
- o en *am* (3ᵉ c.) : *leg-o, leg-am.*
- io en *iam* (4ᵉ c.) : *aud-io, aud-iam.*

4° *Le participe présent,*

en changeant
- o en *ans* (1ʳᵉ c.) : *am-o, am-ans.*
- eo en *ens* (2ᵉ c.) : *mon-eo, mon-ens.*
- o en *ens* (3ᵉ c.) : *leg-o, leg-ens.*
- io en *iens* (4ᵉ c.) : *aud-io, aud-iens.*

Les participes en *ans* et en *ens* se déclinent comme les adjectifs en *ns*, c'est-à-dire, sur *felix* (35).

5° *Les gérondifs,*

en changeant
- o en *andi* (o, um) (1ʳᵉ c.) : *am-o, am-andi* (o, um).
- eo en *endi* (o, um) (2ᵉ c.) : *mon-eo, mon-endi* (o, um).
- o en *endi* (o, um) (3ᵉ c.) : *leg-o, leg-endi* (o, um).
- io en *iendi* (o, um) (4ᵉ c.) : *aud-io, aud-iendi* (o, um).

---

94. Donnez les terminaisons de la première conjugaison à tous les temps de l'indicatif; au présent de tous les modes; etc. Donnez les terminaisons des quatre conjugaisons au présent de l'indicatif; aux gérondifs; etc.

95. Quels sont les temps formés, 1° par le présent de l'indicatif?

VERBES. 71

II. LE PARFAIT DE L'INDICATIF FORME :

1° Le *plus-que-parfait de l'indicatif*,

en changeant *i* en *eram*
$\begin{cases} (1^{re} \text{ c.}) : amav\text{-}i, amav\text{-}eram. \\ (2^{e} \text{ c.}) : monu\text{-}i, monu\text{-}eram. \\ (3^{e} \text{ c.}) : leg\text{-}i, leg\text{-}eram. \\ (4^{e} \text{ c.}) : audiv\text{-}i, audiv\text{-}eram. \end{cases}$

2° Le *futur passé de l'indicatif*,

en changeant *i* en *ero*
$\begin{cases} (1^{re} \text{ c.}) : amav\text{-}i, amav\text{-}ero. \\ (2^{e} \text{ c.}) : monu\text{-}i, monu\text{-}ero. \\ (3^{e} \text{ c.}) : leg\text{-}i, leg\text{-}ero. \\ (4^{e} \text{ c.}) : audiv\text{-}i, audiv\text{-}ero. \end{cases}$

3° Le *parfait du subjonctif*,

en changeant *i* en *crim*
$\begin{cases} (1^{re} \text{ c.}) : amav\text{-}i, amav\text{-}crim. \\ (2^{e} \text{ c.}) : monu\text{-}i, monu\text{-}crim. \\ (3^{e} \text{ c.}) : leg\text{-}i, leg\text{-}crim. \\ (4^{e} \text{ c.}) : audiv\text{-}i, audiv\text{-}crim. \end{cases}$

4° Le *plus-que-parfait du subjonctif*,

en changeant *i* en *issem*
$\begin{cases} (1^{re} \text{ c.}) : amav\text{-}i, amav\text{-}issem. \\ (2^{e} \text{ c.}) : monu\text{-}i, monu\text{-}issem. \\ (3^{e} \text{ c.}) : leg\text{-}i, leg\text{-}issem. \\ (4^{e} \text{ c.}) : audiv\text{-}i, audiv\text{-}issem. \end{cases}$

5° Le *parfait de l'infinitif*,

en changeant *i* en *isse*
$\begin{cases} (1^{re} \text{ c.}) : amav\text{-}i, amav\text{-}isse. \\ (2^{e} \text{ c.}) : monu\text{-}i, monu\text{-}isse. \\ (3^{e} \text{ c.}) : leg\text{-}i, leg\text{-}isse. \\ (4^{e} \text{ c.}) : audiv\text{-}i, audiv\text{-}isse. \end{cases}$

III. LE PRÉSENT DE L'INFINITIF FORME :

1° Le *présent de l'impératif*,

en retranchant *re*
$\begin{cases} (1^{re} \text{ c.}) : ama\text{-}re, ama. \\ (2^{e} \text{ c.}) : monē\text{-}re, monē. \\ (3^{e} \text{ c.}) : legĕ\text{-}re, legĕ. \\ (4^{e} \text{ c.}) : audi\text{-}re, audi. \end{cases}$

Au présent de l'impératif, la 1re personne du pluriel, et la 3e personne du singulier et du pluriel sont empruntées du subjonctif.

2° par le parfait de l'indicatif? 3° par le présent de l'infinitif? 4° par le supin en *um*? Comment se font ces différentes formations? Comment se déclinent les participes en *ans* et en *ens*? ceux en *rus*? Comment forme-t-on les deux futurs de l'infinitif?

2° Le *futur de l'impératif*,

en changeant
- are en *ato* (1ʳᵉ c.) : am-*are*, am-*ato*.
- ēre en *eto* (2ᵉ c.) : mon-*ēre*, mon-*eto*.
- ĕre en *ĭto* (3ᵉ c.) : leg-*ĕre*, leg-*ĭto*.
- ire en *ito* (4ᵉ c.) : aud-*ire*, aud-*ito*.

3° *L'imparfait du subjonctif*,

en changeant
- are en *arem* (1ʳᵉ c.) : am-*āre*, am-*ārem*.
- ēre en *ērem* (2ᵉ c.) : mon-*ēre*, mon-*ērem*.
- ĕre en *ĕrem* (3ᵉ c.) : leg-*ĕre*, leg-*ĕrem*.
- ire en *irem* (4ᵉ c.) : aud-*ire*, aud-*irem*.

IV. LE SUPIN EN **UM** FORME :

Le *participe futur*,

en changeant um en *urus*
- (1ʳᵉ c.) : amat-*um*, amat-*urus*.
- (2ᵉ c.) : monit-*um*, monit-*urus*.
- (3ᵉ c.) : lect-*um*, lect-*urus*.
- (4ᵉ c.) : audit-*um*, audit-*urus*.

Le participe en *rus* se décline comme *bon us, a, um*. Les deux futurs de l'infinitif se forment de l'accusatif du *participe futur*, en ajoutant *esse* pour le futur simple, *fuisse* pour le futur passé :

amaturus, amatur um (am, um; os, as, a)
moniturus, monitur um (am, um; os, as, a) } esse,
lecturus, lectur um (am, um; os, as, a) } fuisse.
auditurus, auditur um (am, um; os, as, a)

Syncopes usitées dans les Verbes.

96. Le retranchement d'une ou de plusieurs lettres au milieu d'un mot, s'appelle *syncope*.

I. On peut faire une syncope dans les parfaits en *avi* et en *evi*, tels que *amavi*, *implevi*, et dans tous les temps formés du parfait, en retranchant la syllabe *vi* ou *ve*, toutes les fois qu'elle est suivie d'une *s* ou d'une *r*. Ex. :

---

96. Q'appelle-t-on syncope? Quelle syncope peut-on faire dans les parfaits en *avi* et en *evi*, et dans les temps qui en sont formés? Quelle lettre peut-on retrancher dans les parfaits en *ivi*? Quand les deux *i* peuvent-ils se contracter?

Amavisti, amavistis, amaverunt;
amasti, *amastis*, *amarunt*.
Amaveram, amavero, amaverim, amavissem, amavisse;
amaram, *amaro*, *amarim*, *amassem*, *amasse*.
Implevisti, implevistis, impleverunt;
implesti, *implestis*, *implerunt*.
Impleveram, implevero, impleverim, implevissem, implevisse;
impleram, *implero*, *implerim*, *implessem*, *implesse*.

Cependant *amavere*, *implevere*, ne se contractent pas en *amare*, *implere*, pour ne pas se confondre avec l'infinitif présent.

II. Dans les parfaits en *ivi*, comme *audivi*, et dans les temps qui en sont formés, le *v* peut se retrancher partout, mais les deux *i* ne peuvent se contracter que devant une *s*. Ex. :

Audii, audiisti ou *audisti*, audiit, audiimus, audiistis ou *audistis*, audierunt.
Audieram, audiero, audierim, audiissem ou *audissem*, audiisse ou *audisse*.

97. Règle des Verbes actifs.
Amo Deum.

Tous les verbes actifs gouvernent l'accusatif.
Ex. : J'aime Dieu, *amo Deum*.

III. Verbes passifs.

98. On appelle verbes *passifs* ceux qui sont formés d'un verbe actif, et qui expriment que le sujet souffre ou reçoit l'action.

Ainsi, dans la phrase : Je suis battu par Paul, *ego verberor a Paulo*, le verbe *verberor* est passif, parce qu'il est formé du verbe actif *verbero*, et qu'il exprime que *ego*, moi (sujet), *je souffre l'action d'être battu*.

On forme le verbe passif, en ajoutant la lettre *r* au verbe actif : *amo, amor; moneo, moneor; lego, legor; audio, audior*.

Pour la voix passive, comme pour la voix active, il y a quatre conjugaisons : elles ont pour modèles, *amor, moneor, legor, audior*.

---

97. Récitez la règle *amo Deum* (règle des verbes actifs).
98. Qu'appelle-t-on verbes passifs ? Comment forme-t-on le verbe passif ? Combien y a-t-il de conjugaisons pour la voix passive ? Quels verbes ont-elles pour modèles ?

99. AMOR, première conjugaison à la voix passive. — OR, ARI.

INDICATIF.		IMPÉRATIF.
PRÉSENT.		**PRÉSENT.**
S. Am or,	je suis aimé.	
Am aris ou are,	tu es aimé.	Am are ou ator, sois aimé.
Am atur,	il est aimé.	Am atur, qu'il soit aimé.
P. Am amur,	nous sommes aimés.	Am emur, soyons aimés.
Am amini,	vous êtes aimés.	Am amini, soyez aimés.
Am antur,	ils sont aimés.	Am entur, qu'ils soient aimés.
IMPARFAIT.		
S. Am abar,	j'étais aimé.	
Am abaris ou abare,	tu étais aimé.	
Am abatur,	il était aimé.	
P. Am abamur,	nous étions aimés.	
Am abamini,	vous étiez aimés.	
Am abantur,	ils étaient aimés.	
PARFAIT.		
S. Am atus sum ou fui,	j'ai été (ou je fus) aimé.	
Am atus es ou fuisti,	tu as été aimé.	
Am atus est ou fuit,	il a été aimé.	
P. Am ati sumus ou fuimus,	nous avons été aimés.	
Am ati estis ou fuistis,	vous avez été aimés.	
Am ati sunt ou fuerunt,	ils ont été aimés.	
PLUS-QUE-PARFAIT.		
S. Am atus eram ou fueram,	j'avais été aimé.	
Am atus eras ou fueras,	tu avais été aimé.	
Am atus erat ou fuerat,	il avait été aimé.	
P. Am ati eramus ou fueramus,	n. avions été aimés.	
Am ati eratis ou fueratis,	vous aviez été aimés.	
Am ati erant ou fuerant,	ils avaient été aimés.	
FUTUR.		**FUTUR.**
S. Am abor,	je serai aimé.	
Am aberis ou abere,	tu seras aimé.	Am ator, sois aimé.
Am abitur,	il sera aimé.	Am ator, qu'il soit aimé.
P. Am abimur,	nous serons aimés.	
Am abimini,	vous serez aimés.	Am aminor, soyez aimés.
Am abuntur,	ils seront aimés.	Am antor, qu'ils soient aimés.
FUTUR PASSÉ.		
S. Am atus ero ou fuero,	j'aurai été aimé.	
Am atus eris ou fueris,	tu auras été aimé.	
Am atus erit ou fuerit,	il aura été aimé.	
P. Am ati erimus ou fuerimus,	n. aurons été aimés.	
Am ati eritis ou fueritis,	vous aurez été aimés.	
Am ati erunt ou fuerint,	ils auront été aimés.	

SUBJONCTIF.		INFINITIF.	PARTICIPE.
PRÉSENT.		**PRÉSENT.**	
Am er,	que je sois aimé.	Am ari, être aimé.	
Am eris ou ere,	que tu sois aimé.		
Am etur,	qu'il soit aimé.		
Am emur,	que nous soyons aimés.		
Am emini,	que vous soyez aimés.		
Am entur,	qu'ils soient aimés.		
IMPARFAIT.			
Am arer,	que je fusse aimé.		
Am areris ou arere,	que tu fusses aimé.		
Am aretur,	qu'il fût aimé.		
Am aremur,	que nous fussions aimés.		
Am aremini,	que vous fussiez aimés.		
Am arentur,	qu'ils fussent aimés.		
PARFAIT.		**PARFAIT.**	**PASSÉ.**
Am atus sim ou fuerim,	que j'aie été aimé.	Amatum(am,um) esse ou fuisse, avoir été aimé.	Amat us (a, um), aimé, ayant été aimé (qui a été aimé).
Am atus sis ou fueris,	que tu aies été aimé.		
Am atus sit ou fuerit,	qu'il ait été aimé.		
Am ati simus ou fuerimus,	q. nous ayons été aimés.	Amat os (as, a) esse ou fuisse, avoir été aimés.	
Am ati sitis ou fueritis,	que vous ayez été aimés.		
Am ati sint ou fuerint,	qu'ils aient été aimés.		
PLUS-QUE-PARFAIT.			
Am atus essem ou fuissem,	que j'eusse été aimé.		
Am atus esses ou fuisses,	que tu eusses été aimé.		
Am atus esset ou fuisset,	qu'il eût été aimé.		
Am ati essemus ou fuissemus,	q. n. euss. été aimés.		
Am ati essetis ou fuissetis,	q. vous euss. été aimés.		
Am ati essent ou fuissent,	qu'ils eussent été aimés.		
		FUTUR.	**PART. PASSIF** (d'obligation).
		Am atum iri (indécl.), devoir être aimé (c.-à-d. qu'il sera aimé, qu'ils seront aimés).	Amand us (a, um) devant être aimé (c.-à-d. qui doit être aimé, qu'il faut aimer).
			SUPIN.
			Am atu, à être aimé.

100. MONEOR, deuxième conjugaison à la voix passive. — EOR, ĒRI.

INDICATIF.		IMPÉRATIF.
PRÉSENT.		**PRÉSENT.**
S. Mon eor,	je suis averti.	
Mon eris ou ere,	tu es averti.	Mon ere ou eior, sois averti.
Mon etur,	il est averti.	Mon etur, qu'il soit averti.
P. Mon emur,	nous sommes avertis.	Mon emini, soyez avertis.
Mon emini,	vous êtes avertis.	Mon emini, soyez avertis.
Mon entur,	ils sont avertis.	Mon entur, q. soient avertis.
IMPARFAIT.		
S. Mon ebar,	j'étais averti.	
Mon ebaris ou ebare,	tu étais averti.	
Mon ebatur,	il était averti.	
P. Mon ebamur,	nous étions avertis.	
Mon ebamini,	vous étiez avertis.	
Mon ebantur,	ils étaient avertis.	
PARFAIT.		
S. Mon itus sum ou fui,	j'ai été (ou je fus) averti.	
Mon itus es ou fuisti,	tu as été averti.	
Mon itus est ou fuit,	il a été averti.	
P. Mon iti sumus ou fuimus,	nous avons été avertis.	
Mon iti estis ou fuistis,	vous avez été avertis.	
Mon iti sunt ou fuerunt,	ils ont été avertis.	
PLUS-QUE-PARFAIT.		
S. Mon itus eram ou fueram,	j'avais été averti.	
Mon itus eras ou fueras,	tu avais été averti.	
Mon itus erat ou fuerat,	il avait été averti.	
P. Mon iti eramus ou fueramus, n. avions été avertis.		
Mon iti eratis ou fueratis,	vous aviez été avertis.	
Mon iti erant ou fuerant,	ils avaient été avertis.	
FUTUR.		**FUTUR.**
S. Mon ebor,	je serai averti.	
Mon eberis ou ebere,	tu seras averti.	Mon etor, sois averti.
Mon ebitur,	il sera averti.	Mon etor, qu'il soit averti.
P. Mon ebimur,	nous serons avertis.	
Mon ebimini,	vous serez avertis.	Mon eminor, soyez avertis.
Mon ebuntur,	ils seront avertis.	Mon entor, q. soient avertis.
FUTUR PASSÉ.		
S. Mon itus ero ou fuero,	j'aurai été averti.	
Mon itus eris ou fueris,	tu auras été averti.	
Mon itus erit ou fuerit,	il aura été averti.	
P. Mon iti erimus ou fuerimus, n. aurons été avertis.		
Mon iti eritis ou fueritis,	vous aurez été avertis.	
Mon iti erunt ou fuerint,	ils auront été avertis.	

SUBJONCTIF.		INFINITIF.	PARTICIPE.
PRÉSENT.		**PRÉSENT.**	
Mon ear,	que je sois averti.	Mon eri, être averti.	
Mon earis ou eare,	que tu sois averti.		
Mon eatur,	qu'il soit averti.		
Mon eamur,	que nous soyons avertis.		
Mon eamini,	que vous soyez avertis.		
Mon eantur,	qu'ils soient avertis.		
IMPARFAIT.			
Mon erer,	que je fusse averti.		
Mon ereris ou erere,	que tu fusses averti.		
Mon eretur,	qu'il fût averti.		
Mon eremur,	que nous fussions avertis.		
Mon eremini,	que vous fussiez avertis.		
Mon erentur,	qu'ils fussent avertis.		
PARFAIT.		**PARFAIT.**	**PASSÉ.**
Mon itus sim ou fuerim,	que j'aie été averti.	Monit um (am, um) esse ou fuisse, avoir été averti;	Monit us (a, um), averti, ayant été averti (qui a été averti).
Mon itus sis ou fueris,	que tu aies été averti.		
Mon itus sit ou fuerit,	qu'il ait été averti.		
Mon iti simus ou fuerimus, q. n. ayons été avertis.		Monit os (as, a) esse ou fuisse, avoir été avertis.	
Mon iti sitis ou fueritis,	que vous ayez été avertis.		
Mon iti sint ou fuerint,	qu'ils aient été avertis.		
PLUS-QUE-PARFAIT.			
Mon itus essem ou fuissem, que j'eusse été averti.			
Mon itus esses ou fuisses,	que tu eusses été averti.		
Mon itus esset ou fuisset,	qu'il eût été averti.		
Mon iti essemus ou fuissemus, q.n. euss. été avertis.			
Mon iti essetis ou fuissetis, q. v. eussiez été avertis.			
Mon iti essent ou fuissent, q. eussent été avertis.			
		FUTUR. Mon itum iri (indécl.), devoir être averti (c.-à-d. qu'il sera averti, qu'ils seront avertis).	**PART. PASSIF** (d'obligation). Monend us (a, um), devant être averti (c.-à-d. qui doit être averti, qu'il faut avertir).
		SUPIN. Mon itu, à être averti.	

101. LEGOR, troisième conjugaison à la voix passive. — OR, I.

INDICATIF.

PRÉSENT.

S. Leg or,   je suis lu.
Leg eris ou ere,   tu es lu.
Leg itur,   il est lu.
P. Leg imur,   nous sommes lus.
Leg imini,   vous êtes lus.
Leg untur,   ils sont lus.

IMPARFAIT.

S. Leg ebar,   j'étais lu.
Leg ebaris ou ebare,   tu étais lu.
Leg ebatur,   il était lu.
P. Leg ebamur,   nous étions lus.
Leg ebamini,   vous étiez lus.
Leg ebantur,   ils étaient lus.

PARFAIT.

S. Lec tus sum ou fui,   j'ai été (on je fus) lu.
Lec tus es ou fuisti,   tu as été lu.
Lec tus est ou fuit,   il a été lu.
P. Lec ti sumus ou fuimus,   nous avons été lus.
Lec ti estis ou fuistis,   vous avez été lus.
Lec ti sunt ou fuerunt,   ils ont été lus.

PLUS-QUE-PARFAIT.

S. Lec tus eram ou fueram,   j'avais été lu.
Lec tus eras ou fueras,   tu avais été lu.
Lec tus erat ou fuerat,   il avait été lu.
P. Lec ti eramus ou fueramus,   nous avions été lus.
Lec ti eratis ou fueratis,   vous aviez été lus.
Lec ti erant ou fuerant,   ils avaient été lus.

FUTUR.

S. Leg ar,   je serai lu.
Leg eris ou ere,   tu seras lu.
Leg etur,   il sera lu.
P. Leg emur,   nous serons lus.
Leg emini,   vous serez lus.
Leg entur,   ils seront lus.

FUTUR PASSÉ.

S. Lec tus ero ou fuero,   j'aurai été lu.
Lec tus eris ou fueris,   tu auras été lu.
Lec tus erit ou fuerit,   il aura été lu.
P. Lec ti erimus ou fuerimus,   nous aurons été lus.
Lec ti eritis ou fueritis,   vous aurez été lus.
Lec ti erunt ou fuerint,   ils auront été lus.

IMPÉRATIF.

PRÉSENT.

Leg ere ou itor,   sois lu.
Leg atur,   qu'il soit lu.
Leg amur,   soyons lus.
Leg imini,   soyez lus.
Leg antur,   qu'ils soient lus.

FUTUR.

Leg itor,   sois lu.
Leg itor,   qu'il soit lu.
Leg iminor,   soyez lus.
Leg untor,   qu'ils soient lus.

SUBJONCTIF.

PRÉSENT.

Leg ar,   que je sois lu.
Leg aris ou are,   que tu sois lu.
Leg atur,   qu'il soit lu.
Leg amur,   que nous soyons lus.
Leg amini,   que vous soyez lus.
Leg antur,   qu'ils soient lus.

IMPARFAIT.

Leg erer,   que je fusse lu.
Leg ereris ou erere,   que tu fusses lu.
Leg eretur,   qu'il fût lu.
Leg eremur,   que nous fussions lus.
Leg eremini,   que vous fussiez lus.
Leg erentur,   qu'ils fussent lus.

PARFAIT.

Lec tus sim ou fuerim,   que j'aie été lu.
Lec tus sis ou fueris,   que tu aies été lu.
Lec tus sit ou fuerit,   qu'il ait été lu.
Lec ti simus ou fuerimus,   que nous ayons été lus.
Lec ti sitis ou fueritis,   que vous ayez été lus.
Lec ti sint ou fuerint,   qu'ils aient été lus.

PLUS-QUE-PARFAIT.

Lec tus essem ou fuissem, que j'eusse été lu.
Lec tus esses ou fuisses, que tu eusses été lu.
Lec tus esset ou fuisset, qu'il eût été lu.
Lec ti essemus ou fuissemus, q. n. eussions été lus.
Lec ti essetis ou fuissetis, que vous eussiez été lus.
Lec ti essent ou fuissent, qu'ils eussent été lus.

INFINITIF.

PRÉSENT.

Leg i, être lu.

PARFAIT.

Lect um (am, um) esse ou fuisse, avoir été lu ;
Lect os (as, a) esse ou fuisse, avoir été lus.

FUTUR.

Lec tum iri (indécl.), devoir être lu (c.-à-d. qu'il sera lu, qu'ils seront lus).

SUPIN.

Lec tu, à être lu.

PARTICIPE.

PASSÉ.

Lect us (a, um), lu, ayant été lu (qui a été lu).

PART. PASSIF *[obligationem]*

Legend us (a, um), devant être lu (c.-à-d. qui doit être lu, qu'il faut lire).

102. AUDIOR, quatrième conjugaison

VERBE AUDIOR à la voix passive. — IOR, IRI.

INDICATIF.		IMPÉRATIF.	
PRÉSENT.		**PRÉSENT.**	
S. Aud ior,	je suis entendu.		
Aud iris ou ire,	tu es entendu.	Aud ire ou itor, sois entendu.	
Aud itur,	il est entendu.	Aud iator, qu'il soit entendu.	
P. Aud imur,	nous sommes entendus.	Aud iamur, soyons entendus.	
Aud imini,	vous êtes entendus.	Aud imini, soyez entendus.	
Aud iuntur,	ils sont entendus.	Aud iantor, q. soient entendus.	
IMPARFAIT.			
S. Aud iebar,	j'étais entendu.		
Aud iebaris ou iebare,	tu étais entendu.		
Aud iebatur,	il était entendu.		
P. Aud iebamur,	nous étions entendus.		
Aud iebamini,	vous étiez entendus.		
Aud iebantur,	ils étaient entendus.		
PARFAIT.			
S. Aud itus sum ou fui,	j'ai été (ou je fus) entendu.		
Aud itus es ou fuisti,	tu as été entendu.		
Aud itus est ou fuit,	il a été entendu.		
P. Aud iti sumus ou fuimus,	nous avons été entendus.		
Aud iti estis ou fuistis,	vous avez été entendus.		
Aud iti sunt ou fuerunt,	ils ont été entendus.		
PLUS-QUE-PARFAIT.			
S. Aud itus eram ou fueram,	j'avais été entendu.		
Aud itus eras ou fueras,	tu avais été entendu.		
Aud itus erat ou fuerat,	il avait été entendu.		
P. Aud iti eramus ou fueramus,	n. avions été entendus.		
Aud iti eratis ou fueratis,	vous aviez été entendus.		
Aud iti erant ou fuerant,	ils avaient été entendus.		
FUTUR.		**FUTUR.**	
S. Aud iar,	je serai entendu.		
Aud ieris ou iere,	tu seras entendu.	Aud itor, sois entendu.	
Aud ietur,	il sera entendu.	Aud itor, qu'il soit entendu.	
P. Aud iemur,	nous serons entendus.		
Aud iemini,	vous serez entendus.	Aud iminor, soyez entendus.	
Aud ientur,	ils seront entendus.	Aud iuntor, q. soient entendus.	
FUTUR-PASSÉ.			
S. Aud itus ero ou fuero,	j'aurai été entendu.		
Aud itus eris ou fueris,	tu auras été entendu.		
Aud itus erit ou fuerit,	il aura été entendu.		
P. Aud iti erimus ou fuerimus,	n. aurons été entendus.		
Aud iti eritis ou fueritis,	vous aurez été entendus.		
Aud iti erunt ou fuerint,	ils auront été entendus.		

SUBJONCTIF.		INFINITIF.	PARTICIPE.
PRÉSENT.		**PRÉSENT.**	
Aud iar,	que je sois entendu.	Aud iri, être entendu.	
Aud iaris ou iare,	que tu sois entendu.		
Aud iatur,	qu'il soit entendu.		
Aud iamur,	que nous soyons entendus.		
Aud iamini,	que vous soyez entendus.		
Aud iantur,	qu'ils soient entendus.		
IMPARFAIT.			
Aud irer,	que je fusse entendu.		
Aud ireris ou irere,	que tu fusses entendu.		
Aud iretur,	qu'il fût entendu.		
Aud iremur,	que nous fussions entendus.		
Aud iremini,	que vous fussiez entendus.		
Aud irentur,	qu'ils fussent entendus.		
PARFAIT.		**PARFAIT.**	**PASSÉ.**
Aud itus sim ou fuerim,	que j'aie été entendu.	Audit um (am, um) esse ou fuisse, avoir été entendu; Audit os (as, a) esse ou fuisse, avoir été entendus.	Audit us (a, um), entendu, ayant été entendu (qui a été entendu).
Aud itus sis ou fueris,	que tu aies été entendu.		
Aud itus sit ou fuerit,	qu'il ait été entendu.		
Aud iti simus ou fuerimus, q. n. ayons été entendus.			
Aud iti sitis ou fueritis, que vous ayez été entendus.			
Aud iti sint ou fuerint,	qu'ils aient été entendus.		
PLUS-QUE-PARFAIT.			
Aud itus essem ou fuissem, que j'eusse été entendu.			
Aud itus esses ou fuisses, que tu eusses été entendu.			
Aud itus esset ou fuisset, qu'il eût été entendu.			
Aud iti essemus ou fuissemus, q. n. euss. été entendus.			
Aud iti essetis ou fuissetis, q. v. euss. été entendus.			
Aud iti essent ou fuissent, qu'ils euss. été entendus.			
		FUTUR.	**PART. PASSIF** (d'obligation).
		Aud itum iri (indécl.), devoir être entendu (c.-à-d. qu'il sera entendu, qu'ils seront entendus).	Audiend us (a, um) devant être entendu (c.-à-d. qui doit être entendu, qu'il faut entendre).
		SUPIN.	
		Aud itu, à être entendu.	

VERBE CAPIOR.

APPENDICE A LA TROISIÈME CONJUGAISON

Verbes en IOR, I.

103. CAPIOR, 3ᵉ conjug. en ĔRE, IO, à la voix passive.

INDICATIF.	IMPÉRATIF.	SUBJONCTIF.	INFINITIF.
PRÉSENT.	**PRÉSENT.**	**PRÉSENT.**	**PRÉSENT.**
Cap i or, je suis pris.	. . .	Cap i ar, que je sois	Cap i, être
Cap i eris,	Cap ere ou itor, sois	Cap i aris, pris.	pris.
Cap i itur,	Cap i atur, pris.	Cap i atur,	
Cap i imur,		Cap i amur,	
Cap i imini,	Cap i imini,	Cap i amini,	
Cap i untur.	Cap i antur.	Cap i antur.	
IMPARFAIT.		**IMPARFAIT.**	
Cap i ebar, j'étais		Cap i erer, que je fusse	
Cap i ebaris, pris.		Cap i ereris, pris.	
Cap i ebatur,		Cap i eretur,	
Cap i ebamur,		Cap i eremur,	
Cap i ebamini,		Cap i eremini,	
Cap i ebantur.		Cap i erentur.	
PARFAIT.		**PARFAIT.**	**PARFAIT.**
Cap tus sum ou fui,		Cap tus sim ou fue-	Cap tum esse
j'ai été (ou je fus) pris.		rim, que j'aie été pris.	ou fuisse,
Cap tus es, . . .		Cap tus sis, . . .	avoir été pris.
PLUS-QUE-PARFAIT.		**PLUS-QUE-PARFAIT.**	
Cap tus eram ou fue-		Cap tus essem ou fuis-	
ram, j'avais été pris.		sem, que j'eusse été pris.	
Cap tus eras,		Cap tus esses,	
FUTUR.	**FUTUR.**		**FUTUR.**
Cap i ar, je serai	. . .		Cap tum iri,
Cap i eris, pris.	Cap itor, sois pris.		devoir être
Cap i etur,	Cap itor,		pris (c.-à-d.
Cap i emur,			qui sera
Cap i emini,	Cap iminor,		pris).
Cap i entur.	Cap i untor.		
FUTUR PASSÉ.			**SUPIN.**
Cap tus ero ou fuero,			Cap tu, à
j'aurai été pris.			être pris.
Cap tus eris . . .			

PARTICIPE.

PASSÉ.	PART. PASSIF D'OBLIGATION.
Cap t us (a, um), pris, ayant été pris (qui a été pris).	Cap i end us (a, um), devant être pris, (c.-à-d. qui doit être pris, qu'il faut prendre).

VERBES. 83

REMARQUES. 1° Souvent, en français, le participe passé d'un verbe passif, joint au présent, à l'imparfait ou au futur du verbe *être*, est employé *adjectivement*, pour exprimer une action passée; dans ce cas, il faut employer de même, en latin, le participe passé passif avec le verbe *sum*, mis au même temps qu'en français.

Ex. : La lettre est écrite, *epistola scripta est*.
   La lettre était écrite, quand tu arrivas, *epistola scripta erat, quum advenisti*.
   La lettre sera écrite, quand tu arriveras, *epistola scripta erit, quum advenies*.

2° Pour donner les temps primitifs d'un verbe passif, on cite le présent et le parfait de l'indicatif, avec l'infinitif présent; cependant il est préférable de citer les temps primitifs du verbe à la voix active.

Conjuguez 1° sur *Amor* :

Laud or,	āris,	ātus	sum,	āri,	pass., *être loué*.
Voc or,	āris,	ātus	sum,	āri,	pass., *être appelé*.
Verber or,	āris,	ātus	sum,	āri,	pass., *être frappé*.

2° sur *Moneor* :

Deb eor,	ēris,	ĭtus	sum,	ēri,	pass., *être dû*.
Doc eor,	ēris,	tus	sum,	ēri,	pass., *être enseigné*.
Terr eor,	ēris,	ĭtus	sum,	ēri,	pass., *être effrayé*.

3° sur *Legor* :

Dic or,	ĕris,	dic tus	sum,	dic i,	pass., *être dit*.
Duc or,	ĕris,	duc tus	sum,	duc i,	pass., *être conduit*.
Vinc or,	ĕris,	vic tus	sum,	vinc i,	pass., *être vaincu*.

4° sur *Audior* :

Erud ior,	īris,	ītus	sum,	īri,	pass., *être instruit*.
Len ior,	īris,	ītus	sum,	īri,	pass., *être adouci*.
Mun ior,	īris,	ītus	sum,	īri,	pass., *être fortifié*.

5° sur *Capior* :

Accip ior,	ĕris,	accep tus	sum,	accip i,	pass., *être reçu*.
Aspic ior,	ĕris,	aspec tus	sum,	aspic i,	pass., *être regardé*.
Rap ior,	ĕris,	rap tus	sum,	rap i,	pass., *être saisi*.

99, 100, 101, 102. Conjuguez *amor, moneor, legor, audior*.

103. Conjuguez *capior*. Comment faut-il traduire en latin le participe passé, employé adjectivement en français avec le présent, l'imparfait ou le futur du verbe *être*? Comment donne-t-on les temps primitifs d'un verbe passif?

104. TABLEAU SYNOPTIQUE DES TERMINAISONS DE LA VOIX PASSIVE DANS LES QUATRE CONJUGAISONS.

INDICATIF.	IMPÉRATIF.	SUBJONCTIF.	INFINITIF.	PARTICIPE.
PRÉSENT.	**PRÉSENT.**	**PRÉSENT.**	**PRÉSENT.**	
1 Conj. Am or, aris-are, atur; amur, amini, antur.	Am are-ator, etur; emur, emini, entur.	Am er, eris-ere, etur; emur, emini, entur.	Am ari.	
2 — Mon eor, eris-ere, etur; emur, emini, entur.	Mon ere-etor, etur; emur, emini, cantur.	Mon ear, earis-eare, eatur; eamur, eamini, eantur.	Mon eri.	
3 — Leg or, eris-ere, itur; imur, imini, untur.	Leg ere-itor, atur; amur, imini, antur.	Leg ar, aris-are, atur; amur, amini, antur.	Leg i.	
4 — Aud ior, iris-ire, itur; imur, imini, iuntur.	Aud ire-itor, iatur; iamur, imini, iantur.	Aud iar, iaris-iare, iatur; iamur, iamini, iantur.	Aud iri.	
IMPARFAIT.		**IMPARFAIT.**		
1 Conj. Am abar, abaris-re, abatur; abamur, abamini, abantur.		Am arer, areris-re, aretur; aremur, aremini, arentur.		
2 — Mon ebar, ebaris-re, ebatur; ebamur, ebamini, ebantur.		Mon erer, ereris-re, eretur; eremur, eremini, erentur.		
3 — Leg ebar, ebaris-re, ebatur; ebamur, ebamini, ebantur.		Leg erer, ereris-re, eretur; eremur, eremini, erentur.		
4 — Aud iebar, iebaris-re, iebatur; iebamur, iebamini, iebantur.		Aud irer, ireris-re, iretur; iremur, iremini, irentur.		
PARFAIT.		**PARFAIT.**		**PASSÉ.**
1 Conj. Am a ⎫ tus sum, es, est, ou 2 — Mon i ⎬ fui, etc. 3 — Lec ⎬ ti sumus, estis, sunt, ou 4 — Aud i ⎭ fuimus, etc.		Am a ⎫ tus sim, sis, sit, ou Mon i ⎬ fuerim, etc. Lec ⎬ ti simus, sitis, sint, ou Aud i ⎭ fuerimus, etc.	Am atum ⎫ Mon itum ⎬ esse Lec tum ⎬ ou fuisse. Aud itum ⎭	Am atus (a, um). Mon itus (a, um). Lec tus (a, um). Aud itus (a, um).
PLUS-QUE-PARFAIT.		**PLUS-QUE-PARFAIT.**		
1 Conj. Am a ⎫ tus eram, eras, erat, ou 2 — Mon i ⎬ fueram, etc. 3 — Lec ⎬ ti eramus, eratis, erant, 4 — Aud i ⎭ ou fueramus, etc.		Am a ⎫ tus essem, esses, esset, ou Mon i ⎬ fuissem, etc. Lec ⎬ ti essemus, essetis, essent, Aud i ⎭ ou fuissemus, etc.		
FUTUR.	**FUTUR.**		**FUTUR.**	**PART. PASS.** (d'obligation).
1 Conj. Am abor, aberis-re, abitur; abimur, abimini, abuntur.	Am ator, ator; aminor, antor.		Am atum ⎫ Mon itum ⎬ iri. Lec tum ⎬ Aud itum ⎭	Am andus (a, um). Mon endus (a, um). Leg endus (a, um). Aud iendus (a, um).
2 — Mon ebor, eberis-re, ebitur; ebimur, ebimini, ebuntur.	Mon etor, etor; eminor, entor.			
3 — Leg ar, eris-ere, etur; emur, emini, entur.	Leg itor, itor; iminor, untor.			
4 — Aud iar, ieris-iere, ietur; iemur, iemini, ientur.	Aud itor, itor; iminor, iuntor.			
FUTUR PASSÉ.				**SUPIN.**
1 Conj. Am a ⎫ tus ero, eris, erit, ou 2 — Mon i ⎬ fuero, etc. 3 — Lec ⎬ ti erimus, eritis, erunt, ou 4 — Aud i ⎭ fuerimus, etc.				Am atu. Mon itu. Lec tu. Aud itu.

TABLEAU GÉNÉRAL

DE LA FORMATION DES TEMPS A LA VOIX PASSIVE.

105. Les temps de la voix passive se divisent en temps *simples* et en temps *composés*.

Les temps *simples* sont ceux qui ne sont pas composés du participe passé et du verbe *sum*; les temps *composés* sont les temps passés de l'indicatif, du subjonctif et de l'infinitif, composés du participe passé et du verbe *sum*.

I. Temps simples.

Les temps *simples* du passif se forment des temps correspondants de l'actif, en ajoutant *r* à ceux qui sont terminés par *o*, et en changeant *m* en *r*, à ceux qui sont terminés par *m* :

	prés.	Amo,	Moneo,	Lego,	Audio,
		amor,	moneor,	legor,	audior.
INDIC.	*imp.*	amabam,	monebam,	legebam,	audiebam,
		amabar,	monebar,	legebar,	audiebar.
	fut.	amabo,	monebo,	legam,	audiam,
		amabor,	monebor,	legar,	audiar.
IMPÉR.	*fut.*	amato,	moneto,	legĭto,	audīto,
		amator,	monetor,	legĭtor,	audītor.
	prés.	amem,	moneam,	legam,	audiam,
SUBJ.		amer,	monear,	legar,	audiar.
	imp.	amarem,	monērem,	legĕrem,	audirem,
		amarer,	monērer,	legĕrer,	audirer.

104. Donnez les terminaisons de la 1re conjugaison passive à tous les temps de l'indicatif, etc.; au présent de tous les modes, etc.; au futur de l'indicatif, etc. Donnez les terminaisons des quatre conjugaisons passives au présent de l'indicatif, au supin, etc.

105. Comment se divisent les temps de la voix passive ? Quels sont les temps simples? Quels sont les temps composés? Comment se forment les temps simples du passif?

Exceptions.

106. 1° Le *présent de l'impératif passif* est toujours semblable au présent de l'infinitif actif :

Amare, aimer, sois aimé; monēre, avertir, sois averti; legĕre, lire, sois lu; audire, entendre, sois entendu.

2° Le *présent de l'infinitif passif* se forme du présent de l'infinitif actif, en changeant e final en i pour la 1re, la 2e et la 4e conjugaison, et ĕre en i pour la 3e :

Amare, amari; monēre, monēri; audire, audiri; legĕre, legi.

3° Le *participe passé passif* se forme du supin en um, en changeant um en us :

Amatum, amatus; monitum, monitus; lectum, lectus; auditum, auditus.

4° Le *participe passif d'obligation* se forme du gérondif génitif, en changeant di en dus :

Aman-di, aman-dus, da, dum; monen-di, monen-dus, da, dum; legen-di, legen-dus, da, dum; audien-di, audien-dus, da, dum.

REMARQUE. Le participe passé et le participe passif d'obligation (amat us, amand us, etc.), se déclinent comme bon us, a, um (34).

II. Temps composés.

107. Tous les *temps composés* se forment du participe passé, auquel on joint les différents temps de l'auxiliaire *sum*, comme il suit :

1° *Sum* ou *fui*, pour le *parfait de l'indicatif* :
Amatus, monitus, lectus, auditus *sum* ou *fui*.

2° *Eram* ou *fueram*, pour le *plus-que-parfait de l'indicatif* :
Amatus, monitus, lectus, auditus *eram* ou *fueram*.

3° *Ero* ou *fuero*, pour le *futur passé* :
Amatus, monitus, lectus, auditus *ero* ou *fuero*.

---

106. A quel autre temps est semblable le présent de l'impératif passif? Comment se forme le présent de l'infinitif passif? le participe passé passif? le participe passif d'obligation? Comment se déclinent le participe passé et le participe passif d'obligation?

107. Comment se forment les temps composés des modes personnels? Le participe passé se décline-t-il dans les temps composés?

4° *Sim* ou *fuerim*, pour le *parfait du subjonctif* :
    Amatus, monitus, lectus, auditus *sim* ou *fuerim*.

5° *Essem* ou *fuissem*, pour le *plus-que-parfait du subjonctif* :
    Amatus, monitus, lectus, auditus *essem* ou *fuissem*.

6° *Esse* ou *fuisse*, pour le *parfait de l'infinitif* ; le participe se met à l'accusatif :
    Amatum, monitum, lectum, auditum *esse* ou *fuisse*.

Remarque. Le participe passé se décline dans tous les temps composés, et il s'accorde en genre, en nombre et en cas, avec le sujet.

Ex. : Le père a été aimé, *pater amatus est* ou *fuit*.
    La mère a été aimée, *mater amata est* ou *fuit*.
    L'esclave a été aimé, *mancipium amatum est* ou *fuit*.
    Les pères ont été aimés, *patres amati sunt* ou *fuerunt* ; etc.

Exception.

Le *futur de l'infinitif passif* se forme du supin actif et de *iri* (qui est le présent de l'infinitif passif du verbe *ire*, aller) :
    Amatum, *amatum iri* ; monitum, *monitum iri* ; lectum, *lectum iri* ; auditum, *auditum iri*.

Remarque. Le futur de l'infinitif passif est toujours invariable.

Ex. : Je crois que ce livre sera lu, *credo hunc librum lectum iri*.
    Je crois que ces livres seront lus, *credo hos libros lectum iri*.
    Je croyais que la ville serait prise, *credebam urbem captum iri*.

108. Règle des Verbes passifs.

Amor a Deo. — Mœrore conficior.

Le régime du verbe passif, marqué par *de* ou *par*, se met à l'ablatif avec *a* ou *ab*, quand c'est un nom de personne ou d'être animé ; si c'est un nom de chose inanimée, il se met à l'ablatif sans préposition.

Ex. : Je suis aimé de Dieu (par Dieu), *amor a Deo*.
    Je suis accablé de chagrin, *mœrore conficior*.

Avec quel mot s'accorde-t-il ? Comment se forme le futur de l'infinitif passif ? Le futur de l'infinitif passif varie-t-il ?

108. Récitez la règle *amor a Deo* ; *mœrore conficior* (règle des verbes passifs).

III. Verbes neutres.

109. En latin, on reconnaît qu'un verbe est *neutre*, lorsqu'il ne gouverne pas l'accusatif, et qu'il n'a pas de passif personnel, c'est-à-dire, employé à toutes les personnes.

Tel est *obedio* (obéir à), qui veut son régime au datif, *obedio matrimeæ* (j'obéis à ma mère), et qui n'a pas de passif personnel; de même *curro* (courir), qui n'a ni régime ni passif personnel.

Les verbes neutres se conjuguent absolument comme les verbes actifs à la voix active.

Ainsi, conjuguez 1° sur *Amo* :

Labor o, as, āvi, ātum, āre, *neut.*, *travailler.*
Pugn o, as, āvi, ātum, āre, *neut.*, *combattre.*

2° sur *Moneo* :

Noc eo, es, ui, ĭtum, ēre, *neut.*, *nuire.*
Jac eo, es, ui, (manque), ēre, *neut.*, *être étendu.*

3° sur *Lego* :

Viv o, ĭs, vix i, vic tum, viv ĕre, *neut.*, *vivre.*
Cad o, ĭs, cecĭd i, cas um, cad ĕre, *neut.*, *tomber.*

4° sur *Audio* :

Dorm io, īs, īvi ou ii, ītum, īre, *neut.*, *dormir.*
Obed io, īs, īvi ou ii, ītum, īre, *neut.*, *obéir.*

5° sur *Capio* :

Sap io, ĭs, ui *ou* īvi (ii), (manque), ĕre, *neut.*, *avoir du goût.*

110. Règle des Verbes neutres.

Studeo grammaticæ.

En latin, la plupart des verbes neutres gouvernent le datif.
Ex. : J'étudie la grammaire, *studeo grammaticæ.*
Obéis à ta mère, *obedi matri tuæ.*

---

109. Quand reconnaît-on en latin qu'un verbe est neutre? Comment se conjuguent les verbes neutres?
110. Récitez la règle *studeo grammaticæ* (règle des verbes neutres).

VERBES.

APPENDICE.

1º. Verbes sans supin.

111. Les verbes qui manquent de *supin*, manquent par là même des temps qui en sont formés, savoir : du participe futur actif en *rus*, du participe passé passif, et de tous les temps composés de la voix passive.

Tels sont : Mĭc o, as, mĭcui, —, mĭc are, *neut.*, *étinceler.*
Posc o, ĭs, poposc i, —, posc ĕre, *act.*, *demander.*

2º Verbes sans parfait et sans supin.

Les verbes qui n'ont ni *parfait* ni *supin*, n'ont que le présent et l'imparfait des différents modes, avec les futurs simples de l'indicatif et de l'impératif, et les gérondifs; s'ils ont un passif, ils ont, outre les temps correspondants à ceux de l'actif, le participe passif d'obligation en *dus*.

Ainsi le verbe *ferio, is, —, —, ferire, act.*, frapper, n'a que les formes suivantes :

	ACTIF.		PASSIF.
IND. *prés.* :	ferio, feris, etc.,	*je frappe;*	ferior, etc.
imp. :	feriebam, feriebas, etc.,	*je frappais;*	feriebar, etc.
fut. :	feriam, feries, etc.,	*je frapperai;*	feriar, etc.
IMPÉR. *prés.* :	feri, etc.,	*frappe;*	ferire, etc.
fut. :	ferito, etc.,	*frappe;*	feritor, etc.
SUBJ. *prés.* :	feriam, ferias, etc.,	*que je frappe;*	feriar, etc.
imp. :	ferirem, ferires, etc.,	*que je frappasse;*	ferirer, etc.
INF. *prés.* :	ferire,	*frapper;*	feriri.
gér. :	feriend i, o, um,	*de frapper,* etc.	
PART. *prés.* :	feriens,	*frappant.*	
PASSIF *d'oblig.*, feriendus, *qui doit être frappé.*			

IV. Verbes déponents.

Leur nature et leur conjugaison.

112. On appelle verbes *déponents* ceux qui, avec la terminaison *or* du passif, ont la signification active ou neutre; comme *imitor*, act., imiter ; *utor*, neut., se servir.

---

111. Quels sont les temps qui manquent aux verbes sans supin ? Quels temps ont les verbes sans parfait et sans supin ? Conjuguez *ferio* à l'actif et au passif.

112. Qu'appelle-t-on verbes déponents ? Pourquoi s'appellent-ils

Ils s'appellent *déponents*, parce qu'ils ont *déposé* la forme active, en conservant le sens actif ou neutre.

Il y a deux espèces de verbes déponents, les *verbes déponents-actifs* et les *verbes déponents-neutres*.

Les verbes déponents-*actifs* sont ceux qui ont un régime direct, et gouvernent l'accusatif; comme *imitor patrem*, j'imite mon père.

Les verbes déponents-*neutres* sont ceux qui n'ont pas de régime direct, et ne gouvernent pas l'accusatif; comme *morior*, je meurs; *utor libris*, je me sers des livres.

Les verbes déponents se conjuguent comme les verbes passifs; chacun sait celle des quatre conjugaisons à laquelle il appartient par ses terminaisons au présent de l'indicatif et au présent de l'infinitif.

Les quatre conjugaisons des verbes déponents ont pour modèles : *imitor*, act., imiter; *polliceor*, act., promettre; *utor*, neut., se servir; *blandior*, neut., flatter.

Temps des Verbes déponents.

113. Les verbes *déponents*, outre les temps de la voix passive, ont les *participes présent* et *futur actifs* en *us* et en *rus*, les deux *futurs de l'infinitif actif* qui en sont formés, ainsi que les *gérondifs* et le *supin actif* : *imitans, imitaturus, imitaturum esse* et *fuisse, imitandi* (o, um), *imitatum*.

Les verbes *déponents-actifs* seuls ont le supin passif en *u*, *imitatu*; et le participe passif d'obligation, employé à tous les genres et à tous les cas des deux nombres : *imitand us, a, um*.

Les verbes *déponents-neutres* n'ont que le *neutre singulier* du participe passif d'obligation, employé *impersonnellement* avec le verbe *est, erat*, etc. : *moriendum est*, il faut mourir ; *utendum erat libris*, il fallait se servir des livres.

---

déponents? Combien y a-t-il d'espèces de verbes déponents? Nommez-les. Qu'est-ce que les verbes déponents-actifs? les verbes déponents-neutres ? Comment se conjuguent les verbes déponents ? Quels sont les modèles des quatre conjugaisons des verbes déponents?

113. Quels sont les temps des verbes déponents? Quelles sont les deux formes passives propres aux verbes déponents-actifs? Les verbes déponents-neutres ont-ils le participe passif d'obligation ?

114. IMITOR, DÉPONENT-ACTIF

INDICATIF.	IMPÉRATIF.	SUBJONCTIF.
Prés. Imit or, *j'imite*. Imit aris, *etc.*	Imit are, *imite*. Imit etur, *etc.*	Imit er, que *j'imite*. Imit eris, *etc.*
Imp. Imit abar, *j'imitais*. Imit abaris, *etc.*		Imit arer, que *j'imitasse*. Imit areris, *etc.*
Parf. Imit atus sum ou fui, *j'ai imité*.		Imit atus sim ou fuerim, que *j'aie imité*.
Pl.-q.-p. Imit atus eram ou fueram, *j'avais imité*.		Imit atus essem ou fuissem, que *j'eusse imité*.
Fut. Imit abor, *j'imiterai*. Imit aberis, *etc.*	Imit ator, *imite*. Imit ator, *etc.*	
Fut. passé. Imit atus ero ou fuero, *j'aurai imité*.		

115. POLLICEOR, DÉPONENT-ACTIF

Prés. Pollic eor, *je promets*. Pollic eris, *etc.*	Pollic ere, *promets*. Pollic etur, *etc.*	Pollic ear, que *je promette*. Pollic earis, *etc.*
Imp. Pollic ebar, *je promettais*. Pollic ebaris, *etc.*		Pollic erer, que *je promisse*. Pollic ereris, *etc.*
Parf. Pollic itus sum ou fui, *j'ai promis*.		Pollic itus sim ou fuerim, que *j'aie promis*.
Pl.-q.-p. Pollic itus eram ou fueram, *j'avais promis*.		Pollic itus essem ou fuissem, que *j'eusse promis*.
Fut. Pollic ebor, *je promettrai*. Pollic eberis, *etc.*	Pollic etor, *promets*. Pollic etor, *etc.*	
Fut. passé. Pollic itus ero ou fuero, *j'aurai promis*.		

DÉPONENTS.

DE LA PREMIÈRE CONJUGAISON (comme *Amor*).

INFINITIF.	PARTICIPE.
Prés. Imit ari, *imiter*.	Prés. Imit ans, *imitant*.
	Passé. Imit atus, *ayant imité*.
Parf. Imit atum esse ou fuisse, *avoir imité*.	Fut. actif. Imit aturus, *devant imiter* (c.-à-d. *qui imitera*).
	Part. passif d'oblig. Imit andus, *devant être* (c.-à-d. *qui doit être*) *imité*.
Fut. Imit aturum esse, *devoir imiter* (c.-à-d. *qu'il imitera*).	Gérondifs. Imit andi, ando, andum, *d'imiter*, *etc.*
Fut. passé. Imit aturum fuisse, *avoir dû imiter* (c.-à-d. *qu'il aura imité*).	Supins. Imit atum, *imiter*. Imit atu, *à être imité*.

DE LA DEUXIÈME CONJUGAISON (comme *Moneor*).

Prés. Pollic eri, *promettre*.	Prés. Pollic ens, *promettant*.
	Passé. Pollic itus, *ayant promis*.
Parf. Pollic itum esse ou fuisse, *avoir promis*.	Fut. actif. Pollic iturus, *devant promettre* (c.-à-d. *qui promettra*).
	Part. passif d'oblig. Pollic endus, *devant être* (c.-à-d. *qui doit être*) *promis*.
Fut. Pollic iturum esse, *devoir promettre* (c.-à-d. *qu'il promettra*).	Gérondifs. Pollic endi, endo, endum, *de promettre*, *etc.*
Fut. passé. Pollic iturum fuisse, *avoir dû promettre* (c.-à-d. *qu'il aura promis*).	Supins. Pollic itum, *promettre*. Pollic itu, *à être promis*.

116. UTOR, DÉPONENT-NEUTRE

INDICATIF.	IMPÉRATIF.	SUBJONCTIF.
Prés. Ut or, je me sers. Ut eris, etc.	Ut ere, sers-toi. Ut atur, etc.	Ut ar, que je me serve. Ut aris, etc.
Imp. Ut ebar, je me servais. Ut ebaris, etc.		Ut erer, que je me servisse. Ut ereris, etc.
Parf. Us us sum ou fui, je me suis servi.		Us us sim ou fuerim, que je me sois servi.
Pl.-q.-p. Us us eram ou fueram, je m'étais servi.		Us us essem ou fuissem, que je me fusse servi.
Fut. Ut ar, je me servirai. Ut eris, etc.	Ut itor, sers-toi. Ut itor, etc.	
Fut. passé. Us us ero ou fuero, je me serai servi.		

117. BLANDIOR, DÉPONENT-NEUTRE

Prés. Bland ior, je flatte. Bland iris, etc.	Bland ire, flatte. Bland itor, etc.	Bland iar, que je flatte. Bland iaris, etc.
Imp. Bland iebar, je flattais. Bland iebaris, etc.		Bland irer, que je flattasse. Bland ireris, etc.
Parf. Bland itus sum ou fui, j'ai flatté.		Bland itus sim ou fuerim, que j'aie flatté.
Pl.-q.-p. Bland itus eram ou fueram, j'avais flatté.		Bland itus essem ou fuissem, que j'eusse flatté.
Fut. Bland iar, je flatterai. Bland ieris, etc.	Bland itor, flatte. Bland itor, etc.	
Fut. passé. Bland itus ero ou fuero, j'aurai flatté.		

DE LA TROISIÈME CONJUGAISON (comme Legor).

INFINITIF.	PARTICIPE.
Prés. Ut i, se servir.	Prés. Ut ens, se servant.
	Passé. Us us, s'étant servi.
Parf. Us um esse ou fuisse, s'être servi.	Fut. actif. Us urus, devant se servir (c.-à-d. qui se servira).
	Part. pass. d'obl. (impersonnell. avec est). Ut endum est (erat, etc.), il faut se servir.
Fut. Us urum esse, devoir se servir (c.-à-d. qu'il se servira).	Gérondifs. Ut endi, endo, endum, de se servir, etc.
Fut. passé. Us urum fuisse, avoir dû se servir (c.-à-d. qu'il se sera servi).	Supin. Us um, se servir.

DE LA QUATRIÈME CONJUGAISON (comme Audior).

Prés. Bland iri, flatter.	Prés. Bland iens, flattant.
	Passé. Bland itus, ayant flatté.
Parf. Bland itum esse ou fuisse, avoir flatté.	Fut. actif. Bland iturus, devant flatter (c.-à-d. qui flattera).
	Part. pass. d'obl. (impersonnell. avec est). Bland iendum est (erat, etc.), il faut flatter.
Fut. Bland iturum esse, devoir flatter (c.-à-d. qu'il flattera).	Gérondifs. Bland iendi, iendo, iendum, de flatter, etc.
Fut. passé. Bland iturum fuisse (avoir dû flatter (c.-à-d. qu'il aura flatté).	Supin. Bland itum, flatter.

118. PATIOR, déponent-actif de la 3º conjugaison en *IOR, I* (comme *CAPIOR*).

INDICATIF.	IMPÉRATIF.	SUBJONCTIF.	INFINITIF.
PRÉSENT. Pat *i* or, *je souffre.* Pat *eris,* Pat *itur.*	PRÉSENT. . . . . . Pat ere. *souffre.* Pati atur. . .	PRÉSENT. Pat *i* ar, *que je souffre* Pat *i* aris, Pat *i* atur.	PRÉSENT. Pat i, *souffrir.*
IMPARFAIT. Pat *i* ebar, *je souffrais* Pat *i* ebaris, Pat *i* ebatur. . . .		IMPARFAIT. Pat erer, *que je souf-* Pat ereris, *frisse.* Pat eretur	
PARFAIT. Pas sus sum *ou* fui, *j'ai souffert.* Pas sus es.		PARFAIT. Pas sus sim *ou* fuerim, *que j'aie souffert.* Pas sus sis.	PARFAIT. Pas sum esse *ou* fuisse, *avoir souf- fert.*
PLUS-QUE-PARFAIT. Pas sus eram *ou* fueram, *j'avais souffert.* Pas sus eras . . .		PLUS-QUE-PARFAIT. Pas sus essem *ou* fuissem, *que j'eusse souffert.* Pas sus esses . . .	
FUTUR. Pat *i* ar, *je souffrirai.* Pat *i* eris, Pat *i* etur, Pat *i* emur, Pat *i* emini, Pat *i* entur.	FUTUR. . . . . . Pat itor, *souffre.* Pat itor		FUTUR. Pas surum esse, *devoir souffrir* (c.-à-d. *qu'il souffrira*).
FUTUR PASSÉ. Pas sus ero *ou* fuero, *j'aurai souffert.* Pas sus eris. . . .			FUTUR PASSÉ. Pas surum fuisse, *avoir dû souffrir* (c.-à-d. *qu'il aura souffert*).

GÉRONDIFS.	SUPINS.	PARTICIPE.	
Pat *i* endi, *de souffrir.* Pat *i* endo, *à souffrir.* Pat *i* endum (ad), *pour souffrir.* Pat *i* endo, *en souf- frant.*	Pas sum, *souf- frir.* Pas su, *à être souffert.*	PRÉSENT. Pat *i* ens, *souffrant.* PASSÉ. Pas sus, *ayant souf- fert.*	FUTUR ACTIF. Pas surus, *devant souffrir* (*qui souffrira*). PART. PASSIF D'OBL. Pat *i* endus, *devant être* (c.-à-d. *qui doit être*) *souffert.*

REMARQUE. Quelques verbes déponents-actifs, outre le sens actif, ont encore le sens passif au participe passé et aux temps composés qui en sont formés.

Ainsi, *populatus* (de *popul or, ari*, ravager) signifie *qui a ravagé, et qui est ravagé*; *dimensus* (de *dimet ior, iri*, mesurer) signifie *qui a mesuré, et qui est mesuré.*

Tels sont encore : *complexus* (de *complect or, i*, entourer), *expertus* (de *exper ior, iri*, essayer), *meditatus* (de *medit or, ari*, méditer), etc.

Ces mêmes verbes peuvent avoir aussi le futur de l'infinitif passif, formé du supin en *um* suivi de *iri*. Mais il ne faut faire usage de ces formes à sens passif, qu'après s'être bien assuré de leur emploi dans les bons auteurs.

Conjuguez 1° sur *Imitor* :

Mir or,   āris, ātus sum; āri;   *act., admirer.*
Auxili or,   āris, ātus sum, āri;   *neut., secourir.*

2° sur *Polliceor* :

Tu eor,   ēris, ĭtus sum, ēri;   *act., protéger.*
Miser eor,   ēris, tus   sum, ēri;   *neut., avoir pitié de.*

3° sur *Utor* :

Sequ or,   ĕris, secu tus sum, sequ i;   *act., suivre.*
Proficisc or, ĕris, profec tus sum, proficisc i; *neut., partir.*

4° sur *Blandior* :

Larg ior,   īris, ītus sum, īri;   *act., donner.*
Pot ior,   īris, ītus sum, īri;   *neut., s'emparer de.*

5° sur *Patior* :

Mor ior,   ĕris, mortu us sum, mor i;   *neut., mourir.*
Aggred ior, ĕris, aggres sus sum, aggred i; *act., attaquer.*

114, 115, 116, 117. Conjuguez *imitor, polliceor, utor, blandior*. 118. Conjuguez *patior*. A quels temps certains verbes déponents-actifs ont-ils aussi le sens passif? Peuvent-ils avoir le futur de l'infinitif passif?

APPENDICE. — VERBES SEMI-DÉPONENTS.

119. On appelle verbes *semi-déponents* (à moitié déponents), certains verbes qui ont la forme active aux temps simples, et la forme passive au participe passé et aux temps qui en sont formés, en conservant toujours leur signification active ou neutre.

Il y a quatre verbes semi-déponents; ce sont:

Aud eo, es, *au-sus sum,* aud-ēre, a., oser.
Gaud eo, es, *gavi-sus sum,* gaud-ēre, n., se réjouir.
Sol eo, es, *sol-itus sum,* sol-ēre, n., avoir coutume.
Fid o, is, *fi-sus sum,* fid-ĕre, n., se fier.

On conjugue de même les composés: *confido* (se confier), *diffido* (se défier), etc.

Conjugaison de GAUDEO.

Ind. prés.	Gaud eo, es, etc.,	je me réjouis.
imp.	Gaud ebam, ebas, etc.,	je me réjouissais.
parf.	Gavi sus sum *ou* fui,	je me suis réjoui.
pl.-q.-p.	Gavi sus eram *ou* fueram,	je m'étais réjoui.
fut.	Gaud ebo, ebis, etc.,	je me réjouirai.
fut. pas.	Gavi sus ero *ou* fuero,	je me serai réjoui.
Imp. prés.	Gaud e, eat, etc.,	réjouis-toi.
fut.	Gaud eto, eto, etc.,	réjouis-toi.
Subj. prés.	Gaud eam, eas, etc.,	que je me réjouisse.
imp.	Gaud erem, eres, etc.,	que je me réjouisse.
parf.	Gavi sus sim *ou* fuerim,	que je me sois réjoui.
pl.-q.-p.	Gavi sus essem *ou* fuissem,	que je me fusse réjoui.
Inf. prés.	Gaud ere,	se réjouir.
parf.	Gavi sum esse *ou* fuisse,	s'être réjoui.
fut.	Gavi surum esse,	devoir se réjouir (qu'il se réjouira).
fut. pas.	Gavi surum fuisse,	avoir dû se réjouir (qu'il se sera réjoui).
gérond.	Gaud endi, endo, endum,	de se réjouir, etc.
supin.	Gavi sum,	se réjouir.
Part. prés.	Gaud ens,	se réjouissant.
passé.	Gavis us, a, um,	s'étant réjoui (qui s'est réjoui).
fut.	Gavisur us, a, um,	devant se réjouir (qui se réjouira).
passif d'oblig.	(impers.) Gaud endum est (erat, etc.),	il faut se réjouir.

---

119. Qu'appelle-t-on verbes semi-déponents? Quels sont-ils? Conjuguez *gaudeo.*

120. Règles des Verbes déponents.

I. Verbes déponents-actifs.

Imitor patrem.

Beaucoup de verbes déponents sont *actifs*, et gouvernent l'accusatif.

Ex. : J'imite mon père, *imitor patrem*.

II. Verbes déponents-neutres.

Miserere pauperum.

Les verbes déponents-*neutres* gouvernent, les uns le génitif, les autres le datif, d'autres enfin l'ablatif.

Ex. : Ayez pitié des pauvres, *miserere pauperum*.
Secourir les malheureux, *opitulari miseris*.
Je jouis d'un doux repos, *dulci fruor otio*.

V. Verbes irréguliers.

121. On appelle verbes *irréguliers*, les verbes qui, dans quelques-unes de leurs formes, s'écartent des conjugaisons qui servent de modèle.

Les principaux verbes irréguliers sont, outre le verbe *sum*, et ses composés déjà cités plus haut (84), les neuf suivants :

I. Possum, *potes, potui, posse*, pouvoir.
II. Prosum, *prodes, profui, prodesse*, être utile.
III. Fero, *fers, tuli, latum, ferre*, porter, avec ses composés.
IV. Volo, *vis, volui, velle*, vouloir.
V. Nolo, *non vis, nolui, nolle*, ne vouloir pas.
VI. Malo, *mavis, malui, malle*, aimer mieux.
VII. Edo, *edis* ou *es, edi, esum, edere*, manger, avec ses composés.
VIII. Fio, *fis, factus sum, fieri*, être fait, devenir.
IX. Eo, *is, ivi, itum, ire*, aller, avec ses composés.

---

120. Récitez la règle *imitor patrem* (règle des verbes déponents-actifs). Récitez la règle *miserere pauperum* (règle des verbes déponents-neutres).

121. Qu'appelle-t-on verbes irréguliers? Citez-en les principaux.

122. I. POSSUM, NEUTRE,

(de potis sum), *pouvoir.*

INDICATIF.	IMPÉRATIF.	SUBJONCTIF.	INFINITIF.	PARTICIPE.
Près. Pos sum, *je peux*, pot es, pot est; Pos sumus, pot estis, pos sunt.	Fac pos sis, *tâche de pouvoir*, etc.	Pos sim, *que je puisse*, pos sis, pos sit; Pos simus, pos sitis, pos sint.	Près. Posse, *pouvoir.*	
Imp. Pot eram, *je pouvais*, pot eras, pot erat; Pot eramus, pot eratis, pot erant.		Pos sem, *que je pusse*, pos ses, pos set; Pos semus, pos setis, pos sent.		
Parf. Pot ui, *j'ai pu ou je pus*, pot uisti, pot uit; Pot uimus, pot uistis, pot uerunt ou pot uere.		Pot uerim, *que j'aie pu*, pot ueris, pot uerit; Pot uerimus, pot ueritis, pot uerint.	Parf. Pot uisse, *avoir pu.*	
P.-Q.-P. Pot ueram, *j'avais pu*, pot ueras, pot uerat; Pot ueramus, pot ueratis, pot uerant.		Pot uissem, *que j'eusse pu*, pot uisses, pot uisset; Pot uissemus, pot uissetis, pot uissent.		
Fut. Pot ero, *je pourrai*, pot eris, pot erit; Pot erimus, pot eritis, pot erunt.				
Fut. passé. Pot uero, *j'aurai pu*, pot ueris, pot uerit; Pot uerimus, pot ueritis, pot uerint.				

123. II. PROSUM, NEUTRE,

être utile, servir.

INDICATIF.	IMPÉRATIF.	SUBJONCTIF.	INFINITIF.	PARTICIPE.
Près. Pro sum, *je suis utile*, prod es, prod est; Pro sumus, prod estis, pro sunt.	Fac pro sis, *sois utile*, etc.	Pro sim, *que je sois utile*, pro sis, pro sit; Pro simus, pro sitis, pro sint.	Près. Prod esse, *être utile.*	
Imp. Prod eram, *j'étais utile*, prod eras, prod erat; Prod eramus, prod eratis, prod erant.		Prod essem, *que je fusse utile*, prod esses, prod esset; Prod essemus, prod essetis, prod essent.		
Parf. Pro fui, *j'ai été (ou je fus) utile*, pro fuisti, pro fuit; Pro fuimus, pro fuistis, pro fuerunt ou pro fuere.		Pro fuerim, *que j'aie été utile*, pro fueris, pro fuerit; Pro fuerimus, pro fueritis, pro fuerint.	Parf. Pro fuisse, *avoir été utile.*	
P.-Q.-P. Pro fueram, *j'avais été utile*, pro fueras, pro fuerat; Pro fueramus, pro fueratis, pro fuerant.		Pro fuissem, *que j'eusse été utile*, pro fuisses, pro fuisset; Pro fuissemus, pro fuissetis, pro fuissent.		
Fut. Prod ero, *je serai utile*, prod eris, prod erit; Prod erimus, prod eritis, prod erunt.			Fut. Profuturum(am, um) esse, *devoir être (qu'il sera) utile.*	Fut. Profuturus (a, um), *devant être (c.-à-d. qui sera) utile.*
Fut. pas. Pro fuero, *j'aurai été utile*, pro fueris, pro fuerit; Pro fuerimus, pro fueritis, pro fuerint.			Fut. p. Profuturum (am, um) fuisse, *avoir dû être utile.*	

VERBES IRRÉGULIERS.

124. III. FERO, ACTIF.

INDICATIF.	IMPÉRATIF.
Prés. Fer o, *je porte*, fer s, fer t; Fer imus, fer tis, fer unt.	Fer, *porte*, fer at; Fer amus, fer te, fer ant.
Imp. Fer ebam, *je portais*, fer ebas, fer ebat; Fer ebamus, fer ebatis, fer ebant.	
Parf. Tul i, *j'ai porté ou je portai*, tul isti, tul it; Tul imus, tul istis, tul erunt ou tul ere.	
Pl.-q.-p. Tul eram, *j'avais porté*, tul eras, tul erat; Tul eramus, tul eratis, tul erant.	
Fut. Fer am, *je porterai*, fer es, fer et; Fer emus, fer etis, fer ent.	Fer to, *porte*, fer to; Fer tote, fer unto.
Fut. passé. Tul ero, *j'aurai porté*, tul eris, tul erit; Tul erimus, tul eritis, tul erint.	

125. L'ERROR, PASSIF.

Prés. Fer or, *je suis porté*, fer ris ou fer re, fer tur; Fer imur, fer imini, fer untur.	Fer re, *sois porté*, fer atur; Fer amur, fer imini, fer antur.
Imp. Fer ebar, *j'étais porté*, fer ebaris ou fer ebare, fer ebatur; Fer ebamur, fer ebamini, fer ebantur.	
Parf. Lat us sum ou fui, *j'ai été (ou je fus) porté*, etc.	
Pl.-q.-p. Lat us eram ou fueram, *j'avais été porté*, etc.	
Fut. Fer ar, *je serai porté*, fer eris ou fer ere, fer etur; Fer emur, fer emini, fer entur.	Fer tor, *sois porté*, fer tor; Fer imnor, fer untor.
Fut. passé. Lat us ero ou fuero, *j'aurai été porté*, etc.	

SUBJONCTIF.	INFINITIF.	PARTICIPE.
porter, **à la voix active.**		
Fer am, *que je porte*, fer as, fer at; Fer amus, fer atis, fer ant.	Prés. Fer re, *porter*.	Pr. Ferens, *portant*.
Fer rem, *que je portasse*, fer res, fer ret; Fer remus, fer retis, fer rent.		
Tul erim, *que j'aie porté*, tul eris, tul erit; Tul erimus, tul eritis, tul erint.	Parf. Tul isse, *avoir porté*.	
Tul issem, *que j'eusse porté*, tul isses, tul isset; Tul issemus, tul issetis, tul issent.		
	Fut. Laturum (am, um) esse, *devoir porter (qu'il portera)*.	Fut. Laturus (a, um), *devant porter (c.-à-d. qui portera)*.
	Fut. p. Laturum (am, um) fuisse, *avoir dû de porter, etc. porter (q. aura porté)*.	Gér. Ferendi (o, um), *de porter, etc.* Sup. Lat um, *porter*.
être porté.		
Fer ar, *que je sois porté*, fer aris ou fer are, fer atur; Fer amur, fer amini, fer antur.	Pr. Fer ri, *être porté*.	
Fer rer, *que je fusse porté*, fer reris ou fer rere, fer retur; Fer remur, fer remini, fer rentur.		
Lat us sim ou fuerim, *que j'aie été porté*, etc.	Parf. Lat um esse ou fuisse, *avoir été porté*.	Pass. Lat us (a, um), *porté, ayant été porté (qui a été porté)*.
Lat us essem ou fuissem, *que j'eusse été porté*, etc.		
	Fut. Lat um iri, *devoir être porté (qu'il sera porté)*.	
	Sup. Lat u, *à être porté*.	Part. pass. d'oblig. Ferend us (a, um), *qui doit être porté*.

126. IV. VOLO, ACTIF, vouloir.

INDICATIF.	IMPÉRATIF.	SUBJONCTIF.	INFINITIF.	PARTICIPE.
Prés. Vol o, *je veux*, vis, vult ; Vol umus, vul tis, vol unt.	Vel is, *veux ou veuille*, vel it ; Vel imus, vel itis, vel int.	Vol im, *que je veuille*, vel is, vel it ; Vol imus, vel itis, vol int.	Prés. Vel le, *vouloir*.	Prés. Vol ens, entis, *voulant (qui veut)*.
Imp. Vol ebam, *je voulais*, vol ebas, vol ebat ; Vol ebamus, vol ebatis, vol ebant.		Vol lem, *que je voulusse*, vel les, vol let ; Vol lemus, vol letis, vel lent.		
Parf. Vol ui, *j'ai voulu*, vol uisti, vol uit ; Vol uimus, vol uistis, vol uerunt ou uere.		Vol uerim, *que j'aie voulu*, vol ueris, vol uerit ; Vol uerimus, vol ueritis, vol uerint.	Parf. Vol uisse, *avoir voulu*.	
P.-Q.-P. Vol ueram, *j'avais voulu*, vol ueras, vol uerat ; Vol ueramus, vol ueratis, vol uerant.		Vol uissem, *que j'eusse voulu*, vol uisses, vol uisset ; Vol uissemus, vol uissetis, vol uissent.		
Fut. Vol am, *je voudrai*, vol es, vol et ; Vol emus, vol etis, vol ent.				
Fut. passé. Vol uero, *j'aurai voulu*, vol ueris, vol uerit ; Vol uerimus, vol ueritis, vol uerint.				

127. V. NOLO (de non volo), ACTIF, ne vouloir pas.

INDICATIF.	IMPÉRATIF.	SUBJONCTIF.	INFINITIF.	PARTICIPE.
Prés. Nol o, *je ne veux pas*, non vis, non vult ; Nol umus, non vul tis, nol unt.	Nol i ou ito, *ne veuille pas*, nol it ; Nol imus, nol ito, nol int.	Nol im, *que je ne veuille pas*, nol is, nol it ; Nol imus, nol itis, nol int.	Prés. Nolle, *ne vouloir pas*.	Prés. Nol ens, entis, *ne voulant pas (qui ne veut pas)*.
Imp. Nol ebam, *je ne voulais pas*, nol ebas, nol ebat ; Nol ebamus, nol ebatis, nol ebant.		Nol lem, *que je ne voulusse pas*, nol les, nol let ; Nol lemus, nol letis, nol lent.		
Parf. Nol ui, *je n'ai pas voulu*, nol uisti, nol uit ; Nol uimus, nol uistis, nol uerunt ou nol uere.		Nol uerim, *que je n'aie pas voulu*, nol ueris, nol uerit ; Nol uerimus, nol ueritis, nol uerint.	Parf. Nol uisse, *n'avoir pas voulu*.	
P.-Q.-P. Nol ueram, *je n'avais pas voulu*, nol ueras, nol uerat ; Nol ueramus, nol ueratis, nol uerant.		Nol uissem, *que je n'eusse pas voulu*, nol uisses, nol uisset ; Nol uissemus, nol uissetis, nol uissent.		
Fut. Nol am, *je ne voudrai pas*, nol es, nol et ; Nol emus, nol etis, nol ent.	Nol ito, *ne veuille pas*, nol ito ; Nol itote, nol unto.			
Fut. passé. Nol uero, *je n'aurai pas voulu*, nol ueris, nol uerit ; Nol uerimus, nol ueritis, nol uerint.				

128. VI. MALO (de magis volo), ACTIF, *aimer mieux.*

INDICATIF.	IMPÉRATIF.
Prés. Mal o, *j'aime mieux*, ma-vis, ma-vult; Mal umus, ma-vultis, mal unt.	Mal is, *aime mieux*, mal it; Mal imus, mal itis, mal int.
Imp. Mal ebam, *j'aimais mieux*, mal ebas, mal ebat; Mal ebamus, mal ebatis, mal ebant.	
Parf. Mal ui, *j'ai mieux aimé*, mal uisti, mal uit; Mal uimus, mal uistis, mal uerunt ou mal uere.	
P.-Q.-P. Mal ueram, *j'avais mieux aimé*, mal ueras, mal uerat; Mal ueramus, mal ueratis, mal uerant.	
Fut. (manque)	
Fut. passé. Mal uero, *j'aurai mieux aimé*, mal ueris, mal uerit; Mal uerimus, mal ueritis, mal uerint.	

SUBJONCTIF.	INFINITIF.	PARTICIPE.
Mal im, *que j'aime mieux*, mal is, mal it; Mal imus, mal itis, mal int.	Prés. Mal le, *aimer mieux.*	
Mal lem, *que j'aimasse mieux*, mal les, mal let; Mal lemus, mal letis, mal lent.		
Mal uerim, *que j'aie mieux aimé*, mal ueris, mal uerit; Mal uerimus, mal ueritis, mal uerint.	Parf. Mal uisse, *avoir mieux aimé.*	
Mal uissem, *que j'eusse mieux aimé*, mal uisses, mal uisset; Mal uissemus, mal uissetis, mal uissent.		

129. VII. EDO, ACTIF, *manger.*

INDICATIF.	IMPÉRATIF.
Prés. Ed o, *je mange*, ed is ou es, ed it ou est; Ed imus, ed itis ou estis, ed unt.	Ed e ou es, *mange*, ed at; Ed amus, ed ite ou este, ed ant.
Imp. Ed ebam, *je mangeais*, ed ebas, ed ebat; Ed ebamus, ed ebatis, ed ebant.	
Parf. Ed i, *j'ai mangé*, ed isti, ed it; Ed imus, ed istis, ed erunt ou ed ere.	
P.-Q.-P. Ed eram, *j'avais mangé*, ed eras, ed erat; Ed eramus, ed eratis, ed erant.	
Fut. Ed am, *je mangerai*, ed es, ed et; Ed emus, ed etis, ed ent.	Ed ito ou esto, *mange*, ed ito; Ed itote ou estote, ed unto.
Fut. passé. Ed ero, *j'aurai mangé*, ed eris, ed erit; Ed erimus, ed eritis, ed erint.	

SUBJONCTIF.	INFINITIF.	PARTICIPE.
Ed am, *que je mange*, ed as, ed at; Ed amus, ed atis, ed ant.	Prés. Ed ere ou esse, *manger.*	Pr. Ed ens, *mangeant.*
Ed erem, *que je mangeasse*, ed eres, ed eret; ed eremus, etc. ou Essem, esses, esset; essemus, etc.		
Ed erim, *que j'aie mangé*, ed eris, ed erit; Ed erimus, ed eritis, ed erint.	Parf. Ed isse, *avoir mangé.*	
Ed issem, *que j'eusse mangé*, ed isses, ed isset; Ed issemus, ed issetis, ed issent.		
	Fut. Es urum esse, *devoir manger (qu'il mangera).*	Fut. Es urus, *devant manger (qui mangera).*
	Fut. pass. Es urum fuisse, *avoir dû manger (qu'il aura mangé).*	Gér. Edend i (o, um), *de manger*, etc. Sup. Esum, *manger.*

130. VIII. FIO, PASSIF de FACIO, être fait, devenir.

	INDICATIF.	IMPÉRATIF.	SUBJONCTIF.	INFINITIF.	PARTICIPE.
Prés.	Fio, je deviens, fis, fit; Fimus, fitis, fiunt.	Fias, deviens, fiat; Fiamus, fiatis, fiant.	Fiam, que je devienne, fias, fiat; Fiamus, fiatis, fiant.	Prés. Fieri, devenir, être fait.	
Imp.	Fiebam, je devenais, fiebas, fiebat; Fiebamus, fiebatis, fiebant.		Fierem, que je devinsse, fieres, fieret; Fieremus, fieretis, fierent.		
Parf.	Factus sum ou fui, je suis devenu, j'ai été fait, etc.		Factus sim ou fuerim, que je sois devenu, que j'aie été fait, etc.	Parf. Factum esse ou fuisse, être devenu, avoir été fait.	Passé. Factus (a, um), devenu, étant devenu, fait, étant fait, ayant été fait (qui est devenu, qui a été fait).
P.-Q.-P.	Factus eram ou fueram, j'étais devenu, j'avais été fait, etc.		Factus essem ou fuissem, que je fusse devenu, que j'eusse été fait, etc.	Fut. Factum iri, devoir devenir, devoir être fait (qu'il deviendra, qu'il sera fait).	Part. pass. d'oblig. Faciendus (a, um), qui doit être fait, qui doit devenir.
Fut.	Fiam, je deviendrai, fies, fiet; Fiemus, fietis, fient.			Supin. Factu, à devenir, à être fait.	
Fut. passé.	Factus ero ou fuero, je serai devenu, j'aurai été fait, etc.				

131. IX. EO, NEUTRE, aller.

	INDICATIF.	IMPÉRATIF.	SUBJONCTIF.	INFINITIF.	PARTICIPE.
Prés.	Eo, je vais, is, it; Imus, itis, eunt.	I, va, eat; Eamus, ite, eant.	Eam, que j'aille, eas, eat; Eamus, eatis, eant.	Prés. Ire, aller.	Prés. Iens, euntis, allant (qui va).
Imp.	Ibam, j'allais, ibas, ibat; Ibamus, ibatis, ibant.		Irem, que j'allasse, ires, iret; Iremus, iretis, irent.		
Parf.	Iv i, je suis allé, iv isti, iv it; Iv imus, iv istis, iv erunt ou iv ere.		Iv erim, que je sois allé, iv eris, iv erit; Iv erimus, iv eritis, iv erint.	Parf. Iv isse, être allé.	Fut. Iturus (a, um), devant aller (qui ira).
P.-Q.-P.	Iv eram, j'étais allé, iv eras, iv erat; Iv eramus, iv eratis, iv erant.		Iv issem, que je fusse allé, iv isses, iv isset; Iv issemus, iv issetis, iv issent.		Part. pass. d'oblig. (employé impersonnell. avec est). Eundum est (erat, etc.), il faut aller.
Fut.	Ibo, j'irai, ibis, ibit; Ibimus, ibitis, ibunt.	Ito, va, ito; Itote, eunto.		Fut. Iturum esse, devoir aller (qu'il ira).	
Fut. passé.	Iv ero, je serai allé, iv eris, iv erit; Iv erimus, iv eritis, iv erint.			Fut. passé. Iturum fuisse, avoir dû aller (qu'il sera allé).	Gen. Eundi (o, um), d'aller, etc. Sup. Itum, aller.

VERBES IRRÉGULIERS.

REMARQUES.

1° Sur POSSUM et PROSUM.

132. Dans la conjugaison du verbe *possum*, le *t* de l'adjectif *pot(is, e)* est remplacé par une *s*, toutes les fois que le verbe commence par une *s*.

Dans la conjugaison du verbe *prosum*, on ajoute un *d* à la préposition *pro*, toutes les fois que le verbe commence par la voyelle *e*.

2° Sur les composés de FERO.

Les composés du verbe *fero* se conjuguent comme lui à l'actif et au passif.

Tels sont :

Af-fero, af-fers, at-tuli, al-latum, af-ferre, *act.*, apporter.
Au-fero, au-fers, abs-tuli, ab-latum, au-ferre, *act.*, emporter.
Con-fero, con-fers, con-tuli, col-latum, con-ferre, *act.*, *porter ensemble; réunir*.
Dif-fero, dif-fers, dis-tuli, di-latum, dif-ferre, *act.*, *disperser; différer* (remettre).
Ef-fero, ef-fers, ex-tuli, e-latum, ef-ferre, *act.*, porter dehors.
In-fero, in-fers, in-tuli, il-latum, in-ferre, *act.*, porter dedans.
Of-fero, of-fers, ob-tuli, ob-latum, of-ferre, *act.*, offrir.
Suf-fero, suf-fers, sus-tuli, sub-latum (*rare*), suf-ferre, *act.*, *supporter*.

Tous ces verbes subissent une modification dans la préposition dont ils sont composés. La préposition reste invariable dans les sept suivants : *ante-fero, a.*, porter devant, préférer; *circum-fero, a.*, porter autour; *de-fero, a.*, déférer, dénoncer; *per-fero, a.*, supporter, porter jusqu'au bout; *præ-fero, a.*, préférer; *pro-fero, a.*, porter en avant; *re-fero, a.*, rapporter.

Suffero prête son parfait et son supin au verbe *tollo*, élever, enlever : *toll-o, is, sustuli, sublatum, tollere*, act.

122, 123. Conjuguez *possum*, *prosum*.
124, 125. Conjuguez *fero*, *feror*.
126, 127, 128. Conjuguez *volo*, *nolo*, *malo*.
129, 130, 131. Conjuguez *edo*, *fio*, *eo*.
132. Quand le *t* de l'adjectif *pot* est-il remplacé dans *possum* par une *s*? Quand *prosum* prend-il un *d* entre la préposition et le verbe? Comment se conjuguent les composés de *fero*? Citez-les. A quel verbe *suffero* prête-t-il son parfait et son supin? *Differo* n'est-il pas aussi verbe

VERBES IRRÉGULIERS.

Differo, comme *différer* en français, est aussi verbe neutre, et s'emploie dans le sens de *être différent*; cependant les formes tirées du parfait et du supin ont exclusivement la signification active.

3° Sur VOLO, NOLO et MALO.

Les trois verbes *volo*, *nolo* et *malo* n'ont pas de passif.

4° Sur EDO et ses composés.

Le passif du verbe *edo* est régulier : *edor, ederis, esus sum, edi.* Au lieu de *editur*, on trouve aussi *estur* (il est mangé).

Les composés du verbe *edo* se conjuguent comme lui à l'actif et au passif.

Tels sont :

Com-edo, edis, etc., *a.*, manger. | Ex-edo, edis, etc., *a.*, dévorer.
Amb-edo, edis, etc., *a.*, ronger. | Per-edo, edis, etc., *a.*, consumer.

5° Sur FIO et ses composés.

Le verbe *fio* sert de passif au verbe *facio* (faire).

Parmi les composés de *facio*, les uns conservent la voyelle *a*, les autres changent *a* en *i*.

Les composés de *facio* qui conservent *a*, changent *facio* en *fio* à la voix passive, et s'y conjuguent comme *fio*.

Ainsi, *cale-facio* (échauffer) fait au passif *cale-fio* (devenir chaud); *lique-facio* (liquéfier, fondre) fait *lique-fio* (se liquéfier).

Les composés de *facio* qui changent *a* en *i*, forment régulièrement tous les temps de la voix passive.

Ainsi, *ef-ficio* (effectuer) fait au passif *ef-ficior, ef-ficeris, ef-fectus sum, ef-fici*; *per-ficio* (achever) fait *per-ficior, per-ficeris, per-fectus sum, per-fici*.

---

neutre? *Volo, nolo* et *malo* ont-ils un passif? Le passif *edor* est-il régulier? Quelle forme trouve-t-on pour *editur*? Comment se conjuguent les composés de *edo*? Citez-les. A quel verbe *fio* sert-il de passif? Quels sont les composés de *facio* qui, au passif, changent *facio* en *fio*? Donnez le passif de *liquefacio*, etc. Comment se conjuguent au passif les composés de *facio* qui changent *a* en *i*? Donnez le passif de *efficio*. Comment se conjuguent les composés du verbe *eo*? Comment font-ils au parfait de l'indicatif? Quels sont les composés de *eo* qui peuvent s'employer au passif? Comment se conjugue *ambio*?

8.

6° Sur les composés de EO.

Les composés du verbe *eo* se conjuguent comme lui; ils ont le parfait de l'indicatif en *ii*, rarement en *ivi*.

Tels sont :

Ab-eo, is, ii (ivi), itum, ire, *n., s'en aller.*
Ad-eo, is, etc., *a., aller vers.* | Præter-eo, is, etc., *a., passer outre.*
Ex-eo, is, etc., *n., sortir.* | Prod-eo, is, etc., *n., s'avancer.*
In-eo, is, etc., *a., aller dans.* | Red-eo, is, etc., *n., revenir.*
Per-eo, is, etc., *n., périr.* | Trans-eo, is, etc., *a.* et *n., passer.*

Comme *adeo, ineo, prætereo* et *transeo* sont actifs, ils peuvent s'employer à la voix passive : *adiri non potest* (Cic.), il ne peut pas être abordé (il n'est pas visible).

Ambio (a., aller autour), quoique dérivé du verbe *eo*, se conjugue régulièrement sur *audio*.

APPENDICE I.
Queo et Nequeo.

133. Les deux verbes *queo* (je puis), et *nequeo* (je ne puis pas), se conjuguent régulièrement sur *eo*; mais ils n'ont ni *impératif*, ni *gérondif*, ni *supin*.

IND.	*prés.*	Queo, quis, quit, etc.,	*je puis.*
	imp.	Quibam, quibas, etc.,	*je pouvais.*
	parf.	Quivi, quivisti, etc.,	*j'ai pu.*
	pl.-q.-p.	Quiveram, quiveras, etc.,	*j'avais pu.*
	fut.	Quibo, quibis, etc.,	*je pourrai.*
	fut. pas.	Quivero, quiveris, etc.,	*j'aurai pu.*
SUBJ.	*prés.*	Queam, queas, etc.,	*que je puisse.*
	imp.	Quirem, quires, etc.,	*que je pusse.*
	parf.	Quiverim, quiveris, etc.,	*que j'aie pu.*
	pl.-q.-p.	Quivissem, quivisses, etc.,	*que j'eusse pu.*
INF.	*prés.*	Quire,	*pouvoir.*
	parf.	Quivisse,	*avoir pu.*
PART.	*prés.*	Quiens, queuntis, etc.,	*pouvant.*

Nequeo se conjugue de même.

---

133. Comment se conjuguent *queo* et *nequeo* ? Quelles sont les formes qui leur manquent ? Conjuguez *queo*. Quelles sont les formes à éviter ?

Il faut éviter d'employer les formes suivantes, très-rares dans les bons auteurs : *quis*, *quit*, *quimus*, *quitis*; les imparfaits *quibam*, etc., et *quirem*, etc.; tout le futur *quibo* et *nequibo*; l'infinitif présent *quire* et *nequire*; enfin le participe *quiens*.

APPENDICE II. — IMPÉRATIFS IRRÉGULIERS.

Dic, duc, fac.

134. Les trois verbes *dico*, *duco*, *facio*, retranchent l'*e* final à la deuxième personne du singulier du présent de l'impératif actif, et font *dic*, *duc*, *fac*.

Il en est de même des composés de ces verbes.

Ainsi : *præ-dico* (prédire) fait *præ-dic*; *de-duco* (emmener) fait *de-duc*; *cale-facio* (échauffer) fait *cale-fac*.

Cependant les composés de *facio* qui changent *a* en *i*, conservent l'*e* à l'impératif. Ainsi *ef-ficio* fait *ef-fice*; *per-ficio* fait *per-fice*; etc.

VI. Verbes défectifs.

135. On appelle verbes *défectifs* (de *deficio*, manquer), les verbes auxquels il manque des modes, des temps, ou des personnes.

Les principaux verbes défectifs sont les sept suivants :

MEMINI, *meminisse*, act., et neut., se souvenir.
COEPI, *cœpisse*, neut., quelquefois act., commencer.
ODI, *odisse*, act., haïr.
NOVI, *novisse*, act., savoir, connaître.
CONSUEVI, *consuevisse*, neut., avoir coutume.
INQUAM, dis-je.
AIO, je dis.

Ces verbes (excepté *cœpi*) n'ont pas de passif.

Odi, *novi* et *consuevi* sont employés aux mêmes temps et aux mêmes modes que *memini*, qui leur sert de modèle; mais le futur de l'impératif est propre à *memini*.

---

134. Comment les verbes *dico*, *duco*, *facio* et leurs composés font-ils à l'impératif présent actif? Quels sont les composés de *facio* qui conservent l'*e* à l'impératif?

135. Qu'appelle-t-on verbes défectifs? Quels sont les principaux verbes défectifs? *Odi*, *novi* et *consuevi* sont-ils employés aux mêmes temps et aux mêmes modes que *memini*?

INDICATIF.	IMPÉRATIF.
136. I. MEMINI, ACTIF	
et NEUTRE, *je me souviens.*	
Pres. (Parf.) Memini, *je me souviens,* Meministi, it; imus, istis, erunt ou ere.	Memin eris, *souviens-toi,* Meminerit; erimus, eritis, erint.
Imp. (P.-q.-p.) Memin eram, *je me souvenais,* Memineras, erat; eramus, eratis, erant.	
Fut. (Fut. p.) Meminero, *je me souviendrai,* Memineris, erit; erimus, eritis, erint.	Memento, *souviens-toi;* Mementote, *souvenez-vous.*

137. II. CŒPI, PARFAIT, (de l'inusité *Cœpiō*).

Parf. Cœpi, *j'ai commencé,* Cœpisti, it; imus, istis, erunt ou ere.	Cœperis, *commence,* Cœperit; erimus, eritis, erint.
P.-q.-p. Cœperam, *j'avais commencé,* Cœperas, erat; eramus, eratis, erant.	
Fut. Passé. Cœpero, *j'aurai commencé,* Cœperis, erit; erimus, eritis, erint.	

138. Remarques. 1° *Memini, novi, odi* et *consuevi* sont quatre parfaits qui ont le sens du présent; de même, au plus-que-parfait, ils ont le sens de l'imparfait, et au futur passé, le sens du futur. Pour exprimer le sens des temps passés, il faut employer d'autres verbes.

Odi fait au participe futur actif *osurus* (devant haïr, qui haïra). Le parfait *osus sum* (j'ai haï) ne se trouve que chez les plus anciens auteurs; il a servi à former les participes composés *exosus* et *perosus* (haïssant, qui hait).

136, 137. Conjuguez *memini, cœpi.*
138. A quel temps sont *memini, novi, odi* et *consuevi*? Quel sens ont-ils? Comment *odi* fait-il au participe futur actif? D'où viennent

SUBJONCTIF.	INFINITIF.	PARTICIPE.
et NEUTRE, *je me souviens.*		
Meminerim, *que je me souvienne,* Memineris, erit; erimus, eritis, erint.	Pr. (Parf.) Meminisse, *se souvenir.*	
Meminissem, *que je me souvinsse,* Meminisses, isset; issemus, issetis, issent.		

j'ai commencé (souvent *je commence*).

Cœperim, *que j'aie commencé,* Cœperis, erit; erimus, eritis, erint.	Parf. Cœpisse, *avoir commencé.*	
Cœpissem, *que j'eusse commencé,* Cœpisses, isset; issemus, issetis, issent.	Fut. Cœpturum esse, *devoir commencer (qu'il commencera).*	Fut. Cœpturus us (a, um), *devant commencer (qui commencera).*
	Fut. Passé. Cœpturum fuisse, *avoir dû commencer (qu'il aura commencé).*	Sup. Cœptum, *commencer.* Cœptu, *à être commencé.*

2° Dans *cœpi*, le parfait signifie souvent *je commence*; le plus-que-parfait, *je commençais*; le futur passé, *je commencerai.* Il en est de même aux autres modes.

Le verbe *cœpi* s'emploie à la voix passive aux mêmes temps qu'à la voix active.

Ainsi l'on a au parfait de l'indicatif : *cœptus (a, um) sum* ou *fui* (je suis commencé), et au plus-que-parfait : *cœptus eram* ou *fueram* (j'étais commencé), etc.

Le verbe *cœpi* se construit élégamment avec un infinitif passif : *pons institui cœptus est,* on commença à faire le pont.

---

exosus et *perosus* ? Quel est souvent le sens du parfait *cœpi*? Ce verbe s'emploie-t-il au passif?

139. III. **INQUAM**, dis-je.

INDICATIF.	IMPÉRATIF.	SUBJONCTIF.	PARTICIPE.
Prés. Inquam, *dis-je*, inquis, inquit; Inquimus, inquitis, inquiunt.	Prés. Inque ou inquito (*rares*), dis.		
Imp. Inquiebat, *disait-il.*			
Parf. Inquisti, *dis-tu*; Inquit, *dit-il.*			
Fut. Inquies, *diras-tu*; Inquiet, *dira-t-il.*			

140. IV. **AIO**, je dis.

Pr. Aio, *je dis*, ais, ait; — — aiunt.	Prés. Ai (*rare*), dis.	Prés. Aias, *que tu dises*, aiat.	Prés. Ai ens, entis, *disant.*
Imp. Ai ebam, *je disais*, Ai ebas, ebat; ebamus, ebatis, ebant.			

Remarque. *Aio* signifie souvent *dire oui, affirmer.*
On trouve quelquefois *ain'?*, pour *aisnô? dis-tu? ou tu dis?*

VII. Verbes impersonnels.

141. On appelle verbes *impersonnels* ceux qui n'ont que la troisième personne du singulier.

Il y a *deux* espèces de verbes impersonnels : les verbes *impersonnels actifs* et les verbes *impersonnels passifs.*

Les verbes impersonnels *actifs* sont ceux qui ont la troisième personne du singulier de la voix active, comme *oportet, il faut; me pœnitet*, je me repens.

Les verbes impersonnels *passifs* sont ceux qui ont la troisième personne du singulier de la voix passive, comme *pugnatur,* on combat.

---

139. Conjuguez *inquam.*
140. Conjuguez *aio.* Que signifie souvent le verbe *aio*? Qu'est-ce que la forme *ain'?*
141. Qu'appelle-t-on verbes impersonnels? Combien y a-t-il d'espèces de verbes impersonnels? Nommez-les. Qu'est-ce que les verbes impersonnels actifs? Qu'est-ce que les verbes impersonnels passifs?

142. I. OPORTET, *il faut*, IMPERSONNEL ACTIF (2ᵉ conj.).

INDICATIF.	IMPÉR.	SUBJONCT.	INFINITIF.	PART.
Prés. Oport et, *il faut.*	Oport eat, *qu'il faille.*	Oport eat, *qu'il faille.*	Prés. Oport ere, *falloir.*	
Imp. Oport ebat, *il fallait.*		Oport eret, *qu'il fallût.*		
Parf. Oport uit, *il a fallu.*		Oport uerit, *qu'il ait fallu.*	Parf. Oport uisse, *avoir fallu.*	
P.-Q.-P. Oport uerat, *il avait fallu.*		Oport uisset, *qu'il eût fallu.*		
Fut. Oport ebit, *il faudra.*				
Fut. p. Oport uerit, *il aura fallu.*				

Conjuguez sur *Oportet* :

Dec et, dec uit, dec ēre, 2ᵉ c., *il convient, il sied.*
Dedec et, — uit, — ēre, 2ᵉ c., *il ne convient pas, il sied mal.*
Lib et, lib uit (*ou* lib itum est), lib ēre, 2ᵉ c., *il plaît.*
Lic et, lic uit (*ou* lic itum est), lic ēre, 2ᵉ c., *il est permis.*
Liqu et, liq uit (*ou* lic uit), . . . liqu ēre, 2ᵉ c., *il est clair.*
Pat et, pat uit, ... pat ēre, 2ᵉ c., *il est évident.*
Plac et, plac uit (*ou* plac itum est), plac ēre, 2ᵉ c., *il plaît.*

Ainsi se conjuguent encore, à la 3ᵉ personne du singulier seulement, en suivant chacun sa conjugaison, les verbes impersonnels suivants :

Plu it, plu it, plu ēre, . . . 3ᵉ c., *il pleut.*
Ning it, ninx it, ning ēre, . . . 3ᵉ c., *il neige.*
Grandin at, āvit, āre, ... 1ʳᵉ c., *il grêle.*
Fulgur at, āvit, āre, ... 1ʳᵉ c., *il éclaire.*
Ton at, ton uit, ton āre, . . . 1ʳᵉ c., *il tonne.*

De plus : interest, refert, *il importe;* fit, evenit, contingit, accidit, *il arrive;* præstat, *il vaut mieux;* constat, *il est constant;* expedit, *il est avantageux;* etc.

---

142. Conjuguez *oportet*. Quels sont les verbes qui se conjuguent sur *oportet*? Donnez les temps primitifs des verbes *decet*, etc., *pluit*, etc.

143. II. ME PŒNITET,

je me repens, IMPERSONNEL ACTIF (2ᵉ conj.).

	INDICATIF.		IMPÉRATIF.
Prés.	Me pœnitet,	je me repens.	
	Te pœnitet,	tu te repens.	Te pœnitet, repens-toi.
	Illum pœnitet,	il se repent.	Illum pœnitet, q. se repente.
	Nos pœnitet,	nous nous repentons.	Nos pœnitet, repentons-nous.
	Vos pœnitet,	vous vous repentez.	Vos pœnitet, repentez-vous.
	Illos pœnitet,	ils se repentent.	Illos pœnitet, q. se repentent.
Imp.	Me (te, etc.) pœnitebat, *je me repentais*; etc.		
Parf.	Me (te, etc.) pœnituit, *je me suis repenti*; etc.		
P.-Q.-P.	Me (te, etc.) pœnituerat, *je m'étais repenti*; etc.		
Fut.	Me (te, etc.) pœnitebit, *je me repentirai*; etc.		
Fut. passé.	Me (te, etc.) pœnituerit, *je me serai repenti*; etc.		

SUBJONCTIF.	INFINITIF.	PARTICIPE.
Me pœnitet, *que je me repente.*		
Te pœnitet, *que tu te repentes.*	Prés. Me (te, etc.) pœnitere, *me repentir*; etc.	Prés. Pœnitens, entis, *se repentant (qui se repente).*
Illum pœnitet, *qu'il se repente.*		
Nos pœnitet, *que nous nous repentions.*		
Vos pœnitet, *que vous vous repentiez.*		
Illos pœnitet, *qu'ils se repentent.*		
Me (te, etc.) pœnitueret, *que je me repentisse*; etc.		
Me (te, etc.) pœnituerit, *que je me sois repenti*; etc.	Parf. Me (te, etc.) pœnituisse, *m'être repenti*; etc.	
Me (te, etc.) pœnituisset, *que je me fusse repenti*; etc.		
	Gén. Pœnitendi (o, um), *de se repentir*, etc.	Part. pass. d'oblig. Pœnitendus (a, um), *dont il faut se repentir*.

144. III. PUGNATUR,

on combat, IMPERSONNEL PASSIF (1ʳᵉ conj.).

INDICATIF.	IMPÉRATIF.
Prés. Pugnatur, *on combat*.	Pugnetur, *que l'on combatte*.
Imp. Pugnabatur, *on combattait*.	
Parf. Pugnatum est ou fuit, *on a combattu*.	
P.-Q.-P. Pugnatum erat ou fuerat, *on avait combattu*.	
Fut. Pugnabitur, *on combattra*.	
Fut. passé. Pugnatum erit ou fuerit, *on aura combattu*.	

SUBJONCTIF.	INFINITIF.	PARTICIPE.
Pugnetur, *que l'on combatte*.	Prés. (dico) Pugnari, (*je dis*) *que l'on combat*.	
Pugnaretur, *que l'on combattît*.		
Pugnatum sit ou fuerit, *que l'on ait combattu*.	P. (dico) Pugnatum esse ou fuisse, (*je dis*) *que l'on a combattu*.	
Pugnatum esset ou fuisset, *que l'on eût combattu*.		
	F. (dico) Pugnatum iri, (*je dis*) *que l'on combattra*.	Part. pass. d'oblig. (employé impersonnell. avec est) Pugnandum est, *il faut combattre*.

VERBES IMPERSONNELS.

REMARQUES.

I. Me Pœnitet.

145. Le verbe *pœnitet* se conjugue dans tous ses temps avec les pronoms à l'accusatif : *me, te, illum (illam, illud)*, pour le singulier ; et *nos, vos, illos (illas, illa)*, pour le pluriel.

Au lieu des pronoms de la troisième personne *illum (am, ud), illos (as, a)*, il peut y avoir un substantif ou un autre pronom à l'accusatif.

Ex. : Pierre se repent, *Petrum pœnitet*.
Les enfants se repentent, *pueros pœnitet*.
L'enfant qui se repent, *puer quem pœnitet*.
Quiconque se repent, *quemcumque pœnitet*.

Comme *pœnitet*, et avec les mêmes pronoms, se conjuguent :

Me (te, *etc.*) pig et, pig uit (*ou* pig itum est), pig ēre, 2ᵉ conj., *être peiné*.

Me (te, *etc.*) pud et, pud uit (*ou* pud itum est), pud ēre, 2ᵉ conj., *avoir honte*.

Me (te, *etc.*) tæd et, tæs um est, tæd ēre, 2ᵉ conj., *s'ennuyer*.

Me (te, *etc.*) miser et, miser itum *ou* miser tum est, miser ēre (inf. inus.), 2ᵉ conj., *avoir pitié*.

II. Pugnatur.

Tous les verbes *impersonnels passifs* se conjuguent comme *pugnatur*, en suivant chacun sa conjugaison.

Tous les verbes actifs et neutres peuvent devenir *impersonnels passifs*, quand on veut exprimer que *l'action est faite* par un sujet indéterminé (*on*).

C'est ainsi qu'on peut former :
de *dico*, act., dire : *dicitur* (on dit), *dictum est, dici*;
de *lego*, act., lire : *legitur* (on lit), *lectum est, legi*;
de *eo*, neut., aller : *itur* (on va), *itum est, iri*;
de *venio*, neut., venir : *venitur* (on vient), *ventum est, veniri*.

Les verbes *impersonnels passifs* se rendent bien en français par l'emploi du pronom indéfini *on* : *vivitur parvo bene*, on vit heureux de peu.

143, 144. Conjuguez *me pœnitet, pugnatur*.

145. *Pœnitet* se conjugue-t-il partout avec les pronoms à l'accusatif ? Par quoi les pronoms de la troisième personne peuvent-ils être

APPENDICE AUX VERBES.

146. Règle des compléments

D'INSTRUMENT, DE CAUSE, DE MANIÈRE, DE PARTIE.

Ferire gladio. — Fame interiit. — Vincis forma. — Teneo lupum auribus.

Les noms d'instrument, de cause, de manière et de partie se mettent à l'ablatif, quand ils sont compléments d'un verbe.

Ex. : INSTRUMENT : Frapper de l'épée (avec l'épée), *ferire gladio.*
CAUSE : Il mourut de faim, *fame interiit.*
MANIÈRE : Vous l'emportez en beauté, en grandeur ; *vincis formā, vincis magnitudine.*
PARTIE : Je tiens le loup par les oreilles, *teneo lupum auribus.*

N. B. Cette règle regarde tous les verbes ; il en est de même des suivantes.

147. Règles des Gérondifs.

Gén. — **Tempus legendi.**

De, entre un nom et un infinitif français, régime du nom, veut le verbe latin au gérondif en *di.*

Ex. : Le temps de lire, *tempus legendi.*

Dat. — **Assuetus laborando.**

A, entre un adjectif et un infinitif français, régime de l'adjectif, veut le verbe latin au gérondif en *do.*

Ex. : Accoutumé à travailler, *assuetus laborando.*

Acc. — **Legit ad discendum.**

Pour, devant un infinitif français, se rend en latin par *ad* avec le gérondif en *dum.*

Ex. : Il lit pour apprendre, *legit ad discendum.*

---

remplacés ? Quels sont les verbes qui se conjuguent comme *pœnitet* ? Comment se conjuguent les verbes impersonnels passifs ? Tous les verbes actifs et neutres peuvent-ils devenir impersonnels passifs ? Citez des exemples. Comment les verbes impersonnels passifs peuvent-ils se rendre en français ?

146. Récitez la règle *ferire gladio ; fame interiit ; vincis forma ; teneo lupum auribus* (règle des compléments d'instrument, etc.).

147. Récitez les règles *tempus legendi ; assuetus laborando ; legit*

Abl. — **Ambulat legendo.**

En, avec le participe présent, veut le verbe latin au gérondif en *do*.

Ex. : Il se promène en lisant, *ambulat legendo*.

REMARQUE. Les gérondifs gouvernent les mêmes cas que les verbes d'où ils viennent.

Ex. : Le temps de lire l'histoire, *tempus legendi historiam*.

Cependant, lorsque le régime du gérondif devrait être à l'accusatif, comme dans cet exemple, il vaut mieux employer la forme en *dus*, et dire : *tempus legendæ historiæ*. (Cette tournure sera expliquée dans la syntaxe.)

148. Règles des Supins.

I. Venio lusum.

Quand il y a en français deux verbes de suite, et que le premier marque du mouvement, comme *aller*, *venir*, le second qui est à l'infinitif se met en latin au supin en *um*.

Ex. : Je viens jouer, *venio lusum*.

REMARQUE. Le supin en *um* gouverne le même cas que le verbe d'où il vient.

Ex. : Ils envoient demander la paix, *pacem petitum mittunt*.

II. Mirabile visu.

Après les adjectifs *admirable à*, *agréable à*, *facile à*, *difficile à*, etc., l'infinitif français se rend en latin par le supin en *u*.

Ex. : Chose admirable à voir, *res mirabilis visu*, ou *mirabile visu* (sous-entendu *negotium*).

---

ad discendum ; ambulat legendo (règles des gérondifs). Les gérondifs gouvernent-ils des cas ?

148. Récitez les règles *venio lusum ; mirabile visu* (règles des supins). Quel cas gouverne le supin ?

CHAPITRE CINQUIÈME.

PARTICIPES.

149. Le *participe* est un mot qui tient du verbe et de l'adjectif.

Comme le verbe, dont il n'est, à proprement parler, qu'un mode, il exprime l'état ou l'action, et il a des temps et des régimes ; comme l'adjectif, il qualifie et se décline.

Le participe a trois temps : le *présent*, le *passé* et le *futur*.

I. Participe présent.

150. Le *participe présent* a la signification active ou neutre ; il se termine en *ans* ou en *ens*.

Ex. : *amans*, de *amo*, a., aimant (c.-à-d. qui aime);
serviens, de *servio*, n., servant (c.-à-d. qui sert);
imitans, de *imitor*, dép. a., imitant (c.-à-d. qui imite);
utens, de *utor*, dép. n., se servant (c.-à-d. qui se sert).

Les verbes qui n'ont pas le participe présent, sont : 1° les verbes *passifs*, 2° la plupart des verbes *impersonnels*, 3° les verbes *défectifs* qui n'ont pas le présent de l'indicatif, comme *memini*, *novi*, *odi*, *cœpi*.

II. Participe passé.

151. Le *participe passé* a trois terminaisons : *tus*, *sus*, *xus* ; il existe dans les verbes passifs et dans les verbes déponents.

---

149. Qu'est-ce que le participe ? En quoi tient-il du verbe ? En quoi tient-il de l'adjectif ? Combien le participe a-t-il de temps ? Quels sont-ils ?

150. Quelle signification a le participe présent ? Quels sont les verbes qui n'ont pas le participe présent ?

151. Quelles sont les terminaisons du participe passé ? Dans quels verbes existe-t-il ? Quelles significations a-t-il ? Quel est le participe

Si le participe passé provient d'un verbe passif, il a la signification passive ; s'il provient d'un verbe déponent, il a la signification active ou neutre.

Ex. : *amatus*, de *amor*, pass., étant aimé (c.-à-d. qui est aimé);
usus, de *utor*, dép. n., s'étant servi (c.-à-d. qui s'est servi);
complexus, de *complector*, dép. a., ayant embrassé (c.-à-d. qui a embrassé).

REMARQUE. Un seul participe passé se termine en *uus*; c'est *mortuus*, mort, de *morior*, mourir, dép. n.

Il y a quatre participes passés passifs, qui se traduisent généralement en français par l'actif; ce sont :

Cœnatus, qui a soupé, de *cœno*; *juratus*, qui a juré, de *juro*; *potus*, qui a bu, de *poto*; *pransus*, qui a dîné, de *prandeo*.

III. Participe futur.

152. Il n'y a en latin qu'un seul *participe futur* : c'est le participe futur *actif*, terminé en *rus*; il a la signification active ou neutre, et il existe dans les verbes actifs, dans les verbes neutres et dans les verbes déponents.

Ex. : *amaturus*, de *amo*, a., devant aimer (c.-à-d. qui aimera);
venturus, de *venio*, n., devant venir (c.-à-d. qui viendra);
imitaturus, de *imitor*, dép. a., devant imiter (c.-à-d. qui imitera);
usurus, de *utor*, dép. n., devant se servir (c.-à-d. qui se servira).

REMARQUE. Les verbes irréguliers de la première conjugaison qui ont le supin en *itum* ou *ctum*, ont généralement le participe futur actif en *aturus*.

Ainsi *sono*, n., résonner, fait *son-itum*, *son-aturus*;
seco, a., couper, — *sec-tum*, *sec-aturus*;
frico, a., frotter, — *fric-tum*, *fric-aturus*.

Cependant *domo*, a., dompter, fait *dom-itum*, *dom-iturus*.

Morior (mourir), *nascor* (naître) et *orior* (se lever), font au participe futur *moriturus*, *nasciturus*, *oriturus*.

passé terminé en *uus*? Quels sont les quatre participes passés passifs qui se traduisent en français par l'actif?

152. Comment se termine le participe futur actif? Quelle est sa signification, et dans quels verbes existe-t-il? Quel est généralement

Conjugaison active composée,

FORMÉE PAR LE PARTICIPE FUTUR EN *RUS*.

Lecturus sum.

153. Le *participe futur* exprime purement l'avenir : *lecturus*, qui lira.

Joint au verbe *sum* dans tous ses temps de l'indicatif, du subjonctif et de l'infinitif, il forme une nouvelle conjugaison, appelée conjugaison active *composée*.

La conjugaison active *composée* exprime purement l'avenir, sans idée d'obligation ou de nécessité, et correspond généralement aux locutions françaises formées par les verbes *aller*, *être sur le point de*, suivis d'un infinitif.

IND.	prés.	Lecturus sum (es, *etc.*), *je lirai, je vais lire, je suis.* . . . . .
	imp.	Lecturus eram (eras, *etc.*), *j'allais lire, j'étais.* . . . .
	parf.	Lecturus fui (fuisti, *etc.*), *je fus ou j'ai été*
	pl.-q.-p.	Lecturus fueram (fueras, *etc.*), *j'avais été*
	fut.	Lecturus ero (eris, *etc.*), *je serai* . . . .
	fut. pas.	Lecturus fuero (fueris, *etc.*), *j'aurai été*
SUBJ.	prés.	Lecturus sim (sis, *etc.*), *que je sois* . . . .
	imp.	Lecturus essem (esses, *etc.*), *que je fusse ou je serais.* . . . .
	parf.	Lecturus fuerim (fueris, *etc.*), *que j'aie été*
	pl.-q.-p.	Lecturus fuissem (fuisses, *etc.*), *que j'eusse été ou j'aurais été* . . .
INF.	prés.	Lecturus esse, *être sur le point de lire.*
	parf.	Lecturus fuisse, *avoir été sur le point de lire.*
	fut.	Lecturus fore, *devoir être (qui sera) sur le point de lire.*

} *sur le point de lire.*

---

le participe futur actif des verbes irréguliers de la première conjugaison ? Comment font au participe futur actif les verbes *domo, morior, nascor* et *orior*.

158. Qu'exprime le participe futur ? Comment forme-t-il une conjugaison composée ? A quelles locutions françaises correspond généralement la conjugaison active composée ? Conjuguez *lecturus* joint au verbe *sum*.

APPENDICE. — PARTICIPE PASSIF D'OBLIGATION OU DE NÉCESSITÉ.

154. La forme en *dus* s'appelle *participe passif d'obligation ou de nécessité*, parce que, outre le sens passif qu'elle tient du verbe passif dont elle est formée, elle exprime généralement une obligation ou une nécessité au moins de convenance (77).

Ex. : *Rogandi sunt* (Cic.), il faut les prier.

Dicendum erit (Cic.), il faudra parler.

Le participe passif d'obligation n'indique par lui-même aucun temps précis, pas plus le futur que le présent ou le passé (Arv. § 36) ; il se joint également à tous les temps du verbe *sum* : *moriendum est mihi*, il *faut* que je meure ; *moriendum erat illi*, il *fallait* qu'il mourût ; *moriendum erit nobis*, il *faudra* que nous mourions ; etc.

N. B. Si la forme en *dus*, à cause de la nécessité qu'elle exprime, renferme cette idée de futur vague et générale qui est attachée à toute idée d'obligation ou de nécessité, il ne paraît point qu'il faille l'appeler pour cela participe *futur* ; autrement il faudrait aussi ranger parmi les temps futurs les présents *oportet*, *necesse est*.

C'est pour cette raison que les formes *amandum esse*, *amandum fuisse*, ne se trouvent pas mentionnées dans cette grammaire au futur de l'infinitif passif à côté de *amatum iri*, dont le sens est bien différent.

Ce point est capital : des idées fausses sur cette forme en *dus* jettent continuellement les élèves dans les fautes les plus graves.

155. Comme le participe passif d'obligation est une forme passive, il n'existe que dans les verbes qui ont ou peuvent avoir dans certains cas le sens passif, c'est-à-dire, dans les verbes *actifs* et dans les verbes *déponents-actifs*.

Ex. : *amand us, a, um*, qui doit être aimé ; *imitand us, a, um*, qui doit être imité.

---

154. Pourquoi la forme en *dus* s'appelle-t-elle participe passif d'obligation ou de nécessité ? Le participe passif d'obligation indique-t-il un temps par lui-même ? Se joint-il également à tous les temps du verbe *sum* ?

155. Dans quels verbes existe le participe passif d'obligation ? Les

PARTICIPES.

Les verbes *neutres* en *o* et les verbes *déponents-neutres* n'ont l'adjectif verbal qu'à la forme *impersonnelle passive*, c'est-à-dire, employé au nominatif singulier neutre, avec le verbe impersonnel *est*, *erat*, etc. (113). Les verbes *actifs* l'ont aussi à cette forme impersonnelle.

Ex. : *Currendum est*, il faut courir; *moriendum est*, il faut mourir; *legendum est*, il faut lire.

Conjugaison passive composée,
FORMÉE PAR LE PARTICIPE PASSIF D'OBLIGATION OU DE NÉCESSITÉ.

Deus amandus est; moriendum est.

156. Le participe passif d'obligation ou de nécessité, joint au verbe *sum* dans tous ses temps de l'indicatif, du subjonctif et de l'infinitif, forme une conjugaison passive composée.

La conjugaison passive composée correspond au sens des verbes français *devoir*, *falloir*, *être obligé de*, suivis d'un infinitif.

I. Forme personnelle.

Ind. prés.	Deus *est amandus*;	Dieu *doit* être aimé, *il faut* aimer Dieu.
imp.	Deus *erat amandus*;	Dieu *devait* être aimé, *il fallait* aimer Dieu.
parf.	Deus *fuit amandus*;	Dieu *a dû* être aimé, *il a fallu* aimer Dieu.
pl.-q.-p.	Deus *fuerat amandus*;	Dieu *avait dû* être aimé, *il avait fallu* aimer Dieu.
fut.	Deus *erit amandus*;	Dieu *devra* être aimé, *il faudra* aimer Dieu.
fut. pas.	Deus *fuerit amandus*;	Dieu *aura dû* être aimé, *il aura fallu* aimer Dieu.

---

verbes neutres ont-ils le participe passif d'obligation? Les verbes actifs l'ont-ils aussi à la forme impersonnelle?

156. Quelle espèce de conjugaison est formée par le participe passif d'obligation joint au verbe *sum*? A quelles expressions françaises correspond-elle? Conjuguez *amandus* joint au verbe *sum* dans

Subj. prés.	(Quum) Deus *sit*	(puisque) Dieu *doit* être aimé, puisqu'*il faut*	
imp.	— Deus *esset*	(puisq.) Dieu *devait* être aimé, puisqu'*il fallait*	
parf.	— Deus *fuerit*	(puisq.) Dieu *a dû* être aimé, puisqu'*il a fallu*	
pl.-q.-p.	— Deus *fuisset*	(puisq.) Dieu *avait dû* être aimé, puisq. *avait fallu*	
Inf. prés.	(Dico) Deum *esse*	(je dis) que Dieu *doit* être aimé, qu'*il faut*	
parf.	— Deum *fuisse*	(je dis) que Dieu *a dû* être aimé, qu'*il a fallu*	
fut.	— Deum *fore*	(je dis) que Dieu *devra* être aimé, qu'*il faudra*	
fut. pas.	— Deum *fuisse*	(je dis) que Dieu *aura dû* être aimé, q. *aura fallu*	

(accolades: *amandus*, *amandum*; aimer Dieu.)

II. Forme impersonnelle.

Ind. prés.	Moriendum *est*;	*il faut* mourir.
imp.	Moriendum *erat*;	*il fallait* mourir.
parf.	Moriendum *fuit*;	*il a fallu* mourir.
pl.-q.-p.	Moriendum *fuerat*;	*il avait fallu* mourir.
fut.	Moriendum *erit*;	*il faudra* mourir.
fut. pas.	Moriendum *fuerit*;	*il aura fallu* mourir.
	(Quum)	(puisque)
Subj. prés.	moriendum *sit*,	*il faut* mourir.
imp.	moriendum *esset*;	*il fallait* mourir.
parf.	moriendum *fuerit*;	*il a fallu* mourir.
pl.-q.-p.	moriendum *fuisset*;	*il avait fallu* mourir.
	(Dico)	(je dis)
Inf. prés.	moriendum *esse*;	qu'*il faut* mourir.
parf.	moriendum *fuisse*;	qu'*il a fallu* mourir.
fut.	moriendum *fore*;	qu'*il faudra* mourir.
fut. pas.	moriendum *fuisse*;	qu'*il aura fallu* mourir.

On conjugue de même : *legendum est, erat*, etc., il faut lire, il fallait lire, etc.; *obediendum est, erat*, etc., il faut obéir, il fallait obéir, etc.

---

la phrase *Deus amandus est*. Récitez la conjugaison passive impersonnelle formée par *moriendum est, legendum est*, etc.

157. Règles des Participes.

1º Puer audiens magistrum suum.

Les participes s'accordent en genre, en nombre et en cas avec le nom auquel ils se rapportent, et de plus, ils gouvernent le même cas que le verbe d'où ils viennent.

Ex. : L'enfant écoutant, devant écouter (qui écoutera) son maître; *puer audiens, auditurus magistrum suum.*
Un père aimé de son fils; *pater amatus a filio suo.*
Une femme accablée de chagrin; *mulier confecta mœrore.*

2º Mihi colenda est virtus.

Le participe passif d'obligation veut ordinairement son régime au datif.

Ex. : Je dois pratiquer la vertu, il faut que je pratique la vertu, la vertu doit être pratiquée par moi; *mihi colenda est virtus.*
Il faut que je lise, que je meure; *mihi legendum est, moriendum est.*

157. Récitez les règles *puer audiens magistrum suum; mihi colenda est virtus* (règles des participes).

CHAPITRE SIXIÈME.

PRÉPOSITIONS.

158. La *préposition* (de *præ-positus*, placé devant) est un mot invariable, placé ordinairement devant un nom ou un pronom, pour l'unir avec un autre mot dont il complète le sens : je vais au jardin, *eo in hortum*.

Le mot uni par la préposition à un autre mot, est appelé le *régime* de la préposition.

Le régime des prépositions se met au cas qu'elles gouvernent.

On compte en latin quarante-huit prépositions, dont trente et une gouvernent l'accusatif; treize, l'ablatif; et quatre, tantôt l'accusatif, tantôt l'ablatif, suivant le sens de la phrase.

Prépositions qui gouvernent l'accusatif.

159. Les trente et une prépositions qui gouvernent l'accusatif, sont :

Ad, adversum, ante, apud, circa, circum;
circiter, cis, citra, contra, erga, extra;
infra, inter, intra, juxta, ob, penes, per;
pone, post, præter, prope, propter, secundum;
secus, supra, trans, ultra, usque, versus.

---

158. Qu'est-ce que la préposition ? Quel mot est appelé le régime de la préposition ? A quel cas se met le régime des prépositions ? Combien y a-t-il en latin de prépositions ? Quels cas gouvernent-elles ?

159. Citez les prépositions qui gouvernent l'accusatif. Donnez le sens de chacune. Quelle est la construction de *versus* ?

PRÉPOSITIONS.

Ad,	à, vers, près de (avec mouv.).	Ob,	devant, à cause de.
Adversum,	vis-à-vis de, contre.	Penes,	au pouvoir de.
Adversus,		Per,	par, à travers, pendant.
Ante,	devant, avant.	Pone,	derrière.
Apud,	auprès de, chez (sans mouv.).	Post,	derrière, après, depuis.
Circa,	autour de, à l'égard de.	Præter,	devant, outre, excepté, au delà de.
Circum,	autour de.		
Circiter,	environ.	Prope,	près de.
Cis,	en deçà de.	Propter,	à cause de, le long de.
Citra,		Secundum,	le long de, selon, après.
Contra,	vis-à-vis de, contre.		
Erga,	envers.	Secus,	le long de.
Extra,	au dehors de, excepté.	Supra,	au-dessus de, sur.
Infra,	au-dessous de, sous.	Trans,	à travers, au delà de.
Inter,	entre, parmi, pendant.	Ultra,	au delà de.
Intra,	au dedans de, pendant.	Usque,	jusqu'à.
Juxta,	à côté de, selon.	Versus,	vers.

REMARQUE. *Versus* se met toujours après son régime : *Orientem versus*, vers l'Orient.

Prépositions qui gouvernent l'ablatif.

160. Les treize prépositions qui gouvernent l'ablatif, sont :

> A *ou* ab, absque, clam, coram;
> cum, de, e *ou* ex, palam;
> præ, pro, procul, sine, tenus.

A, ab, abs,	de, de chez, depuis, par.	Palam,	devant, en présence de.
Absque,	sans.	Præ,	devant, en comparaison de, à cause de.
Clam,	à l'insu de.		
Coram,	en présence de.	Pro,	devant, pour, au lieu de, selon.
Cum,	avec.		
De,	de, du haut de, touchant.	Procul,	loin de.
		Sine,	sans.
E, ex,	de, hors de, depuis.	Tenus,	jusqu'à.

---

160. Citez les prépositions qui gouvernent l'ablatif. Donnez le sens de chacune. Quelle est la construction de *tenus*? Quand le régime de *tenus* se met-il au génitif?

Remarque. *Tenus* se place toujours après son régime; si ce régime est au pluriel, il se met au génitif.

Ex. : Il enfonça l'épée jusqu'à la garde, *capulo tenus abdidit ensem* (Virg.).

Jusqu'aux oreilles, *aurium tenus*.

Prépositions qui gouvernent l'accusatif ou l'ablatif.

161. Les quatre prépositions qui gouvernent tantôt l'accusatif, tantôt l'ablatif, sont :

In, sub, super, subter.

| In, *à, en, dans.* | Super, *sur, au-dessus de, touchant.* |
| Sub, *sous.* | Subter, *sous, au-dessous de.* |

In, sub et *super* ont l'*accusatif*, quand il y a mouvement d'un lieu vers un autre; et l'*ablatif*, quand ce mouvement n'a pas lieu.

Eo in hortum, je vais au jardin, dans le jardin.
Sum in horto, je suis au jardin, dans le jardin.
Ambulo in horto, je me promène dans le jardin.

Subter a toujours l'accusatif en prose; en poésie, on le trouve quelquefois suivi de l'ablatif.

APPENDICE. — PRÉPOSITIONS INSÉPARABLES.

162. Outre les quarante-huit prépositions proprement dites, il y en a cinq autres qu'on appelle prépositions *inséparables*, parce qu'elles sont toujours unies à d'autres mots; ce sont : *amb, con, di* ou *dis, re, se.*

Amb, *autour de* (du grec ἀμφί). . amb-ire, *aller autour.*
Con, *avec* (de la prépos. cum). . con-jungere, *unir ensemble.*
Di ou *séparément, de différents* (di-mittere, *congédier.*
Dis, | *côtés* . . . . (dis-jicere, *disperser.*
Re, *de nouveau, en arrière* . . (re-gredi, *revenir.*
(re-cedere, *se retirer.*
Se, *de côté, à l'écart* . . . . . se-ducere, *conduire à l'écart.*

---

161. Quelles sont les prépositions qui gouvernent tantôt l'accusatif, tantôt l'ablatif? Donnez le sens de chacune. Quand *in*, *sub* et *super* ont-ils l'accusatif? Quand ont-ils l'ablatif? Quand *subter* a-t-il l'accusatif? Quand le trouve-t-on avec l'ablatif?

162. Qu'est-ce qu'on appelle prépositions inséparables? Quelles sont-elles? Donnez le sens de chacune, avec un exemple.

CHAPITRE SEPTIÈME.

ADVERBES.

163. L'*adverbe* (de *ad verbum*, auprès du verbe) est un mot invariable, qui se joint ordinairement au verbe pour le modifier : il parle bien, *bene loquitur*.

L'adverbe se joint aussi à un adjectif, ou à un autre adverbe.

Les adverbes peuvent se diviser en vingt espèces, suivant leurs diverses significations.

I. Tableau des Adverbes.

Il y a des adverbes :

1° De souhait : utinam ! *plaise à Dieu que ! Dieu veuille que !*

2° D'interrogation : an, anne, num, *est-ce que ?* nonne, *est-ce que... ne... pas ?* cur, quare, *pourquoi ?* quando, *quand ?* quomodo, *comment ?* quoties, *combien de fois ?* ubi, *où ?* (sans mouvement); quo, *où ? vers quel lieu ?* (avec mouvement); unde, *d'où ?* quâ, *par où ?* etc.

3° D'affirmation : ita, *oui*; etiam, *aussi*, *même*; quidni ? *pourquoi non ?* certe, profecto, sane, *assurément*; hercle, hercule, *par Hercule !* etc.

4° De négation : non, haud, *non*, *ne... pas*; nequaquam, *nullement*; minime, *point du tout*.

5° De doute : forsan, forsitan, fortassis, fortasse, *peut-être*.

---

163. Qu'est-ce que l'adverbe ? L'adverbe se joint-il seulement au verbe ? Combien y a-t-il d'espèces d'adverbes ? Citez des adverbes de souhait, d'interrogation, d'affirmation, de négation, de doute, de motif et de résultat, de défense, d'indication, de comparaison, de réunion, de séparation, de temps, de lieu, de nombre, d'ordre, d'accident, de ressemblance, de diversité, de manière, de quantité. Que signifient *utinam*, *ita*, *ne*, *hodie*, etc.?

6° De **motif** et de **résultat** : ideo, idcirco, *pour cela* ; gratis, *gratuitement* ; frustra, nequicquam, incassum, *en vain, inutilement*.

7° De **défense** : ne, ne... pas.

8° D'**indication** : en, ecce, *voici, voilà*.

9° De **comparaison** : magis, *plus* ; minus, *moins* ; potius, *plutôt* ; fortius, *plus courageusement* ; etc.

10° De **réunion** : simul, *en même temps* ; unā, *ensemble* ; etc.

11° De **séparation** : seorsum, separatim, *séparément, à part* ; etc.

12° De **temps** : hodie, *aujourd'hui* ; cras, *demain* ; heri, *hier* ; pridie, *la veille* ; postridie, *le lendemain* ; quotidie, *chaque jour* ; nunc, *maintenant* ; tum, tunc, *alors* ; mox, *bientôt* ; etc.

13° De **lieu** : hic, *ici* (question *ubi?*) ; eo, *là* (question *quo?*) ; inde, *de là* (question *unde?*) ; illac, *par là* (question *quā?*) ; etc.

14° De **nombre** : semel, *une fois* ; bis, *deux fois* ; sæpe, *souvent* ; etc.

15° D'**ordre** : primum, *d'abord* ; deinde, *ensuite* ; denique, *enfin*.

16° D'**accident** : forte, *par hasard* ; fortuito, *fortuitement* ; etc.

17° De **ressemblance** : sicut, siculi, ut, uti, *comme, de même que*.

18° De **diversité** : aliter, secus, *autrement* ; etc.

19° De **manière** : acriter, *ardemment* ; segniter, *nonchalamment* ; prudenter, *prudemment* ; etc.

20° De **quantité** : parum, *peu* ; multum, *beaucoup* ; plus, magis, *plus* ; satis, *assez* ; nimium, *trop* ; quam, quantum, *combien* ; etc.

II. Formation des Adverbes de manière.

164. Les adverbes de manière dérivent pour la plupart d'adjectifs ou de participes.

Les adjectifs et les participes de la première classe, terminés en *us* ou en *er* (34), forment leurs adverbes, en changeant *i* du génitif singulier en *e* :

sanctus, *saint* ; sanct-*i* ; sanct-*e*, *saintement* ;
liber, *libre* ; liber-*i* ; liber-*e*, *librement* ;
emendatus, *correct* ; emendat-*i* ; emendat-*e*, *correctement*.

Mais *bonus* fait *bene*, *bien* ; *violentus*, fait *violenter*, violemment ; *firmus* fait *firme* et *firmiter*, *fermement* ; et quelques autres.

---

164. D'où dérivent les adverbes de manière ? Comment les adjectifs et les participes de la première classe en *us* ou en *er* forment-ils

ADVERBES. 135

Les adjectifs et les participes de la deuxième classe (34) forment leurs adverbes, en changeant *is* du génitif en *er*, si cette syllabe *is* est précédée de la lettre *t*; sinon, en *iter*:

festinans, *qui se hâte*; festinant-*is*; festinant-*er*, *à la hâte*.
prudens, *prudent*; prudent-*is*; prudent-*er*, *prudemment*.
brevis, *bref*; brev-*is*; brev-*iter*, *brièvement*.
celer, *rapide*; celer-*is*; celer-*iter*, *rapidement*.

Exceptions.

1° *Audax, acis*, hardi, fait *audacter*, hardiment; fortis, is, courageux, fait *fort-iter*, courageusement.

2° Les adjectifs *facilis*, *difficilis*, *recens*, et quelques autres de la 3ᵉ déclinaison, s'emploient, comme adverbes, à leur nominatif singulier neutre : *facile*, facilement; *recens*, récemment; etc.

3° Enfin, quelques adverbes de manière sont terminés en *o*, comme *falso*, faussement; *cito*, rapidement, etc.; ou en *im*, comme *furtim*, furtivement; *certatim*, à l'envi, etc.

III. Degrés de comparaison dans les Adverbes.

165. — I. Les adverbes formés d'adjectifs et de participes, ont la plupart un *comparatif* et un *superlatif*.

Le *comparatif* de l'adverbe est le nominatif singulier neutre du comparatif de l'adjectif :

Docte, savamment; *doctius*, plus savamment.

Le *superlatif* de l'adverbe se forme du superlatif de l'adjectif, en changeant *us* en *e* :

Docte, *savamment*; doctissim-e, *très-savamment*.

Autres exemples :

Raro, rarement : *rarius*, *rarissime*; *citatim*, à la hâte : *citatius*, *citatissime*; *celeriter*, rapidement : *celerius*, *celerrime*; *facile*, facilement : *facilius*, *facillime*; *bene*, bien : *melius*, *optime*; *male*, mal : *pejus*, *pessime*.

---

leurs adverbes? Quels sont les adverbes formés des adjectifs *sanctus*, *liber*, *emendatus*, *bonus*, *violentus*, *firmus*? Comment les adjectifs et les participes de la deuxième classe forment-ils leurs adverbes? Citez les principales exceptions.

165. Quels sont les adverbes qui ont un comparatif et un super-

II. Quelques adverbes non formés d'adjectifs, ont aussi un comparatif et un superlatif; voici les principaux :

POSIT.		COMPAR.		SUPERL.	
Parum,	*peu*;	minus,	*moins*;	minimum (c),	*le moins*.
Multum,	*beaucoup*;	plus,	*plus*;	plurimum,	*le plus*.
Diu,	*longtemps*;	diutius,		diutissime.	
Sæpe,	*souvent*;	sæpius,		sæpissime.	
Satis,	*assez*;	satius,	*mieux*.		
Secus,	*autrement*;	secius,	*moins*.		
Nuper,	*récemment*;			nuperrime.	

166. Règle de quelques Adverbes.

Parum vini.

Les adverbes de quantité gouvernent le génitif; *en*, *ecce*, veulent le nominatif ou l'accusatif; *pridie* et *postridie*, le génitif ou l'accusatif.

Ex. : Peu de vin, *parum vini*.
Voici, voilà le loup; *en*, *ecce lupus*, ou *lupum*.
La veille, le lendemain des Calendes; *pridie*, *postridie Calendarum* ou *Calendas*.

---

latif? Quel est le comparatif de l'adverbe? Comment se forme le superlatif de l'adverbe? Quels sont les comparatifs et les superlatifs des adverbes *docte*, *raro*, *citatim*, *celeriter*, *facile*, *bene*, *male*, *parum*, *multum*, *diu*, *sæpe*, *satis*, *secus*, *nuper*?

166. Récitez la règle *parum vini* (règle des adverbes de quantité). Quels cas gouvernent *en*, *ecce*; *pridie*, *postridie*?

CHAPITRE HUITIÈME.

CONJONCTIONS.

167. La *conjonction* (de *con-jungere*, lier ensemble) est un mot invariable, qui sert à lier entre eux les mots et les différents membres d'une phrase.

Ex. : Les hommes louent la modestie *et* la justice, *mais* ils ne les pratiquent pas toujours; *homines modestiam et justitiam laudant*, sed eas non semper colunt.

On distingue dix espèces de conjonctions : les conjonctions *copulatives, disjonctives, adversatives, conclusives, interrogatives, causatives, conditionnelles, intentionnelles, explétives* et les conjonctions de *temps*.

I. Tableau des Conjonctions.

1° Conj. *copulatives* ou de *liaison* :
ac, atque, et, que, etiam, quoque, *et, aussi, encore*; quam (après les comparatifs), *que*.

2° — *disjonctives* ou de *division* :
vel, ve, sive, aut, nĕ, *ou, ou bien, soit... soit*.

3° — *adversatives* ou d'*opposition* :
at, ast, sed, vero, verum, autem, *mais*; tamen, *cependant*;
etsi, quanquam, *bien que, quoique*.

4° — *conclusives* ou de *conclusion* :
ergo, igitur, *donc*;
ideo, quare, itaque, *c'est pourquoi, aussi*.

---

167. Qu'est-ce que la conjonction? Combien y a-t-il d'espèces de conjonctions? Citez des conjonctions copulatives, disjonctives, adversatives, conclusives, interrogatives, causatives, conditionnelles, intentionnelles, explétives, et des conjonctions de temps. Pourquoi les

5° — *interrogatives* ou *d'interrogation* :
   an, num, si; cur, *pourquoi*.

6° — *causatives* ou *de cause* :
   nam, enim, *car*; quia, quod, *parce que*; quoniam, quum, *puisque, comme*.

7° — *conditionnelles* ou *de condition* :
   si, *si*; sin, *mais si*; ni, nisi, *à moins que*; dum, modo, *pourvu que*.

8° — *intentionnelles* ou *d'intention* :
   ut, *afin que, pour que*; nē, *de peur que*.

9° — *explétives* ou *de complément* :
   quidem, equidem (de, ego quidem), *à la vérité, certes, du moins*.

10° — *de temps* :
   quum, quando, *lorsque*; ut, ubi, simul ac, *dès que*; antequam, *avant que*; postquam, *après que*; dum, donec, *tandis que, tant que*.

REMARQUES. 1° Les conjonctions *explétives* (de *explere*, compléter) s'appellent ainsi, parce que, sans être nécessaires au sens, elles achèvent de compléter l'idée principale, en faisant ressortir une opposition, une affirmation, un doute, etc.

2° Les adverbes qui servent à interroger, comme *an, num, cur, ubi, quo, unde, qua, quando, quomodo, quantum, quot*, etc., deviennent conjonctions, lorsqu'ils sont placés entre deux verbes, et qu'ils unissent deux propositions. Dans ce cas, l'*interrogation* est *indirecte*.

Ex. : *Interrog. directe* : Où est votre frère ? *ubi est frater tuus?*
Interrog. indirecte : Dites-moi où est votre frère; *dic mihi ubi sit frater tuus*.

Dans l'interrogation indirecte, le second verbe se met au subjonctif.

3° Les conjonctions gouvernent l'indicatif ou le subjonctif, comme on le verra dans la syntaxe des conjonctions.

---

conjonctions explétives s'appellent-elles ainsi? Quand les adverbes interrogatifs deviennent-ils conjonctions? A quel mode se met le verbe dans l'interrogation indirecte?

II. Place des Conjonctions.

168. D'après la place que les conjonctions occupent, on peut les diviser en *prépositives, postpositives* et *communes.*

On appelle conjonctions *prépositives* celles qui se mettent en tête de la phrase ; comme *et, nec, sed,* etc.

On appelle conjonctions *postpositives* celles qui se mettent toujours après le premier mot de la proposition, ou après le second, si le membre de phrase commence par une préposition suivie de son régime.

Ce sont les huit conjonctions suivantes : *que, ve, ne̓, quidem, quoque, vero, enim, autem.*

REMARQUES. 1° Les conjonctions *que, ve, ne̓,* s'appellent *enclitiques* (de ἐν, κλίνω), parce qu'elles s'appuient sur le mot après lequel elles sont placées.

Ex. : *Pater fraterque, le père et le frère;* Alexander Cæsarve, *Alexandre ou César;* vidistine? *avez-vous vu?*

2° *Quidem* et *quoque* se placent toujours après le mot qu'ils servent à faire ressortir.

Ex. : *Vestigia quoque* Carthaginis exstinguere, *détruire jusqu'aux vestiges de Carthage.*

On appelle conjonctions *communes,* celles qu'on peut mettre en tête de la proposition, ou après le premier mot; comme *ergo, igitur, itaque, equidem,* et quelques autres.

Ex. : *Ergo* me sic ludificamini? *voilà donc comment vous vous jouez de moi?* Quid *ergo* est? *qu'est-ce donc?*

---

168. Comment divise-t-on les conjonctions d'après la place qu'elles occupent? Qu'appelle-t-on conjonctions prépositives, postpositives? Nommez les conjonctions postpositives. Comment s'appellent les conjonctions *que, ve, ne?* Où se placent-elles? Où se placent *quidem* et *quoque?* Qu'appelle-t-on conjonctions communes? Citez des exemples.

CHAPITRE NEUVIÈME.

INTERJECTIONS.

169. L'*interjection* (de *inter-jecta vox*, mot jeté dans la phrase) est un mot invariable, qui sert à exprimer les mouvements vifs et subits de l'âme.

Voici les principales interjections :

1° Pour *encourager* : Euge! eia! *eh bien! courage! allons!*
2° Pour la *joie* : Evax! *ah!* vah! *ah! oh! ho!*
3° Pour la *menace* : Vah! *ah!* væ! *malheur!*
4° Pour la *douleur* : Ah! heu! eheu! hei! *ah! hélas! aïe!*
   Ahah! *ah! ah!* hoi! oi! *hélas! oh!*
5° Pour l'*admiration* : Papæ! o! vah! *oh oh! ô! ah!*
6° Pour l'*étonnement* : Hui! ouais! hoho!
7° Pour l'*ironie* : O! ô! hui! hoho!
8° Pour l'*exclamation* : Pro! proh! ô! *oh! ah!* o!
9° Pour la *crainte* : Hei! *oh!*
10° Pour la *surprise* : At at! attat! *eh! ah ah!*
11° Pour le *mépris* : Apage! *arrière! loin d'ici! fi donc!*
12° Pour la *colère* : Malum! ô honte! ô misère! nefas!
   ô crime! infandum! *chose horrible!*
13° Pour *appeler* : Heus! ohe! hé! holà! *eh bien!*
14° Pour *imposer silence* : St! chut! paix! silence!

REMARQUE. Pour encourager, on emploie souvent le vocatif de l'adjectif *mactus* : macte (sing.), macti (pl.), *courage! très-bien! bravo! en avant!* et l'impératif de *agere* : age (sing.), agite (pl.), *or çà! allons!*

---

169. Qu'est-ce que l'interjection? Citez des interjections employées pour encourager, pour la joie, la menace, la douleur, l'admiration, l'étonnement, l'ironie, l'exclamation, la crainte, la surprise, le mépris, la colère, etc. Que signifient *euge, væ, apage*, etc.? Qu'est-ce que *macte, macti; age, agite*? Dans quel sens emploie-t-on ces mots?

SUPPLÉMENT
AU LIVRE PREMIER.

I. SUPPLÉMENT AUX NOMS.

Art. I. — GENRE DES NOMS.

170. On détermine le *genre* des noms par leur *signification* et par leur *terminaison*.

I. GENRE DES NOMS DÉTERMINÉ PAR LEUR SIGNIFICATION.

1. Noms masculins.

Sont du genre masculin :

1° Les noms *propres* ou *communs* qui désignent les *hommes*, et les noms d'*animaux mâles*.

Ex. : *Cato*, m., Caton ; *nauta*, m., le matelot ; *leo*, m., le lion.

2° Les noms d'esprits qu'on représente sous la figure d'hommes, comme les *anges*, les *démons*, les *dieux*.

Ex. : *Michaël*, m., S. Michel ; *Lucifer*, m., Lucifer ; *Jupiter*, m., Jupiter.

3° Les noms des *mois*, des *vents*, des *fleuves* et des *montagnes*.

Ex. : *Januarius*, m., Janvier.   *Aquilo*, m., l'aquilon.
Sequana, m., la Seine.   *Helicon*, m., le mont Hélicon.

Exceptions principales.

Allia, f., l'Allia (riv.).   *Ætna*, f., le mont Etna.
Albula, f., l'Albula (fl.).   *Ida*, f., le mont Ida.
Elaver, n., l'Allier (riv.).   *Œta*, f., le mont Œta.
Styx, f., le Styx (fl.).   *Rhodope*, f., le mont Rhodope.

---

170. Comment détermine-t-on le genre des noms ? Quels noms sont masculins d'après leur signification ? Citez les principaux noms de fleuves et de montagnes qui sont du féminin ou du neutre.

II. Noms féminins.

171. Sont du genre féminin :

1° Les noms *propres* ou *communs* qui désignent les *femmes*, et les noms d'*animaux femelles*.

Ex. : *Dido*, f., Didon; *socrus*, f., la belle-mère; *leæna*, f., la lionne.

2° Les noms propres des *déesses*, des *muses*, des *nymphes*, des *sirènes*, des *furies*, des *harpies* et de tous les esprits qu'on représente sous la figure de femmes.

Ex. : *Juno*, f., Junon ; *Alecto*, f., Alecton (une des furies).

3° Les noms propres d'*îles*, de *villes*, de *pays*, de *poèmes*, de *navires*.

Ex. : *Cyprus*, f., Chypre.   *Carthago*, f., Carthage.
Ægyptus, f., l'Égypte.   *Ilias*, f., l'Iliade.
Argo, f., l'Argo, navire des Argonautes.

4° Les noms d'*arbres* :

Ex. : *Pinus*, f., le pin ; *quercus*, f., le chêne.

Exceptions.

Acer, n., l'érable.   *Siler*, n., l'osier.
Robur, n., le rouvre.   *Suber*, n., le liège.
Oleaster, m., l'olivier sauvage.

APP. — I. NOMS ÉPICÈNES.

172. On appelle *noms épicènes* (ἐπί-κοινός, doublement commun), certains noms d'animaux qui, sous un même genre, soit masculin, soit féminin, comprennent le mâle et la femelle.

Ex. : *Lepus*, m., le lièvre.   *Vulpes*, f., le renard.
Mus, m., le rat.   *Elephas*, m., l'éléphant.
Aquila, f., l'aigle ; et quelques autres.

---

171. Quels noms sont féminins d'après leur signification ? De quels genres sont *acer*, *robur*, *siler*, *suber* et *oleaster* ?

172. Qu'appelle-t-on noms épicènes ? Citez quelques exemples. Qu'appelle-t-on noms des deux genres ? Citez les principaux noms des deux genres.

II. NOMS DES DEUX GENRES.

On appelle *noms des deux genres*, certains noms qui sont tantôt masculins, tantôt féminins, selon le sexe que l'on veut désigner.

Voici les principaux noms des deux genres :

Bos,	m., le bœuf;	. . . .	f.,	la vache.
Canis,	m., le chien;	. . . .	f.,	la chienne.
Comes,	m., le compagnon;	.	f.,	la compagne.
Conjux,	m., l'époux;	. . . .	f.,	l'épouse.
Dux,	m., le guide;	. . . .	f.,	la femme qui guide.
Parens,	m., le père;	. . . .	f.,	la mère.
Patruelis,	m., le cousin;	. . . .	f.,	la cousine.
Sacerdos,	m., le prêtre;	. . . .	f.,	la prêtresse.
Sus,	m., le porc;	. . . .	f.,	la truie.
Vates,	m., le devin;	. . . .	f.,	la prophétesse.

III. Noms neutres.

173. Sont du genre neutre :

1° Les *lettres* de l'alphabet, les *verbes*, et les autres parties du discours, quand on les emploie comme substantifs.

Ex. : *A longum est*, A est long; *turpe est mentiri*, il est honteux de mentir; *longum vale*, un long adieu.

2° Les *mots considérés comme mots*.

Ex. : *Lux est monosyllabum*, le mot *lux* est monosyllabe.

II. GENRE DES NOMS DÉTERMINÉ PAR LEUR TERMINAISON.

174. Le genre des noms peut souvent se reconnaître à leur terminaison.

Ainsi la terminaison *um* indique toujours le genre neutre, comme dans *templum*, *bellum*, etc.

Le tableau suivant présente les différentes terminaisons des noms, avec le genre qui leur est affecté.

---

173. Quels noms sont neutres d'après leur signification?
174. Le genre des noms peut-il se reconnaître à leur terminaison? De quel genre sont les noms en *a* (1re, 3e décl.; pl.)? les noms en *e* (1re, 3e décl.; pl.)? en *æ*? en *i*? en *o, io, do, go*? en *u, c, l, t*? en *um*? en *an, en, in, on*? en *ar, er, or, ur*? en *as, es, is, os, us*? en *æs*? en *aus*? en *s* précédée d'une consonne? en *x*?

TABLEAU
des genres des terminaisons.

TERMIN.	GENRES.	EXEMPLES.	EXCEPT
Les noms en *a* (1re décl.) sont	*fém.*	rosa, *f*...... *la rose*........	No 1.
— — en *a* (3e décl.) —	*neut.*	stigma, *n*.... *le stigmate*.	
— — en *a* (plur.) ... —	*neut.*	arma, *n*.... *les armes*.	
— — en *e* (1re décl.) —	*fém.*	aloe, *f*...... *l'aloès*.	
— — en *e* (3e décl.) —	*neut.*	cubile, *n*.... *le lit*.	
— — en *e* (plur.) ... —	*neut.*	Tempe, *n*... *la vallée de Tempé*.	
— — en *æ* (plur.) ... —	*fém.*	nuptiæ, *f*... *les noces*.	
— — en *i* (sing.) ... —	*neut.*	sinapi, *n*... *le sénevé*.	
— — en *i* (plur.) ... —	*masc.*	Parisii, *m*... *Paris*.	
— — en *o* .... —	*masc.*	sermo, *m*... *le discours*........	No 2.
— — en *io* .... —	*fém.*	legio, *f*...... *la légion*.	
— — en *do* .... —	*fém.*	dulcedo, *f*.. *la douceur*........	No 3.
— — en *go* .... —	*fém.*	imago, *f*... *l'image*........	No 4.
— — en *u* .... —	*neut.*	cornu, *n*.... *la corne*.	
— — en *c* .... —	*neut.*	lac, *n*....... *le lait*.	
— — en *l* .... —	*neut.*	mel, *n*...... *le miel*............	No 5.
— — en *t* .... —	*neut.*	caput, *n*.... *la tête*.	
— — en *um* .... —	*neut.*	templum, *n*. *le temple*.	
— — en *an* .... —	*masc.*	pæan, *m*... *chant de triomphe*.	
— — en *en* .... —	*neut.*	lumen, *n*... *la lumière*........	No 6.
— — en *in* .... —	*masc.*	delphin, *m*.. *le dauphin*.	
— — en *on* .... —	*masc.*	agon, *m*... *le combat*........	No 7.
— — en *ar* .... —	*neut.*	nectar, *n*... *le nectar*.	
— — en *er* .... —	*masc.*	aer, *m*...... *l'air*.............	No 8.
— — en *or* .... —	*masc.*	color, *m*.... *la couleur*........	No 9.
— — en *ur* .... —	*neut.*	fulgur, *n*... *la foudre*........	No 10.
— — en *as* .... —	*fém.*	tempestas, *f*. *la tempête*.....	No 11.
— — en *es* .... —	*fém.*	vulpes, *f*... *le renard*........	No 12.
— — en *is* .... —	*fém.*	navis, *f*.... *le vaisseau*.......	No 13.
— — en *os* .... —	*masc.*	flos, *m*..... *la fleur*..........	No 14.
— — en *us* .... —	*masc.*	morbus, *m*.. *la maladie*.......	No 15.
— — en *æs* .... —	*neut.*	æs, *n*....... *l'airain*.	
— — en *aus* .... —	*fém.*	laus, *f*...... *la louange*.	
— — en *s* préc. d'une cons.:	*fém.*	hyems, *f*... *l'hiver*...........	No 16.
— — en *x* .... —	*fém.*	perdix, *f*... *la perdrix*.......	No 17.

175. Exceptions.

N. B. Aux exceptions que nous allons indiquer, il faut ajouter les noms qui, par leur signification, sont d'un autre genre que celui de leur terminaison, comme *nauta*, *Sequana*, etc. (170).

N° 1. **A**, *f.* Sont *masculins* dans la 1re déclinaison :
   Adria, l'Adriatique; *cometa*, la comète; *mammona*, l'argent; *planeta*, la planète.

N° 2. **O**, *m.* Sont *féminins* :
   Caro, la chair; *echo*, l'écho.

N° 3. **DO**, *f.* Sont *masculins* :
   Cardo, le gond; *cudo*, le casque (en peau); *ordo*, l'ordre.

N° 4. **GO**, *f.* Sont *masculins* :
   Harpago, le croc; *ligo*, le hoyau; *margo*, le bord.

N° 5. **L**, *n.* Sont *masculins* :
   Sal, le sel; *sol*, le soleil.

N° 6. **EN**, *n.* Sont *masculins* :
   Hymen, l'hymen; *lichen*, le lichen; *lien*, la rate; *pecten*, le peigne; *ren*, *renes*, les reins; *splen*, la rate.

N° 7. **ON**, *m.* Sont *féminins* :
   Aedon, le rossignol; *alcyon*, l'alcyon; *sindon*, le suaire.

N° 8. **ER**, *m.* Sont *neutres* :
   Cadaver, le cadavre; *cicer*, le pois chiche; *iter*, le voyage; *papaver*, le pavot; *piper*, le poivre; *siser*, le chervis; *tuber*, la tumeur; *uber*, la mamelle; *ver*, le printemps; *verber*, le fouet.

N° 9. **OR**, *m.* Sont *neutres* :
   Ador, le blé; *cor*, le cœur; *æquor*, la mer; *marmor*, le marbre.

REMARQUE. Il est bon de citer ici les trois seuls noms féminins en *or*, bien qu'ils soient compris dans le n° 174, à savoir : *arbor*, l'arbre; *soror*, la sœur; *uxor*, l'épouse.

---

175. Quels sont dans la 1re déclinaison les noms terminés en *a* qui sont masculins? Citez les noms en *o* qui sont féminins; ceux en *do* et en *go* qui sont masculins; les noms terminés par la lettre *l* ou par *en* qui sont masculins; les noms en *on* qui sont féminins;

N° 10. **UR**, *n.* Sont *masculins* :

Furfur, le son (du blé); *turtur*, la tourterelle; *vultur*, le vautour.

N° 11. **AS**, *f.* Sont *masculins* :

Adamas, le diamant; *as*, l'as (monnaie romaine); *elephas*, l'éléphant.

De plus, tous les noms grecs de la 1re déclinaison en *as*, comme *tiaras*, la tiare.

Sont *neutres* :

Fas, ce qui est permis; *nefas*, ce qui n'est pas permis; *vas (vasis)*, le vase.

N° 12. **ES**, *f.* Sont *masculins* :

Cespes, le gazon; *fomes*, le foyer; *gurges*, le gouffre; *limes*, la limite; *palmes*, le sarment; *paries*, la muraille; *pes*, le pied; *poples*, le jarret; *stipes*, le tronc; *termes*, le rameau; *trames*, le sentier; *vepres*, le buisson.

Ajoutez-y les mots grecs de la 1re et de la 3e déclinaison, comme *cometes (æ)*, la comète; *magnes (etis)*, l'aimant.

Dies et *meridies* ont été cités au n° 24.

N° 13. **IS**, *f.* Sont *masculins* :

1° Les mots en *nis*, comme *cinis*, la cendre; *finis*, la fin; etc.

2° Les multiples de l'*as*, comme *vigessis*, vingt as; etc.

3° Les mots suivants :

Anguis, le serpent; *aqualis*, l'aiguière; *axis*, l'essieu; *callis*, le sentier; *canalis*, le canal; *cassis (is)*, le filet; *caulis*, le chou; *collis*, la colline; *cucumis*, le concombre; *ensis*, l'épée; *fascis*, le faisceau; *follis*, le ballon; *fustis*, le bâton; *glis*, le loir; *lapis*, la pierre; *mensis*, le mois; *orbis*, le monde; *piscis*, le poisson; *pulvis*, la poussière; *sanguis*, le sang; *torris*, le tison; *unguis*, l'ongle; *vectis*, le levier; *vermis*, le ver; *vomis*, le soc.

Parmi ces noms, il faut remarquer surtout *collis*, *ensis*, *lapis*, *pulvis*, masculins en latin, et féminins en français.

ceux en *er* qui sont neutres; ceux en *or* qui sont neutres, ou qui sont féminins; ceux en *ur* qui sont masculins; ceux en *as* qui sont masculins, ou qui sont neutres; ceux en *es* et en *is* qui sont

N° 14. **OS**, m. Sont *féminins* :

Arbos, l'arbre; cos, la pierre à aiguiser; dos, la dot; Eos, l'aurore.

Sont *neutres* :

Argos, Argos; chaos, le chaos; epos, l'épopée; melos, le chant; os (oris), la bouche; os (ossis), l'os.

N° 15. **US**, m. Sont *féminins* :

Acus, l'aiguille; alvus, le ventre; carbasus, la voile; colus, la quenouille; domus, la maison; humus, la terre; Idus (pl.), les Ides; manus, la main; porticus, le portique; tribus, la tribu; vannus, le van.

De plus, certains mots dérivés du grec, comme abyssus, l'abîme; atomus, l'atome; dialectus, le dialecte; diphthongus, la diphthongue; methodus, la méthode; periodus, la période, et les autres composés du mot grec ὁδός (chemin).

Sont *neutres* :

Pelagus, la mer; virus, le poison; vulgus, le vulgaire.

De plus, les noms de la 3ᵉ déclinaison, comme pecus, pecoris, le bétail; excepté :
Lepus, le lièvre; mus, la souris; tripus, le trépied, qui sont masculins; et les noms en *us* dont le génitif est *udis*, *uris*, *utis*, comme : pal us, udis, le marais; tell us, uris, la terre; virt us, utis, la vertu, qui sont féminins.

N° 16. **S** précédée d'une consonne, *f*. Sont *masculins* :

Dens, la dent; fons, la source; hydrops, l'hydropisie; mons, la montagne; pons, le pont; rudens, le câble; triens, le tiers de l'as; ainsi que les autres sous-multiples de l'as, comme quadrans, le quart de l'as, etc.

---

masculins; ceux en *os* qui sont féminins, ou qui sont neutres; ceux en *us* qui sont féminins, ou qui sont neutres. De quel genre sont *lepus*, *mus*, *tripus*? les noms en *us*. gén. *udis*, *uris*, *utis*? Citez les noms terminés par une *s* précédée d'une consonne qui sont masculins; ceux en *x* qui sont masculins. De quel genre sont *forfex*, *fornax*, *supellex*? etc.

N° 17. **X**, *f.* Sont *masculins*:

1° *Bombyx*, le ver-à-soie; *calix*, le calice (vase); *calyx*, le calice des fleurs; *coccyx*, le coucou; *fornix*, la voûte; *grex*, le troupeau; *onyx*, l'albâtre; *oryx*, la gazelle; *phœnix*, le phénix; *spadix*, le cheval bai; *varix*, la varice.

2° Les polysyllabes en *ax* et en *ex*, comme *thorax*, la cuirasse; *apex*, le sommet.

Cependant *forfex*, les ciseaux; *fornax*, la fournaise; *smilax*, le liseron; *supellex*, le mobilier; *vibex*, la meurtrissure, sont féminins.

176. APPENDICE.

1° Sont masculins et féminins:

Adeps, m. f., la graisse.   Scrobs, m. f., la fosse.
Limax, m. f., la limace.   Torques, m. f., le collier.
Phaselus, m. f., la chaloupe.

2° Sont masculins et neutres:

Anxur, m. n., Terracine.   Nar, m. n., le Nar (riv.).

3° Les noms masculins suivants sont aussi féminins en poésie:

Bubo, m. (f.), le hibou.   Margo, m. (f.), le bord.
Calx, m. (f.), le talon.   Palumbes, m. (f.), le ramier.
Cortex, m. (f.), l'écorce.   Silex, m. (f.), le caillou.

4° Les noms féminins suivants sont aussi masculins en poésie:

Ales, f. (m.), l'oiseau.   Lynx, f. (m.), le lynx.
Cupido, f. (m.), le désir.   Penus, f. (m.), provisions.
Dama, f. (m.), le daim.   Stirps, f. (m.), la souche.
Grus, f. (m.), la grue.   Talpa, f. (m.), la taupe.
Linter, f. (m.), la barque.   Volucris, f. (m.), l'oiseau.

5° L'adjectif pris substantivement prend le genre de son substantif sous-entendu:

Ex.: *Sonipes* (*equus*), m., le coursier; *oriens* (*sol*), m., l'orient; *continens* (*terra*), f., le continent; etc.

---

176. Quels noms sont à la fois masculins et féminins? Quels noms masculins sont aussi féminins en poésie? Quels noms féminins sont aussi masculins en poésie? Quel est le genre de l'adjectif pris substantivement?

Art. II. — DÉCLINAISONS DES NOMS.

I. NOMS COMPOSÉS.

Triumvir, paterfamilias.

177. — Première règle. Dans les noms composés, on ne décline que le nom qui est au nominatif.

Ainsi l'on décline seulement *vir* dans *triumvir*, m., le triumvir (*magistrat romain*); et *pater*, dans *paterfamilias*, m., le père de famille.

SINGULIER.

Nom.	trium-*vir*,	pater-familias,
Voc.	o trium-*vir*,	o pater-familias,
Gén.	trium-*vir i*,	patr-*is*-familias,
Dat.	trium-*vir o*,	patr-*i*-familias,
Acc.	trium-*vir um*,	patr-*em*-familias,
Abl.	trium-*vir o*.	patr-*e*-familias.

PLURIEL.

Nom.	trium-*vir i*,	patr-*es*-familias,
Voc.	o trium-*vir i*,	o patr-*es*-familias,
Gén.	trium-*vir orum*,	patr-*um*-familias,
Dat.	trium-*vir is*,	patr-*ibus*-familias,
Acc.	trium-*vir os*,	patr-*es*-familias,
Abl.	trium-*vir is*.	patr-*ibus*-familias.

Remarque. *Familias* est une ancienne forme de génitif pour *familiæ*.

Ainsi se déclinent :

Senatûs-consult um, i, n., ... le sénatusconsulte.
Juris-consult us, i, m., ... le jurisconsulte.
Juris-périt us, i, m., ... le jurisconsulte.
Mat er-familias, matr is-familias, f., la mère de famille.
Semi-de us, i, m., ... le demi-dieu.

---

177. Dans les noms composés, quel est le nom qui se décline ? Déclinez *triumvir*, *paterfamilias*. Qu'est-ce que *familias* ?

Respublica, jusjurandum.

178. — DEUXIÈME RÈGLE. Quand un nom est composé de deux nominatifs, chacun se décline suivant sa déclinaison.

Tels sont *res-publica*, f., la république (la chose publique), et *jus-jurandum*, n., le serment.

SINGULIER.

Nom.	res-public a,	jus-jurand um,
Voc.	o res-public a,	o jus-jurand um,
Gén.	rei-public æ,	jur is-jurand i,
Dat.	rei-public æ,	jur i-jurand o,
Acc.	rem-public am,	jus-jurand um,
Abl.	re-public ā.	jur e-jurand o.

PLURIEL.

Nom.	res-public æ,	jur a-jurand a,
Voc.	o res-public æ,	o jur a-jurand a,
Gén.	rerum-publicarum,	jur ium-jurand orum,
Dat.	rebus-public is,	jur ibus-jurand is,
Acc.	res-public as,	jur a-jurand a,
Abl.	rebus-public is.	jur ibus-jurand is.

II. REMARQUES SUR CHAQUE DÉCLINAISON.

PREMIÈRE DÉCLINAISON.

179. La 1re déclinaison renferme, outre les noms latins en *a*, des noms grecs terminés en *a*, *e*, *as*, *es*.

I. Noms latins.

Datif et ablatif pluriels en **ABUS**.

Certains noms féminins ont le datif et l'ablatif pluriels en *abus*, parce qu'autrement on ne pourrait pas les distinguer des noms masculins qui y répondent.

Ainsi *famula*, f., la servante, fait *famulabus*; tandis que *famulus*, m., le serviteur, fait *famulis*.

Il en est de même de *dea*, la déesse, et de *filia*, la fille; ce sont presque les seuls qu'on trouve avec la forme en *abus*.

---

178. Comment décline-t-on les noms composés de deux nominatifs? Déclinez *respublica*, *jusjurandum*.

179. Comment sont terminés les noms grecs que renferme la 1re déclinaison? Quels noms ont le datif et l'ablatif pluriels en *abus*?

II. Noms grecs.

180. Les noms grecs en *a*, comme *Ægina, æ*, f., l'île d'Égine, se déclinent sur *rosa*; ceux en *e*, *as*, *es*, se déclinent sur *musice*, f., la musique; *Æneas*, m., Énée; *cometes*, m., la comète.

SINGULIER.

Nom.	music e,	Æne as,	comet es,
Voc.	o music e,	o Æne a,	o comet e,
Gén.	music es,	Æne æ,	comet æ,
Dat.	music e,	Æne æ,	comet æ,
Acc.	music en,	Æne an *ou* am,	comet en *ou* am,
Abl.	music e,	Æne ā.	comet e.

Les noms grecs qui ont un pluriel, s'y déclinent comme *rosæ*; ainsi *cometes* fait au pluriel : *comet-æ, arum, is, as, is*.

181. REMARQUES. 1° *Musice* sert de modèle à tous les noms patronymiques féminins en *ine* ou *one*; *cometes*, aux *patronymiques* masculins en *des*. On appelle *nom patronymique*, un nom commun aux descendants d'une même race, ou aux habitants d'un même lieu, et formé du nom du père ou de celui du lieu.

Tels sont : Pelid es, æ, m., *le fils de Pélée* (Achille).
Romulid æ, arum, m., *les descendants de Romulus*.
Tro as, adis, f., *la Troyenne*.

Les noms patronymiques sont masculins ou féminins; les masculins sont terminés en *ides* ou *ades*, et suivent la 1re déclinaison, d'après *cometes*; les féminins sont terminés en *is* ou *as*, *ine* ou *one* : les premiers (en *is-idis*, ou *as-adis*) suivent la 3e déclinaison; les autres (en *ine* ou *one*) suivent la 1re, d'après *musice*.

2° Beaucoup de noms en *e* et en *es* sont aussi terminés en *a*, et suivent la déclinaison latine. Ainsi l'on dit :

music e, es. . , et *music a, æ, am, ā; f.*
comet es, æ. . , et *comet a, æ, am, ā; m.*

---

180. Comment se déclinent les noms grecs en *a*? ceux en *e*, en *as*, en *es*? Déclinez *musice*, *Æneas*, *cometes*.
181. A quels noms *musice* et *cometes* servent-ils de modèles? Qu'appelle-t-on noms patronymiques? De quel genre sont-ils? Comment sont-ils terminés, et comment se déclinent-ils? Beaucoup de noms en *e* et en *es* ne suivent-ils pas aussi la déclinaison

3° Les noms en *es* ont quelquefois le vocatif singulier en *ă*: *cometă*, ô comète! *Orestă*, ô Oreste! Plusieurs d'entre eux suivent aussi la 3° déclinaison, surtout en prose.

Ex.: *Orestes, æ,* et *is, i, em, e,* Oreste.

4° On trouve quelquefois en poésie un vieux génitif singulier en *aï* : *aulaï* (Virg.) pour *aulæ*.

Déclinez sur Musice, les noms féminins :

Epitom e, es, *l'abrégé.*   Liby e, es, *la Libye.*
Rhetoric e, es, *la rhétorique.* Grammatic e, es, *la grammaire.*
Acrision e, es, f., *la fille d'Acrisius* (Danaé).

Sur Æneas, les noms masculins :

Bore as, æ, *Borée.*   Messi as, æ, *le Messie.*
Epaminond as, æ, *Epaminondas.*

Sur Cometes, les noms masculins :

Anchis es, æ, *Anchise.*   Philoctet es, æ, *Philoctète.*
Spartiat es, æ, *le Spartiate.* Priamid es, æ, *le fils de Priam.*

DEUXIÈME DÉCLINAISON.

182. La 2° déclinaison renferme des noms latins, terminés en *us, er, ir, um ;* et des noms d'origine grecque, terminés en *os, on* et *eus*.

B. Noms latins.

VOCATIFS IRRÉGULIERS.

1° *Filius* (le fils), *genius* (le génie), et les noms propres romains en *ius,* contractent *ĭĕ* en *ī,* au vocatif singulier : *o fil-ī,* ô mon fils! *o Publī Cornel-ī Scipio,* ô Publius Cornélius Scipion!

Ainsi se déclinent *Antonius,* Antoine; *Horatius,* Horace; *Virgilius,* Virgile; *Pompeius,* Pompée; etc.

2° Dans *Deus* (Dieu), *agnus* (l'agneau), *chorus* (le chœur), le vocatif est semblable au nominatif : *o Deus ! o Agnus Dei !*

---

latine? Les noms en *es* ont-ils toujours le vocatif singulier en *e* ? suivent-ils toujours la 1re déclinaison? Qu'est-ce que la terminaison *aï* ?

182. Quels noms renferme la 2° déclinaison? Comment *filius, genius,* et les noms propres romains en *ius,* font-ils au vocatif singulier ? Quel est le vocatif singulier des noms *Deus, agnus* et *chorus* ?

GÉNITIF IMPARISYLLABIQUE.

183. Le génitif est *imparisyllabique* dans *vir, vir-i* (17), et dans les noms suivants en *er*, qui gardent la lettre *e* du nominatif :

Celtib-er, cri, m., *le Celtibérien.* Gen-er, cri, m., *le gendre.*
Ib-er, cri, m., *l'Ibérien.* Lib-er, cri, m., *(nom de Bacchus).*
Presbyt-er, cri, m., *le prêtre.* Pu-er, cri, m., *l'enfant.*
Soc-er, cri, m., *le beau-père.*

Ajoutez les substantifs composés des verbes *fero* et *gero* (porter), comme *signi-fer, feri,* m., *le porte-enseigne; armi-ger, geri,* m., *l'écuyer.*

APPENDICE. — **Deus.**

184. Le mot *Deus*, m., *Dieu*, est irrégulier au pluriel; voici sa déclinaison complète.

	SINGULIER.		PLURIEL.	
Nom.	Deus,	*Dieu.*	dii *ou* di,	*les dieux.*
Voc.	o Deus,	*ô Dieu.*	o dii *ou* di,	*ô dieux.*
Gén.	Dei,	*de Dieu.*	deorum,	*des dieux.*
Dat.	Deo,	*à Dieu.*	diis *ou* dis,	*aux dieux.*
Acc.	Deum,	*Dieu.*	deos,	*les dieux.*
Abl.	Deo,	*de Dieu.*	diis *ou* dis,	*des dieux.*

III. Noms grecs.

185. Les noms grecs en *os* se déclinent comme *Delos*, f., *l'île de Délos*; ceux en *on*, comme *Ilion*, n., Ilion; ceux en *eus* (du grec ευς), comme *Orpheus*, m., Orphée.

SINGULIER.

Nom.	Del os *et* us,	Ili on *et* um,	Orph eus,
Voc.	o Del e,	o Ili on *et* um,	o Orph eu,
Gén.	Del i,	Ili i,	Orph ei *et* eos,
Dat.	Del o,	Ili o,	Orph eo *et* ei,
Acc.	Del on *et* um,	Ili on *et* um,	Orph eum *et* ea,
Abl.	Del o.	Ili o.	Orph eo.

---

183. Dans quels noms de la 2ᵉ déclinaison le génitif singulier est-il imparisyllabique ? Citez les noms en *er* qui gardent la lettre *e* du nominatif.

184. Déclinez *Deus.*

185. Comment se déclinent les noms grecs en *os* ? Ceux en *on* ?

Au pluriel, les noms qui s'emploient à ce nombre, se déclinent comme *domin-i, orum*, ou comme *templ-a, orum*; ainsi *barbit-os* (et *-us*), *i*, f. (la lyre), fait au pluriel : *barbit-i, orum, is, os, is; epitaphi-on* (et *-um*), *i*, n. (l'épitaphe), fait : *epitaphi-a, orum, is, a, is*.

Déclinez

sur *Delos* : Tened os et us, i, f., *Ténédos* (île).
sur *Ilion* : Peli on, i, n., *le Pélion* (mont).
sur *Orpheus* : Thes eus, ei ou eos, m., *Thésée*.

REMARQUES. 1° Les noms en εύς, qui en grec sont terminés en εος, se déclinent à la manière latine.

Ex. : *Timothĕ͞us* (de Τιμόθεος), *-e, -i, -o, -um, -o*; Timothée.

2° Quelques noms propres grecs en ōs, conservent en latin la déclinaison attique, comme *Androge-ōs*, m., Androgée.

Nom. Androge-ōs (ως),	*Dat.* Androge-ō (ῳ),
Voc. o Androge-ōs (ως),	*Acc.* Androge-ōn (ων),
Gén. Androge-ī et -ō (ω),	*Abl.* Androge-ō.

Déclinez de même *Ath-os*, m., le mont Athos.

TROISIÈME DÉCLINAISON.

186. La 3ᵉ déclinaison renferme des noms latins et des noms grecs. Ces noms sont terminés au nominatif par les voyelles *a, e, o, y*, et par les consonnes *c, l, n, r, s, t, x*; leur génitif se forme de plusieurs manières fort différentes.

N. B. Le tableau suivant présente les diverses formations du génitif; il s'applique également aux substantifs et aux adjectifs, latins ou grecs.

Ceux en *eus*? Déclinez *Delos, Ilion, Orpheus*. Déclinez *barbitos* et *epitaphion* au pluriel. Comment se déclinent les noms en *eus* qui en grec sont terminés en εος? Déclinez *Timotheus, Androgeos*.

186. Quels noms renferme la 3ᵉ déclinaison? Comment ces noms sont-ils terminés au nominatif? Comment se forme leur génitif? Comment font au génitif les terminaisons *a, e, o, y, c, l, r, x, an, en, in, on, as, es, is, os, us, ys, ut, bs, ls, ms, ns, rs*? Quelles sont les principales exceptions? Quels sont les génitifs de *caro, fel, nix, robur*? etc. Comment les noms en *ber, cer, ter*, forment-ils leur génitif? Quel est le génitif des quatre noms *later, puber, uber* et *acer*? Comment la plupart des polysyllabes en *ex* font-ils au génitif?

Tableau des terminaisons avec leur génitif.

NOM.	GÉN.	EXEMPLES.	
A	fait atis.....	poem-a, poem-atis, n......	le poème.
E	— is	mar-e, mar-is, n...........	la mer.
O	— onis	serm-o, serm-onis, m......	le discours.
	— inis	hom-o, hom-inis, m.......	l'homme.
	us (grec).	Did-o, Did-us, f...........	Didon.
Y	— yos.....	mis-y, mis-yos, n.	le champignon.
C	— cis	hale-c, hale-cis, n.	la saumure.
L	— lis	sol, so-lis, m.............	le soleil.
R	— ris	ve-r, ve-vis, n............	le printemps.
X	— cis	ar-x, ar-cis, f.............	la citadelle.
	— gis	gre-x, gre-gis, m..........	le troupeau.
AN	— anis	Tit-an, Tit-anis, m........	Titan.
EN	— enis	Sir-en, Sir-enis, f.........	la Sirène.
	— inis......	lum-en, lum-inis, n.......	la lumière.
IN	— inis	delph-in, delph-inis, m....	le dauphin.
ON	— onis	Babyl-on, Babyl-onis, f....	Babylone.
	— ontis.....	Xenoph-on, -ontis, m......	Xénophon.
	— atis......	piet-as, piet-atis, f........	la piété.
AS	— adis	Pall-as, Pall-adis, f........	Minerve.
	— antis	gig-as, gig-antis, m........	le géant.
	— is	vulp-es, vulp-is, f.........	le renard.
ES	— etis......	qui-es, qui-etis, f..........	le repos.
	— itis......	mil-es, mil-itis, m.........	le soldat.
	— is	clav-is, clav-is, f..........	la clef.
IS	— idis	lap-is, lap-idis, m.........	la pierre.
	— itis......	l-is, l-itis, f..............	la dispute.
OS	— oris	fl-os, fl-oris, m............	la fleur.
	— otis......	d-os, d-otis, f.............	la dot.
	— eris	scel-us, scel-eris, n........	le crime.
	— oris	corp-us, corp-oris, n......	le corps.
US	— uris	r-us, r-uris, n.............	la campagne.
	— udis	pal-us, pal-udis, f.........	le marais.
	— utis	sal-us, sal-utis, f..........	le salut.
YS	— yis, yos..	chel-ys, -yis, -yos, f.......	la tortue.
UT	— itis......	cap-ut, cap-itis, n.........	la tête.
BS	— bis......	ur-bs, ur-bis, f............	la ville.
LS	— ltis......	pu-ls, pu-ltis, f...........	la bouillie.
MS	— mis......	hye-ms, hye-mis, f........	l'hiver.
NS	— ntis	fro-ns, fro-ntis, f.........	le front.
	— ndis.....	fro-ns, fro-ndis, f.........	le feuillage.
RS	— rtis......	a-rs, a-rtis, f.............	l'art.

REMARQUES. 1° Voici les principales exceptions :

As, assis, *m.*, *l'as.*	Merces, edis, *f.*, *la récompense.*
Caro, carnis, *f.*, *la chair.*	Mel, mellis, *n.*, *le miel.*
Cinis, cineris, *m.*, *la cendre.*	Nix, nivis, *f.*, *la neige.*
Cor, cordis, *n.*, *le cœur.*	Nox, noctis, *f.*, *la nuit.*
Ebur, eboris, *n.*, *l'ivoire.*	Os, ossis, *n.*, *l'os.*
Fel, fellis, *n.*, *le fiel.*	Pes, pedis, *m.*, *le pied.*
Heros, herois, *m.*, *le héros.*	Præses, idis, *m.*, *le président.*
Iter, itineris, *n.*, *le chemin.*	Pulvis, eris, *m.*, *la poussière.*
Jecur, oris ou inoris, *n.*, *le foie.*	Robur, roboris, *n.*, *la force.*
Jupiter, Jovis, *m.*, *Jupiter.*	Sanguis, inis, *m.*, *le sang.*
Lac, lactis, *n.*, *le lait.*	Vas, vasis, *n.*, *le vase.*

Les autres exceptions s'apprendront par l'usage.

2° Les noms en *ber*, *cer*, *ter*, retranchent l'e au génitif : imb-er, ris; voluc-er, ris; frat-er, ris; excepté *later*, *puber*, *uber* et *acer* (l'érable), qui sont réguliers.

3° La plupart des polysyllabes en *ex* font *icis* au génitif : silex, *m.*, *silicis* (le caillou).

I. Noms latins de la 3° déclinaison

ACCUSATIF SINGULIER.

187. L'accusatif singulier des noms latins est en *em* : soror-em.

Exceptions.

1° Accusatif en IM.

L'accusatif singulier est en *im* :

1° Dans les sept noms féminins suivants :

Amussis, is, *f.*, *le cordeau*	Acc. amuss-im.
Bur-is, is, *f.*, *le manche de charrue.*	— bur-im.
Rav-is, is, *f.*, *l'enrouement.*	— rav-im.
Secur-is, is, *f.*, *la hache.*	— secur-im.
Sit-is, is, *f.*, *la soif.*	— sit-im.
Tuss-is, is, *f.*, *la toux.*	— tuss-im.
V-is (sans gén.), *f.*, *la force.*	— v-im.

187. Comment se termine l'accusatif singulier des noms latins ? Dans quels noms l'accusatif est-il en *im* ?

2° Dans beaucoup de noms propres de fleuves et de villes en *is*, gén. *is*.

Ex. : Arar-is, is, *m.*, *la Saône*. . . . . . . Acc. *Arar-im*.
Tigr-is, is, *m.*, *le Tigre* . . . . — *Tigr-im*.
Tiber-is, is, *m.*, *le Tibre* . . . . . . — *Tiber-im*.
Hispal-is, is, *f.*, *Séville* . . . . — *Hispal-im*.

Ajoutez-y *Lig-er, eris, erim*, m., la Loire.

2° *Accusatif en* **EM** *ou en* **IM**.

188. L'accusatif singulier est en *em* ou en *im* dans les sept noms féminins suivants :

Clav-is, is, *f.*, *la clef*. . . . Acc. *clav-em* ou *clav-im*.
Febr-is, is, *f.*, *la fièvre* . . . — *febr-em* ou *febr-im*.
Nav-is, is, *f.*, *le vaisseau* . . — *nav-em* ou *nav-im*.
Pelv-is, is, *f.*, *le bassin* . . . — *pel-vem* ou *pelv-im*.
Pupp-is, is, *f.*, *la poupe* . . . — *pupp-em* ou *pupp-im*.
Rest-is, is, *f.*, *la corde* . . . — *rest-em* ou *rest-im*.
Turr-is, is, *f.*, *la tour*. . . . — *turr-em* ou *tur-rim*.

ABLATIF SINGULIER.

189. L'*ablatif singulier* est en *e* : *soror-e*.

Exceptions.

1° *Ablatif en* **I**.

L'ablatif est en *i* :

1° Dans les noms qui ont l'accusatif en *im*, comme :
Sit-is, is, im, f., *la soif*. . . . . . . Abl. *sit-i*.

Ajoutez *canal is, is, m.*, le canal : abl. *canal i*; et *strigil is, is, f.*, l'étrille : abl. *strigil i*.

2° Dans les noms neutres en *al, ar, e* (22), comme :
Animal, is, i; calcar, is, i; cubil-e, is, i.

---

188. Dans quels noms l'accusatif singulier est-il en *em* ou en *im* ?
189. Comment est terminé l'ablatif singulier ? Dans quels noms l'ablatif est-il en *i* ? Quel est l'ablatif singulier de *baccar, far, jubar, nectar, Soracte* ? Comment font à l'ablatif les noms propres formés d'adjectifs de la 3ᵉ déclinaison, et les adjectifs *artifex, ales, vigil*, etc., quand ils sont pris substantivement ?

Cependant l'ablatif est en *e* dans les noms suivants :

Baccar, is, n., la digitale.   *Jubar, is, n.*, l'éclat.
Far, farr is, n., la fleur de farine.   *Nectar, is, n.*, le nectar.

Ajoutez *Soract-e, is, n.*, le mont Soracte, et les noms propres de villes en *e* : *Praenest-e, is, n.*, Préneste.

3° Dans les noms de mois parisyllabiques en *is* et en *er*, comme :

April-is, is, *m.*, Avril . . . . Abl. *April-i.*
Septemb-er, ris, *m.*, Septembre . . . . . — *Septemb-ri.*

4° Dans les noms communs formés d'adjectifs en *is*, comme :

Ædil-is, is, *m.*, l'édile . . . . Abl. *ædil-i.*
Bipenn-is, is, *f.*, la hache . . . . — *bipenn-i.*
Familiar-is, is, *m.*, l'ami . . . . — *familiar-i.*
Sodal-is, is, *m.*, le compagnon . . . . . — *sodal-i.*
Trirem-is, is, *f.*, galère à trois rangs de rames.— *trirem-i.*

Il en est de même des noms formés de noms de villes ou de pays, et indiquant l'origine, comme *Atheniens-is, is, m.*, l'Athénien ; abl. *Atheniens-i.*

REMARQUE. Les *noms propres* formés d'adjectifs de la 3° déclinaison ont toujours l'ablatif en *e*.

Ex. : Juvenal-is, is, *m.*, Juvénal . . . . . . Abl. *Juvenal-e.*
Clemen-s, tis, *m.*, Clément . . . . — *Clement-e.*
Fel-ix, icis, *m.*, Félix . . . . — *Felic-e.*

Ajoutez *artifex, ales, vigil*, et quelques autres adjectifs, qui, pris substantivement, ont toujours l'ablatif en *e*.

2° Ablatif en E ou en I.

190. L'ablatif est en *e* ou en *i*, dans les noms qui ont l'accusatif en *em* ou en *im*, comme *nav-is*, acc. *nav-em* ou *im*, abl. *nav-e* ou *i*; et dans les cinq mots suivants :

Amn-is, is, *m.*, le fleuve . . . . . Abl. *amn-e, amn-i.*
Ign-is, is, *m.*, le feu . . . . — *ign-e, ign-i.*
Imb-er, ris, *m.*, la pluie . . . . . — *imbr-e, imbr-i.*
Supell-ex, ectilis, *f.*, le mobilier . — *supellectil-e* ou *i.*
Vect-is, is, *m.*, le levier . . . . . — *vect-e, vect-i.*

---

190. Dans quels noms l'ablatif est-il en *e* ou en *i* ?

GÉNITIF PLURIEL.

191. Le *génitif pluriel* est en *um* : *soror-um*.

Exceptions.

Génitif pluriel en **IUM.**

Le génitif pluriel est en *ium* :

1° Dans les noms terminés par deux consonnes, surtout par *ns, rs, rx* (24) :

Ex. : *Serpens, serpent-ium; ars, art-ium; urbs, urb-ium; arx, arc-ium.*

Mais *parens, parent-is*, fait *parent-um; lynx, lync-is*, f., le lynx, *lync-um*; et *ops, op-is*, f., la ressource, *op-um*.

2° Dans les noms *parisyllabiques : av-is, is, ium.*

Excepté *canis, juvenis, panis, senex, strues, vates* (20).

3° Dans les noms dont l'ablatif est en *i*, ou en *i* et en *e* :

Ex. : *Animal, i, ium; supell-ex, -cctil i* ou *e, ium* (22, 190).

4° Dans les noms qui ne s'emploient qu'au pluriel :

Ex. : *Alp-es, ium*, f., les Alpes.

Excepté *primor-es, um*, m., les hommes du premier rang, et *procer-es, um*, m., les grands.

5° Dans les noms suivants :

As, ass-is, ium, m., l'as.   Nix, niv-is, ium, f., la neige.
Glis, glir-is, ium, m., le loir.   Nox, noct-is, ium, f., la nuit.
Lis, lit-is, ium, f., le procès.   Os, oss-is, ium, n., l'os.
Mus, mur-is, ium, m., le rat.   Quir-is, itis, itium, m., le Romain.

Joignez-y les noms formés de noms de peuples et de pays, et terminés en *as* ou en *is*, comme :

Arpin-as, atis, atium, m., le citoyen d'Arpinum.

Samn-is, itis, itium, m., le Samnite.

REMARQUES. 1° Le génitif pluriel est inusité dans *cor, cos, dos, fel, jus* (le jus), *lux, mel, nex; os* (oris), *pus, rus, sal, thus, vas* (vadis), et quelques autres noms plus rarement employés.

Cordium de *cor, dotium* ou *dotum* de *dos, vadium* de *vas*, ne se trouvent pas dans les auteurs classiques.

---

191. Comment se termine le génitif pluriel? Dans quels noms le génitif pluriel est-il en *ium*? Dans quels noms le génitif pluriel est-il inusité? Quel est le génitif pluriel de *palus* et de *fornax*? Comment

2° *Pal-us*, *udis*, f., le marais, et *forn-ax*, *acis*, f., la fournaise, ont le génitif pluriel en *ium* ou en *um*.

3° L'adjectif *voluc-er*, *ris*, *re*, rapide, fait *volucr-i* à l'ablatif singulier, et *volucr-ium* au génitif pluriel (34); mais le substantif *volucr-is*, *is*, f., l'oiseau, fait *volucr-e* à l'ablatif singulier, *volucr-um* au génitif pluriel.

DATIF, ACCUSATIF ET ABLATIF PLURIELS.

192. Le *datif* et l'*ablatif* pluriels sont terminés en *ibus* : *soror-ibus*.

Cependant *bos*, *bovis*, le bœuf, fait *bobus* ou *bubus*.

L'accusatif pluriel est toujours terminé en *es* : *soror-es*.

REMARQUE. L'accusatif pluriel se terminait anciennement en *is* ou en *eis*, dans certains noms dont le génitif pluriel est en *ium*. Ainsi l'on trouve à l'accusatif pluriel :

Alp-is et *Alp-eis*, f., les Alpes.   *Sard-is* et *Sard-eis*, f., Sardes.
Syrt-is et *Syrt-eis*, f., les Syrtes. *Trall-is* et *Trall-eis*, f., Tralles.

II. Noms grecs de la 3ᵉ déclinaison.

193. Les noms grecs de la 3ᵉ déclinaison peuvent se diviser en six classes, suivant leur terminaison et leur génitif; à savoir :

1° Les noms imparisyllabiques non terminés en *is*, comme *heros*, *hero-is*;

2° Les noms parisyllabiques en *is*, comme *hæres-is*, *is*;

3° Les noms imparisyllabiques en *is* et en *ys*, comme *Daphn-is*, *idis*; *Hal-ys*, *yos*;

4° Les noms en *es*, *-is*, comme *Socrat-es*, *is*;

5° Les noms propres féminins en *ō*, *-ūs*, comme *Did-ō*, *ūs*;

6° Les noms neutres, et particulièrement ceux en *ma*, *mătis*, comme *poem-a*, *ătis*.

---

volucer fait-il à l'ablatif singulier et au génitif pluriel, quand il est adjectif? quand il est substantif?

192. Comment sont terminés le datif et l'ablatif pluriels? Comment *bos* fait-il à ces deux cas? Comment se terminait anciennement l'accusatif pluriel dans certains noms dont le génitif pluriel est en *ium*?

193. Comment peuvent se diviser les noms grecs de la 3ᵉ déclinaison?

SUPPLÉMENT. — NOMS.

1° **Heros, hero-is**, m., *le héros.*

194. Les noms grecs imparisyllabiques non terminés en *is*, comme *heros, hero-is*, se déclinent comme *soror*, d'après la déclinaison latine; mais de plus, ils ont un accusatif singulier grec en ă, un nominatif et un vocatif pluriels grecs en ĕs, et un accusatif pluriel grec en ăs.

SINGULIER.		PLURIEL.
Nom.	heros,	hero ēs *ou* ĕs,
Voc.	o heros,	o hero ēs *ou* ĕs,
Gén.	hero is,	hero um,
Dat.	hero i,	hero ibus,
Acc.	hero em *ou* ă,	hero ēs *ou* ăs,
Abl.	hero e.	hero ibus.

Ainsi se déclinent les noms grecs imparisyllabiques terminés

1° en *an-anis,*	comme	*Tit-an, anis,* m., . . Titan.
2° — *as-adis,*	—	*Arc-as, adis,* m., . l'Arcadien.
		Pall-as, adis, f., . . Pallas.
3° — *as-antis,*	—	*Atl-as, antis,* m., . . l'Atlas.
4° — *er-eris,*	—	*a-ēr, a-ĕris,* m., . . l'air.
		crat-ēr, ēris, m., . . la coupe.
5° — *es-etis,*	—	*Chrem-es, etis,* m., . Chrémès.
6° — *in-inis,*	—	*delph-in, inis,* m., . le dauphin.
7° — *ix-icis,*	—	*Cil-ix, icis,* m., . . . le Cilicien.
— *yx-ygis,*	—	*Phr-yx, Phr-ygis,* m., le Phrygien.
8° — *o-onis,*	—	*Maced-o, onis,* m., . le Macédonien.
9° — *or-oris,*	—	*Hect-or, oris,* m., . . . Hector.
10° — *os-otis,*	—	*rhinocer-os, otis,* m., le rhinocéros.

REMARQUES. 1° L'accusatif pluriel en ăs est très-usité; les autres formes grecques ne s'emploient guère qu'en poésie.

2° Quelques noms ont aussi le génitif singulier grec en ŏs, comme *Pan, Panŏs*, m., le dieu Pan; *Arc-as, adis* ou *adŏs*, m., l'Arcadien.

---

194. Comment se déclinent les noms grecs imparisyllabiques non terminés en *is*? Déclinez *heros.* Quels sont les noms qui se déclinent comme *heros*? Les formes grecques sont-elles bien usitées? Le génitif singulier des noms grecs est-il toujours en *is*? Quel est le vocatif des noms en *as, antis*? Comment *aer* et *æther* font-ils souvent à l'accusatif?

3° Les noms en *as*, *antis*, ont le vocatif en *a* : *Atlas*, o *Atla*.

4° *Aer*, m., et *æther*, m., l'air, font le plus souvent à l'accusatif singulier *aera*, *æthera*. Au génitif singulier, ils font aussi en poésie *aeros*, *ætheros*.

2° Hæres-is, is, f., l'hérésie.

195. Les noms grecs parisyllabiques en *is*, comme *hæres-is*, *is*, se déclinent sur *avis*, excepté à l'accusatif singulier qu'ils ont en *im* ou en *in*, et à l'ablatif singulier qu'ils ont en *i*; mais les noms terminés en *polis*, comme *Neapolis* (Naples), ont l'accusatif seulement en *im*.

SINGULIER		PLURIEL	
Nom.	hæres is,	hæres es,	
Voc.	o hæres is,	hæres es,	
Gén.	hæres is,	hæres ium,	
Dat.	hæres i,	hæres ibus,	
Acc.	hæres im *ou* in,	hæres es,	
Abl.	hæres i.	hæres ibus.	

Ainsi se déclinent :

Bas is, is, f., *la base*.   Neapol is, is, f., *Naples*.
Metamorphos is, is, f., *la métamorphose*.   Poes is, is, f., *la poésie*.

REMARQUE. Les noms grecs parisyllabiques en *is* ont quelquefois en poésie un génitif singulier grec en *eos*, et un génitif pluriel grec en *eon* : *hæres-eos*, *hæres-eon*.

La forme en *eon* ne se trouve guère que dans les titres de livres : *Metamorphoseon liber*, le livre des Métamorphoses.

3° Par-is, idis, m., Pâris (fils de Priam). Hal-ys, yos, m., le fleuve Halys.

196. — I. Les noms propres imparisyllabiques en *is*, comme *Par-is*, *idis*, ont quatre formes pour l'accusatif singulier, savoir : *im*, *in*, *idem*, *ida*; leur vocatif est en *i*, leur génitif en *is*, rarement en *os*.

Ex. : *Par-is*; voc. *Par-i*; gén. *Par-idis*; dat. *Par-idi*; acc. *Par-im*, *-in*, *-idem*, *-ida*; abl. *Par-ide*.

---

195. Comment se déclinent les noms grecs parisyllabiques en *is* ? Déclinez *hæresis*. Comment les noms grecs parisyllabiques en *is* font-ils quelquefois au génitif singulier et au génitif pluriel ?

196. Comment se déclinent les noms propres imparisyllabiques

Il faut excepter les noms qui, en grec, ont l'accusatif seulement en ίδα, c'est-à-dire, ceux qui au nominatif singulier ont l'accent sur la dernière syllabe (ίς).

Tels sont : 1° les noms patronymiques féminins en *is-idis*, comme *Nere-is, idis*, f. (la Néréide, ἡ Νηρηΐς); 2° les noms de poëmes, comme *Æne-is, idis*, f. (l'Énéide); 3° certains noms propres féminins, comme *Amaryll-is, idis* (ἡ Ἀμαρυλλίς).

Ces noms ont l'accusatif en *ida*, rarement en *idem*, jamais en *im* ou en *in*; leur génitif est en *idis* ou en *idos*; le vocatif est en *is*, excepté dans les noms propres, où il est en *i*.

Ex. : *Amaryll-is*; voc. *Amaryll-i*; gén. *Amaryll-idis* ou *idos*; dat. *Amaryll-idi*; acc. *Amaryll-ida*; abl. *Amaryll-ide*.

REMARQUE. Les accusatifs grecs en *in* et en *a* ne sont guère employés que par les poètes.

II. Les noms grecs en *ys-yos* ont l'accusatif en *yn*, quelquefois en *ym* : *Hal-ys, yos*; acc. *Hal-yn, ym*.

4° Socrat-es, is, m., Socrate.

197. Les noms grecs en *es-is*, comme *Socrat-es, is*, se déclinent à la manière latine.

Ex. : Socrat *es, es, is, i, em, e*.

Ainsi se déclinent :

Archimed-es, is, m., *Archimède*. Pericl-es, is, m., *Périclès*. Demosthen-es, is, m., *Démosthène*. Sophocl-es, is, m., *Sophocle*. Mithridat-es, is, m., *Mithridate*. Themistocl-es, is, m., *Thémistocle*.

REMARQUES. 1° Les noms propres en *es-is* ont quelquefois le vocatif en *ā*, comme s'ils étaient de la 1re déclinaison. Ainsi l'on trouve o *Socratē*, o *Periclē*, o *Sophoclē*, etc.

De même, quelques-uns ont un second accusatif en *ēn*; tel est *Mithridat-es*, acc. *em* ou *ēn*.

Les noms en *es-is* ont quelquefois dans Cicéron un génitif en *i* (d'un nominatif en *us*) : *Archimed-es*, gén. *is* ou *i*.

en *is*? Déclinez *Paris*. Quels noms font exception? Déclinez *Amaryllis*. Comment se déclinent les noms grecs en *ys-yos*?

197. Comment se déclinent les noms grecs en *es-is*? Déclinez *Socrates*. Comment les noms propres en *es-is* font-ils quelquefois au

2° *Achill-es* et *Ulyss-es*, outre les formes latines qu'ils suivent régulièrement, ont en poésie, un génitif en *ei* ou en *eos*, et un accusatif en *ea* :

Nom. Achill-es, Voc. o Achill-es, . . . Gén. Achill-is, ei ou eos,
Dat. Achill-i, Acc. Achill-em ou ea, Abl. Achill-e.

5° **Did-o, us**, *f.*, *Didon*.

198. Les noms grecs féminins en ō-ūs, comme *Did-o, ūs*, se déclinent ainsi :

Nom. et Voc. Did-ō, Gén. Did-ūs, Dat. Acc. et Abl. Did-ō.

Ainsi se déclinent :

Calyps-ō, ūs, *f.*, *Calypso*. Ech-ō, ūs, *f.*, *l'écho*.

6° **Poem-a, atis**, *n.*, *le poème*.

199. Les noms neutres en *ma-mătis*, comme *poe-ma, matis*, ont le datif et l'ablatif pluriels en *īs*, plus souvent qu'en *ibus*.

	SINGULIER.	PLURIEL.
Nom.	poema,	poemat-a,
Voc.	o poema,	o poemat-a,
Gén.	poemat-is,	poemat-um,
Dat.	poemat-i,	poemat-īs, *quelquefois* ibus.
Acc.	poema,	poemat-a,
Abl.	poemat-e.	poemat-īs, *quelquefois* ibus.

Ainsi se déclinent :

Diadem-a, atis, *n.*, *le diadème*. Diplom-a, atis, *n.*, *le diplôme*.
Epigramm-a, atis, *n.*, *l'épigramme*. Ænigm-a, atis, *n.*, *l'énigme*.

---

vocatif? à l'accusatif? au génitif? Comment se déclinent *Achilles* et *Ulysses?* Déclinez *Achilles*.
198. Comment se déclinent les noms grecs féminins en *o-us?* Déclinez *Dido*.
199. Comment se déclinent les noms neutres en *ma, matis?* Déclinez *poema*. Les noms neutres en *ma* n'ont-ils pas aussi un génitif pluriel en *on?* Comment se déclinent *cetos, Argos, chaos, pelagus, Tempe?*

REMARQUES. 1° Les noms neutres en *ma-matis* ont quelquefois un génitif pluriel grec en *ōn* (presque uniquement dans les titres de livres), comme *Epigrammatōn liber*, livre des Épigrammes.

2° La 3e déclinaison renferme quelques autres noms grecs neutres, ou irréguliers, ou indéclinables. Voici les principaux, avec les formes et les cas où ils sont usités :

Cet-os, n., N. V. Acc. s.; *cet-ē*, N. V. Acc. pl.; *le cétacé*.

De même *ep-os*, *ep-ē*, n., l'épopée; *mel-os*, *mel-ē*, n., le poème lyrique.

Argos, n., N. V. Acc. s.; *Argos*.

Chaos, n., N. V. Acc. s.; *cha-o*, D. Abl. s.; *le chaos*.

Pelag-us, n., N. V. Acc. s.; *pelag-i*, G. s.; *pelag-o*, D. Abl. s.; *la mer*.

Temp-ē, n., N. V. Acc. pl.; *la vallée de Tempé*.

QUATRIÈME DÉCLINAISON.

1° Jes-us, u, m., *Jésus*.

200. *Jesus*, nom de notre divin Sauveur, fait à l'accusatif *Jesum*, et à tous les autres cas *Jesu*.

2° Dom-us, ûs, f., *la maison*.

Domus appartient en partie à la 4e déclinaison, en partie à la seconde.

Voici comment il se décline :

	SINGULIER.	PLURIEL.
Nom.	dom us,	dom us,
Voc.	o dom us,	o dom us,
Gén.	dom ûs *ou* i.	dom orum *ou* dom uum,
Dat.	dom ui,	dom ibus,
Acc.	dom um,	dom os *ou* dom us,
Abl.	dom o.	dom ibus.

Le génitif *domi* ne s'emploie que comme complément de lieu (question *ubi?*), pour signifier *à la maison* (sans mouvement) : il est à la maison, chez lui, *domi est*.

---

200. Comment se décline *Jesus?* Déclinez *domus*. Comment s'emploie le génitif *domi?*

APPENDICE.

Syncopes des génitifs pluriels en ARUM, ORUM et IUM.

201. Le *génitif pluriel*, dans presque toutes les déclinaisons, perd souvent une syllabe, surtout en poésie.

ARUM-ÛM. — Dans la 1re déclinaison, le génitif pluriel en *arum* est souvent changé en *ûm*, surtout dans les noms patronymiques en *es*, et dans les mots terminés par *cola* (habitant de) et par *gena* (né de).

Ex. : Ænead-es, æ, m., *descendant d'Énée*; gén. pl. *Ænead-ûm*;
Cœlicol-a, æ, m., *habitant du ciel*; gén. pl. *Cœlicol-ûm*;
Trojugen-a, æ, m., *Troyen*; . . . gén. pl. *Trojugen-ûm*;
pour *Ænead-arum, Cœlicol-arum, Trojugen-arum.*

ORUM-ÛM. — Dans la 2e déclinaison, le génitif pluriel en *orum* se change souvent en *ûm*, surtout dans les noms de monnaie, de mesure et de poids.

Ex. : Numm-us, i, m., *la pièce d'argent*; gén. pl. *numm-ûm*;
Sesterti-us, i, m., *le sesterce*; . . . gén. pl. *sesterti-ûm*;
Modi-us, i, m., *le boisseau*; . . . . gén. pl. *modi-ûm*;
Talent-um, i, n., *le talent*; . . . . gén. pl. *talent-ûm*;
pour *numm-orum, sesterti-orum, modi-orum, talent-orum.*

REMARQUE. On trouve encore dans certaines locutions : *deûm* pour *deorum*, des dieux; *liberûm* pour *liberorum*, des enfants; et quelques autres.

IUM-UM. — Dans la 3e déclinaison, le génitif pluriel en *ium* se contracte souvent en *um*. Ainsi l'on dit, même en prose :
Ap-ium et ap-um, ... de ap-is, is, f., *l'abeille.*
Optimat-ium et optimat-um, . de optimat-es, m., *les grands.*
Quirit-ium et Quirit-um, . . . de Quir-is, itis, m.; *le Romain.*
Serpent-ium et serpent-um, . de serpen-s, tis, m.; *le serpent.*

N. B. On ne peut se servir que des syncopes employées par les bons auteurs.

---

201. Comment le génitif pluriel se contracte-t-il dans la 1re déclinaison? dans la 2e? dans la 3e?

III. NOMS IRRÉGULIERS.

202. Les noms peuvent être *irréguliers* ou dans le *nombre*, ou dans le *genre*, ou dans la *déclinaison*, ou dans les *cas*.

1. Irréguliers dans le nombre.

I. Sont usités au *singulier* seulement :

1° Presque tous les noms de *métaux*, de *grains*, de *liqueurs*; comme :

    Aur-um, i, n., l'or.   *Tritic um, i*, n., le froment.
    Loli um, i, n., l'ivraie.   *Ole-um, i*, n., l'huile.

Cependant l'on trouve *vina, æra*.

2° Les noms des *vertus*, des *vices*, des *âges de la vie*, et d'autres choses *abstraites*; comme :

    Justiti-a, æ, f., la justice.   *Avariti-a, æ*, f., l'avarice.
    Juvent-us, utis, f., la jeunesse.   *Sit-is, is*, f., la soif.

3° Les noms *propres*, comme :

    Cicer-o, onis, m., Cicéron.   *Rom-a, æ*, f., Rome.
    Fulvi-a, æ, f., Fulvie.   *Ægypt-us, i*, f., l'Égypte.

Cependant l'on dit : *duo Cicerones*, les deux Cicéron; *Gracch-i, orum*, les Gracques (Tibérius et Caïus Gracchus); *Cæsar-es, um*, les Césars (les 12 premiers empereurs romains); *Homer-i, orum*, des Homères (des poètes semblables à Homère); etc.

4° Les noms *communs* suivants :

    Aer, aer-is, m., l'air.   *Pleb-s, is*, f., le peuple.
    Æther, æther-is, m., l'air.   *Pont-us, i*, m., la mer.
    Ast-us, us, m., la ruse.   *Pub-es, is*, f., la jeunesse.
    Eb-ur, oris, n., l'ivoire.   *Pulv-is, eris*, m., la poussière.
    Gel-u, u, n., la gelée.   *Qui-es, etis*, f., le repos.
    Hum-us, i, f., la terre.   *Sangu-is, inis*, m., le sang.
    Jub-ar, aris, n., l'éclat.   *Sobol-es, is*, f., la race.
    Let-um, i, n., la mort.   *Sop-or, oris*, m., le sommeil.
    Lu-es, is, f., la peste.   *Tab-es, is*, f., la putréfaction.
    Lut-um, i, n., la boue.   *Tuss-is, is*, f., la toux.
    Pelag-us, i, n., la mer.   *Ver, ver-is*, n., le printemps;

et quelques autres peu usités.

---

202. Comment les noms peuvent-ils être irréguliers ? Quels noms sont usités au singulier seulement ?

203. — II. Sont usités au *pluriel* seulement :

Æstiv-a, orum, n.,	le camp d'été.	
Alp-es, ium, f.,	les Alpes.	
Angusti-æ, arum, f.,	les défilés.	
Arguti-æ, arum, f.,	les subtilités.	
Arm-a, orum, n.,	les armes.	
Bacchanal-ia, ium, n.,	les bacchanales.	
Big-æ, arum, f.,	char à deux chevaux.	
Calend-æ, arum, f.,	les Calendes.	
Can-i, orum, m.,	les cheveux blancs.	
Castr-a, orum, n.,	le camp.	
Charit-es, um, f.,	les Grâces.	
Clitell-æ, arum, f.,	le bât.	
Comiti-a, orum, n.,	les comices.	
Cunabul-a, orum, n.,	le berceau.	
Cun-æ, arum, f.,	le berceau.	
Dir-æ, arum, f.,	les furies.	
Diviti-æ, arum, f.,	les richesses.	
Excubi-æ, arum, f.,	les sentinelles.	
Exsequi-æ, arum, f.,	les funérailles.	
Ext-a, orum, n.,	les entrailles.	
Exuvi-æ, arum, f.,	les dépouilles.	
Faceti-æ, arum, f.,	les facéties.	
Fast-i, orum, m.,	les fastes.	
Feri-æ, arum, f.,	les vacances.	
For-i, orum, m.,	le tillac.	
Frag-a, orum, n.,	les fraises.	
Gad-es, ium, f.,	Gadès (Cadix).	
Hyad-es, um, f.,	les Hyades.	
Id-us, uum, f.,	les Ides.	
Il-ia, ium, n.,	les flancs.	
Induci-æ, arum, f.,	la trêve.	
Infer-i, orum, m.,	les enfers.	
Insect-a, orum, n.,	les insectes.	
Insidi-æ, arum, f.,	les embûches.	
Lament-a, orum, n.,	les lamentations.	
Liber-i, orum, m.,	les enfants.	
Magali-a, orum, n.,	les huttes.	
Man-es, ium, m.,	les mânes.	
Manubi-æ, arum, f.,	les dépouilles.	
Min-æ, arum, f.,	les menaces.	
Mœn-ia, ium, n.,	les remparts.	
Natal-es, ium, m.,	la naissance.	
Non-æ, arum, f.,	les Nones.	
Nug-æ, arum, f.,	les bagatelles.	
Nundin-æ, arum, f.,	la foire.	
Nupti-æ, arum, f.,	les noces.	
Olympi-a, orum, n.,	les jeux olympiques.	
Optimat-es, um, m.,	les grands.	
Orgi-a, orum, n.,	fêtes de Bacchus.	
Penat-es, ium, m.,	les pénates.	
Plag-æ, arum, f.,	les filets.	
Poster-i, orum, m.,	la postérité.	
Præcordi-a, orum, n.,	les entrailles.	
Procer-es, um, m.,	les nobles.	
Pugillar-es, ium, m.,	les tablettes.	
Pythi-a, orum, n.,	les jeux pythiens.	
Reliqui-æ, arum, f.,	les restes.	
Rostr-a, orum, n.,	la tribune.	
Sat-a, orum, n.,	terres ensemencées.	
Scal-æ, arum, f.,	l'échelle.	
Sord-es, ium, f.,	l'ordure.	
Sponsal-ia, ium, n.,	les fiançailles.	
Stativ-a, orum, n.,	le campement.	
Tenebr-æ, arum, f.,	les ténèbres.	
Therm-æ, arum, f.,	les Thermes (bains).	
Thermopyl-æ, arum, f.,	les Thermopyles.	
Valv-æ, arum, f.,	porte à battants.	
Viscer-a, um, n.,	les entrailles.	

203. Citez des noms usités au pluriel seulement.

II. Irréguliers dans le genre.

204. Plusieurs noms changent de genre au pluriel. Voici les principaux :

SINGULIER.		PLURIEL.	
1° M. Aver-nus, i, *l'Averne* (lac)	...	N. Avern-a,	orum.
Ismar-us, i, *l'Ismarus* (mont)	—	Ismar-a,	orum.
Massic-us, i, *le Massique* (mont)	—	Massic-a,	orum.
Mœnal-us, i, *le Ménale* (mont)	—	Mœnal-a,	orum.
Pangæ-us, i, *le Pangée* (mont)	—	Pangæ-a,	orum.
Tænar-us, i, *le Ténare* (promont.)	—	Tænar-a,	orum.
Tartar-us, i, *le Tartare* (enfer)	—	Tartar-a,	orum.
Tayget-us, i, *le Taygète* (mont)	—	Tayget-a,	orum.
2° F. Carbas-us, i, *la voile*	...	N. Carbas-a,	orum.
3° N. Arg-os. ... *Argos.*	...	M. Arg-i,	orum.
Cœl-um, i, *le ciel.*	—	Cœl-i,	orum.
Elysi-um, i, *l'Elysée.*	—	Elysi-i,	orum.
4° N. Delici-um, i, *les délices.*	...	F. Delici-æ,	arum.
5° M. Joc-us, i, *la plaisanterie*	M. *et* N.	Joc-i, a;	orum.
Loc-us, i, *le lieu.*	—	Loc-i, a;	orum.
6° N. Fren-um, i, *le frein*	M. *et* N.	Fren-i, a;	orum.
Rastr-um, i, *le râteau.* ... —	—	Rastr-i, a;	orum.

III. Irréguliers dans la déclinaison.

205. Certains noms changent de déclinaison au pluriel; tels sont :

SINGULIER.	PLURIEL.
3ᵉ décl. Vas, vas-is, *n.*, *le vase* ;	2ᵉ décl. Vas-a, orum.
2ᵉ — Juger-um, i, *n.*, *l'arpent* ;	3ᵉ — Juger-a, um.

D'autres suivent également deux déclinaisons ; tels sont :

Fic-us, ûs, *ou* fic-us, i, *f.*, *le figuier*.

Materi-a, æ, *ou* materi-es, ei, *f.*, *la matière*.

Requi-es, f., *le repos*, est de la 5ᵉ déclinaison ; cependant au génitif il fait ordinairement *requi-etis*, d'après la 3ᵉ.

---

204. Citez les principaux noms qui sont masculins ou féminins au singulier, neutres au pluriel ; neutres au singulier, masculins ou féminins au pluriel ; masculins ou neutres au singulier, masculins et neutres au pluriel.

205. A quelle déclinaison appartiennent les mots *vas* et *jugerum*,

Le mot *Jupiter* emprunte son génitif et ses autres cas à un autre radical ; il se décline ainsi :

N. V. *Jupiter*; G. *Jov-is*; D. *Jov-i*; Acc. *Jov-em*; Abl. *Jov-e*.

IV. Irréguliers dans les cas.

206. Les mots irréguliers dans les cas s'appellent *défectifs*, parce qu'ils manquent d'un ou de plusieurs cas.

Les uns sont indéclinables, comme :

    Argos, *n.*, *Argos.*   Nefas, *n.*, *ce qui n'est pas permis.*
    Fas, *n.*, *ce qui est permis.* Pondo, *n.*, *le poids d'une livre.*

Ajoutez-y : *Job, Jerusalem,* et autres noms propres de langues étrangères.

D'autres ont seulement trois cas au singulier, comme *vis*, f., *la force.*

Sing. Vis, —, —, vim, vi (abl.); *Pl.* Vir-es, ium, ibus, es, ibus.

Quelques-uns manquent d'un cas ou de deux :

1° Dap-is, em, e; es, um, ibus; *f.*, *le mets*;
    Frug-is, em, e; es, um, ibus; *f.*, *les fruits*; } sans nom. et dat. s.

2° Nem-o, ini, inem, ine; *m.*, *personne*; sans gén. s.

3° Lux, luc-is, *f.*, *la lumière*;
    Nex, nec-is, *f.*, *la mort*; } sans gén. pl.

4° Vic-is, em, e; es, ibus; *f.*, *le tour*; sans nom. et dat. s., et sans gén. pl.

Il en est enfin qui sont employés à un cas seulement :

Inficias, *acc. pl.* : inficias ire, . . *aller à l'encontre; nier.*
Injussu, *abl. s.* : injussu meo, . . *sans mon ordre.*
Natu, *abl. s.* : natu major, . . *plus âgé.*
    — minor, . . *moins âgé, plus jeune.*
Nauci, *gén. s.* : nauci non facio, *ne pas faire cas de.*
Sponte, *abl. s.* : sponte meâ, tuâ, *de mon plein gré*; etc.

N. B. L'usage et le dictionnaire feront connaître les autres exceptions moins importantes.

---

au singulier ? au pluriel ? Citez des noms qui suivent deux déclinaisons. Déclinez *Jupiter.*

206. Comment s'appellent les mots irréguliers dans les cas ? Citez quelques noms indéclinables. Citez des noms qui manquent de certains cas. Déclinez *dapis, frugis, nemo,* etc. Citez des noms employés à un cas seulement. Que signifient *inficias ire, injussu, natu major, nauci non facio, sponte mea,* etc. ?

II. SUPPLÉMENT AUX ADJECTIFS.

Art. I. — DÉCLINAISON DES ADJECTIFS.

Adjectifs en er.

207. Les adjectifs suivants en *er*, *ra*, *rum*, gardent l'*e* dans tous leurs cas :

Asper, a, um; i; *âpre*.
Dexter, a, um; i; *droit*.
Gibber, a, um; i; *bossu*.
Lacer, a, um; i; *mutilé*.
Liber, a, um; i; *libre*.
Miser, a, um; i; *malheureux*.
Prosper, a, um; i; *heureux*.
Tener, a, um; i; *tendre*.

Ajoutez les adjectifs composés des verbes *fero* et *gero* (porter), comme *frugi-fer, fera, ferum*, fécond; *lani-ger, gera, gerum*, couvert de laine (183).

On dit aussi *dex-ter, tra, trum; tri*.

Adjectifs de la 3° déclinaison.

Ablatif singulier.

208. L'ablatif singulier est en *i* dans les adjectifs parisyllabiques; en *i* ou en *e*, dans les adjectifs imparisyllabiques :

Fort is; is, e; is; abl. s. *forti*; *prudens, prudentis*; abl. s. *prudenti* ou *e*.

Première Exception.

L'ablatif est seulement en *i* dans les adjectifs imparisyllabiques suivants :

Anceps, ancipit is; i; *douteux*.
Memor, memor is; i; *qui se souvient*; *et son composé* immemor, *qui oublie*.
Plus, pluris; i; *plus*.
Præceps, præcipit is; i; *qui se précipit*
Ultrix, ultric is; i; *vengeresse*.
Victrix, victric is; i; *victorieuse*.

---

207. Quels sont les adjectifs en *er*, *ra*, *rum*, qui gardent l'*e* dans tous leurs cas? Comment se décline *dexter*?

208. Comment se termine l'ablatif singulier dans les adjectifs de la 3° déclinaison? Dans quels adjectifs imparisyllabiques est-il seulement en *i*? Citez ceux où il est seulement en *e*. Comment l'ablatif

Deuxième Exception.

L'ablatif est seulement en *e* dans les adjectifs imparisyllabiques suivants :

Cœlebs, cœlib is; e; *célibataire.* Pauper, pauper is; e; *pauvre.*
Cicur, cicur is; e; *apprivoisé.* Puber, puber is; e; *adulte.*
Com pos, -pot is; e; *maître-de.* Sospes; sospit is; e; *sauvé.*
Parti ceps,-cip is; e; *qui participe.* Super stes, -stit is; e; *survivant.*

REMARQUE. L'ablatif est ordinairement en *e* dans les adjectifs terminés par *ns*, dans les participes présents, et dans les comparatifs : *prudens, prudent-e*; *absens, absent-e*; *facilior, facilior-e*; etc. Cependant la terminaison *i* se rencontre plus souvent dans *ingens, major* et *minor*.

Nominatif pluriel neutre.

209. Le *nominatif pluriel neutre* est en *ia* dans tous les adjectifs de la 3e déclinaison : *fortia, prudentia.*

Cependant il est en *a* dans *vetus* (vieux), et dans les comparatifs : *vetera, majora, plura, fortiora.*

Génitif pluriel.

210. Le *génitif pluriel* est en *ium* dans les adjectifs de la 3e déclinaison : *fortium, prudentium.*

Cependant il est en *um* dans les comparatifs (excepté *plus, plur-is, ium*); et dans les adjectifs suivants :

Degener, -is; um; *dégénéré.* Partic-eps,-ipis; ipum; *participant.*
Div-es, div-itis; itum; *riche.* Suppl-ex, -icis; icum; *suppliant.*
Immemor, -is; um; *qui oublie.* Ub-er, ub-eris; erum; *fertile.*
Inops, inop is; um; *indigent.* Vet-us, vet-eris; erum; *vieux.*
Memor, memor is; um; *qui se souvient.*

Ajoutez *artif-ex, icis*, et les autres composés de *facio.*

REMARQUE. On dit en prose *locuplet-ium* et *locuplet-um*, de locupl-es, etis, *riche.*

---

se termine-t-il ordinairement dans les adjectifs en *ns*, dans les participes présents et dans les comparatifs? dans *ingens, major* et *minor*?

209. Comment se termine le nominatif pluriel neutre dans les adjectifs de la 3e déclinaison?, dans *vetus*, et dans les comparatifs?

210. Comment le génitif pluriel se termine-t-il dans les adjectifs de la 3e déclinaison? Dans quels adjectifs est-il en *um*?

Mais c'est en poésie seulement que l'on rencontre *potent-um* pour *potent-ium*, de *poten-s*, puissant; et des contractions de participes présents, comme *amantum* pour *amantium*, de *amans*, aimant.

APPENDICE.

1° Mots en TOR, TRIX.

211. Les mots en *tor* (m.), *trix* (f.), comme *victor, victrix; ultor, ultrix; liberator, liberatrix*, sont tantôt adjectifs, tantôt substantifs. Les masculins en *or* ont toujours l'ablatif singulier en *e* et le génitif pluriel en *um*. Les féminins en *trix*, employés comme *adjectifs*, ont l'ablatif singulier en *e* ou en *i*, et le génitif pluriel en *ium*; employés comme *substantifs*, ils ont l'ablatif singulier en *e* seulement, et le génitif pluriel en *um*.

Ultor, ultrix et *victor, victrix* ont, en poésie seulement, un pluriel neutre en *ia* : *ultricia, victricia*.

2° Adjectifs défectifs et indéclinables.

Exspes, privé d'espérance, est usité seulement au nominatif singulier; *necesse*, nécessaire, est neutre, et n'a que le nominatif et l'accusatif singuliers.

Frugi, frugal, et *nequam*, méchant, sont des adjectifs invariables : ils servent pour tous les genres, tous les nombres et tous les cas.

N. B. Pour les comparatifs et les superlatifs irréguliers non marqués dans la première partie, voyez à la fin de la Grammaire le tableau général des comparatifs et des superlatifs usités en latin.

ART. II. — ADJECTIFS NUMÉRAUX.

212. Le tableau suivant présente les adjectifs numéraux *cardinaux, ordinaux* et *distributifs*, avec les *adverbes de nombre* correspondants.

---

211. Comment les mots en *tor* et en *trix* font-ils à l'ablatif singulier et au génitif pluriel, suivant qu'ils sont adjectifs ou substantifs? Quel est le pluriel neutre de *ul tor-trix*, de *victor-trix*? Citez des adjectifs défectifs et indéclinables. Comment s'emploient *exspes, necesse, frugi, nequam*?

212. Récitez les adjectifs numéraux cardinaux de 1 à 20, de 20 à 30. Donnez les noms des dizaines, des centaines. Rendez en latin les nombres : 25, 39, 66, 10000, 100000, 1000000, etc. — Récitez les nombres ordinaux, les nombres distributifs et les adverbes numéraux qui correspondent aux vingt premiers adjectifs cardinaux; etc. etc.

Tableau des noms de nombre.

CARDINAUX.		ORDINAUX.		DISTRIBUTIFS.		ADVERBES.	
Unus, a, um	un, une.	Primus, a, um	premier.	Singuli, æ, a, chacun 1, ou 1 à 1		Semel	une fois.
Duo, æ, o	deux.	Secundus, a, um	second.	Bini, æ, a, chacun 2, on 2 à 2		Bis	2 fois.
Tres, tria	trois.	Tertius, a, um	troisième.	Terni, æ, a, chacun 3, on 3 à 3		Ter	3 fois.
Quatuor	quatre.	Quartus, a, um	4e	Quaterni, æ, a	4 à 4	Quater	4 fois.
Quinque	cinq.	Quintus, a, um	5e	Quini, æ, a	5 à 5	Quinquies	5 fois.
Sex	six.	Sextus, a, um	6e	Seni, æ, a	6 à 6	Sexies	6 fois.
Septem	sept.	Septimus, a, um	7e	Septeni, æ, a	7 à 7	Septies	7 fois.
Octo	huit.	Octavus, a, um	8e	Octoni, æ, a	8 à 8	Octies	8 fois.
Novem	neuf.	Nonus, a, um	9e	Noveni, æ, a	9 à 9	Novies	9 fois.
Decem	dix.	Decimus, a, um	10e	Deni, æ, a	10 à 10	Decies	10 fois.
Undecim	onze.	Undecimus, a, um	11e	Undeni, æ, a	11 à 11	Undecies	11 fois.
Duodecim	douze.	Duodecimus, a, um	12e	Duodeni, æ, a	12 à 12	Duodecies	12 fois.
Tredecim	treize.	Tertius decimus	13e	Terni deni	13 à 13	Tredecies	13 fois.
Quatuordecim	quatorze.	Quartus decimus	14e	Quaterni deni	14 à 14	Quatuordecies	14 fois.
Quindecim	quinze.	Quintus decimus	15e	Quini deni	15 à 15	Quindecies	15 fois.
Sedecim	seize.	Sextus decimus	16e	Seni deni	16 à 16	Sexdecies	16 fois.
Septemdecim	dix-sept.	Septimus decimus	17e	Septeni deni	17 à 17	Septies decies	17 fois.
Duodeviginti	dix-huit.	Duodevicesimus	18e	Octoni deni	18 à 18	Duodevicies	18 fois.
Undeviginti	dix-neuf.	Undevicesimus	19e	Noveni deni	19 à 19	Undevicies	19 fois.
Viginti	vingt.	Vicesimus	20e	Viceni	20 à 20	Vicies	20 fois.
Viginti unus, a, um	21	Vicesimus primus	21e	Viceni singuli	21 à 21	Semel et vicies	21 fois.
Viginti duo, æ, o	22	Vicesimus secundus	22e	Viceni bini	22 à 22	Bis et vicies	22 fois.
Viginti tres, tria	23	Vicesimus tertius	23e	Viceni trini	23 à 23	Ter et vicies	23 fois.
Triginta	30	Tricesimus	30e	Triceni	30 à 30	Tricies	30 fois.
Quadraginta	40	Quadragesimus	40e	Quadrageni	40 à 40	Quadragies	40 fois.
Quinquaginta	50	Quinquagesimus	50e	Quinquageni	50 à 50	Quinquagies	50 fois.
Sexaginta	60	Sexagesimus	60e	Sexageni	60 à 60	Sexagies	60 fois.
Septuaginta	70	Septuagesimus	70e	Septuageni	70 à 70	Septuagies	70 fois.
Octoginta	80	Octogesimus	80e	Octogeni	80 à 80	Octogies	80 fois.
Nonaginta	90	Nonagesimus	90e	Nonageni	90 à 90	Nonagies	90 fois.
Centum	100	Centesimus	100e	Centeni	100 à 100	Centies	100 fois.
Ducenti, æ, a	200	Ducentesimus	200e	Duceni	200 à 200	Ducenties	200 fois.
Trecenti, æ, a	300	Trecentesimus	300e	Treceni	300 à 300	Trecenties	300 fois.
Quadringenti, æ, a	400	Quadringentesimus	400e	Quadringeni	400 à 400	Quadringenties	400 fois.
Quingenti, æ, a	500	Quingentesimus	500e	Quingeni	500 à 500	Quingenties	500 fois.
Sexcenti, æ, a	600	Sexcentesimus	600e	Sexceni	600 à 600	Sexcenties	600 fois.
Septingenti, æ, a	700	Septingentesimus	700e	Septingeni	700 à 700	Septingenties	700 fois.
Octingenti, æ, a	800	Octingentesimus	800e	Octingeni	800 à 800	Octingenties	800 fois.
Nongenti, æ, a	900	Nongentesimus	900e	Nongeni	900 à 900	Nongenties	900 fois.
Mille	1,000	Millesimus	1,000e	Milleni	1,000 à 1,000	Millies	1,000 fois.
Bis mille, duo millia	2,000	Bis millesimus	2,000e	Bis milleni	2,000 à 2,000	Bis millies	2,000 fois.
Ter mille, tria millia	3,000	Ter millesimus	3,000e	Ter milleni	3,000 à 3,000	Ter millies	3,000 fois.
Decies mille, decem millia	10,000	Decies millesimus	10,000e	Decies milleni	10,000 à 10,000	Decies millies	10,000 fois.
Bis decies mille, viginti millia	20,000	Vicies millesimus	20,000e	Vicies milleni	20,000 à 20,000	Bis decies millies	20,000 fois.
Centies mille, centum millia	100,000	Centies millesimus	100,000e	Centies milleni	100,000 à 100,000	Centies millies	100,000 fois.
Decies centies mille, decies centena millia	1,000,000	Millies millesimus	1,000,000e	Millies milleni	à 1,000,000	Decies centies millies	1,000,000 de fois.

213. REMARQUES. 1° **Nombres cardinaux.**

On dit encore : pour 13, *decem et tres*; pour 16, *sexdecim et decem et sex*; pour 17, *decem et septem*; pour 18, *decem et octo*; pour 19, *decem et novem*; pour 21, *unus et viginti*, etc., jusqu'à 30. Il en est de même des autres nombres compris entre les dizaines : on peut mettre d'abord le plus petit en l'unissant au plus grand par la conjonction *et*: *duo et viginti*, *sex et triginta*, *novem et nonaginta*.

Après *cent*, le nom de la centaine se met le premier, avec ou sans *et* : cent un, *centum unus* ou *centum et unus*; cent vingt-quatre, *centum viginti quatuor*, ou *centum et viginti quatuor*.

Mille, suivi d'un autre nombre, ne gouverne plus le génitif (51) : trois mille six cents hommes, *tria millia sexcenti homines*.

2° **Nombres ordinaux.**

Au lieu de *tertius decimus*, *quartus decimus*, etc., on trouve quelquefois *decimus tertius*, *decimus quartus*, etc.

On dit *vicesimus* ou *vigesimus*, *tricesimus* ou *trigesimus*.

Au-dessus de *millième*, on place devant *millesimus* les adverbes *bis*, deux fois, *ter*, trois fois, etc.

3° **Nombres distributifs.**

Au lieu de *viceni bini*, *terni*, etc., on peut dire *bini et viceni*, *terni et viceni*, etc.; on peut même retrancher *et*.

Milleni est très-rare; il vaut mieux dire : *singula*, *bina*, *terna millia*, etc.

Les nombres distributifs s'emploient au lieu des nombres cardinaux, avec les substantifs qui n'ont pas de singulier, et ne désignent pourtant qu'un seul objet : deux camps, *bina castra*.

Cependant on dit *una castra*, pour traduire *un seul camp;* car *singula castra* signifierait *chaque camp*.

---

213. Dans quel ordre peut-on placer les adjectifs numéraux cardinaux unis dans un même nombre? Comment dit-on encore en latin 13, 16, 17, 18, 19; 21, 22, 101, 124, 3600 hommes? Comment dit-on 13me, 14me, 20me, 2000me? En quel cas emploie-t-on les nombres distributifs au lieu des nombres cardinaux? Quand les adverbes de nombre sont suivis du génitif pluriel *sestertium*, quel nombre faut-il sous-entendre? Comment se traduisent les expressions *pour la 1re fois*, *pour la 2e fois*, etc.?

4° Adverbes de nombre.

Au lieu de *semel et vicies*, *bis et vicies*, on dit aussi *vicies et semel*, ou *vicies semel*; etc.

Quand les adverbes de nombre sont suivis du génitif pluriel *sestertiùm*, on sous-entend le nombre *centena millia*, cent mille. Ainsi *decies sestertiùm* veut dire *decies centena millia sestertiùm*, dix fois cent mille sesterces, c'est-à-dire, *un million* de sesterces.

Les expressions *pour la première fois*, *pour la seconde fois*, etc., se traduisent par les adverbes *primum*, *secundum*, etc., et non point par *primo*, *secundo*, etc., qui sont plus rares dans ce sens; car ils signifient d'ordinaire : *premièrement*, *secondement*, etc.

III. SUPPLÉMENT AUX PRONOMS.

214. — I. Pour donner plus de force aux pronoms personnels, on ajoute à leurs différents cas, excepté aux génitifs pluriels et au nominatif *tu*, la particule inséparable *met*, ou seule, ou suivie du pronom *ipse*.

Ainsi l'on dit : *egomet* ou *egomet ipse*, moi-même; *sibimet* ou *sibimet ipsi*, *nobismet* ou *nobismet ipsis*, etc.

Au nominatif *tu* on peut ajouter la particule *tĕ* : *tutĕ*.

Le datif *mihi* peut se contracter en *mi*, surtout en vers.

Se, accusatif et ablatif de *sui*, est très-souvent redoublé : *sese*. Les formes *meme*, *tete*, sont rares.

215. — II. La particule *met* s'ajoute aussi aux pronoms-adjectifs possessifs, afin de leur donner plus de force; pour la même raison, on ajoute quelquefois à leurs ablatifs la particule inséparable *ptĕ*.

Ainsi l'on dit *meosmet libros*, *suismet libris*, etc.; *meāpte virtute*, par mon propre mérite; *suāpte naturā*, par sa propre nature.

Aux pronoms-adjectifs possessifs se rattachent *nostras, atis*, de notre pays, et *vestras, atis*, de votre pays. Ils sont des trois genres, et se déclinent sur *prudens* : *nostr as, atis, ati, atem-as, ate* ou *ati; at-es -ia, atium, atibus, at-es -ia, atibus*.

---

214. Quelle particule ajoute-t-on aux pronoms personnels pour leur donner plus de force? Qu'ajoute-t-on à *tu*? Comment *mihi* peut-il se contracter? *Se* peut-il se redoubler?

215. Quelles particules ajoute-t-on aux pronoms-adjectifs possessifs? Que signifient et comment se déclinent *nostras* et *vestras*?

216. — III. Pour indiquer avec plus de précision et de force, on ajoute quelquefois aux différents cas de *hic*, *hæc*, *hoc*, la particule *ce*, qui répond au français *ci* : *hicce*, *hæcce*, *hocce*, celui-ci ; *hujusce* ; etc.

Lorsqu'on ajoute la particule interrogative *ne* à *hicce*, *hæcce*, *hocce*, la particule *ce* se change en *ci*.

S. *Nom.* Hiccĭnĕ, hæccĭnĕ, hoccĭnĕ, *est-ce celui-ci ?* etc.
   Acc. Huncĭnĕ, hancĭnĕ, hoccĭnĕ.
   Abl. Hoccĭnĕ, haccĭnĕ, hoccĭnĕ.
Pl. *Nom.* et *Acc. n.* . . . . . hæccĭnĕ.

Les autres cas sont très-rares ; *huiccĭnĕ* n'est pas usité.

On trouve quelquefois *illic* et *istic* pour *ille* et *iste* :

S. *Nom.* Illic, illæc, illuc.   Istic, istæc, istuc.
   Acc. Illunc, illanc, illuc.   Istunc, istanc, istuc.
   Abl. Illoc, illac, illoc.   Istoc, istac, istoc.
Pl. *Nom.* et *Acc. n.* . . illæc.   . . . . istæc.

Les autres cas sont inusités.

En poésie, on peut dire *olli* pour *illi*, *ollis* pour *illis*.

APP. — **Différence entre IS, HIC, ISTE, ILLE, IPSE.**

217. *Is, ea, id*, signifie en général *il*, *elle*, *cela*, et sert à désigner les personnes et les choses absentes, dont on vient de parler.

Ex. : Il fut jadis un marchand déjà vieux ; cet homme fit naufrage ; *fuit olim quidam senex mercator : navem is fregit.* (Ter.)

Hic, hæc, hoc (celui-ci, celle-ci, ceci), désigne les objets qui sont près de la personne qui parle, ou qui lui appartiennent.

Ex. : Cet enfant que voici, ici présent, *puer hic*.
   Ce livre qui m'appartient, *hic meus liber*.

Iste, ista, istud (celui-ci *ou* celui-là), désigne les objets qui regardent la personne à qui l'on parle ; on l'emploie souvent pour exprimer le mépris.

Ex. : Donnez-moi ce livre que vous avez entre les mains ; *istum, quem tenes manibus, librum mihi trade.*
   Ce brigand, *iste latro*.

---

216. Quelle particule ajoute-t-on quelquefois au pronom-adjectif *hic* ? Comment se forme *hiccine* ? Déclinez *hiccine*. Déclinez *illic* et *istic*. Quelles formes peut-on employer en poésie pour *illi*, *illis* ?

217. Quelle est la signification propre des pronoms *is*, *hic*, *iste*, *ille*, *ipse* ? A quels pronoms français répondent *ille* et *hic* ? Que

Ille, illa, illud (celui-là, celle-là, cela), désigne les objets absents ou éloignés; on l'emploie aussi pour exprimer l'admiration.
   Ex. : Cet homme dont il s'agit, *ou* qui est là-bas; *homo ille.*
      Le grand Alexandre, *Alexander ille.*

Ille répond au pronom français *celui-là*, comme *hic* répond à *celui-ci*; le premier indique l'éloignement; le second, la proximité. Lorsqu'ils sont opposés l'un à l'autre dans le discours, *hic* désigne le terme le plus rapproché, et *ille*, le terme le plus éloigné.
   Ex. : *Melior est certa pax quam sperata victoria : hæc in tuā, illa in deorum manu est* (Liv.); une paix assurée vaut mieux qu'une victoire qu'on espère : l'une dépend de vous, l'autre des dieux.

Ipse, ipsa, ipsum, signifie *lui-même, elle-même*; il s'emploie quelquefois, quand on veut insister, pour *is, hic, iste, ille.*

N. B. La même différence existe entre les adverbes de lieu formés de ces pronoms, comme *hic, istic, illic,* etc.

IV. SUPPLÉMENT AUX VERBES.

Art. I. — VERBES COMPOSÉS.

218. On appelle verbes *composés*, ceux qui sont formés de la réunion d'un verbe et d'un autre mot; ce mot est ordinairement une préposition. Ex. : *adjungo* (ajouter), composé de *ad* et de *jungo.*

Dans les verbes composés, il arrive souvent que la préposition, ou le verbe, ou même l'un et l'autre, subissent une altération : *colludo* (de *con* ou *cum-ludo*), jouer ensemble; *displiceo* (de *dis-placeo*), déplaire; *colligo* (de *con* ou *cum-lego*), recueillir.

B. Changements subis par les Verbes.

219. A devient *e* dans les composés des verbes suivants :

Arceo,	*coerceo.*	Halo,	*anhelo.*	Patro,	*impetro.*
Carpo,	*decerpo.*	Lacto,	*delecto.*	Sacro,	*consecro.*
Damno,	*condemno.*	Mando,	*commendo.*	Scando,	*ascendo.*
Fallo,	*refello.*	Partior,	*impertior.*	Spargo,	*aspergo.*
Gradior,	*egredior.*	Patior,	*perpetior.*		

---

désignent-ils, quand ils sont opposés l'un à l'autre dans le discours?
   218. Qu'appelle-t-on verbes composés? Les mots qui servent à former les verbes composés subissent-ils des changements?
   219. Comment les voyelles *a, e, u,* et les diphthongues *æ, au,*

REMARQUE. La voyelle *a* reste dans *exhalo*, de *halo*; dans *pertracto, retracto, contracto*, de *tracto*; dans *impartio*, de l'inusité *partio*. Cependant l'on dit plus souvent *contrecto, impertio*.

A se change en *i* dans les composés des verbes suivants :

Ago,	exigo.	Frango,	perfringo.	Placeo,	displiceo.
Apiscor,	adipiscor.	Habeo,	adhibeo.	Rapio,	corripio.
Cado,	decido.	Jacio,	rejicio.	Sapio,	desipio.
Cano,	concino.	Lacio (inus.),	allicio.	Statuo,	constituo.
Capio,	accipio.	Lateo,	deliteo.	Tacco,	conticeo.
Facio,	perficio.	Maneo,	immineo.	Tango,	attingo.
Fateor,	confiteor.	Pango,	impingo.		

Ago forme aussi *circumago, cogo* (co-ago), *perago, satago*.
Facio — — *tepefacio, calefacio*, etc.
Pango — — *repango*.
Placeo — — *complaceo, perplaceo*.

A se change en *u* dans les composés des verbes suivants :

Calco,	conculco.	Salto,	insulto.
Quatio,	discutio.	Scalpo,	insculpo.

E se change en *i* dans les composés des verbes suivants :

Emo,	redimo.	Rego,	dirigo.	Specio (inus.),	respicio.
Premo,	imprimo.	Sedeo,	assideo.	Teneo,	contineo.

Ajoutez *lego, colligo*; cependant l'on dit *perlego* et *relego*.

U se change en *ĕ* dans les composés de *jūro*, comme *dejĕro, pejĕro*. On dit aussi *dejūro et perjūro*.

Æ se change en *ī* dans les composés des verbes suivants :
Cædo, *incīdo*. Lædo, *allīdo*. Quæro, *requīro*.

AU devient *o*, dans les composés de *plaudo : explodo*, etc.
— — *u*, dans les composés de *claudo : excludo*, etc.
— — *e*, dans le composé de *audio : obedio*.

II. Changements subis par les prépositions.

220. Les prépositions éprouvent en général une altération dans la dernière consonne; *pro* et *re* prennent un *d* devant une voyelle.

se changent-elles dans les verbes composés ?
220. Quels changements subissent dans les verbes composés les prépositions *ab, abs, ad, am, con, dis, ex, in, inter, ob, per, pro, re, sub, trans*? Les prépositions *ad, per* et *sub* peuvent-elles être conservées sans changement ?

TABLEAU
des changements subis par les prépositions.

AB devient	AU devant	*fero*	au-fero, *enlever*.
		fugio	au-fugio, *s'enfuir*.
ABS —	AS —	*p*	as-porto, *emporter*.
AD —	AC —	*c, q*	ac-curro, *accourir*.
	AF —	*f*	af-fero, *apporter*.
	AG —	*g*	ag-gredior, *attaquer*.
	AL —	*l*	al-ligo, *attacher*.
	AN —	*n*	an-nuntio, *annoncer*.
	AP —	*p*	ap-propinquo, *approcher*.
	AR —	*r*	ar-ripio, *arracher*.
	A —	*s* (suivie d'une cons.) ...	a-spicio, *regarder*.
	AS —	*s* (suivie d'une voy.) ...	as-silio, *assaillir*.
	AT —	*t*	at-traho, *attirer*.
AM —	AMB —	*a, e, i, u*	amb-uro, *brûler autour*.
	AN —	*h, q*	an-helo, *être hors d'haleine*.
CON —	CO —	*a, e, i, o, u, h* ...	co-hibeo, *contenir*.
CUM —	COL —	*l*	col-ligo, *rassembler*.
	COM —	*b, p, m*	com-paro, *comparer*.
	COR —	*r*	cor-rigo, *corriger*.
DIS —	DI —	*d, l, m, n, r*	di-rigo, *diriger*.
	DIF —	*f*	dif-fero, *différer*.
EX —	E —	*d, j, l, m, n, r, v,*	e-jicio, *jeter hors*.
	EF —	*f*	ef-fundo, *répandre*.
IN —	IM —	*b, p, m*	im-pono, *imposer*.
	IL —	*l*	il-lustro, *illustrer*.
	IR —	*r*	ir-ruo, *fondre sur*.
	IG —	*n*	ig-nosco, *pardonner*.
INTER—	INTEL—	*lego*	intel-ligo, *comprendre*.
OB —	OC —	*c*	oc-curro, *aller au-devant*.
	OF —	*f*	of-fero, *offrir*.
	OG —	*g*	og-gero, *jeter devant*.
	OP —	*p*	op-pono, *opposer*.
PER —	PEL —	*lacio* (inus.)	pel-licio, *attirer*.
		luceo	pel-luceo, *être transparent*.
PRO —	PROD —	*a, e, i*	prod-eo, *avancer*.
RE —	RED —	*a, e, i, o, u*	red-eo, *revenir*.
SUB —	SUC —	*c*	suc-cedo, *succéder*.
	SUF —	*f*	suf-flo, *souffler*.
	SUG —	*g*	sug-gero, *suggérer*.
	SUM —	*m*	sum-mitto, *soumettre*.
	SUP —	*p*	sup-pono, *supposer*.
	SUR —	*r*	sur-ripio, *dérober*.
	SUS —	*t*	sus-tineo, *soutenir*.
TRANS—	TRA —	*d, j, n*	tra-do, *livrer*.

REMARQUE. On dit également *a-spicio* et *ad-spicio*, *pel-licio* et *per-licio*, *pel-luceo* et *per-luceo*, *sum-mitto* et *sub-mitto*, *sur-ripio* et *sub-ripio*, etc. Dans ces verbes et autres semblables, les prépositions *ad*, *per* et *sub* peuvent être conservées intactes.

III. Conjugaison des Verbes composés.

221. Les verbes *composés* suivent en général la conjugaison du verbe simple dont ils sont formés, et ont le même parfait et le même supin.

Ainsi *ad-moneo* (avertir) se conjugue comme *moneo*, et fait *admon-ui*, *admon-itum*.

Exception.

Lorsque le verbe simple redouble la première syllabe au parfait, ses composés ne retiennent que la deuxième syllabe.

Ainsi : Cad-o, is,   *ceci-di*, casum, cad-ere,   tomber.
Concid-o, is,   *concid-i*,   —   concid-ere, tomber avec.

Cependant les composés des verbes *do*, *sto*, *posco* et *disco*, conservent au parfait le redoublement de leurs primitifs.

Ex.: Do, *dedi*, donner; | Posco, *poposci*, réclamer;
ad-do, *ad-didi*, ajouter; | de-posco, *de-poposci*, exiger.
Sto, *steti*, se tenir debout; | Disco, *didici*, apprendre; [cœur.
ad-sto, *ad-stiti*, s'arrêter. | e-disco, *e-didici*, apprendre par

REMARQUE. *Curro* (courir) perd généralement son redoublement; il peut cependant le garder dans ses composés de *per*, *præ*, *pro* et *trans* :

Per-curro,   per-curri   et per-cucurri,   parcourir.
Præ-curro,   præ-curri   et præ-cucurri,   courir devant.
Pro-curro,   pro-curri   et pro-cucurri,   courir en avant.
Trans-curro, trans-curri et trans-cucurri, passer en courant.

Repungo, piquer à son tour, fait *re-pupugi* et *re-punxi*.

---

221. Comment se conjuguent les verbes composés? Les composés retiennent-ils le redoublement du verbe simple? Quels verbes composés conservent au parfait le redoublement de leurs primitifs? *Curro* garde-t-il son redoublement? Quel est le parfait des verbes *percurro*, *præcurro*, *procurro*, *transcurro*? Comment *repungo* fait-il au parfait?

Art. II. — VERBES DÉRIVÉS.

222. On appelle verbes *dérivés*, des verbes formés d'autres verbes.

Il y a quatre sortes de verbes dérivés : 1° les verbes *fréquentatifs* ; 2° les verbes *diminutifs* ; 3° les verbes *inchoatifs* ; 4° les verbes *désidératifs*.

I. Verbes fréquentatifs.

On appelle verbes *fréquentatifs*, ceux qui expriment la répétition *fréquente* de l'action du verbe primitif ; comme *clamitare*, crier souvent, de *clamare*, crier.

La plupart des verbes fréquentatifs sont terminés en *itare*, comme *clam-itare* ; quelques-uns se terminent en *sare* comme *cur-sare*, courir souvent.

Les verbes fréquentatifs se forment du supin en *um* de leurs primitifs, en changeant *atum*, *itum*, ou *um* (de la 3ᵉ conj.) en *itare* ; *sum* se change en *sare* :

Clam-o,	clam-*atum* ;	clam-*itare*,	crier souvent.
Terr-eo,	terr-*itum* ;	terr-*itare*,	effrayer souvent.
Scrib-o,	script-*um* ;	script-*itare*,	écrire souvent.
Curr-o,	cur-*sum* ;	cur-*sare*,	courir souvent.

Certains fréquentatifs forment d'autres fréquentatifs, comme *curso*, qui forme *cur-sito*.

Tous ces verbes se conjuguent régulièrement sur *amare*.

II. Verbes diminutifs.

223. On appelle verbes *diminutifs*, certains verbes qui expriment une diminution du sens du verbe primitif ; comme *sorb-illare*, boire à petits coups, de *sorb-eo*, *ēre*, avaler.

Ces verbes, terminés tous en *illare*, appartiennent à la 1ʳᵉ conjugaison, et sont réguliers.

---

222. Qu'appelle-t-on verbes dérivés ? Combien y a-t-il de sortes de verbes dérivés ? Qu'appelle-t-on verbes fréquentatifs ? Comment sont-ils terminés ? D'où se forment-ils et comment se conjuguent-ils ?
223. Qu'appelle-t-on verbes diminutifs ? Comment sont-ils terminés et comment se conjuguent-ils ?

III. Verbes inchoatifs.

224. On appelle verbes *inchoatifs* (de *inchoare*, commencer), certains verbes exprimant le commencement d'une action ou d'un état, qui va en s'augmentant et en se perfectionnant ; comme *dormisco*, s'endormir, de *dormio*, dormir.

Tous les verbes *inchoatifs* sont neutres ; ils sont terminés en *sco* et appartiennent à la 3ᵉ conjugaison.

Les inchoatifs qui dérivent d'un substantif ou d'un adjectif, manquent la plupart de parfait et de supin.

Ex. : *Ignesc-o*, *is*, *ĕre*, prendre feu, de *ignis*, le feu.
Mitesc-o, *is*, *ĕre*, s'adoucir, de *mitis*, doux.

Mais les inchoatifs qui dérivent d'un verbe, empruntent le parfait de ce verbe :

Calesc-o, *is*, *calui*, *calesc-ĕre*, s'échauffer, de *cal-eo*, *es*, *ui*, *ĕre*, être chaud.

Quelques-uns cependant manquent de parfait, comme :
Ardesc-o, *is*, *ĕre*, s'enflammer, de *ard-eo*, *ar-si*, être en feu.

REMARQUE. Les verbes *cognosco* (connaître), *cresco* (croître), *disco* (apprendre), et quelques autres en *sco*, ne doivent pas être mis au nombre des inchoatifs ; car ils n'en ont pas la signification.

IV. Verbes désidératifs.

225. On appelle verbes *désidératifs* (de *desiderare*, désirer), quelques verbes en *ŭrio*, qui expriment le désir de la chose signifiée par le verbe primitif.

Ex. : *Cœnat-ŭrio*, *is*, *ire*, avoir envie de souper ; de *cœnare*, souper.

Dict-ŭrio, *is*, *ire*, avoir envie de parler ; de *dicĕre*, dire.

Les verbes désidératifs sont actifs ou neutres : ils appartiennent à la 4ᵉ conjugaison, et n'ont ni parfait ni supin.

Cependant *esurio* (avoir faim), désidératif de *edĕre* (manger), fait *esur-ivi*, *esur-itum*.

---

224. Qu'appelle-t-on verbes inchoatifs ? Sont-ils actifs ou neutres ? Comment sont-ils terminés ? A quelle conjugaison appartiennent-ils ? Quels sont les verbes inchoatifs qui n'ont ni parfait ni supin ? Quand les verbes inchoatifs ont-ils un parfait ? *Cognosco* et *disco* sont-ils inchoatifs ?

225. Qu'appelle-t-on verbes désidératifs ? A quelle conjugaison appartiennent-ils ? Ont-ils un parfait et un supin ? Tous les verbes en *urio* sont-ils désidératifs ? Comment s'appellent encore les verbes désidératifs ?

REMARQUE. Les verbes en *ūrio*, comme *lig-ūrio* (lécher), ne sont pas désidératifs.

Les verbes désidératifs s'appellent encore *méditatifs*, de *meditari*, méditer.

ART. III. — VERBES MANQUANT DE SUPIN.

226. Le *supin* manque :

1° Dans les verbes qui n'ont pas de parfait usité, comme *fer-io, is, —, —, ire*, frapper (111).

2° Dans beaucoup de verbes neutres de la 2ᵉ conjugaison dont le parfait est en *ui*, comme :

Sil-eo, es, ui, —, ēre, se taire.
Jac-eo, es, ui, —, ēre, être étendu.

3° Dans les verbes impersonnels actifs, comme :

Dec-et, uit, —, ēre, il convient.

N. B. Les verbes qui manquent de supin ou de parfait se trouvent dans le tableau des verbes irréguliers (234).

ART. IV.
PARFAITS ET SUPINS IRRÉGULIERS.

I. VERBES DE LA VOIX ACTIVE.

Exceptions principales.

227. Dans la 1ʳᵉ conjugaison, les principaux verbes irréguliers, au parfait ou au supin, sont : *crepo, cubo, do, domo, frico, juvo, lavo, mico, neco, plico, seco, sono, sto, tono* et *veto* (234).

La plupart de ces verbes ont le parfait en *ui*, le supin en *itum* ou *tum*.

Dom-o, as, ui, itum, are, dompter.
Sec-o, as, ui, tum, are, couper.

228. Dans la 2ᵉ conjugaison, beaucoup de verbes retranchent *i* au supin, qu'ils font en *tum* :

Doc-eo, es, ui, tum, ēre, enseigner.

---

226. Dans quels verbes le supin manque-t-il ?
227. Quels sont dans la 1ʳᵉ conjugaison les principaux verbes irréguliers ? Quel est leur parfait et leur supin ?
228. Quelles sont les principales exceptions de la 2ᵉ conjugaison ? Qu'ont de particulier au parfait et au supin les verbes en *veo* ?

Les verbes en *veo* font le parfait en *vi* ; le supin, quand il existe, est en *otum* ou *autum* :

Mov-eo, es, mo-vi, mo-tum, mo-vēre, *mouvoir*.
Cav-eo, es, ca-vi, cau-tum, ca-vēre, *prendre garde*.

229. Dans la 3ᵉ conjugaison, les verbes en *vo* ont le supin en *utum*, ceux en *do* l'ont ordinairement en *sum* ; ceux en *bo*, *po*, font *psi* au parfait, *ptum* au supin ; ceux en *co*, *go*, font *xi* au parfait, *ctum* au supin.

Volv-o, is, volv-i, *volu-tum*, volv-ĕre, *rouler*.
Claud-o, is, claus-i, *claus-um*, claud-ĕre, *fermer*.
Scrib-o, is, scri-psi, *scri-ptum*, scrib-ĕre, *écrire*.
Carp-o, is, car-psi, *car-ptum*, carp-ĕre, *cueillir*.
Dic-o, is, di-xi, *di-ctum*, dic-ĕre, *dire*.
Reg-o, is, re-xi, *re-ctum*, reg-ĕre, *gouverner*.

N. B. La 4ᵉ conjugaison renferme des verbes irréguliers de formes trop variées pour qu'ils puissent être cités ici ; voyez le tableau (234).

II. VERBES DÉPONENTS.

230. Le parfait des verbes *déponents* se forme du participe passé accompagné de *sum*, *es*, etc.

La 1ʳᵉ conjugaison, en *or*, *ari*, ne renferme que des verbes réguliers.

Dans la 2ᵉ conjugaison, en *eor*, *eri*, trois verbes seulement sont irréguliers, savoir :

Fat-eor, eris, *fas-sus sum*, fat-eri, a. *avouer*.
Miser-eor, eris, *miser-tus sum*, miser-eri, n. *avoir pitié*.
R-eor, eris, *r-atus sum*, r-eri, a. *penser*.

Les composés de *fateor* font au parfait *fessus sum*, comme : con-fiteor, eris, *con-fessus sum*, con-fiteri, a., *avouer*.

Les verbes déponents de la 3ᵉ conjugaison, en *or* ou *ior*, *i*, sont presque tous irréguliers de différentes manières (234).

Sept verbes seulement sont réguliers dans la 4ᵉ conjugaison, en *ior*, *iri* ; ce sont : *blandior, largior, mentior, molior, partior, potior* et *sortior*.

---

229. Qu'ont de particulier au parfait ou au supin les verbes en *vo* ? ceux en *do* ? ceux en *bo* ou *po* ? ceux en *co* ou *go* ?
230. Comment se forme le parfait des verbes déponents ? La

Art. V.

VERBES DÉFECTIFS MOINS USITÉS.

231. — 1. *FOREM, FORES, FORET, FORENT*, s'emploient souvent pour *essem, esses, esset, essent*, que je fusse, etc.

Fore, indéclinable, s'emploie de même pour *futurum esse*, devoir être (83).

2. *FAXO* se trouve employé quelquefois pour le futur de l'indicatif *faciam*, je ferai, de *facio*, faire.

Faxim, faxis, faxit, faxitis, faxint, remplacent, dans certaines locutions, le parfait du subjonctif du même verbe *facio*, *fecerim, feceris*, etc. : *faxint dii !* fassent les dieux!

3. *AUSIM, AUSIS, AUSIT*, se trouvent pour *ausus sim* (autrefois *auserim*), *ausus sis, sit*, de *audeo*, oser.

4. *QUÆSO*, je vous prie, *QUÆSUMUS*, nous vous prions, sont les seules formes usitées du verbe *quæso*.

5. *AVERE* a des formes différentes, suivant sa signification.

1° Dans le sens de *désirer ardemment*, *aveo* a les temps dérivés du présent de l'indicatif et du présent de l'infinitif; mais il n'a ni parfait, ni supin : *av-eo, es, ĕre*.

2° Dans le sens de *être salué, se bien porter*, *aveo* ne s'emploie qu'à la 2ᵉ personne du singulier et du pluriel du présent de l'impératif, et au présent de l'infinitif : *ave* ou *aveto*, *avete*, bonjour, salut, adieu, portez-vous bien; *avēre*, être salué.

1ʳᵉ conjugaison renferme-t-elle des verbes irréguliers? Combien y a-t-il de verbes irréguliers dans la 2ᵉ conjugaison? Quels sont les temps primitifs de *fateor*, de *misereor* et de *reor*? Comment font au parfait les composés de *fateor*? La 3ᵉ conjugaison renferme-t-elle beaucoup de verbes irréguliers? Quels sont les sept verbes réguliers de la 4ᵉ conjugaison?

231. Nommez les verbes défectifs moins usités. Pour quelles formes s'emploient *forem, fores, foret, forent, fore*? Que signifient *faxo, faxim, faxint; ausim, ausis*, etc.? Qu'est-ce que *quæso, quæsumus*? Quelles sont les significations du verbe *avere*? Que signifient *ave*,

6. *SALVERE*, *être en bonne santé*, n'est employé qu'à la 2ᵉ personne du singulier et du pluriel du présent de l'impératif, et au présent de l'infinitif : *salve* ou *salveto*, *salvete*, porte-toi bien, portez-vous bien, salut, bonjour ; *salvēre*, se bien porter, recevoir des salutations.

7. *CEDO*, *dis*, *donne*, *dites-moi*, est la 2ᵉ personne du présent de l'impératif d'un ancien verbe inusité. Il a le sens de *da* ou *dic*.

8. *INFIT*, *il commence*, et quelquefois *il commence à parler*, est la 3ᵉ personne du singulier du présent de l'indicatif du verbe inusité *infio* ; il s'emploie pour *incipit*, ou pour *inquit*.

9. *OVAT*, *il triomphe*, *il est joyeux*, est la 3ᵉ personne du singulier du présent de l'indicatif du verbe inusité *ovare*, triompher par ovation. Le participe présent *ovans*, *ovantis*, s'emploie fréquemment dans le sens de *triomphant*, *joyeux*, *fier*.

10. *DEFIERI*, *manquer*, ne se trouve qu'au présent de l'infinitif, et à la 3ᵉ personne du singulier du présent de l'indicatif *defit*, il manque.

APPENDICE I.
Verbes à deux conjugaisons.

232. Certains verbes suivent deux conjugaisons. Tels sont :

Ci eo,	es, —		cĭtum,	ciēre,	a. 2ᵉ c. . . } *mouvoir*.
Ci o,	cis, civi et ii,		cĭtum,	cīre,	a. 4ᵉ c. . .
Dens o,	as, avi,		atum,	are,	a. 1ʳᵉ c. . . } *épaissir*.
Dens eo,	es, —		—	ēre,	a. 2ᵉ c. . .
Excelle o,	es, ui,		—	ēre,	n. 2ᵉ c.(rare). } *exceller*.
Excell o,	is, ui,		—	ĕre,	n. 3ᵉ c. . .
Lav o,	as, —		atum,	are,	a. 1ʳᵉ c. . . } *laver*.
Lav o,	is, lavi,		lotum,	lavĕre,	a. 3ᵉ c. . .
Terg eo,	es, —		—	tergēre,	a. 2ᵉ c. . . } *nettoyer*.
Terg o,	is, tersi,		tersum,	tergĕre,	a. 3ᵉ c. . .

Ferveo, *fulgeo* et *strideo* suivent toujours en prose la 2ᵉ conjugaison ; en poésie, on peut, à l'exemple de Virgile, leur faire suivre la 3ᵉ, surtout à l'infinitif : *ferv o, ĕre* ; *fulg o, ĕre* ; *strid o, ĕre*.

aveto, *avete*, *avere* ? A quelles personnes s'emploie *salvere*, et dans quel sens ? Qu'est-ce que *cedo*, *infit*, *ovat* ? Quelles sont les formes usitées du verbe *defieri* ?

232. Citez les verbes qui suivent deux conjugaisons.

SUPPLÉMENT. — VERBES.

APPENDICE II.

Verbes en O ou en OR.

233. Les verbes suivants se conjuguent tantôt avec la forme active, tantôt comme verbes déponents.

Adul o,	are,	ou	ædul or,	ari;	n. *flatter.*
Assent io,	ire,	ou	assent ior,	iri:	n. *approuver.*
Augur o,	are,	ou	augur or,	ari;	a. *présager.*
Depasc o,	ĕre,	ou	depasc or,	i;	a. *se nourrir de.*
Fabric o,	are,	ou	fabric or,	ari;	a. *fabriquer.*
Fluctu o,	are,	ou	fluctu or,	ari;	n. *être agité.*
Frustr o (rare),	are,	ou	frustr or,	ari;	a. *tromper.*
Illacrim o,	are,	ou	illacrim or,	ari;	n. *pleurer sur.*
Impert io,	ire,	ou	impert ior,	iri;	a. *donner.*
Jurg o,	are,	ou	jurg or,	ari;	n. *disputer.*
Lacrim o,	are,	ou	lacrim or (rare),	ari;	n. *pleurer.*
Luxuri o,	are,	ou	luxuri or,	ari;	n. *surabonder.*
Mer eo,	ĕre,	ou	mer cor,	ĕri;	a. *mériter.*
Muner o (arch.),	are,	ou	muner or,	ari;	a. *donner en présent.*
Popul o,	are,	ou	popul or,	ari;	a. *ravager.*
Remuner o,	are,	ou	remuner or,	ari;	a. *récompenser.*
Revert o,	ĕre,	ou	revert or,	i;	n. *revenir.*

Mais il n'est pas permis (malgré l'indication de certains dictionnaires) d'employer à la forme active les quatorze verbes suivants, toujours déponents chez les bons prosateurs latins :

Amplect or,	i,	a. } *embrasser.*	Met ior,	iri,	a. *mesurer.*
Complect or,	i,	a.	Mir or,	ari,	a. *admirer.*
Comit or,	ari,	a. *accompagner.*	Obliviscor,	i,	a. *oublier.*
Contempl or,	ari,	a. *contempler.*	Oscul or,	ari,	a. *baiser.*
Exsecr or,	ari,	a. *maudire.*	Sequ or,	i,	a. *suivre.*
Imit or,	ari,	a. *imiter.*	Test or,	ari,	a. *attester.*
Ment ior,	iri,	n. *mentir.*	Vener or,	ari,	a. *vénérer.*

Il en est de même de leurs composés *commentior, dimetior, admiror, demiror, consequor, persequor, detestor,* etc.

REMARQUE. Ovide et quelques autres poètes ont employé *comito* à la voix active.

---

233. Citez les verbes terminés en *o* ou en *or*. Citez les quatorze verbes qui sont toujours déponents dans les bons prosateurs.

VERBES IRRÉGULIERS ET DÉFECTIFS.

APPENDICE III.

234. Tableau général des Verbes irréguliers et défectifs,

PLACÉS PAR ORDRE ALPHABÉTIQUE.

N. B. Nous rangeons ici parmi les verbes irréguliers tous ceux qui ne suivent pas entièrement, même dans la formation de leur parfait et de leur supin, le modèle de leur conjugaison.

PRÉS. DE L'IND.	PARFAIT.	SUPIN.	PRÉS. DE L'INF.		
Abol-eo....... es...	abol-evi.......	abol-itum........	abol-ere.....	a.	*abolir.*
Add-o........ is...	add-idi........	add-itum........	add-ere.....	a.	*ajouter.*
Adipisc-or.... eris,	adep-tus sum	....	adipisc-i....	d. a.	*atteindre.*
Adol-eo....... es...	adol-ui........	adul-tum.......	adol-ere.....	a.	*charger.*
Adolesc-o..... is...	adol-evi.......	adul-tum.......	adolesc-ere...	n.	*croître.*
Afflig-o....... is...	afflix-i........	afflic-tum......	afflig-ere....	a.	*renverser.*
Ag-o[1]....... is...	eg-i...........	ac-tum.........	ag-ere.......	a.	*agir, faire.*
Ai-o.......... a-is..	....	....	....	a.	*dire* (140).
Alg-eo....... es...	als-i..........	....	alg-ere......	n.	*être gelé.*
Allic-io[2]..... is...	allex-i.........	allec-tum......	allic-ere.....	a.	*attirer.*
Al-o.......... is...	al-ui..........	al-itum, tum...	al-ere.......	a.	*nourrir.*
Ambig-o...... is...	....	....	ambig-ere....	n.	*hésiter.*
Amic-io....... is...	amic-ui, amix-i,	amic-tum......	amic-ire.....	a.	*envelopper.*
Ang-o........ is...	anx-i..........	....	ang-ere......	a.	*serrer.*
Aper-io....... is...	aper-ui........	aper-tum......	aper-ire.....	a.	*ouvrir.*
Arc-eo........ es...	arc-ui.........	....	arc-ere......	a.	*écarter.*
Ard-eo........ es...	ars-i..........	ars-um........	ard-ere......	n.	*être en feu.*
Aspic-io[3].... is...	aspex-i........	aspec-tum.....	aspic-ere....	a.	*regarder.*
Aud-eo....... es...	ausus sum	....	aud-ere......	d.	*oser* (119).
Aug-eo....... es...	aux-i..........	auc-tum.......	aug-ere......	a.	*augmenter.*
Av-eo......... es...	....	....	av-ere.......	a.	*désirer ardemt.*
Batu-o........ is...	batu-i.........	....	batu-ere.....	a.	*battre.*
Bib-o......... is...	bib-i..........	bib-itum.......	bib-ere......	a.	*boire.*
Cad-o[4]...... is...	cecid-i.........	cas-um.........	cad-ere......	n.	*tomber.*
Cæd-o[4]..... is...	cecid-i.........	cæs-um........	cæd-ere.....	a.	*couper.*
Can-o[4]..... is...	cecin-i.........	can-tum.......	can-ere......	a.	*chanter.*
Capess-o..... is...	capess-ivi, -ii..	capess-itum....	capess-ere...	a.	*saisir.*

[1] Comme *ago* se conjuguent tous ses composés. *Co-go* (co-ago) fait au parfait *coegi*, au supin *coactum*.

[2] De même *illicio* et *pellicio*, autres composés de l'inusité *lacio*.

[3] De même *conspicio, inspicio, respicio,* etc., composés de l'inusité *specio*.

[4] Les composés de *cado* n'ont pas de supin. — Les composés de *cado, cædo, cano*, n'ont pas de redoublement au parfait.

VERBES IRRÉGULIERS ET DÉFECTIFS.

PRÉS. DE L'IND.	PARFAIT.	SUPIN.	PRÉS. DE L'INF.	
Cap-io...... is...	cep-i........	cap-tum........	cap-ere.....	a. prendre (93).
Carp-o...... is...	carp-si.......	carp-tum........	carp-ere.....	a. cueillir.
Cav-eo...... es...	cav-i.........	cau-tum.........	cav-ere......	a. n. prendre garde.
Ced-o¹....... is...	ces-si........	ces-sum.........	ced-ere......	n. se retirer.
Cens-eo..... es...	cens-ui.......	cens-um.........	cens-ere.....	a. être d'avis.
Cern-o....... is...	crev-i........	cret-um.........	cern-ere.....	a. séparer, voir.
Ci-eo........ es...	civ-i.........	ci-tum..........	ci-ere.......	a. mouvoir.
C-io......... is...	c-ivi, c-ii...	c-itum..........	c-ire........	a. mouvoir.
Cing-o....... is...	cinx-i........	cinc-tum........	cing-ere.....	a. ceindre.
Clar-eo...... es...	clar-ui.......		clar-ere.....	n. briller.
Claud-o...... is...	claus-i.......	claus-um........	claud-ere....	a. fermer.
Coalesc-o.... is...	coal-ui.......	coal-itum.......	coalesc-ere..	n. grandir.
Cognosc-o.... is...	cognov-i......	cognit-um.......	cognosc-ere..	a. connaître.
Col-o........ is...	col-ui........	cul-tum.........	col-ere......	a. cultiver.
Commini-c-or, eris...		commen-tus sum..	comminisc-i..	d. a. inventer.
Com-o........ is...	comp-si.......	comp-tum........	com-ere......	a. coiffer.
Comper-io.... is...	comper-i......	comper-tum......	comper-ire...	a. découvrir.
Compesc-o.... is...	compesc-ui....	compesc-itum....	compesc-ere..	a. contenir.
Comping-o.... is...	compeg-i......	compac-tum......	comping-ere..	a. assembler.
Compl-eo²... es...	compl-evi.....	compl-etum......	compl-ere....	a. remplir.
Concut-io³... is...	concus-si.....	concus-sum......	concut-ere...	a. secouer.
Cond-o....... is...	condid-i......	cond-itum.......	cond-ere.....	a. fonder.
Congru-o..... is...	congru-i......		congru-ere...	n. s'accorder avec
Conniv-eo.... es...	conniv-i, ixi.		conniv-ere...	n. fermer les yeux
Consul-o..... is...	consul-ui.....	consul-tum......	consul-ere...	a. consulter.
Contemn-o.... is...	contemp-si....	contemp-tum.....	contemn-ere..	a. mépriser.
Coqu-o....... is...	cox-i.........	coc-tum.........	coqu-ere.....	a. cuire.
Cred-o....... is...	credid-i......	credit-um.......	cred-ere.....	a. croire.
Crep-o....... as...	crep-ui.......	crep-tum........	crep-are.....	n. craquer.
Cresc-o...... is...	crev-i........	cre-tum.........	cresc-ere....	n. croître.
Cub-o⁴....... as...	cub-ui........	cub-itum........	cub-are......	n. être couché.
Cud-o........ is...	cud-i.........	cus-sum.........	cud-ere......	a. battre.
Cup-io....... is...	cup-ivi, -ii..	cup-itum........	cup-ere......	a. désirer.
Curr-o⁵...... is...	cucurr-i......	cur-sum.........	curr-ere.....	n. courir.
Ded-o........ is...	dedid-i.......	ded-itum........	ded-ere......	a. livrer.
Deg-o........ is...	deg-i.........		deg-ere......	a. passer (le temps).
Del-eo....... es...	del-evi.......	del-etum........	del-ere......	a. effacer.
Dem-o........ is...	demp-si.......	demp-tum........	dem-ere......	a. ôter.
Dic-o........ is...	dix-i.........	dic-tum.........	dic-ere......	a. dire.

¹ De même *accedo*, *excedo*, *incedo*, *procedo*, etc.

² De même *impleo*, *repleo*, *suppleo*, etc., de l'inusité *pleo*.

³ De même les autres composés de *quatio*: *incutio*, *percutio*, etc.

⁴ Tous les composés de *cubo* (1ʳᵉ ou 3ᵉ conjugaison), comme *recubo, are*, *recumbo, ere*, ont le parfait en *cubui*, et le supin en *cubitum*.

⁵ Le redoublement du parfait ne se transmet qu'aux verbes *percurro*, *præcurro*, *procurro* et *transcurro*.

VERBES IRRÉGULIERS ET DÉFECTIFS.

PRÉS. DE L'IND.	PARFAIT.	SUPIN.	PRÉS. DE L'INF.		
Dilig-o	is... dilex-i	dilec-tum	dilig-ere	a.	aimer.
Dimic-o	as... dimic-avi, -ui	dimic-atum	dimic-are	n.	combattre.
Disc-o	is... didic-i		disc-ere	a.	apprendre.
Dispesc-o	is... dispesc-ui	dispes-tum	dispesc-ere	a.	séparer.
Divid-o	is... divis-i	divis-um	divid-ere	a.	diviser.
D-o	as... ded-i	d-atum	d-are	a.	donner.
Doc-eo	es... doc-ui	doc-tum	doc-ere	a.	instruire.
Dom-o	as... dom-ui	dom-itum	dom-are	a.	dompter.
Duc-o	is... dux-i	duc-tum	duc-ere	a.	conduire.
Ed-o	is... ed-i	es-um	ed-ere	a.	manger (129).
Ed-o	is... edid-i	ed-itum	ed-ere	a.	produire.
Elic-io	is... elic-ui	elic-itum	elic-ere	a.	tirer de.
Emin-eo [1]	es... emin-ui		emin-ere	n.	être proéminent.
Em-o	is... em-i	emp-tum	em-ere	a.	acheter.
Eo	is... ivi	itum	ire	n.	aller (131).
Excell-o [2]	is... excell-ui		excell-ere	n.	exceller.
Experg-or	isc-or) eris, experrect-us sum		experg-i (isc-i)	d. n.	s'éveiller.
Exstingu-o [3]	is... exstinx-i	exstinc-tum	exstingu-ere	a.	éteindre.
Facess-o	is... facess-i, -ivi	facess-itum	facess-ere	a.	exécuter.
Fac-io [4]	is... fec-i	fac-tum	fac-ere	a.	faire.
Fall-o	is... fefell-i	fal-sum	fall-ere	a.	tromper.
Farc-io	is... far-si	far-tum	farc-ire	a.	remplir.
Fat-eor	eris, fas-sus sum		fat-eri	d. a.	avouer.
Fatisc-o	is		fatisc-ere	n.	se fendre.
Fav-eo	es... fav-i	fau-tum	fav-ere	n.	favoriser.
Fer-io	is		fer-ire	a.	frapper (111).
Fer-o	fers, tul-i	la-tum	fer-re	a.	porter (124).
Ferv-eo	es... ferb-ui		ferv-ere	n.	bouillir.
Fid-o	is... fis-us sum		fid-ere	n.	se fier (119).
Fig-o	is... fix-i	fix-um	fig-ere	a.	ficher.
Find-o	is... fid-i	fis-sum	find-ere	a.	fendre.
Fing-o	is... finx-i	fic-tum	fing-ere	a.	façonner.
Fi-o	fis... fac-tus sum		fi-eri	n. p.	être fait (130).
Flav-eo	es		flav-ere	n.	être jaune.
Flect-o	is... flex-i	flex-um	flect-ere	a.	courber.
Fl-eo	es... fl-evi	fl-etum	fl-ere	n.	pleurer.
Flor-eo	es... flor-ui		flor-ere	n.	fleurir.
Flu-o	is... flu-xi	flux-um	flu-ere	n.	couler.
Fod-io	is... fod-i	fos-sum	fod-ere	a.	creuser.
Fov-eo	es... fov-i	fo-tum	fov-ere	n.	frémir.
Frend-o	is	fres-sum, -um	frend-ere	n.	grincer des dents.

[1] *Immineo* et *promineo* n'ont pas de parfait.
[2] *Antecello* et *præcello* n'ont ni parfait ni supin.
[3] Conjuguez de même *restinguo*.
[4] Les composés de *facio* qui changent *a* en *i*, changent au supin *a* en *e*: *perficio, perfectum*; etc.

VERBES IRRÉGULIERS ET DÉFECTIFS. 193

PRÉS. DE L'IND.	PARFAIT.	SUPIN.	PRÉS. DE L'INF.		
Frang-o...	is... freg-i...	frac-tum...	frang-ere...	a.	échauffer.
Frem-o...	is... frem-ui...	frem-itum...	frem-ere...	a.	briser.
Fric-o...	as... fric-ui...	fric-tum...	fric-are...	a.	frotter.
Frig-eo...	es... frix-i...		frig-ere...	n.	être froid.
Fru-or...	eris, fru-itus sum...		fru-i...	d. n.	jouir.
Fug-io...	is... fug-i...	fug-itum (rare)...	fug-ere...	a.	fuir.
Fulc-io...	is... fuls-i...	ful-tum...	fulc-ire...	a.	étayer.
Fulg-eo...	es... fuls-i...		fulg-ere...	n.	briller.
Fund-o...	is... fud-i...	fus-um...	fund-ere...	a.	répandre.
Fur-o...	is...		fur-ere...	n.	être en fureur.
Gaud-eo...	es... gav-isus sum...		gaud-ere...	n.	se réjouir (119).
Ger-o...	is... ges-si...	ges-tum...	ger-ere...	a.	porter.
Gign-o...	is... gen-ui...	gen-itum...	gign-ere...	a.	engendrer.
Glisc-o...	is...		glisc-ere...	n.	s'étendre.
Grad-ior...	eris, gres-sus sum...		grad-i...	d. n.	marcher.
Hær-eo...	es... hæs-i...	hæs-um...	hær-ere...	n.	s'attacher.
Haur-io...	is... haus-i...	haus-tum...	haur-ire...	a.	puiser.
Hisc-o...	is...		hisc-ere...	n.	s'entr'ouvrir.
Horr-eo...	es... horr-ui...		horr-ere...	n. a.	avoir horreur
Ic-o (inus.)...	is... ic-i...	ic-tum...	ic-ere...	a.	frapper.
Imping-o...	is, comme compingo...				
Incess-o...	is... incess-i, -ivi...		incess-ere...	a.	attaquer.
Incumb-o...	is, v. cubo.				
Indulg-eo...	es... induls-i...	indult-um...	indulg-ere...	n.	être indulgent.
Ingru-o...	is, v. congruo.				
Intellig-o...	is... intellex-i...	intellec-tum...	intellig-ere...	a.	comprendre.
Irasc-or...	eris, irat-us sum...		irasc-i...	d. n.	s'irriter.
Jac-eo...	es... jac-ui...		jac-ere...	n.	être étendu.
Jac-io¹...	is... jec-i...	jac-tum...	jac-ere...	a.	jeter.
Jub-eo...	es... jus-si...	jus-sum...	jub-ere...	a.	ordonner.
Jung-o...	is... junx-i...	junc-tum...	jung-ere...	a.	joindre.
Juv-o...	as... juv-i...	jut-um...	juv-are...	a.	aider.
Lab-or...	eris, lap-sus sum...		lab-i...	d. n.	tomber.
Lacess-o...	is, v. lacess-ivi...	lacess-itum...	lacess-ere...	a.	provoquer.
Læd-o...	is... læs-i...	læs-um...	læd-ere...	a.	blesser.
Lamb-o...	is... lamb-i (rare)...	lamb-itum (rare)...	lamb-ere...	a.	lécher.
Langu-eo...	es... langu-i...		langu-ere...	d. n.	languir.
Lat-eo...	es... lat-ui...		lat-ere...	d. n.	être caché.
Lav-o...	as... lav-i...	lo-tum, lau-tum...	lav-are...	a.	laver.
Lib-et...		lib-uit, -itum est...	lib-ere...	n.	il plaît.
Lic-et...		lic-uit, -itum est...	lic-ere...	n.	il est permis.
Lin-o...	is... l-ivi, l-evi, liu-i, l-itum...		lin-ere...	a.	enduire.
Linqu-o²...	is... liqu-i...		linqu-ere...	a.	laisser.
Liqu-et...		liqu-it, licu-it...	liqu-ere...	n.	il est clair.

¹ Les composés de *jacio* ont le supin en *jectum* : conjicio, *con-jectum* ; etc.
² Les composés de *linquo* font au supin *lictum* : relinquo, *relictum* ; etc.

194 VERBES IRRÉGULIERS ET DÉFECTIFS.

PRÉS. DE L'IND.	PARFAIT.	SUPIN.	PRÉS. DE L'INF.	
Liqu-or	cris		liqu-i	d. n. couler.
Liv-eo	es		liv-ere	n. être livide.
Loqu-or	eris, locu-tus sum		loqu-i	d. a. parler.
Luc-eo	es... lux-i		luc-ere	n. luire.
Lud-o	is... lus-i	lus-um	lud-ere	n. jouer.
Lug-eo	es... lux-i	luc-tum	lug-ere	n. pleurer.
Lu-o	is... lu-i		lu-ere	a. laver.
Mal-o	mavis, mal-ui		mal-le	a. aimer mieux (128).
Mand-o	is... mand-i	mans-um	mand-ere	a. mâcher.
Man-eo	es... mans-i	mans-um	man-ere	n. demeurer.
Med-eor	eris		med-eri	d. n. remédier.
Merg-o	is... mers-i	mers-um	merg-ere	a. plonger.
Met-ior	iris, mens-us sum		met-iri	d. a. mesurer.
Met-o	is... mes-sui	mes-sum	met-ere	a. moissonner.
Metu-o	is... metu-i		metu-ere	a. craindre.
Mic-o¹	as	mic-ui		mic-are	n. étinceler.
Misc-eo	es... misc-ui	mix-tum, mis-tum	misc-ere	a. mêler.
Miser-eor	eris, miser-tus sum		miser-eri	d. n. avoir pitié.
Miser-et (me)	miser-uit ou miser-tum est		miser-ere	a. avoir pitié.
Mitt-o	is... mis-i	mis-sum	mitt-ere	a. envoyer.
Mœr-eo	es		mœr-ere	n. être triste.
Mol-o	is... mol-ui	mol-itum	mol-ere	a. moudre.
Mord-eo	es... momord-i	mors-um	mord-ere	a. mordre.
Mor-ior	eris, mortu-us sum		mor-i	d. n. mourir.
Mov-eo	es... mov-i	mo-tum	mov-ere	a. mouvoir.
Mulc-eo	es... muls-i	muls-um	mulc-ere	a. caresser.
Mulg-eo	es... mul-si, -xi	mul-sum, -ctum	mulg-ere	a. traire.
Nancisc-or	eris, nac-tus sum		nancisc-i	d. a. trouver.
Nasc-or	eris, nat-us sum		nasc-i	d. n. naître.
Nec-o	as... nec-avi, -ui	nec-atum, -tum	nec-are	a. tuer.
Nect-o	is... nex-ui	nex-um	nect-ere	a. nouer.
Neglig-o	is... neglex-i	neglec-tum	neglig-ere	a. négliger.
N-eo	es... n-evi	n-etum	n-ere	a. filer.
Ning-it		ninx-it		ning-ere	n. il neige.
Nit-or	eris, nis-us sum ou nix-us sum		nit-i	d. n. s'efforcer.
Nol-o	non vis, nol-ui		nol-le	a. ne pas vouloir
Nosc-o²	is... nov-i	no-tum	nosc-ere	a. connaître. [(127).
Nub-o	is... nup-si	nup-tum	nub-ere	n. se marier.
Oblivisc-or	eris, obli-tus sum		oblivisc-i	d. a. oublier.
Obsol-eo	es... obsol-evi	obsol-etum	obsol-ere	n. tomber en désué-
Occul-o	is... occul-ui	occul-tum	occul-ere	a. cacher. [tude.
Ol-eo³	es... ol-ui		ol-ere	n. a. exhaler une o-
Oper-io	is... oper-ui	oper-tum	oper-ire	a. couvrir. [deur.

¹ *Dimico* fait au supin *dimicatum*.
² De même *ignosco*; *agnosco*, *cognosco* ont au supin *itum* : *agnitum*, *cognitum*.
³ *Exoleo* et *inoleo* font le parfait en *evi* : *exol-evi*, *inol-evi*.

VERBES IRRÉGULIERS ET DÉFECTIFS.

PRÉS. DE L'IND.	PARFAIT.	SUPIN.	PRÉS. DE L'INF.	
Ord-ior	iris, ors-us sum		ord-iri	d. a. commencer.
Or-ior	eris, or-tus sum		or-iri	d. n. se lever.
Pacisc-or	eris, pac-tus sum		pacisc-i	d. a. faire un pacte.
Pand-o	is… pand-i	pan-sum, pas-sum	pand-ere	a. étendre.
Pang-o [2]	is… panx-i, pepig-i	pac-tum	pang-ere	a. enfoncer.
Parc-o	is… peperc-i, pars-i, par-citum, par-sum		parc-ere	n. épargner.
Par-io	is… peper-i	par-tum	par-ere	a. enfanter.
Pasc-o	is… pav-i	pas-tum	pasc-ere	a. faire paître.
Pat-eo	es… pat-ui		pat-ere	n. être ouvert.
Pat-ior	eris, pas-sus sum		pat-i	d. a. souffrir (118).
Pav-eo	es… pav-i		pav-ere	n. avoir peur.
Pect-o	is… pex-i, -ui	pex-um, pect-itum	pect-ere	a. peigner.
Pell-o	is… pepul-i	pul-sum	pell-ere	a. pousser.
Pend-eo	es… pepend-i	pend-itum	pend-ere	n. être suspendu.
Pend-o	is… pepend-i	pens-um	pend-ere	a. peser.
Percell-o	is… percul-i	percul-sum	percell-ere	a. frapper fortement.
Perd-o	is… perd-idi	perd-itum	perd-ere	a. perdre.
Pet-o	is… pet-ivi, -ii	pet-itum	pet-ere	a. demander.
Pig-et (me)	pig-uit ou pig-itum est		pig-ere	a. être fâché.
Ping-o	is… pinx-i	pic-tum	ping-ere	a. peindre.
Pins-o	is… pins-i, -ui	pins-um, pist-um	pins-ere	a. piler.
Plac-eo [2]	es… plac-ui		plac-ere	n. plaire.
Plang-o	is… planx-i	planc-tum	plang-ere	a. frapper avec bruit.
Plaud-o	is… plau-si	plaus-um	plaud-ere	a. n. frapper; applau [dir.
Plect-o	is		plect-ere	a. châtier.
Plic-to	is… plex-i, -ui		plect-ere	a. plier.
Plic-o [3]	as		plic-are	a. plier.
Plu-it	plu-it		plu-ere	n. il pleut.
Poll-eo	es		poll-ere	n. être puissant.
Pollu-o	is… pollu-i	pollu-tum	pollu-ere	a. souiller.
Pon-o	is… pos-ui	pos-itum	pon-ere	a. placer.
Posc-o	is… poposc-i		posc-ere	a. demander.
Pot-o	as… pot-avi	pot-atum, -um	pot-are	a. boire.
Prand-eo	es… prand-i	prans-um	prand-ere	n. dîner.
Prem-o	is… pres-si	pres-sum	prem-ere	a. presser.
Prod-o	is… prod-idi	prod-itum	prod-ere	a. découvrir.
Proficisc-or	eris, profect-tussum		proficisc-i	d. n. partir.
Prom-o	is… promp-si	promp-tum	prom-ere	a. tirer hors de.
Psall-o	is		psall-ere	n. a. jouer du luth.
Pud-et (me)	pud-uit ou pud-itum est		pud-ere	a. avoir honte.
Pung-o [4]	is… pupug-i	punc-tum	pung-ere	a. piquer.

[1] *Repango* n'a ni parfait, ni supin.
[2] L'impersonnel *placet* (il plaît) fait au parfait *plac-uit* ou *plac-itum est*.
[3] Les composés de *plico* ont deux parfaits, l'un en *ui*, l'autre en *avi*; et deux supins, l'un en *itum*, l'autre en *atum* : applico; applic-ui, -itum; applic-avi, -atum.
[4] *Compungo* fait *compunx-i*; *repungo* fait *repupug-i* et *repunx-i*.

VERBES IRRÉGULIERS ET DÉFECTIFS.

PRÉS. DE L'IND.	PARFAIT.	SUPIN.	PRÉS. DE L'INF.		
Putr-eo	es, putr-ui	putr-ere	n.	se pourrir.
Quær-o	is, quæs-ivi, -ii	quæs-itum	quær-ere	a.	chercher.
Quæs-o	unus			a.	prier.
Quat-io [1]	is		quat-ere	a.	secouer.
Quer-or	eris, ques-tus sum		quer-i	d. n.	se plaindre.
Quiesc-o	is, quie-vi	quie-tum	quiesc-ere	n.	se reposer.
Rad-o	is, ras-i	ras-um	rad-ere	a.	raser.
Rap-io [2]	is, rap-ui	rap-tum	rap-ere	a.	ravir.
Redd-o	is, reddid-i	redd-itum	redd-ere	a.	rendre.
Refell-o	is, refell-i		refell-ere	a.	réfuter.
Reg-o	is, rex-i	rec-tum	reg-ere	a.	diriger.
Reminisc-or	eris		reminisc-i	d. n.	se ressouvenir.
R-eor	eris, r-atus sum		r-eri	d. a.	penser.
Reper-io	is, reper-i	reper-tum	reper-ire	a.	trouver.
Rep-o	is, rep-si	rep-tum	rep-ere	n.	ramper.
Resist-o	is, restit-i	restit-um	resist-ere	n.	s'arrêter.
Respu-o	is, respu-i		respu-ere	a.	rejeter avec dé-
Revert-or	eris, rever-sus sum		revert-i	d. n.	revenir. [dain.
Rid-eo	es, ris-i	ris-um	rid-ere	n.	rire.
Rig-eo	es, rigu-i		rig-ere	n.	être raide.
Ring-or	eris		ring-i	d. n.	se dépiter.
Rod-o	is, ros-i	ros-um	rod-ere	a.	ronger.
Rud-o	is, rud-ivi, -i		rud-ere	n.	braire.
Rump-o	is, rup-i	rup-tum	rump-ere	a.	rompre.
Ru-o	is, ru-i	ru-tum	ru-ere	n.	se précipiter.
Sal-io	is, sal-ui, -ii	sal-tum	sal-ire	n.	sauter.
Sanc-io	is, sanx-i	sanc-itum, -tum	sanc-ire	a.	consacrer.
Sap-io [3]	is, sap-ivi, -ii, -ui		sap-ere	n. a.	avoir du goût.
Sarc-io	is, sar-si	sar-tum	sarc-ire	a.	raccommoder.
Sateg-o	is, sateg-i		sateg-ere	n.	être affairé.
Scab-o	is, scab-i		scab-ere	a.	gratter.
Scand-o [4]	is, scand-i	scans-um	scand-ere	n. a.	monter.
Scind-o	is, scid-i	scis-sum	scind-ere	a.	déchirer.
Scisc-o	is, sciv-i	scit-um	scisc-ere	a. n.	s'informer de.
Scrib-o	is, scrip-si	scrip-tum	scrib-ere	a.	écrire.
Sec-o	as, sec-ui	sec-tum	sec-are	a.	couper.
Sed-eo	es, sed-i	ses-sum	sed-ere	n.	être assis.
Sen-eo	es, sen-ui		sen-ere	n.	vieillir.
Sent-io	is, sens-i	sens-um	sent-ire	a.	sentir.
Sepel-io	is, sepel-ivi, -ii	sepul-tum	sepel-ire	a.	ensevelir.
Sep-io	is, sep-si	sop-tum	sep-ire	a.	enclore.
Sequ-or	eris, secu-tus sum		sequ-i	d. a.	suivre.

[1] Pour les composés de *quatio*, voyez *concutio*.
[2] Les composés de *rapio* font *reptum* au supin : *cor-ripio*, *cor-reptum*; etc.
[3] Les composés de *sapio* ont le plus souvent le parfait en *ui*: *desip-io*, *-ui*.
[4] De même ses composés *ascendo*, *conscendo*, etc.

VERBES IRRÉGULIERS ET DÉFECTIFS.

PRÉS. DE L'IND.	PARFAIT.	SUPIN.	PRÉS. DE L'INF.		
Ser-o [1] ..... is...	ser-ui	ser-tum	ser-ere	a.	entrelacer.
Ser-o ..... is...	sev-i	sa-tum	ser-ere	a.	semer.
Serp-o ..... is...	serp-si		serp-ere	n.	ramper.
Sid-o ..... is...	sid-i		sid-ere	n.	s'asseoir.
Sil-eo ..... es...	sil ui		sil-ere	n.	se taire.
Singult-io ..... is...			singult-ire	n.	sangloter.
Sin-o ..... is...	siv-i	sit-um	sin-ere	a.	permettre.
Sist-o [3] ..... is...	stit-i	sta-tum	sist-ere	a.	placer.
Sol-eo ..... es...	sol-itus sum		sol-ere	n.	avoir coutume
Solv-o ..... is...	solv-i	solu-tum	solv-ere	a.	délier. [(149).
Son-o ..... as...	son-ui	son-itum	son-are	n.	rendre un son.
Sorb-eo ..... es...	sor-bui, -psi (rare), sorp-tum (rare)		sorb-ere	a.	avaler.
Sparg-o ..... is...	spars-i	spars-um	sparg-ere	a.	répandre.
Spern-o ..... is...	sprev-i	spret-um	spern-ere	a.	mépriser.
Splend-eo ..... es...	splend-ui		splend-ere	n.	resplendir.
Spond-eo [4] ..... es...	spopond-i	spons-um	spond-ere	a.	promettre.
Squal-eo ..... es...			squal-ere	n.	être souillé.
Stern-o ..... is...	strav-i	strat-um	stern-ere	a.	étendre.
Stert-o ..... is...	stert-ui		stert-ere	n.	ronfler.
St-o ..... as...	stet-i	st-atum	st-are	n.	se tenir debout.
Strep-o ..... is...	strep-ui		strep-ere	n.	faire du bruit.
Strid-eo ..... es...	strid-i (rare)		strid-ere	n.	rendre un son
String-o ..... is...	strinx-i	stric-tum	string-ere	a.	étreindre. [aigu.
Stru-o ..... is...	strux-i	struc-tum	stru-ere	a.	construire.
Stud-eo ..... es...	stud-ui		stud-ere	n.	étudier.
Stup-eo ..... es...	stup-ui		stup-ere	n.	être engourdi.
Suad-eo ..... es...	suas-i	suas-um	suad-ere	a.	conseiller.
Sug-o ..... is...	sux-i	suc-tum	sug-ere	a.	sucer.
Sum-o ..... is...	sump-si	sump-tum	sum-ere	a.	prendre.
Surg-o ..... is...	surrex-i	surrec-tum	surg-ere	n.	se lever.
Tab-eo ..... es...	tab-ui		tab-ere	n.	se corrompre.
Tac-eo ..... es...	tac-ui		tac-ere	n.	se taire.
Tæd-et (me)	tæs-um est		tæd-ere	a.	s'ennuyer.
Tang-o ..... is...	tetig-i	tac-tum	tang-ere	a.	toucher.
Teg-o ..... is...	tex-i	tec-tum	teg-ere	a.	couvrir.
Tend-o ..... is...	tetend-i	ten-sum, -tum	tend-ere	a.	tendre.
Ten-eo ..... es...	ten-ui	ten-tum	ten-ere	a.	tenir.
Terg-eo ..... es...			terg-ere	a.	nettoyer.
Terg-o ..... is...	ters-i	ters-um	terg-ere		
Ter-o ..... is...	triv-i	tri-tum	ter-ere	a.	broyer.
Tex-o ..... is...	tex-ui	tex-tum	tex-ere	a.	tisser.

[1] *Sero* (entrelacer) est usité surtout dans ses composés, comme *consero, insero*, etc.

[2] Les composés de *sero* (semer) ont le supin en *itum* : *consitum*, etc.

[3] Pour les composés de *sisto*, voir *resisto*.

[4] *Respondeo* fait au parfait *respondi*, sans redoublement.

VERBES IRRÉGULIERS ET DÉFECTIFS.

PRÉS. DE L'IND.	PARFAIT.	SUPIN.	PRÉS. DE L'INF.		
Tim-eo......	es... tim-ui.....	....	tim-ere.....	a.	craindre.
Ting-o......	is... tinx-i.....	tinc-tum.....	ting-ere.....	a.	teindre.
Toll-o......	is... sustul-i.....	sublat-um.....	toll-ere.....	a.	élever.
Tond-eo.....	es... totond-i.....	tons-um.....	tond-ere.....	a.	tondre.
Ton-o.......	as... ton-ui.....	ton-itum.....	ton-are.....	n.	tonner.
Torp-eo.....	es... torp-ui.....	....	torp-ere.....	n.	être engourdi.
Torqu-eo....	es... tors-i.....	tor-sum, -tum...	torqu-ere.....	a.	tordre.
Torr-eo.....	es... torr-ui.....	tos-tum.....	torr-ere.....	a.	faire rôtir.
Trad-o......	is... tradid-i.....	trad-itum.....	trad-ere.....	a.	livrer.
Trah-o......	is... trax-i.....	trac-tum.....	trah-ere.....	a.	traîner.
Trem-o......	is... trem-ui.....	....	trem-ere.....	n.	trembler.
Trud-o......	is... trus-i.....	trus-um.....	trud-ere.....	a.	pousser.
Tum-eo......	es... tum-ui.....	....	tum-ere.....	n.	être enflé.
Tund-o[1]....	is... tutud-i.....	tuns-um, tus-um...	tund-ere.....	a.	broyer.
Turg-eo.....	es... turs-i.....	....	turg-ere.....	n.	être gonflé.
Ulcisc-or....	eris, ult-us sum...	....	ulcisc-i.....	d. a.	venger.
Ung-o.......	is... unx-i.....	unc-tum.....	ung-ere.....	a.	oindre.
Urg-eo......	es... urs-i.....	....	urg-ere.....	a.	presser.
Ur-o........	is... us-si.....	us-tum.....	ur-ere.....	a.	brûler.
Ut-or.......	eris, us-us sum...	....	ut-i.....	d. n.	se servir.
Vad-o[2]....	is...	....	vad-ere.....	n.	aller.
Val-eo......	es... val-ui.....	....	val-ere.....	n.	être fort.
Veh-o.......	is... vex-i.....	vec-tum.....	veh-ere.....	a.	porter.
Vell-o......	is... vell-i, vul-si..	vul-sum.....	vell-ere.....	a.	arracher.
Ven-eo......	is... ven-ivi, -ii...	ven-itum.....	ven-ire.....	n. p.	être vendu.
Vend-o......	is... vend-idi.....	vend-itum.....	vend-ere.....	a.	vendre.
Ven-io......	is... ven-i.....	ven-tum.....	ven-ire.....	n.	venir.
Verg-o......	is...	....	verg-ere.....	n.	incliner vers.
Verr-o......	is... ver-ri, -si...	ver-sum.....	verr-ere.....	a.	balayer.
Vert-o......	is... vert-i.....	ver-sum.....	vert-ere.....	a.	tourner.
Vesc-or.....	eris...	....	vesc-i.....	d. n.	se nourrir.
Vet-o.......	as... vet-ui.....	vet-itum.....	vet-are.....	a.	défendre.
Vid-eo......	es... vid-i.....	vis-um.....	vid-ere.....	a.	voir.
Vinc-io.....	is... vinx-i.....	vinc-tum.....	vinc-ire.....	a.	lier.
Vinc-o......	is... vic-i.....	vic-tum.....	vinc-ere.....	a.	vaincre.
Vis-o.......	is... vis-i.....	vis-um.....	vis-ere.....	a.	visiter.
Viv-o.......	is... vix-i.....	vic-tum.....	viv-ere.....	n.	vivre.
Vol-o.......	vis... vol-ui.....	....	vell-e.....	a.	vouloir (126).
Volv-o......	is... volv-i.....	volu-tum.....	volv-ere.....	a.	rouler.
Vom-o.......	is... vom-ui.....	vom-itum.....	vom-ere.....	a.	vomir.
Vov-eo......	es... vov-i.....	vo-tum.....	vov-ere.....	a.	vouer.

[1] *Tundo* fait *tusum* dans ses composés.
[2] Les composés de *vado* font *vasi* au parfait, *vasum* au supin : *evado, evasi, evasum*.

235. APPENDICE IV.
MODÈLE D'ANALYSE GRAMMATICALE.

Rana rupta.

Inops, potentem dum vult imitari, perit.

In prato quondam Rana conspexit Bovem,
Et tacta invidiā tantæ magnitudinis,
Rugosam inflavit pellem : tum natos suos
Interrogavit, an Bove esset latior.
Illi negarunt. Rursus intendit cutem
Majore nisu, et simili quæsivit modo
Quis major esset. Illi dixerunt Bovem.
Novissime indignata, dum vult validius
Inflare sese, rupto jacuit corpore.
Phæd. I. 23.

La Grenouille qui crève.

Le faible se perd, quand il veut imiter le fort.

Un jour, une grenouille aperçut un bœuf dans une prairie; jalouse d'une si prodigieuse grosseur, elle gonfla les replis de sa peau; puis elle demanda à ses petits si elle était plus grosse que le bœuf. Ceux-ci dirent que non. De nouveau elle se mit à tendre sa peau avec de plus grands efforts, et demanda de la même manière qui des deux était le plus gros. Ils répondirent que c'était le bœuf. A la fin, pleine de dépit, et voulant s'enfler de plus belle, la grenouille creva, et resta morte sur la place.

MODÈLE D'ANALYSE GRAMMATICALE.

1. CAS, GENRE (des adj.) PERSONNE (des verbes)	2. NOMBRES.	3. MODE, TEMPS et VOIX.	4. NATURE, ESPÈCE. GENRE (des subst.)
Inops,	Nom. masc.	singulier	de l'adj. qualif.
potentem	Acc. masc.	singulier	de l'adj. qualif.
dum	Conj. de temps.		
vult	3e personne	du sing. du prés. de l'ind. act.	du verbe actif
imitari,		infinitif présent	du verbe dép. act.
perit.	2e personne	du sing. du prés. de l'ind. act.	du verbe neutre
In	Préposition.		
prato	Ablatif.	singulier	du nom com. n.
quondam	Adv. de temps.		
rana	Nominatif	singulier	du nom com. f.
conspexit	3e personne	du sing. du parf. de l'ind. act.	du verbe actif
borem,	Accusatif.	singulier	du nom com. m.
et	Conj. copulative.		
tacta	Nom. fém.	singulier	du part. passé passif
invidia	Ablatif.	singulier	du nom com. f.
tanta	Génit. fém.	singulier	de l'adj. qualif.
magnitudinis,	Génit.	singulier	du nom com. f.
rugosam	Accus. fém.	singulier	de l'adj. qualif.
inflavit	3e personne	du sing. du parf. de l'ind. act.	du verbe actif
pellem:	Accusatif.	singulier	du nom com. f.
tum	Adv. de temps.		
natos	Accusatif.	pluriel	du nom com. m.
suos	Acc. masc.	pluriel	de l'adj. possess.
interrogavit,	3e personne	du sing. du parf. de l'ind. act.	du verbe actif
an	Conj. interrog.		
bove	Ablatif.	singulier	du nom com. m.
esset	3e personne	du sing. de l'imp. du subj.	du verbe subst.
latior.	Nom. fém.	singulier	du comp. de l'adj.
Illi	Nom. masc.	pluriel	du pron. dém.
negarunt.	3e personne	du pluriel du parf. de l'ind. act.	du verbe actif
Rursus	Adv. d'ordre.		
intendit	3e personne	du sing. du parf. de l'ind. act.	du verbe actif
cutem.	Accusatif.	singulier	du nom com. f.
Novissime	Adv. d'ordre.	au superl.	
indignata,	Nom. fém.	singulier	du part. passé	du verbe dép. act.
dum	Conj. de temps.		
vult	3e personne	du sing. du prés. de l'ind. act.	du verbe actif
validius	Adv. de qualité	au comp.	
inflare		infin. prés. act.	du verbe actif
sese,	Accus. fém.	singulier	du pronom pers.
rupit	3e personne	singulier	du part. passé passif	du verbe actif
jacuit	3e personne	du sing. du parf. de l'ind. act.	du verbe neutre
corpore.	Ablatif.	singulier	du nom com. n.

5. NOMINATIF et GÉNITIF. TEMPS PRIMITIFS.	6. DÉCLIN. CONJUG.	7. RÈGLE.
inops, inop-is, pris substantivement (s. e. homo).	3e classe	Deus est.
potens, potentis, pris substantiv. (s. e. hominem).	2e classe	Imitor patrem.
vol-o, vis, vol-ui, —, velle.	irrég.	Deus est.
imit-or, aris, atus sum, ari	1re conj.	
per-eo, is, ivi-ii, itum, ire	irrég.	Deus est.
prat-um, i	2e décl.	
rana, æ	1re décl.	Deus est.
conspic-io, is, conspexi, conspec-tum, conspic-ere	3e conj.	Deus est.
bos, bovis	3e décl.	Amo Deum.
tang-o, is, tetig-i, tac-tum, tang-ere	3e conj.	Pater amatus.
invidi-a, æ	1re décl.	Mavors conficior
tant-us, a, um	1re classe	Deus sanctus.
magnitud-o, inis	3e décl.	Liber Petri.
rugos-us, a, um	1re classe	Deus sanctus.
infl-o, as, avi, atum, are	1re conj.	Deus est.
pell-is, is	3e décl.	Amo Deum.
nat-us, i	2e décl.	Amo Deum.
su-us, a, um	1re classe	Deus sanctus.
interrog-o, as, avi, atum, are	1re conj.	Deus est.
bos, bovis	3e décl.	Doctior Petro.
sum, es, fui, esse		Deus est.
lat-us, a, um; latior, ius	2e classe	Deus est sanctus.
ill-e, a, ud; ill-ius		Deus est.
neg-o, as, avi, atum, are	1re conj.	Deus est; id eaput
intend-o, is, i, intent-um, intend-ere	3e conj.	Deus est.
cut-is, is	3e décl.	Amo Deum.
indign-or, aris, atus sum, ari	1re conj.	Pater amatus.
vol-o, vis, vol-ui, —, velle	irrég.	Deus est.
infl-o, as, avi, atum, are	1re conj.	Amo Deum.
sui, sibi, se		
rump-o, is, rup-i, rup-tum, rump-ere	3e conj.	Pater amatus.
jac-eo, es, ui, —, ere	2e conj.	Deus est.
corp-us, oris	3e décl.	Ponte lateral.

APPENDICE V.

236. Traduction latine des principaux termes de Grammaire,

POUR FACILITER AUX ENFANTS L'EMPLOI DE LA LANGUE LATINE

dans les Exercices de classe.

Ablatif	*Ablativus* (casus), *i; m.*	Interjection	*Interjectio, onis; f.*
Accusatif	*Accusativus* (casus), *i; m.*	Interrogatif	*Interrogativus, a, um.*
Actif	*Activus, a, um.*	Irrégulier	*Anomalus, a, um.*
Adjectif	*Adjectivum* (nomen), *i; n.*	Masculin	*Masculinus, a, um.*
Adverbe	*Adverbium, i; n.*	Mode	*Modus, i; m.*
Attribut	*Attributum* (nomen), *i; n.*	Mot	*Vocabulum, i; n.*
Cardinal	*Cardinalis, is, e.*	Neutre	*Neuter, tra, trum.*
Classe	*Classis, is; f.*	Nom	*Nomen, inis; n.*
Commun	*Communis, is, e.*	Nombre	*Numerus, i; m.*
Comparatif	*Comparativum, i; n.*	Nominatif	*Nominativus* (casus), *i; m.*
Composé	*Compositus, a, um.*	Numéral	*Numeralis, is, e.*
Conjonction	*Conjunctio, onis; f.*	Ordinal	*Ordinalis, is, e.*
Conjugaison	*Conjugatio, onis; f.*	Parfait	*Perfectum* (temp.), *i; n.*
Datif	*Dativus* (casus), *i; m.*	Participe	*Participium, i; n.*
Déclinaison	*Declinatio, onis; f.*	Passif	*Passivus, a, um.*
Défectif	*Defectivus, a, um.*	Passé	*Perfectum* (temp.), *i; n.*
Démonstr.	*Demonstrativus, a, um.*	Personne	*Persona, æ; f.*
Déponent	*Deponens, entis.*	Personnel	*Personalis, is, e.*
Dérivé	*Derivatus, a, um.*	Pluriel	*Pluralis, is, e.*
Désidératif	*Desiderativus, a, um.*	Plus-que-p.	*Plusquam perfectum, i; n.*
Diminutif	*Diminutivus, a, um.*	Préposition	*Præpositio, onis; f.*
Distributif	*Distributivus, a, um.*	Présent	*Præsens* (temp.), *entis; n.*
Exemple	*Exemplum, i; n.*	Primitif	*Primitivus, a, um.*
Féminin	*Femininus, a, um.*	Pronom	*Pronomen, inis; n.*
Fréquentat.	*Frequentativus, a, um.*	Régulier	*Regularis, is, e.*
Futur	*Futurum* (tempus), *i; n.*	Relatif	*Relativus, a, um.*
Futur passé	*Futurum præteritum, i; n.*	Singulier	*Singularis, is, e.*
Génitif	*Genitivus* (casus), *i; m.*	Subjonctif	*Subjunctivus* (mod.), *i; m.*
Genre	*Genus, eris; n.*	Substantif	*Substantivum* (nom.), *i; n.*
Gérondif	*Gerundium, i; n.*	Superlatif	*Superlativum, i; n.*
Imparfait	*Imperfectum* (temp.), *i; n.*	Supin	*Supinum, i; n.*
Impératif	*Imperativus* (mod.), *i; m.*	Syncope	*Syncope, es; f.*
Imperson.	*Impersonalis, is, e.*	Temps	*Tempus, oris; n.*
Inchoatif	*Inchoativus, a, um.*	Verbe	*Verbum, i; n.*
Indicatif	*Indicativus* (mod.), *i; m.*	Vocatif	*Vocativus* (casus), *i; m.*
Infinitif	*Infinitivus* (mod.), *i; m.*	Voix	*Vox, vocis; f.*

APPENDICE VI.
PRONONCIATION ET QUANTITÉ.

N. B. Pour que les enfants puissent s'habituer de bonne heure à bien prononcer le latin, il faut qu'ils aient, dès les premières classes, quelques règles générales sur la place de l'accent et sur la quantité.

Règle de l'accent en latin.

237. L'*accent tonique* consiste dans l'élévation de la voix sur une des syllabes d'un mot.

1° Dans les mots de deux syllabes, l'accent se place sur la première : *rósa, cérno*.

2° Dans les mots de trois, quatre syllabes ou plus, l'accent se place sur l'avant-dernière, si elle est longue; sinon, sur la syllabe qui la précède : *amátum, Dóminus, monuérit, monuérimus*.

REMARQUE. L'avant-dernière syllabe d'un mot s'appelle *pénultième*; celle qui la précède, *antépénultième*.

Quelques règles de quantité.

238. 1ʳᵉ RÈGLE. Une voyelle suivie d'une voyelle est brève : *Dĕus, monĕo*.

2° RÈGLE. Une voyelle suivie de deux consonnes, ou des lettres *j, x, z*, est longue : *cōndo, mājor, āxis, gāza*.

3° RÈGLE. Les diphthongues sont longues : *aūdio*.

4° RÈGLE. Quantité des génitifs pluriels :
ārum (1ʳᵉ décl.) : *rosārum*; *ōrum* (2ᵉ décl.) : *dominōrum*; *ērum* (5ᵉ décl.) : *diērum*.

5° RÈGLE. Quantité des infinitifs :
āre, āri (1ʳᵉ c.) : am-*āre, āri*;   *ĕre, i* (3ᵉ c.) : leg-*ĕre, i*;
ēre ēri (2ᵉ c.) : mon-*ēre, ēri*;   *īre, īri* (4ᵉ c.) : aud-*īre, īri*.

---

237. En quoi consiste l'accent tonique? Quelles sont les deux règles de l'accent?

238. Quelle est la quantité 1° d'une voyelle suivie d'une voyelle? 2° d'une voyelle suivie de deux consonnes ou des lettres *j, x, z*? 3° des diphthongues? 4° des génitifs pluriels? 5° des infinitifs? 6° des imparfaits et des futurs? 7° des parfaits et des supins? 8° des temps en *eram, erim, ero*?

6° Règle. Quantité des imparfaits de l'indicatif, des futurs de l'indicatif, des imparfaits du subjonctif :

ābam, ābo, ārem (1ʳᵉ c.) : am-ābam, ābo, ārem ;
ēbam, ēbo, ērem (2° c.) : mon-ēbam, ēbo, ērem ;
ĕbam, —, ĕrem (3° c.) : leg-ĕbam, —, ĕrem ;
iēbam, —, īrem (4° c.) : aud-iēbam, —, īrem.

7° Règle. Quantité des parfaits et des supins :

āvi, ātum : am-āvi, ātum ; īvi, ītum : aud-īvi, ītum ;
ēvi, ētum : del-ēvi, ētum ; ŭi, ĭtum ; mon-ŭi, ĭtum.

Remarque. En général, les parfaits et les supins de deux syllabes ont la première longue : vēni, vīdi, vīci, vīsum ; ils conservent cette quantité dans leurs composés.

8° Règle. E est bref dans les temps terminés en ĕram, ĕrim, ĕro.

LIVRE DEUXIÈME

SYNTAXE

239. La *syntaxe* est la partie de la grammaire qui enseigne la manière d'arranger correctement entre eux les différents mots d'une phrase.

Le mot *syntaxe* (de σύνταξις) veut dire *construction*.

La syntaxe se divise en deux parties : la syntaxe d'*accord* et la syntaxe de *régime*.

La syntaxe d'accord enseigne comment les mots s'accordent en genre, en nombre, ou en cas; et la syntaxe de régime, comment les mots se mettent à tel cas ou à tel mode, suivant qu'ils sont régis par tel ou tel autre mot.

N. B. A ces deux parties essentielles de la syntaxe, où les enfants apprennent la *correction* de la construction latine, nous ajouterons un supplément appelé *méthode*, contenant les principaux *gallicismes*, et quelques notions sur l'*élégance* du style latin.

PREMIÈRE PARTIE.

SYNTAXE D'ACCORD.

ACCORD DU SUJET AVEC LE VERBE, ET DU VERBE AVEC LE SUJET.

I. Deus est.

240. — RÈGLE. Le sujet de tout verbe personnel qui n'est pas à l'infinitif, se met au nominatif, et le verbe s'accorde en nombre et en personne avec son sujet.

Ex. : Dieu est partout, *Deus est ubique*.

1ʳᵉ REMARQUE. On sous-entend ordinairement le sujet, quand ce sujet est un pronom.

Ex. : Je suis venu, j'ai vu, j'ai vaincu; *veni, vidi, vici*. (CÆS.)

Il faut cependant exprimer le sujet, quand il y a deux verbes dont le sens est opposé, ou lorsqu'on veut insister sur la qualité de la personne qui fait l'action.

Ex. : Vous riez, moi je pleure; *tu rides, ego fleo.*
Vous, vous osez parler ainsi? *tu loqui sic audes?*

2º REMARQUE. Quand les Latins emploient *aiunt, dicunt*, on dit; *ferunt, perhibent*, on rapporte; *narrant, memorant, tradunt*, on raconte; ils sous-entendent le nominatif *homines*, les hommes.

3º REMARQUE. Quelquefois un verbe à l'infinitif, pris substantivement, tient lieu de sujet; alors le verbe se met à la troisième personne du singulier.

Ex. : *Clamare dedecet*, il ne convient pas de crier.

II. Petrus et Paulus ludunt.

241. — RÈGLE. Quand un verbe a deux ou plusieurs sujets au singulier, on met ce verbe au pluriel, parce que deux ou plusieurs singuliers valent un pluriel.

Ex. : Pierre et Paul jouent, *Petrus et Paulus ludunt.*

REMARQUE. Quelquefois on trouve le verbe au singulier, parce que l'auteur l'a fait accorder avec le sujet le plus voisin.

Ex. : *Et ego et Cicero meus te flagitabit* (Cic.); et mon petit Cicéron, et moi, nous vous le demanderons.

III. Ego et tu valemus.

242. — RÈGLE. Si les sujets d'un même verbe sont de différentes personnes, le verbe se met à la personne la plus noble.

La première est plus noble que les deux autres; la seconde est plus noble que la troisième.

Ex. : Vous et moi, nous nous portons bien; *ego et tu valemus.*
Vous et votre frère, vous causez; *tu fraterque garritis.*

REMARQUE. En français, la première personne se nomme après les autres; c'est le contraire en latin.

SYNTAXE D'ACCORD.

IV. Turba ruit ou ruunt.

243. — RÈGLE. Quand le sujet est un nom *collectif*, le verbe peut se mettre au singulier ou au pluriel.

On appelle *collectif* un nom qui, bien qu'il soit au singulier, désigne plusieurs personnes ou plusieurs choses.

Ex. : La foule se précipite, *turba ruit* ou *ruunt*.

REMARQUE. Le pluriel se rencontre surtout dans les historiens et dans les poètes.

V. Cupio matrem valere.

244. — RÈGLE. Tout verbe personnel, quand il est à l'infinitif, veut son sujet à l'accusatif.

Ex. : Je désire que ma mère se porte bien, *cupio matrem valere*.

REMARQUE. Cette phrase renferme deux propositions ; l'une est comprise dans le verbe *cupio* : c'est la proposition principale ; l'autre, qui consiste dans les mots *matrem valere*, sert de régime au verbe *cupio* ; le sujet de cette seconde proposition est *matrem*.

La proposition dont le verbe est à l'infinitif se nomme proposition *infinitive*. (On en parlera plus amplement au chapitre qui traite de l'emploi des modes ; 359, 360).

ACCORD DE L'ADJECTIF AVEC LE SUBSTANTIF.

I. Deus sanctus.

245. — RÈGLE. L'adjectif s'accorde en genre, en nombre et en cas, avec le substantif auquel il se rapporte.

Ex. : Dieu saint, *Deus sanctus* ; du Dieu saint, *Dei sancti*.
La Vierge sainte, *Virgo sancta* ; de la Vierge sainte, *Virginis sanctæ*.
Le temple saint, *templum sanctum* ; du temple saint, *templi sancti* ; les temples saints, *templa sancta*.

1re REMARQUE. La règle de l'adjectif s'applique aussi aux pronoms, quand ils sont employés comme adjectifs, et à tous les participes.

Ex. : O ma mère, *o mater mea* ! Ces hommes, *isti homines*.
Quelle maison ? *quæ domus* ?
Jésus-Christ mourant, *Jesus Christus moriens*.

2° REMARQUE. Lorsqu'en français le mot *choses* (au pluriel) est accompagné d'un adjectif, on peut mettre l'adjectif au pluriel neutre, et sous-entendre le mot *negotia*.

Ex. : Toutes les choses, *omnia*; de grandes choses, *magna*; plusieurs choses, *plura*, etc.

Le mot *tout*, signifiant *toutes choses*, peut se rendre par *omnia*.

On traduit souvent de même [illegible]

Mais ces adjectifs pluriels neutres peuvent s'employer seulement aux cas terminés en *a*. Au génitif, par exemple, il faut exprimer le substantif, et dire *omnium rerum*.

[illegible]

Rem. — Lorsqu'un adjectif se rapporte à plusieurs substantifs du même genre, il se met au pluriel de ce genre.

Ex. : Un père et un fils également bons, [illegible] une mère et une fille également bonnes, [illegible]

[illegible]

237. — [illegible] les substantifs auxquels il se rapporte sont de genres différents [illegible] des êtres animés, l'adjectif se met au pluriel [illegible] le plus noble.

Le masculin est plus noble que les deux autres genres, le féminin [illegible]

Ex. : [illegible]

[illegible]

SYNTAXE D'ACCORD.   209

1re REMARQUE. Souvent on trouve l'adjectif s'accordant en genre et en nombre avec le substantif le plus voisin.

Ex. : Je vois que les visages et les yeux sont tournés vers moi; *video... in me... ora atque oculos esse conversos.* (Cic.)

Cela se fait surtout, lorsque, comme dans l'exemple cité, un substantif neutre est suivi d'un substantif masculin ou féminin.

2e REMARQUE. Quand un adjectif se rapporte à un nom collectif, il peut, en gardant le cas du collectif, s'accorder en genre et en nombre avec le complément de ce collectif exprimé ou sous-entendu.

Ex. : Les uns paresseux, les autres diligents (s.-ent. élèves); *pars pigri, pars strenui* (s.-ent. *discipulorum*).

Beaucoup d'ennemis furent tués, *magnus numerus hostium occisi sunt.*

Cet accord a lieu surtout dans les historiens et dans les poètes.

ACCORD DU PRONOM RELATIF AVEC SON ANTÉCÉDENT.

I. Deus qui regnat.

249. — RÈGLE. Le pronom relatif *qui, quæ, quod*, s'accorde en genre et en nombre avec le nom ou le pronom qui précède, et que l'on nomme antécédent.

Ex. : Dieu qui règne, *Deus qui regnat.*
Dieu que j'aime, *Deus quem amo.*

N. B. Le cas du relatif est déterminé par le verbe qui suit (388).

1re REMARQUE. La règle du relatif s'applique aussi aux pronoms possessifs, démonstratifs, interrogatifs ou indéfinis.

Ex. : Alexandre fut un grand capitaine; c'est lui qui vainquit Darius; *dux magnus fuit Alexander; is Darium vicit.*

2e REMARQUE. Quelquefois on trouve le relatif s'accordant, non pas avec son antécédent, mais avec un autre nom qui en précise le sens.

Ex. : *Thebæ, quod Bœotiæ caput est* (Liv.); Thèbes, qui est la capitale de la Béotie.

Animal hoc... plenum rationis et consilii, quem vocamus hominem (Cic.); cet être animé, plein de raison et de sagesse, que nous appelons homme.

II. Ego sum qui feci.

250. — RÈGLE. Lorsque le relatif *qui, quæ, quod*, est sujet, il est de la même personne que son antécédent.

Ex. : C'est moi qui l'ai fait, *ego sum qui feci.*
C'est toi qui l'as fait, *tu es qui fecisti.*
C'est lui qui l'a fait, *ipse est qui fecit;* etc.

III. Pater et mater qui adsunt.

251. — RÈGLE. Lorsque le relatif *qui, quæ, quod*, a deux ou plusieurs antécédents, on le met au pluriel; et si les antécédents sont de différents genres et désignent des êtres animés, le relatif s'accorde avec le genre le plus noble.

Ex. : Le père et la mère qui sont ici, *pater et mater qui adsunt.*

IV. Virtus et vitium quæ sunt contraria.

252. — RÈGLE. Si les antécédents sont des noms de choses inanimées et de genres différents, le relatif se met au pluriel neutre.

Ex. : La vertu et le vice qui sont contraires entre eux, *virtus et vitium quæ sunt inter se contraria.*

REMARQUE. Quand le relatif se rapporte à plusieurs antécédents, il s'accorde quelquefois, comme l'adjectif (248), avec l'antécédent le plus voisin.

ACCORD DU SUBSTANTIF AVEC UN SUBSTANTIF.

Ludovicus, rex.

253. — RÈGLE. Quand un substantif qualifie un autre substantif, ils se mettent tous les deux au même cas. C'est ce qu'on appelle la règle d'*apposition*.

Ex. : Louis, roi; *Ludovicus, rex*; de Louis, roi; *Ludovici, regis.*
Le mont Olympe, *mons Olympus*; sur le mont Olympe, *in monte Olympo.*

REMARQUE. Lorsque la préposition *de*, placée entre deux noms, peut se tourner par les mots *qui s'appelle*, comme dans l'exemple, *la ville de Rome*, les deux noms se mettent au même cas; parce que le second qualifie le premier; c'est encore la règle d'*apposition*.

Ex. : La ville de Rome, c'est-à-dire, la ville qui s'appelle Rome, *urbs Roma.*

SYNTAXE D'ACCORD.

ACCORD DE L'ATTRIBUT AVEC LE SUJET.

I. Deus est sanctus.

254. — RÈGLE. L'attribut se met au même cas que le sujet; si l'attribut est un adjectif, il s'accorde avec le sujet non-seulement en cas, mais encore en genre et en nombre.

Ex. : Dieu est saint, *Deus est sanctus;* Dieu est Créateur, *Deus est Creator.*
Je crois que Dieu est saint, *credo Deum esse sanctum;* je crois que Dieu est Créateur, *credo Deum esse Creatorem.*

REMARQUE. Si l'attribut est un adjectif, et le sujet un infinitif, l'adjectif se met au neutre singulier, parce que l'infinitif est regardé comme un substantif neutre singulier.

Ex. : Il est honteux de mentir; *tournez*, mentir est honteux, *turpe est mentiri.*

La même règle s'observe dans le cas où une proposition infinitive tient lieu de sujet. Il est honteux d'être paresseux, *turpe est esse pigrum* (sous-entendu *hominem*).

II. Ego nominor Leo. — Graculus rediit mœrens.

255. — RÈGLE. Lorsque les verbes appellatifs, comme *nominor, vocor,* etc., et les verbes à sens neutre, comme *fio, redeo, vivo, videor,* etc., sont suivis d'un nom qui qualifie le sujet, ce nom se met au même cas que le sujet; s'ils sont suivis d'un adjectif, cet adjectif s'accorde avec le sujet, non-seulement en cas, mais encore en genre et en nombre.

Ex. : Je m'appelle Lion, *ego nominor Leo.*
Nous l'appelons Lion, *eum nominamus Leonem.*
Le geai revint triste, *graculus rediit mœrens.*
On dit qu'Aristide mourut pauvre, *dicunt Aristidem mortuum esse pauperem.*

REMARQUE. Lorsque le verbe appellatif ou neutre est à l'infinitif, en formant une seule proposition avec le verbe personnel dont il dépend, l'attribut s'accorde avec le sujet du verbe principal.

Ex. : Je veux être le premier, *volo esse primus.*
Socrate peut être appelé le père de la philosophie, *Socrates... parens philosophiæ dici potest.* (CIC.)

ACCORD DE LA RÉPONSE AVEC LA DEMANDE.

Quis te redemit? — Jesus Christus.

256. — Règle. Le nom de la réponse se met au même cas que celui de la demande; s'il y a une préposition, on la répète.

Ex. : Qui vous a racheté? — Jésus-Christ. *Quis te redemit? — Jesus Christus.*

Par qui avez-vous été racheté? — Par Jésus-Christ. *A quo redemptus es? — A Jesu Christo.*

Le verbe de la demande est toujours sous-entendu dans la réponse. Ainsi, lorsqu'à la demande : Qui vous a racheté? on répond : Jésus-Christ, c'est comme si l'on disait : Jésus-Christ m'a racheté.

Remarque. Avec les verbes impersonnels *est*, *interest*, *refert*, etc., avec les verbes de prix et d'estime, et dans les questions de lieu, la réponse se met à un autre cas que la demande, lorsqu'elle se fait par un mot d'une autre espèce, et soumis à une règle particulière.

Ex. : A qui est-ce à parler? — A vous. *Cujus est loqui? — Tuum.* (298)

A qui importe-t-il de partir? — A moi. *Cujus interest proficisci? — Meā.* (299)

Combien vous a coûté ce livre? — Vingt sous. *Quanti tibi constitit hic liber? — Viginti assibus.* (338)

Dans quelle ville est-il né? — A Rome. *In quā urbe natus est? — Romæ.* (317)

SECONDE PARTIE.

SYNTAXE DE RÉGIME.

257. On appelle *régime*, un mot qui dépend immédiatement d'un autre mot dont il complète le sens. (Acad.)

Ex. : *Le livre de Pierre*; le mot *Pierre* est régime du mot *livre*.

Plein de vin; le mot *vin* est régime du mot *plein*.

Les verbes ont deux espèces de régime : un régime *direct* et un régime *indirect*.

Le régime *direct* est celui sur lequel l'action du verbe tombe directement, qui est l'objet immédiat de cette action. (Acad.)

Ex. : *J'aime Dieu*; le mot *Dieu* exprime l'objet sur lequel l'action du verbe *j'aime* tombe directement; il en est le régime direct.

Le régime *indirect* est celui sur lequel l'action du verbe ne tombe pas directement. (Acad.)

Ex. : *Je donne un habit au pauvre*; l'action du verbe *je donne*, tombant directement sur le mot *habit*, ne tombe qu'indirectement sur *pauvre*; le mot *pauvre* est le régime indirect du verbe *je donne*.

258. Outre le régime proprement dit, il peut y avoir dans la phrase un régime improprement dit, qu'on appelle *complément*.

Le complément est un mot ou un ensemble de mots, qui complète l'idée principale, en énonçant les circonstances accessoires.

Ex. : *J'ai donné, ce matin, un habit de laine au pauvre grelottant de froid dans la rue*; les mots *ce matin, de laine, de froid, dans la rue*, sont des compléments, parce qu'ils énoncent les circonstances de temps, de matière, de cause, de lieu, qui complètent l'idée principale : *j'ai donné un habit au pauvre*.

CHAPITRE PREMIER.

RÉGIME DU SUBSTANTIF.

GÉNITIF.
Liber Petri.

259. — RÈGLE. Le régime d'un nom se met au génitif.

Ex. : Le livre de Pierre, *liber Petri.*
   La main de l'enfant, *manus pueri.*

On reconnaît ordinairement qu'un nom est régime d'un autre nom, lorsqu'il est uni à ce nom par la préposition *de*, indiquant un rapport de dépendance, et que tous deux ils désignent des objets différents.

REMARQUE. Quand un nom a pour régime un infinitif (qui lui est ordinairement uni par la préposition *de*), cet infinitif se met en latin au gérondif en *di* (363).

Ex. : Le temps de lire, *tempus legendi.*

GÉNITIF OU ABLATIF.
Puer egregiæ indolis ou egregia indole.

260. — RÈGLE. Lorsque deux substantifs sont unis par la préposition *de*, et que le second exprime une qualité ou un défaut du premier, on peut mettre le second au génitif ou à l'ablatif.

Ex. : Un enfant d'un bon naturel, *puer egregiæ indolis* ou *egregiā indole.*

Un enfant d'un mauvais naturel, *puer pravæ indolis* ou *pravā indole.*

REMARQUE. Si le second substantif exprime une qualité ou un défaut du corps, il est mieux de le mettre à l'ablatif.

Ex. : Un homme d'une haute taille, *homo procero corpore.*

L'ablatif est nécessaire, si le second substantif marque l'origine, la nation ou la profession.

Ex. : Un homme, gaulois de nation, de condition noble, statuaire de profession; *homo, gallus natione, genere nobili, statuarius artificio.*

CHAPITRE DEUXIÈME.

RÉGIME DE L'ADJECTIF.

GÉNITIF.
I. Avidus laudum.

261. — RÈGLE. Les adjectifs *avidus*, avide; *cupidus*, désireux; *doctus*, savant; *ignarus*, ignorant; *peritus*, habile dans; *expers*, manquant de; *memor*, se souvenant de; *immemor*, qui ne se souvient pas; et en général, tous ceux qui signifient la science ou l'ignorance, la participation ou la privation, gouvernent le génitif[1].

Ex. : Avide de louanges, *avidus laudum*.

1re REMARQUE. Aux adjectifs qui gouvernent le génitif, il faut encore ajouter *compos*, qui est maître de; *impos*, qui n'est pas maître de; *reus*, accusé de; et plusieurs autres en *ax*, *ius*, *idus*, *osus*.

2e REMARQUE. Quand, en français, les adjectifs qui gouvernent le génitif ont pour régime un infinitif, cet infinitif se met en latin au gérondif en *di* (363).

Ex. : Curieux de voir, *cupidus videndi*.

GÉNITIF OU DATIF.
II. Similis patris ou patri.

262. — RÈGLE. *Similis*, semblable, et ses composés; *affinis*, allié (de famille); *communis*, commun; *proprius*, propre; gouvernent le génitif ou le datif.

Ex. : Semblable à son père, *similis patris* ou *patri*.

GÉNITIF OU ABLATIF.
III. Plenus vini ou vino.

263. — RÈGLE. Les adjectifs qui expriment l'abondance ou la disette, comme *plenus*, plein de; *inops*, manquant de; gouvernent le génitif ou l'ablatif. (501, 2°)

Ex. : Plein de vin, *plenus vini* ou *vino*.

---

[1] Pour la liste des adjectifs qui gouvernent le génitif, voir 501, 1°.

PARTITIFS et ADJECTIFS NUMÉRAUX.

IV. Unus militum, ou ex militibus, ou de militibus.

264. — RÈGLE. Les mots que l'on appelle partitifs, c'est-à-dire, qui marquent la partie d'un tout, et les adjectifs numéraux employés comme partitifs, gouvernent le génitif, ou l'ablatif avec *e* (ou *ex*) ou *de*. (501, 3°)

Ex. : Un des soldats, *unus militum*, ou *ex militibus*, ou *de militibus*.

Qui de nous? *quis nostrûm*, ou *ex nobis*, ou *de nobis*?

Un seul homme de la ville, *unus (vir) civitatis*, *ex* ou *de civitate*.

SUPERLATIFS.

V. Altissima arborum, ou ex arboribus, ou inter arbores.

265. — RÈGLE. Le superlatif veut son régime au génitif, ou à l'ablatif avec *e* ou *ex*, ou bien, si le régime est au pluriel, à l'accusatif avec *inter*.

Ex. : Le plus haut des arbres, *altissima arborum*, ou *ex arboribus*, ou *inter arbores*.

Le plus riche de la ville, *ditissimus urbis*, ou *ex urbe*.

1re REMARQUE. Le superlatif s'accorde en genre et en nombre avec le substantif qu'il qualifie; il peut aussi s'accorder en genre avec son régime, lorsque ce régime peut être regardé comme sous-entendu.

Ex. : Le lion est le plus courageux des animaux, *leo est fortissimus animalium*, ou *leo est fortissimum (animal) animalium*.

La rose est la plus belle des fleurs, *rosa est pulcherrima florum*, ou *rosa est florum (flos) pulcherrimus*.

2e REMARQUE. L'adjectif qui est au superlatif, peut avoir son régime propre, outre celui du superlatif.

Ex. : Il est de tous le plus habile au jeu, à nager; *est omnium peritissimus ludi, natandi*. (261)

RÉGIME DE L'ADJECTIF.

DATIF.

I. Mihi utile est.

266. — RÈGLE. *Utilis*, utile; *iratus*, irrité contre; *gratus*, agréable; *fidelis*, fidèle; *par*, égal; *assuetus*, habitué à; et généralement les adjectifs qui expriment l'utilité, la faveur, le plaisir, la fidélité, l'égalité ou leurs contraires, gouvernent le datif. (501, 4°)

Ex. : Cela m'est utile, *id mihi utile est.*

1ʳᵉ REMARQUE. Quand *amicus, inimicus, æqualis, finitimus,* s'emploient substantivement, ils gouvernent le génitif (259).

Ex. : Les amis de César, *amici Cæsaris.*

2ᵉ REMARQUE. *Utilis* et *inutilis*, quand ils ont pour régime un nom de chose, gouvernent ou le datif, ou l'accusatif avec *ad* (268).

Ex. : Cela est inutile pour la vie, *id inutile est vitæ* ou *ad vitam.*

II. Porta tibi pervia est.

267. — RÈGLE. *Pervius*, ouvert à; *obvius*, qui va à la rencontre de; *obnoxius*, exposé à; *supplex*, suppliant; gouvernent aussi le datif, ainsi que les adjectifs en *bilis*, et plusieurs autres, composés de la préposition *cum.*

Ex. : La porte vous est ouverte, *porta tibi pervia est.*

REMARQUE. Quand, en français, les adjectifs qui gouvernent le datif ont pour régime un infinitif, cet infinitif se met en latin au gérondif en *do* (364).

Ex. : Accoutumé à travailler, *assuetus laborando.*

DATIF OU ACCUSATIF avec AD.

Natus armis ou natus ad arma.

268. — RÈGLE. *Natus*, né pour; *aptus*, propre à; *propensus*, porté à; et, en général, les adjectifs qui marquent un penchant ou une aptitude, gouvernent le datif ou l'accusatif avec *ad*, si le régime est un nom de chose; le datif seulement, si le régime est un nom de personne. (501, 5°)

Ex. : Né pour les armes, *natus armis* ou *natus ad arma.*

REMARQUE. Quand, en français, les adjectifs qui gouvernent l'accusatif avec *ad*, ont pour régime un infinitif, cet infinitif se met en latin au gérondif en *dum*, précédé de la préposition *ad.* (365)

Ex. : Prompt à se mettre en colère, *promptus ad irascendum.*

RÉGIME DE L'ADJECTIF.

ACCUSATIF OU ABLATIF.

Velum longum tres ulnas ou tribus ulnis.

269. — RÈGLE. Les adjectifs *long, large, haut, profond, épais*, veulent en latin le nom de la mesure, qui est leur régime, à l'accusatif ou à l'ablatif. (501, 6°)

Ex. : Un voile long de trois aunes, *velum longum tres ulnas ou tribus ulnis*.

ABLATIF SANS PRÉPOSITION.

I. Virtute præditus.

270. — RÈGLE. *Præditus*, doué de ; *dignus*, digne de ; *indignus*, indigne de ; *contentus*, content de ; *fretus*, fort de ; *onustus*, chargé de ; et les adjectifs qui marquent l'origine, comme *natus, satus, ortus*, né de, issu de, sorti de, etc., gouvernent l'ablatif.

Ex. : Jeune homme doué de vertu, *adolescens, virtute præditus*.

Digne de louange, *dignus laude*.

II. Mihi opus est amico.

271. — RÈGLE. *Opus*, joint à l'impersonnel *est* (il est besoin, il faut), veut son régime à l'ablatif ; le nom de la personne qui a besoin de quelque chose, se met au datif.

Ex. : J'ai besoin d'un ami, *tournez*, il est besoin à moi d'un ami, *mihi opus est amico*.

1re REMARQUE. *Opus* se trouve aussi comme attribut après le verbe *sum* employé personnellement, alors la personne ou la chose dont on a besoin se met au nominatif, comme sujet.

Ex. : J'ai besoin d'un ami, *amicus mihi opus est*.

Il vous faut beaucoup de choses, *multa tibi opus sunt*.

2e REMARQUE. *Opus est* se construit élégamment avec l'ablatif singulier du participe passé, quand en français le régime est un infinitif.

Ex. : Il faut commencer, délibérer, parler, agir ; *opus est incepto, consulto, dicto, facto*.

ABLATIF AVEC LA PRÉPOSITION *A* ou *AB*.
Sextus a Romulo.

272. — Règle. Les adjectifs qui expriment le rang, la diversité, la distance, gouvernent l'ablatif avec *a* ou *ab*.

Ex. : Le sixième après Romulus, *sextus a Romulo*.
Étranger aux sciences, *alienus a scientiis*.
Éloigné de Carthage, *a Carthagine distans*.

Remarque. Quelques adjectifs gouvernent indifféremment plusieurs cas. Ainsi : *securus*, sans souci de, *immunis*, exempt de, *inops*, dénué de, *vacuus*, privé de, gouvernent ou le génitif, ou l'ablatif avec *a* ou *ab*; *liber*, libre de, *extorris*, chassé de, *orbus*, privé de, *nudus*, dépouillé de, gouvernent l'ablatif, seul ou accompagné de la préposition *a* ou *ab*; *alienus*, outre l'ablatif avec *a* ou *ab*, admet encore le génitif ou le datif.

COMPARATIFS.
I. Doctior Petro.

273. — Règle. Si le comparatif est exprimé par un seul mot latin, on met son régime à l'ablatif en supprimant *que*.

Ex. : Plus savant que Pierre, *doctior Petro*.

II. Magis pius quam tu.

274. — Règle. Si le comparatif est exprimé en latin par *magis* ajouté au positif, il faut traduire *que* par *quam*, en mettant après *quam* le cas que demande le verbe exprimé ou sous-entendu dans le second membre de la comparaison.

Ex. : Il est plus pieux que vous, *magis pius est quam tu* (s.-ent. *es*).

Cette construction peut aussi s'employer quand le comparatif est exprimé par un seul mot latin; quelquefois même elle est nécessaire, pour éviter un contre-sens.

Ex. : Paul est plus savant que Pierre, *Paulus est doctior Petro*, ou *doctior quam Petrus* (s.-ent. *est*).
J'ai un plus beau cheval que vous, *habeo equum pulchriorem quam tu* (s.-ent. *habes*); et non pas : *pulchriorem te*.

Autres Exemples :

Je n'ai pas vu d'homme plus rusé que Phormion, *callidiorem vidi neminem quam Phormionem* (s.-ent. *vidi*). (Ter.)

Ils envoyèrent un général plus téméraire qu'habile, *miserunt ducem magis temerarium quam peritum* (s.-ent. *miserunt*).

J'ai une maison plus belle que la vôtre, *habeo domum tuā pulchriorem*, ou *pulchriorem quam tua est.*

N. B. Dans les cas où le premier verbe ne peut être sous-entendu d'aucune manière, comme dans l'exemple précédent, il faut exprimer le verbe *sum* après *quam*.

1re Remarque. Si le comparatif est exprimé en latin par un seul mot, l'adjectif qui suit la conjonction *que* en français se met aussi au comparatif, et au même cas que le premier ; il en est de même pour les adverbes.

Ex. : Plus heureux que prudent, *felicior quam prudentior*.
Plus heureusement que prudemment, *felicius quam prudentius*.

2e Remarque. Si le comparatif est suivi d'un verbe qui lui sert de régime, on traduit *que* par *quam*, et l'on met en latin le verbe au même mode et au même temps qu'en français.

Ex. : Il est plus savant que vous ne pensez, *doctior est quam putas*. (On ne traduit pas *ne*.)

Les locutions *plus tôt qu'on ne pensait, qu'on n'espérait, qu'on ne disait, qu'il n'était juste*, etc., *plus tôt que de coutume*, etc., se rendent de même par *citius quam putabant* ou *putabatur, quam sperabant* ou *sperabatur*, etc. ; ou encore, suivant la règle, par *citius opinione, spe, dicto, æquo* ou *justo, solito*, etc.

3e Remarque. Quand on ne parle que de deux personnes ou de deux choses, au lieu du superlatif qui est en français, on met le comparatif en latin ; et si ce comparatif est pris partitivement, il gouverne, comme les partitifs, le génitif, ou l'ablatif avec *e* ou *ex*.

Ex. : La plus forte des deux mains, *validior manuum*.
L'aîné, le plus jeune de ses deux fils, *natu major, natu minor filiorum*, ou *e duobus filiis*.

C'est par la même analogie que l'on dit en latin : Scipion l'ancien, *Scipio major*; Scipion le jeune, *Scipio minor*; la grande, la petite Phrygie, *Phrygia major, minor*; le premier, le second, *prior, posterior*; etc.

4e Remarque. Quand l'adjectif français se rend en latin par un nom accompagné d'un adjectif, comme vertueux, *virtute præditus*, on exprime *plus* par *major*, *moins* par *minor*, que l'on fait accorder avec le nom; *que* se rend par *quam*.

Ex. : Plus vertueux, moins vertueux que vous ; *majore, minore virtute præditus quam tu*.

RÉGIME DE L'ADJECTIF.

275. APPENDICE.

I. COMPARATIF D'INFÉRIORITÉ.

Moins devant un adjectif s'exprime par *minus*, et la conjonction *que* par *quam*; la construction est la même qu'avec *magis*.

Ex. : Cet arbre est moins élevé que la maison, *hæc arbor est minus excelsa quam domus* (s.-ent. *est*).

II. COMPARATIF D'ÉGALITÉ.

Aussi, suivi de *que*, indiquant un comparatif d'égalité, s'exprime ordinairement par *tam*, et la conjonction *que* par *quam*.

Ex. : Le maître est aussi doux que savant, *magister est tam blandus quam doctus*.

ABLATIF DE PARTIE, D'ORIGINE, DE QUALITÉ OU DE DÉFAUT.

Parvus corpore.

276. — RÈGLE. Quand un adjectif a pour régime un nom qui marque la partie, l'origine, une qualité ou un défaut, ce nom se met à l'ablatif.

Ex. : Je suis petit de corps, *parvus sum corpore*.
Illustres par leur naissance, fameux par leurs vices ;
insignes genere, vitiis nobiles. (CIC.)

ACCUSATIF GREC.

REMARQUE. L'ablatif de partie, c'est-à-dire celui qui indique le corps ou une de ses parties, l'âme ou une de ses facultés, est très-souvent et très-élégamment remplacé en poésie par l'accusatif.

Ex. : Il vient, le front joyeux ; *venit, frontem lætus*.

Cet accusatif s'appelle *accusatif grec*, parce qu'il est emprunté du grec, où il est très-fréquent. Il est régi en latin par la préposition *secundum* (selon, quant à) sous-entendue, comme en grec il est régi par κατά (selon, quant à) également sous-entendu : *venit, (secundum) frontem lætus*, il vient, joyeux quant au front (pour *fronte lætus*).

L'accusatif grec ne peut s'employer que pour l'ablatif de partie. On ne pourrait donc pas traduire : *rapide à la course*, par *cursum rapidus*, parce que *la course* n'est ni une partie du corps, ni une faculté de l'âme.

CHAPITRE TROISIÈME.

RÉGIMES DU VERBE.

277. Les verbes, sous le rapport de la syntaxe, se divisent en trois grandes classes : les verbes *actifs*, les verbes *passifs* et les verbes *neutres*.

Les verbes *déponents* et les verbes *impersonnels* ne forment pas des classes à part; ils sont, en effet, ou actifs ou neutres.

Le verbe *actif* (de *agere*, agir) est un verbe qui exprime une *action* que le sujet exerce *directement* sur un objet, appelé pour cela *régime direct*.

Cette action directe sur le régime se marque en latin par l'*accusatif*.

Ex. : J'aime Dieu, *amo Deum*.

Le verbe *passif*, (de *patior*, souffrir) est un verbe qui exprime l'action comme *soufferte* ou *reçue* par le sujet.

Ex. : Paul est battu par son frère, *Paulus a fratre suo verberatur*.

Le verbe *neutre* (de *neuter*, ni l'un, ni l'autre) est un verbe qui n'est ni actif, ni passif.

Le verbe *neutre* exprime ou un état, comme *sto* (être debout); ou une action qui ne sort pas du sujet, comme *curro* (courir); ou bien encore une action qui sort du sujet, mais que le verbe communique indirectement à un autre objet. Cette action indirecte sur le régime se marque en latin par le *génitif*, le *datif* ou l'*ablatif*, ou bien par le moyen d'une préposition.

Ex. : Obéir à quelqu'un, *obedire alicui*; je me sers de livres, *utor libris*; lutter avec l'ennemi, *pugnare cum hoste*.

N. B. Dans la syntaxe, nous rangerons avec le verbe actif tous les verbes qui, comme lui, gouvernent l'accusatif, quelles que soient d'ailleurs leur nature et leur forme.

Certains verbes sont actifs en français, tandis que leurs correspondants latins sont neutres, et réciproquement.

Ex. : Favoriser quelqu'un, *favere alicui*; secourir quelqu'un, *succurrere*, *auxiliari* ou *opitulari alicui*.

Rire de quelqu'un, se moquer de quelqu'un, *ridere* ou *deridere aliquem*.

Les adjectifs de prix sont : *magni*, cher, beaucoup ; *maximi*, *plurimi*, très-cher, le plus cher ; *pluris*, plus cher, plus ; *parvi*, peu cher, peu ; *minoris*, moins cher, moins ; *minimi*, très-peu cher, très-peu ; *tanti*, tant, aussi cher ; *tantidem*, autant, au même prix ; *quanti*, combien, que ; *quanticumque*, à quelque prix que ce soit.

1re REMARQUE. On dit encore : *nihili aliquem facere*, *pendere*, mépriser quelqu'un ; *non hujus*, *non flocci*, *non pauci*, *non pili*, *non assis facere aliquem* ou *aliquid*, ne tenir aucun compte, ne faire aucun cas de quelqu'un ou de quelque chose.

2e REMARQUE. *Æstimare* admet aussi les ablatifs *magno*, *permagno*, *parvo*, *nihilo*, et *magno pretio*, *parvo pretio*, etc. ; on trouve aussi : *pro nihilo habeo*, *puto*, *duco aliquem* ou *aliquid*.

GÉNITIF OU ABLATIF.
Admonui cum periculi ou de periculo.

285. — RÈGLE. Les verbes *admoneo*, *commoneo*, avertir, veulent leur régime indirect au génitif ou à l'ablatif avec *de*.

Ex. : Je l'ai averti du danger, *admonui eum periculi ou de periculo*.

REMARQUE. La même construction a lieu avec l'expression *certiorem facio*, informer (de l'adjectif *certus*, 261).

Ex. : Plût à Dieu que j'eusse été informé de votre dessein ! *Utinam factus essem tui consilii* ou *de tuo consilio certior !*
Commonefacio, avertir, ne se construit qu'avec le génitif.

DATIF.
I. Do vestem pauperi.

286. — RÈGLE. Les verbes actifs qui signifient *donner*, *promettre*, *déclarer*, *unir*, *ordonner*, veulent leur régime indirect, ordinairement marqué par à, au datif. (502, 6°)

Ex. : Je donne un habit au pauvre, *do vestem pauperi*.
Dieu promet une vie éternelle au juste, *Deus vitam æternam justo promittit* (ou *pollicetur*).

1re REMARQUE. *Jubeo*, ordonner, et *veto*, défendre, ne se construisent jamais avec le datif, mais avec un infinitif, auquel on donne pour sujet, à l'accusatif, le nom de la personne à laquelle s'adresse l'ordre ou la défense.

Ex. : Je vous ordonne de partir, *jubeo te proficisci*.
Je vous défends de partir, *veto te proficisci*.
J'ai ordonné, j'ai défendu de le mettre à mort, qu'il fût mis à mort ; *jussi, vetui eum occidi*.

RÉGIMES DU VERBE ACTIF.

On dit aussi : *Jubere rem* (s.-ent. *fieri*), ordonner une chose; *jubere aliquem consulem* (s.-ent. *fieri*), créer quelqu'un consul.

2° REMARQUE. Les verbes *minari*, menacer; *gratulari*, féliciter; avec leurs composés et leurs dérivés, veulent au datif le nom de la personne, et à l'accusatif le nom de la chose.

Ex. : Menacer quelqu'un de la mort, *minari mortem alicui.*

Féliciter quelqu'un de sa victoire, *gratulari victoriam alicui.*

Lorsque le verbe est au passif en français, il faut tourner par l'actif en latin : je suis menacé par l'ennemi, *hostis mihi minatur,* de la mort, *mortem.*

3° REMARQUE. Les trois verbes *scribo, mitto, fero,* veulent leur régime indirect au datif ou à l'accusatif avec *ad.*

Ex. : Je vous écris une lettre, *scribo tibi* ou *ad te epistolam.*

4° REMARQUE. Les verbes *do, verto, tribuo,* attribuer, et *duco,* signifiant *juger,* ont souvent en latin, outre leur régime direct à l'accusatif, deux régimes indirects au datif.

Ex. : Il m'a fait un crime de ma bonne foi, *crimini dedit mihi meam fidem.*

Blâmer quelqu'un de quelque chose, *vitio vertere aliquid alicui.*

On dit de même : *do, verto, tribuo tibi hoc laudi, culpæ, honori, gloriæ, damno,* etc.; *do tibi hoc pignori, fœnori,* etc.

II. Antepone honorem pecuniæ.

287. — RÈGLE. Presque tous les verbes actifs composés des prépositions *ad, in, ob, præ, sub, ante, post,* veulent leur régime indirect au datif. (502, 7°)

Ex. : Préférez toujours l'honneur à l'argent, *antepone semper honorem pecuniæ.*

DOUBLE ACCUSATIF.
Doceo pueros grammaticam.

288. — RÈGLE. *Doceo,* enseigner, et ses composés; *moneo,* avertir; *rogo, flagito, posco, reposco, postulo,* demander; *interrogo,* interroger; *celo,* cacher; gouvernent deux accusatifs : celui du nom de la personne, et celui du nom de la chose.

Ex. : J'enseigne la grammaire aux enfants, *doceo pueros grammaticam.*

Grammaticam est à l'accusatif, à cause de *secundum* (quant à) sous-entendu; c'est encore un accusatif imité du grec. (276)

Art. I. — VERBE ACTIF.

1° RÉGIME DIRECT.

On reconnaît en français qu'un mot est régime direct, lorsqu'il répond à la question *qui? quoi?* faite après le verbe. Par exemple : *j'aime Dieu.* Question : j'aime *qui?* Réponse : *Dieu,* régime direct.

I. Amo Deum.

278. — RÈGLE. Tout verbe actif gouverne l'accusatif. (502, 1°)
Ex. : J'aime Dieu, *amo Deum.*

II. Imitor patrem.

279. — RÈGLE. Beaucoup de verbes déponents sont actifs et gouvernent l'accusatif. (502, 2°)
Ex. : J'imite mon père, *imitor patrem.*

III. Musica me juvat ou delectat.

280. — RÈGLE. Les verbes impersonnels *juvat, delectat,* faire plaisir; *manet,* être réservé; *decet,* il convient; *dedecet,* il ne convient pas; *fugit, fallit, præterit,* signifiant *ignorer;* veulent au nominatif le nom de la chose, et à l'accusatif celui de la personne.

   Ex. : La musique me fait plaisir, *tournez,* me réjouit, *musica me juvat* ou *delectat.*

     Une gloire éternelle nous est réservée, *tournez,* nous attend, *gloria æterna nos manet.*

     Vous savez cela, ou vous n'ignorez pas cela; *id te non fugit, fallit, præterit* (c'est-à-dire, cela ne vous échappe pas, ne vous trompe pas, ne vous passe pas, ne vous est pas caché).

1re REMARQUE. Les verbes *juvat, delectat, manet, decet, dedecet, fugit, fallit, præterit,* s'emploient aussi au pluriel.
Ex. : Nous ignorons bien des choses, *multa nos fugiunt, fallunt, prætereunt.*

2° REMARQUE. Avec les verbes *juvat, delectat, decet, dedecet*, on emploie souvent, au lieu du nominatif, une proposition infinitive, ou bien la conjonction *quod*, suivie, selon le sens, de l'indicatif ou du subjonctif. (429)

Ex. : Il sied au jeune homme d'être réservé, *decet verecundum esse adolescentem.*

Je suis content que vous soyez venu, *juvat me quod venisti.*

281. APPENDICE. — VERBES NEUTRES-ACTIFS.

Quelques verbes neutres s'emploient aussi activement, et gouvernent l'accusatif : tels sont *horreo, anhelo, sapio*, etc. (502, 3°)

Ex. : J'ai horreur du feu, *horreo ignem.*

Ces verbes s'appellent *neutres-actifs*; ils peuvent s'employer au passif, mais à la forme impersonnelle seulement.

D'autres verbes neutres se construisent avec l'accusatif d'un substantif formé d'eux-mêmes, ou exprimant la même idée.

Ainsi l'on dit : faire une course, *currere cursum*; jouer à un jeu, *ludere ludum*; être esclave, *servire servitutem*; livrer un combat, *pugnare pugnam*; passer sa vie, *vivere vitam*; dormir profondément, *dormire somnum*; etc.

2° RÉGIME INDIRECT.

On reconnaît ordinairement en français qu'un mot est régime indirect, lorsqu'il répond à la question *à qui? à quoi? de qui? de quoi?* etc., faite après le verbe. Par exemple : je donne un habit au pauvre; je donne *quoi?* un habit, régime *direct*; je donne *à qui?* au pauvre, régime *indirect*. — Jésus-Christ a racheté l'homme de la mort; Jésus-Christ a racheté *qui?* l'homme, régime *direct*; Jésus-Christ a racheté *de quoi?* de la mort, régime *indirect*.

En français, le régime indirect des verbes est marqué surtout par les prépositions *à* et *de*, avec ou sans l'article.

Cependant *du, de la, des*, n'indiquent pas toujours un régime indirect; employés comme articles indéfinis, ils se placent quelquefois devant le régime direct, comme dans cette phrase : je donne du pain au pauvre; je donne *quoi?* du pain, régime *direct*.

N. B. Les règles qui regardent le régime indirect du verbe actif, s'observent encore lorsque le verbe actif est changé en passif.

GÉNITIF.

I. Insimulare aliquem furti.

282. — RÈGLE. Les verbes qui signifient *accuser, absoudre, condamner, convaincre,* veulent au génitif leur régime indirect, exprimant le grief ou la peine. (502, 4°)

Ex. : Accuser quelqu'un de larcin, *insimulare aliquem furti.*
Il fut condamné à mort, *damnatus est capitis.*

1re REMARQUE. Le nom qui exprime la nature du grief, peut se mettre aussi à l'ablatif avec *de*, après les verbes *accuso, appello, arguo, defero, postulo, absolvo, damno* et *condemno.*

Ex. : Je vous accuse de négligence, *te accuso negligentiæ* ou *de negligentia.*

Le nom de la peine peut toujours se mettre à l'ablatif avec *damno;* le mot *crimen* ne s'emploie qu'à l'ablatif; *caput*, désignant la peine capitale, se met au génitif ou à l'ablatif, avec *damno, punio, plecto;* au génitif seulement, avec les autres verbes : *damnare aliquem capitis* ou *capite.*

2° REMARQUE. On peut mettre au génitif ou à l'ablatif le régime indirect des verbes *absolvo, adstringo, alligo, libero, mulcto, obligo, obstringo.*

3° REMARQUE. Quand *accuser* n'exprime pas une accusation juridique, on donne un autre tour à la phrase, en mettant le nom du grief à l'accusatif, et celui de la personne au génitif.

Ex. : Accuser quelqu'un de fierté, *superbiam alicujus accusare, criminari, increpare.*

4° REMARQUE. L'infinitif qui suit le verbe *accuser* se traduit par *quod* avec le subjonctif, quand le verbe *accuser* est à l'actif; par l'infinitif, quand le verbe *accuser* est au passif. Le verbe *condamner*, suivi d'un infinitif, se rend par *jubeo,* également suivi de l'infinitif.

Ex. : Je l'accuse d'avoir trahi l'État, *eum arguo quod prodiderit rempublicam.*

Il est accusé d'avoir trahi l'État, *arguitur prodidisse rempublicam.*

César m'a condamné à m'éloigner de la ville, *jussit Cæsar me ab urbe discedere.*

J'ai été condamné à m'éloigner de la ville, *jussus sum ab urbe discedere.*

II. Me pœnitet culpæ meæ.

283. — Règle. Les cinq verbes impersonnels *pœnitet, pudet, piget, tædet, miseret,* veulent à l'accusatif, comme régime direct, le nom de la personne qui se repent, qui a honte, etc.; et au génitif, comme régime indirect, le nom de l'objet dont on se repent, dont on a honte, etc.

Ex. : Je me repens de ma faute, *me pœnitet culpæ meæ.*

L'enfant a honte de son mensonge; *puerum pudet mendacii sui.*

Il est fâché de ce qu'il a dit, *eum dicti sui piget.*

Seul, le paresseux dit qu'il s'ennuie de la classe, *solus piger dicit se tædere scholæ.*

Le prince a pitié de cet homme, *principem miseret hominis.*

1re Remarque. Quand les verbes *pœnitet, pudet, piget, tædet, miseret,* ont pour régime indirect une proposition tout entière, on met en latin, au lieu du génitif, soit l'infinitif, soit *quod* avec le subjonctif.

Ex. : Ayez honte de mentir, *te pudeat mentiri.*

Il dit qu'il se repent de vous avoir offensé, *dicit se pœnitere quod te offenderit.*

2e Remarque. Tous les verbes, excepté *volo, nolo, malo, cupio,* lorsqu'ils se trouvent avec les infinitifs impersonnels *pœnitere, pudere,* etc., se mettent à la troisième personne du singulier, et l'infinitif qui suit leur sert de sujet.

Ex. : Je commence à me repentir de ma faute, *incipit me pœnitere culpæ meæ.*

Les infinitifs impersonnels passifs, comme *pugnari,* se construisent de même; le pronom *on* ne s'exprime pas : on cesse de se battre, *pugnari desinit.*

Avec *volo, nolo, malo, cupio,* les verbes impersonnels se mettent au subjonctif : je veux me repentir, *volo me pœniteat.*

III. Quanti emisti hanc domum?

284. — Règle. Les verbes qui signifient *estimer, acheter, vendre, louer, coûter,* veulent leur régime direct à l'accusatif; et les adjectifs qu'on emploie en latin pour marquer le prix, au génitif. (502, 5°)

Ex. : Combien avez-vous acheté cette maison? — Peu cher. *Quanti emisti hanc domum? — Parvi* (s.-ent. *pretii*).

1ʳᵉ REMARQUE. Avec *interrogo*, *celo*, *moneo* et ses composés; *doceo*, *edoceo*, signifiant *informer de;* le second accusatif peut être remplacé par l'ablatif avec *de*.

Ex. : Interrogez-moi sur la grammaire, *interroga me de grammatica*.

Votre lettre m'a appris la mort de César, *epistola tua me de morte Cæsaris docuit*.

2ᵉ REMARQUE. *Erudio*, *instituo*, *informo*, *instruo*, *imbuo*, signifiant *instruire*, veulent leur régime indirect à l'ablatif; mais quand *erudio* veut dire *informer de*, son régime indirect se met à l'ablatif avec *de*.

Ex. : Il m'a instruit dans les belles-lettres, *me litteris erudivit*.

Il m'a informé de la mort de César, *me de morte Cæsaris erudivit*.

3ᵉ REMARQUE. Beaucoup de verbes actifs, outre l'accusatif de leur régime direct, admettent élégamment, comme accusatif grec, l'accusatif neutre d'un adjectif ou d'un pronom, qui leur sert de régime indirect, tel que *id*, *hoc*, *illud*, *istud*, *idem*, *quid*, *quod*, *aliquid*, *nihil*, *multa*, *unum*, etc.

Ex. : Aidez-moi en cela, *id adjuva me* (Cic.).

Je vous consulte sur ce point, *te id consulo* (Cic.).

4ᵉ REMARQUE. Les trois verbes *traduco*, *trajicio*, *transmitto*, faire passer au-delà, se construisent aussi avec deux accusatifs.

Ex. : Il a fait passer le Rhône à ses troupes, *copias Rhodanum traduxit*.

L'accusatif *Rhodanum* est régi par la préposition *trans*, renfermée dans le verbe.

ACCUSATIF avec AD.
Hæc via ducit ad virtutem.

289. — RÈGLE. Les verbes actifs qui expriment quelque mouvement, quelque tendance, comme *duco*, conduire; *hortor*, exhorter; veulent leur régime indirect à l'accusatif avec *ad*.

Ex. : Ce chemin conduit à la vertu, *hæc via ducit ad virtutem*.

Je vous exhorte au travail, *te hortor ad laborem*.

Tels sont : *ago*, *duco*, *mitto*, *moveo*, *pello*, *veho*, *hortor*, *vico*, *incito*, *excito*, etc., et leurs composés.

RÉGIMES DU VERBE ACTIF.

ABLATIF SANS PRÉPOSITION.

I. Implere dolium vino.

290. — RÈGLE. Les verbes actifs qui expriment *abondance, disette* et *privation*, comme *remplir, charger, vider, priver;* de plus, les verbes qui signifient *lier, délivrer, revêtir, dépouiller, entourer;* veulent leur régime indirect à l'ablatif. (502, 8°)

Ex. : Remplir un tonneau de vin, *implere dolium vino.*
Combler quelqu'un de bienfaits, *cumulare aliquem beneficiis.*
Priver quelqu'un de secours, *nudare aliquem præsidio.*

REMARQUE. *Impleo* a aussi le génitif : *implere dolium vini.*
Induo, revêtir *ou* se revêtir, a quelquefois l'accusatif de la chose.

Ex. : Il s'est revêtu d'une tunique, de ses armes; *induit tunicam* (CIC.), *induit arma* (LIV.).

Avec les verbes qui signifient *vêtir, dépouiller,* employés au passif, les poètes se permettent de changer l'ablatif du régime indirect en accusatif grec : il se couvre du casque d'Androgée, *Androgei galeam... induitur* (VIRG.).

II. Affecerunt eum injuriis.

291. — RÈGLE. Aux verbes actifs qui veulent leur régime indirect à l'ablatif, il faut ajouter *afficio,* honorer, accabler; *muneror, remuneror,* récompenser; *dignor,* juger digne; *prosequor,* accompagner; *muto, commuto, permuto,* échanger; *penso, compenso, repenso,* compenser.

Ex. : On l'accabla d'outrages, *affecerunt eum injuriis.*

REMARQUE. Les verbes *dono,* gratifier; *circumdo,* entourer; *aspergo,* arroser; *impertio,* accorder; *intercludo,* intercepter; se construisent de deux manières : ils veulent, ou bien le nom de la personne à l'accusatif, et celui de la chose à l'ablatif; ou bien le nom de la personne au datif, et celui de la chose à l'accusatif.

Ex. : Il m'a gratifié d'un beau petit livre, *me donavit pulchro libello,* ou *mihi donavit pulchrum libellum.*
Entourer une ville d'une muraille, *circumdare urbem muro,* ou *urbi murum.*
Arroser l'autel de sang, *aspergere aram sanguine,* ou *aræ sanguinem.*
Intercepter les vivres à l'armée, *intercludere exercitum commeatu,* ou *exercitui commeatum.*

RÉGIMES DU VERBE ACTIF.

ABLATIF *avec* A *ou* AB, E *ou* EX.

I. Regem petiere ab Jove.

292. — Règle. Les verbes actifs qui signifient *demander, recevoir, enlever, éloigner, espérer, attendre, emprunter, acheter, délivrer,* veulent à l'ablatif avec *a* ou *ab* leur régime indirect, ordinairement marqué par *à* ou *de.* (502, 9°)

Ex. : Les grenouilles demandèrent un roi à Jupiter, *ranæ regem petiere ab Jove.*
J'ai reçu une lettre de mon père, *accepi litteras a patre meo.*
Jésus-Christ a racheté l'homme de la mort éternelle, *Christus redemit hominem a morte æterna.*

Remarque. *Petere ab aliquo,* signifie : demander *à* quelqu'un; *petere alicui,* veut dire : demander *pour* quelqu'un.
On dit aussi *emere aliquid de aliquo.* — *Eripio, aufero, furor,* ont leur régime indirect tantôt au datif, tantôt à l'ablatif avec *a* ou *ab*, *e* ou *ex*, ou bien *de* (suivant les diverses nuances de la pensée).

II. Id audivi ab amico ou ex amico meo.

293. — Règle. *Audio, disco,* apprendre; *quæro, percontor, sciscitor* et *scitor,* s'informer; ainsi que les verbes composés de *ex,* et quelques autres; veulent leur régime indirect à l'ablatif avec *a* ou *ab,* ou bien avec *e* ou *ex.*

Ex. : J'ai appris cela de mon ami, *id audivi ab amico* ou *ex amico meo.*
Il fut chassé de la ville, *expulsus est ab urbe,* ou *ex urbe.*

Remarque. On dit aussi *audire aliquid de aliquo.*
Après les verbes composés de *ex,* on trouve quelquefois la préposition supprimée devant l'ablatif. (400)

III. Ex litteris tuis cognovi.

294. — Règle. *Cognosco, disco,* apprendre; *agnosco,* reconnaître; *conjicio,* conjecturer; *scio,* savoir; *intelligo,* comprendre; *accipio,* recevoir; *haurio,* puiser; veulent leur régime indirect à l'ablatif avec *e* ou *ex,* si ce régime est un nom de chose inanimée.

Ex. : J'ai connu par votre lettre, *ex litteris tuis cognovi.*
Puiser de l'eau à une fontaine, *haurire aquam ex fonte.*

13.

Art. II. — VERBE PASSIF.

I. Amor a Deo.

295. — Règle. Le régime du verbe passif se met à l'ablatif avec *a* ou *ab*, quand c'est un nom de personne ou d'être animé, ou bien le nom d'une chose considérée comme animée.

Ex. : Je suis aimé de Dieu, *amor a Deo.*
  Le lion fut vaincu par le moucheron, *leo victus est a culice.*
  Le monde est gouverné par la Providence, *mundus a Providentia gubernatur.*
  Il fut massacré par le peuple, *a plebe trucidatus est.*

II. Mœrore conficior.

296. — Règle. Quand le régime du verbe passif est un nom de chose inanimée, il se met à l'ablatif sans préposition.

Ex. : Je suis accablé de chagrin, *mœrore conficior.*
  Entraîné par l'ambition, *ambitione abreptus.*

297. Remarques.

1° Lorsqu'on change l'actif en passif, l'accusatif du verbe actif devient nominatif, comme sujet du verbe passif, et le nominatif de la proposition active se change en ablatif; les autres cas restent les mêmes.

Ex. : *Actif* : J'ai donné un habit au pauvre, *ego dedi vestem pauperi.*
  Passif : Un habit a été donné par moi au pauvre, *vestis data est a me pauperi.*

Si le verbe a deux accusatifs, comme dans la phrase *doceo pueros grammaticam*, on met au nominatif, comme sujet du verbe passif, l'accusatif principal, c'est-à-dire celui du régime direct en latin, sans toucher à l'autre.

Ex. : *Actif* : J'enseigne la grammaire aux enfants, *doceo pueros (secundum) grammaticam.*
  Passif : La grammaire est enseignée par moi aux enfants, *tournez*, les enfants sont enseignés par moi quant à la grammaire, *pueri a me docentur grammaticam.*

2° *Habeor*, être regardé comme, et *videor*, paraître, veulent leur régime au datif. Le datif est plus usité que l'ablatif avec *probor*, être approuvé, *improbor*, être désapprouvé, et avec le participe passif d'obligation en *dus, da, dum*. (157)

Ex. : Il est regardé par tout le peuple comme un saint, *toti populo habetur sanctus*.

Cela n'est pas approuvé par lui, *id illi non probatur*.

Je dois pratiquer la vertu, *mihi colenda est virtus*.

3° Les verbes employés au passif impersonnel, comme *pugnatur*, on combat; *reclamatur*, on réclame; se construisent comme les verbes passifs ordinaires; de plus, ils peuvent avoir un autre régime au cas qu'ils gouvernent comme verbes neutres.

Ex. : *Orationi... ab omnibus reclamatum est* (Cic.), tous se récrièrent contre ce discours.

En poésie, l'ablatif peut être changé en datif : Je dors tout l'hiver, *tota mihi dormitur hiems* (Mart.).

4° Les trois verbes *vapulo*, être battu; *veneo*, être vendu; *fio*, être estimé; étant passifs par le sens, veulent leur régime à l'ablatif avec *a* ou *ab*.

Ex. : Le paresseux est justement battu par son père, *piger merito vapulat a patre suo*.

Fio, dans le sens de *devenir*, se construit avec l'ablatif comme son actif *facio*, signifiant *faire de, user de*.

Ex. : Que deviendra-t-il ? *quid illo fiet* ? Que feriez-vous de cet homme ? *quid hoc homine faciatis* ?

5° Les verbes déponents-actifs qui s'emploient au participe passé et aux temps composés du participe passé, avec le sens passif, se construisent comme les verbes passifs. (118)

Ex. : Ravagé par l'ennemi, *populatus ab hoste*.

Voici les verbes déponents-actifs dont le participe passé se trouve employé par les meilleurs auteurs, tantôt avec le sens actif, tantôt avec le sens passif :

Abominor, avoir en horreur; *adipiscor*, obtenir; *assentior*, consentir; *comitor*, accompagner; *complector*, embrasser; *confiteor*, avouer; *depopulor* et *populor*, ravager; *dilargior, elargior* et *largior*, prodiguer; *dimetior, emetior* et *metior*, mesurer; *ementior* et *mentior*, mentir; *experior*, essayer; *interpretor*, interpréter; *meditor*, méditer; *opinor*, imaginer; *testor*, attester.

Mais il n'est pas permis d'employer ces verbes aux temps simples, avec le sens passif.

Art. III. — VERBE NEUTRE.

GÉNITIF.

I. Gallia Gallorum est.

298. — RÈGLE. Quand le verbe *sum* signifie *être à*, *appartenir à*, ou bien *c'est le propre de*, *le devoir de*, *le droit de*, il gouverne le génitif.

Ex. : La France est ou appartient aux Français, *Gallia Gallorum est.*

Il est d'un roi, il appartient à un roi de défendre ses sujets ; *est regis tueri subditos.*

C'est au maître de parler, au disciple d'écouter ; *magistri est loqui ; discipuli, audire.*

C'est le propre d'un grand cœur de mépriser les injures, *magni animi est injurias despicere.*

Dans ces phrases, on sous-entend un substantif, comme *res, proprium, officium, munus, negotium*, etc.

1ʳᵉ REMARQUE. Quand on se sert de l'impersonnel *est*, pour exprimer *il appartient à*, *c'est à...*, les pronoms *à moi*, *à toi*, *à nous*, *à vous*, se rendent par *meum, tuum, nostrum, vestrum.*

Ex. : C'est à moi de parler, *meum est loqui.*

Lui, à lui, à elle, à eux, à elles, se traduisent par *ejus, eorum, earum* (ou *illius*, etc.) ; mais on les rend par *suum*, quand ils sont placés dans une proposition complétive, et qu'ils se rapportent au sujet de la proposition principale. (381)

Ex. : C'est à lui de parler, *ejus est loqui.*

Je dis que c'est à lui, à eux de parler ; *dico ejus, eorum esse loqui.*

Le loup prétend que c'est à lui de parler, *dicit lupus suum esse loqui.*

2° REMARQUE. Quand le sujet du verbe *sum*, signifiant *appartenir à*, est un substantif, les pronoms *à moi*, *à toi*, *à nous*, *à vous*, se rendent par *meus, tuus, noster, vester.*

Ex. : Ce livre est à moi, m'appartient ; *hic liber est meus.*

Lui, leur, à lui, à eux, à elles, se rendent par *ejus, eorum, earum* ; mais on les rend par *suum, suam, suum*, quand ils sont placés dans une proposition complétive, et qu'ils se rapportent au sujet de la proposition principale. (386)

Ex. : Ce livre est à lui, lui appartient ; *hic liber ejus est.*

Il dit que ce livre est à lui, *dicit hunc librum esse suum.*

II. Refert ou interest regis.

299. — Règle. Les verbes impersonnels *refert*, *interest*, il importe, il est de l'intérêt de, veulent au génitif le nom ou le pronom qu'ils régissent.

Ex. : Il importe au roi de vaincre, *refert* ou *interest regis vincere*.

1re Remarque. Lorsque *refert*, *interest*, ont pour régime un nom de chose inanimée, ce nom peut aussi se mettre à l'accusatif avec *ad*.

Ex. : Il importe à notre honneur que vous veniez, *honoris nostri*, ou *ad honorem nostrum interest te venire*.

2e Remarque. Avec les verbes *refert*, *interest*, les pronoms de la 1re et de la 2e personne se rendent par les ablatifs *meā*, *tuā*, *nostrā*, *vestrā* (s.-ent. *causā*).

Ex. : Il m'importe, *meā interest*.

Lui, *leur*, se rendent par *ejus*, *eorum*, *earum*; mais quand ils sont placés dans une proposition complétive, et qu'ils se rapportent au sujet de la proposition principale, on les rend par *suā*.

Ex. : Il lui importe, *ejus interest*.
   Je dis qu'il lui importe, *dico ejus interesse*.
   Le loup dit qu'il lui importe de parler, *dicit lupus suā interesse loqui*.

3e Remarque. Si, après *il importe*, les pronoms *à moi*, *à toi*, etc., sont suivis d'un adjectif ou d'un nom, cet adjectif ou ce nom se met au génitif.

Ex. : Il importe à moi, César; *refert meā, Cæsaris*.
   Il vous importe à vous seul, *tuā unius interest*.

Il importe à nous tous, à vous tous, à nous deux, etc., se traduit par *omnium nostrum, omnium vestrum interest* ou *refert; utriusque nostrum interest* ou *refert*.

4e Remarque. *Interest* et *refert* se construisent avec les cinq génitifs *magni, permagni, parvi, tanti, quanti* (s.-ent. *pretii*), et avec les adverbes suivants : *parum, multum, magis, maxime, minus, minime, nihil, aliquid, plus, plurimum, tantopere, magnopere*.

Ex. : Il importe beaucoup, *magni* ou *multum interest*.

III. Miserere pauperum.

300. — Règle. Les verbes *misereor* et *miseresco*, avoir pitié; *satago*, s'occuper activement; *memini*, *recordor*, *reminiscor*, se souvenir; *obliviscor*, oublier; gouvernent le génitif.

Ex. : Ayez pitié des pauvres, *miserere pauperum*.

1ʳᵉ Remarque. *Miseror*, plaindre, avoir pitié de, est déponent-actif, et ne gouverne que l'accusatif.

Ex. : Il plaint les pauvres, *miseratur pauperes*.

2ᵉ Remarque. *Memini*, *recordor*, *reminiscor* et *obliviscor* gouvernent aussi l'accusatif.

Ex. : Je me souviens des vivants, et je ne puis oublier les morts ; *vivorum* (ou *vivos*) *memini, nec mortuorum* (ou *mortuos*) *oblivisci possum* (Cic.).

Quand *memini* signifie *faire mention*, il gouverne le génitif ou l'ablatif avec *de* : *meministi de exulibus* (Cic.), vous avez fait mention des exilés.

DATIF.

I. Est mihi liber.

301. — Règle. *Sum*, employé pour traduire les verbes *avoir*, *posséder*, veut au nominatif, comme sujet, le nom de l'objet possédé ; et au datif, comme régime, le nom de la personne qui possède.

Ex. : J'ai un livre, *tournez*, un livre est à moi, *est mihi liber*.

Remarque. Quand on se sert du verbe *sum* pour traduire *causer*, *procurer*, *apporter*, il gouverne deux datifs, l'un de la personne, l'autre de la chose.

Ex. : Cela vous causera de la douleur, *hoc erit tibi dolori*.

Cela vous fait honneur, *hoc tibi laudi est*.

On dit de même élégamment : *hoc illi est curæ, gloriæ, præsidio, molestiæ*, etc. (286)

II. Defuit officio.

302. — Règle. Les composés de *sum* gouvernent le datif, excepté *absum* et *possum*.

Ex. : Il a manqué à son devoir, *defuit officio*.

Il était présent à ce spectacle, *aderat huic spectaculo*.

Remarque. *Absum*, être absent, veut l'ablatif avec *a* ou *ab* ; *possum* ne se construit qu'avec l'infinitif ; l'accusatif, qui l'accompagne quelquefois, est régi par l'infinitif *facere* ou *agere* sous-entendu.

Ex. : Il est absent de la ville, *abest ab urbe*.

Vous pouvez partir, *potes proficisci*.

Que puis-je (s.-ent. faire)? *quid possum* (s.-ent. *facere*)?

III. Studeo grammaticæ.

303. — Règle. Les verbes neutres et déponents-neutres qui signifient *favoriser* ou *nuire*, *flatter*, *étudier*, *obéir* ou *résister*, gouvernent le datif. (502, 10°)

Ex. : J'étudie la grammaire, *studeo grammaticæ.*
Secourir les malheureux, *opitulari miseris.*

IV. Maledixisti mihi.

304. — Règle. Les verbes neutres composés des adverbes *bene, male, satis,* ou des prépositions *ad, cum, in, inter, ob, præ, sub,* gouvernent aussi le datif. (502, 11°)

Ex. : Tu as médit de moi, *maledixisti mihi.*
Il a contenté le maître, *satisfecit præceptori.*

1re Remarque. Avec plusieurs verbes neutres composés d'une préposition, on peut aussi répéter la préposition qu'ils renferment. Tels sont *adhæreo, appropinquo, inhæreo, insum,* etc. (400)

2e Remarque. Le verbe *menacer*, signifiant *être imminent*, peut se traduire élégamment par un des trois verbes neutres composés, *imminere, impendere, instare,* qui gouvernent le datif.

Ex. : Un grand malheur vous menace, *magna calamitas tibi imminet, impendet, instat.*

3e Remarque. Le verbe *interdico*, interdire, veut le nom de la personne au datif, et le nom de la chose à l'ablatif.

Ex. : Je vous interdis ma maison, *interdico tibi domo mea.*

On trouve aussi, surtout dans les historiens, le nom de la chose à l'accusatif.

V. Id mihi accidit.

305. — Règle. Les verbes neutres impersonnels *accidit, evenit, contingit,* il arrive; *licet,* il est permis; *placet, libet,* il plaît; *expedit,* il est avantageux, etc.; veulent leur régime au datif.

Ex. : Cela m'est arrivé, *id mihi accidit.*

A ces verbes, ajoutez : *conducit, confert,* il est utile à; *constat,* il est certain; *convenit,* il convient; *liquet, patet,* il est clair, évident; *præstat,* il vaut mieux; *restat,* il reste; *stat,* il est décidé; *suppetit, suppeditat,* il suffit; *vacat,* avoir le temps; et les autres verbes qui signifient *il arrive*, avec diverses nuances, comme *cadit, incidit, obvenit, usuvenit.*

DATIF *ou* ACCUSATIF.
I. Mihi *ou* me illudit.

306. — RÈGLE. Dix verbes neutres composés gouvernent indifféremment le datif ou l'accusatif; ce sont : *antecedo, anteeo, antesto, anteverto, attendo, illudo, præcurro, præeo, præsto* et *præstolor*.[1]

Ex. : Il se moque de moi, *mihi* ou *me illudit*.
Je l'emporte sur lui, *ego illi* ou *illum præsto*.

II. Vox eum defecit.

307. — RÈGLE. Les cinq verbes *deficio*, faire défaut; *allatro*, aboyer après; *antevenio*, devancer; *præcedo*, précéder; et *incesso*, assaillir; gouvernent ordinairement l'accusatif, moins souvent le datif.

Ex. : La voix lui fit défaut, *vox eum defecit*.
La crainte s'empara des patriciens, *timor patres incessit*.

DIFFÉRENTS CAS.
Consulo tibi, non consulo te.

308. — RÈGLE. Plusieurs verbes, comme *consulo*, pourvoir à ou consulter; *æmulor*, porter envie ou imiter; gouvernent différents cas, suivant leurs différentes significations.

Ex. : Je pourvois à vos intérêts, mais je ne vous consulte pas; *consulo tibi, non consulo te*.

Voici les principaux de ces verbes, avec leurs cas et leurs sens divers :

ACCEDO *ad* (acc.), s'approcher de; — *alicui, rei*, approuver.
ÆMULOR *aliquem*, imiter; — *alicui*, porter envie.
ANIMADVERTO *rem*, remarquer; — *in aliquem*, sévir contre.
ANNITOR *ad rem*, s'appuyer contre; — *rem*; s'efforcer de faire.
AUSCULTO *alicui*, obtempérer à; — *aliquem*, écouter.
CAVEO *alicui*, veiller sur; — *rem*, éviter; — *a re*, se défier de; — *de re*, garantir.

---

[1] *Antecedo, anteeo*, passer devant, précéder; *antesto*, être au premier rang, l'emporter sur; *anteverto*, devancer; *attendo*, faire attention à, observer; *illudo*, se jouer de; *præcurro, præeo*, courir devant, aller devant; *præsto*, l'emporter sur; *præstolor*, attendre.

Cedo *alicui*, céder à; — *rem, re*, céder quelque chose.

Convenio *alicui*, convenir à; — *aliquem*, visiter, aller trouver.

Deficio *ab aliquo*, quitter le parti de; *deficit aliquem*, faire défaut à.

Despero *alicui*, désespérer de quelqu'un; — *rei, rem* ou *de re*, désespérer de quelque chose.

Detraho (acc.), ôter de; — *alicui, de aliquo*, décrier.

Doleo *re*, souffrir de; — *rem* ou *aliquem*, déplorer, pleurer.

Dominor *in* (abl.), régner dans; — *in* (acc.), régner sur.

Ignosco *alicui*, pardonner à quelqu'un; — *aliquid*, pardonner quelque chose.

Impono *alicui*, en imposer à; — *alicui, in aliquem*, placer sur.

Incumbo *rei*, s'appuyer sur; — *ad rem, in rem*, s'appliquer à.

Indignor *alicui*, s'indigner contre; — *rem*, s'indigner de.

Indulgeo *alicui*, se livrer à; — *rem*, accorder, permettre.

Insideo (dat.), être assis sur; — (acc.), prendre possession de.

Laboro *re*, souffrir de; — *ad, circa rem*, travailler activement à.

Loquor *cum aliquo, apud aliquem*, parler à, avec; — *de re*, parler de; — *rem*, dire.

Moderor *rei*, modérer, maîtriser; — *rem*, gouverner.

Periclitor *capite*, risquer sa tête; — *rem*, essayer, tenter.

Præsto *rem alicui*, accorder quelque chose à quelqu'un; — *alicui* ou *aliquem*, l'emporter sur.

Prospicio *rem*, prévoir; — *alicui*, pourvoir à.

Queror *rem, de re*, se plaindre de; — *alicui*, se plaindre à.

Succedo *ad locum, in locum, loco*, s'avancer vers un lieu, y entrer; — *alicui, in locum alicujus*, succéder à.

Sufficio *alicui*, suffire à; — *aliquem*, substituer.

Suppedito *rem alicui*, fournir; *suppeditat alicui*, être en abondance pour quelqu'un.

Tempero *rei*, modérer, maîtriser; — *rem*, gouverner.

Vaco *rei*, s'appliquer à; — *ab officio*, se reposer.

DATIF POÉTIQUE.

Remarque. Les verbes suivants ne s'emploient guère qu'en poésie avec le datif: *adfremo, advigilo, allabor, colludo, concurro, constrepo, contendo, dissideo, grator, immorior, immurmuro, indolco, inserpo, insurgo, intercurro, latro, obambulo, obmurmuro, occumbo (neci, morti), præsilio, remurmuro.*

En prose, *latro* et *occumbo* gouvernent l'accusatif; *dissideo* veut l'ablatif avec *ab* ou *cum*; *adfremo, allabor, constrepo, grator, immorior, indoleo, præsilio, remurmuro*, ne s'emploient bien qu'en poésie; les autres se construisent avec la préposition dont ils sont composés, suivie de son cas.

ACCUSATIF avec AD.
Hoc ad me pertinet.

309. — RÈGLE. Les impersonnels *pertinet, attinet, spectat*, regarder, avoir rapport à, veulent leur régime à l'accusatif avec *ad*.

Ex. : Cela me regarde, *hoc ad me pertinet, attinet* ou *spectat*.

REMARQUE. Ces verbes s'emploient aussi à la 3e personne du pluriel : *hæc ad me pertinent, attinent* ou *spectant*.

ABLATIF.
I. Tardo ingenio est.

310. — RÈGLE. Quand le verbe *sum* est joint à un régime exprimant une qualité ou un défaut, il veut ce régime à l'ablatif.

Ex. : Il a l'esprit lent, *tardio ingenio est*.
Quelle gaieté il a! *qua est alacritate!*

REMARQUE. Cependant le génitif seul s'emploie dans l'expression *nullius animi, nullius consilii esse*, être sans courage, sans résolution.

II. Abundat divitiis.

311. — RÈGLE. Les verbes neutres qui signifient *abondance* ou *disette*, gouvernent l'ablatif, ainsi que *gaudeo*, se réjouir de; *vivo, victito*, vivre de; *valeo*, être puissant. (502, 12°)

Ex. : Il regorge de biens, *abundat divitiis*.
Il ne manque de rien, *nulla re caret*.
Se réjouir du bonheur d'autrui, *gaudere felicitate aliena*.

REMARQUE. Aux verbes qui veulent l'ablatif, ajoutez *sto*, dans le sens de *s'en tenir à*, et *supersedeo*, faire trêve à.

Egeo et *indigeo*, avoir besoin, gouvernent aussi le génitif.

Laboro, souffrir de, et *consto*, consister en, être composé de, gouvernent l'ablatif, soit seul, soit avec *e* ou *ex*.

Pluo, pleuvoir, veut l'ablatif ou l'accusatif : il pleut des pierres, *pluit lapidibus* ou *lapides*.

III. Fruor otio.

312. — Règle. Les neuf verbes déponents-neutres *fruor, fungor, potior, vescor, utor, glorior, lætor, oblector* et *nitor*, gouvernent l'ablatif.

Ex. : Je jouis d'un doux repos, *dulci fruor otio*.
Je m'acquitte de mon devoir, *fungor officio*.
Je me rends maître de la ville, *potior urbe*.
Je me nourris de pain, *vescor pane*.
Je me sers de livres, *utor libris*.
Je me glorifie de vos victoires, *glorior victoriis tuis*.
Je me réjouis de cela, *lætor hac re*.
Je prends plaisir à ce spectacle, *oblector hoc spectaculo*.
Je m'appuie sur Dieu, *Deo nitor*.

Remarque. On dit *potiri rerum* (s.-ent. *summā*), posséder le pouvoir suprême; *pendēre animis* (plur.), *animi* (sing.), être indécis, en suspens.

ABLATIF avec *CUM*.

Pugnare cum hoste.

313. — Règle. Les trois verbes neutres *pugno*, combattre; *certo*, lutter avec; *bello*, faire la guerre à; gouvernent l'ablatif avec *cum*.

Ex. : Combattre l'ennemi, *pugnare cum hoste*.

314. Appendice. — Accusatif grec.

Les verbes neutres sont souvent accompagnés d'un ablatif de partie; en poésie, cet ablatif se remplace élégamment par l'accusatif grec régi par *secundum* sous-entendu. (276)

Ex. : Il tremble de tous ses membres, *omnibus tremit artubus* (Cic.), et en poésie, *tremit artus* (Virg.).

CHAPITRE QUATRIÈME.

COMPLÉMENTS DU VERBE.

315. Le *complément* (comme nous l'avons dit au § 258) est un mot ou un ensemble de mots, qui *complète l'idée principale*, en énonçant les circonstances accessoires.

Ces circonstances accessoires sont : les circonstances de *lieu*, de *temps*, d'*avantage* ou de *désavantage*, d'*instrument*, de *cause*, de *moyen*, de *partie*, de *matière* et de *prix*.

QUESTIONS DE LIEU.

Toutes les circonstances de lieu sont comprises dans les quatre suivantes : le lieu où l'on est, le lieu où l'on va, le lieu d'où l'on vient, le lieu par où l'on passe; et elles répondent aux quatre questions : *ubi? quo? unde? quā?*

1° Où êtes-vous? *Ubi es?* | 3° D'où venez-vous? *unde venis?*
2° Où allez-vous? *Quo is?* | 4° Par où passez-vous? *Quā itor facis?*

On se sert des adverbes *ubi, quo, unde, quā*, pour désigner les quatre questions qui se rapportent aux circonstances de lieu.

REMARQUE. Nous omettons ici la question *quorsum* (vers quel lieu?), parce qu'elle ne présente aucune difficulté particulière. Il suffit en effet de traduire *vers* par les prépositions *versus* ou *ad*, qui régissent l'une et l'autre l'accusatif.

QUESTION *UBI*.

La question *ubi* marque le lieu où l'on est, où l'on fait quelque chose.

I. Sum in Galliā, in urbe.

316. — RÈGLE. A la question *ubi*, le nom de lieu se met à l'ablatif avec *in*.

Ex. : Je suis en France, *sum in Galliā*; dans la ville, *in urbe*.

Il se promène dans le jardin, *ambulat in horto*.

On met *horto* à l'ablatif, parce que celui qui se promène dans le jardin, ne s'y rend plus pour s'y promener, mais y est déjà et y reste.

REMARQUE. A la question *ubi*, les mots *locus*, *via*, *forum*, *platea*, *orbis*, se mettent élégamment à l'ablatif sans préposition, quand ils sont accompagnés d'un adjectif.

> Ex. : Dans tout l'univers, par tout le forum ; *toto orbe terrarum*, *toto foro*.
>
> Dans un lieu élevé, *excelso loco* ; sur la voie Appienne, *viā Appiā*.

On dit encore sans préposition : dans toute la ville, *tota urbe* ; sur terre et sur mer, *terrā marique*.

II. Natus est Avenione, Athenis; habitat Lugduni, Romæ.

317. — RÈGLE. A la question *ubi*, les noms propres de villes se mettent à l'ablatif sans préposition ; il faut excepter les noms de la 1re ou de la 2e déclinaison employés au singulier, qui se mettent au génitif.

> Ex. : Il est né à Avignon, *natus est Avenione* ; à Athènes, *Athenis*.
>
> Il demeure à Lyon, *habitat Lugduni* ; à Rome, *Romæ*.

REMARQUE. A la question *ubi*, on emploie encore les génitifs *domi*, à la maison, chez soi ; *humi*, à terre ; *militiæ*, *belli*, à la guerre, en temps de guerre ; et l'ancien ablatif *ruri* (de *rus*), à la campagne.

> Ex. : Il est chez lui, à la campagne ; *est domi*, *ruri*.

Militiæ et *belli* ne s'emploient que quand ils sont opposés à *domi*, signifiant *au-dedans*, *en temps de paix*.

III. Cœnabam apud patrem.

318. — RÈGLE. A la question *ubi*, si le complément est un nom de personne, d'auteur ou de bataille, on met l'accusatif avec *apud*.

> Ex. : Je soupais chez mon père, *cœnabam apud patrem*.
>
> On lit dans Homère, *legitur apud Homerum*.
>
> On se battit à Cannes, *pugnatum est apud Cannas*.
>
> La bataille de Zama, *pugna apud Zamam*.

REMARQUE. A la question *ubi*, les prépositions *près de*, *auprès de*, suivies d'un nom de chose, se traduisent par *ad* avec l'accusatif.

> Ex. : Assis près du foyer, *sedens ad focum* ; près de la ville, aux portes, *ad urbem*, *ad portas*.

On dit aussi : *pugnatum est ad Cannas*, *ad Zamam* ; *pugna Cannensis*, *Zamensis*.

QUESTION *QUO*.

La question *quo* marque le lieu où l'on va, où l'on arrive, où l'on envoie, où l'on se propose d'aller.

I. Eo in Galliam, in urbem, ad rivum.

319. — Règle. A la question *quo*, le nom de lieu se met à l'accusatif avec *in*, s'il s'agit d'y entrer; avec *ad*, quand on ne va qu'auprès.

Ex. : Je vais en France, *eo in Galliam*; à la ville, *in urbem*.
Ils vinrent au même ruisseau, *ad eumdem rivum venerunt*.
Des troupes sont envoyées en Asie, *mittuntur copiæ in Asiam*.
Je pars pour l'Égypte, *proficiscor in Ægyptum*.

II. Ibo Lutetiam.

320. — Règle. A la question *quo*, les noms propres de villes se mettent à l'accusatif sans préposition; on emploie de même les accusatifs *rus*, *domum* et *domos*.

Ex. : J'irai à Paris, *ibo Lutetiam*; à Lyon, *Lugdunum*.
Je vais à la campagne, *eo rus*; à la maison, *domum*.

Remarques. 1° *Ad*, devant un nom propre de ville, signifie *auprès de*, *à côté de*, *sous les murs de* : sous les murs de Capoue, *ad Capuam*.

2° *Peto*, aller vers, partir pour, gouverne toujours l'accusatif sans préposition, parce qu'il est actif.

Ex. : Je vais au collége, *peto gymnasium*; il part pour l'Italie, *petit Italiam*.

3° *Humi* s'emploie aussi à la question *quo*.

Ex. : Le bœuf tombe à terre, sur le sol; *procumbit humi bos*.

III. Eo ad patrem, ad concionem.

321. — Règle. A la question *quo*, si le complément est un nom de personne ou de chose, il se met à l'accusatif avec *ad*.

Ex. : Je vais chez mon père, *eo ad patrem*; au sermon, *ad sacram concionem*.

QUESTION *UNDE.*

La question *unde* marque le lieu d'où l'on vient, d'où l'on part, d'où l'on fait partir.

I. Redeo ex Gallia, ex urbe, ab urbe.

322. — RÈGLE. A la question *unde*, le nom de lieu se met à l'ablatif avec *e* ou *ex*, si l'on sort du lieu; avec *a* ou *ab*, si l'on s'en éloigne.

Ex. : Je reviens de la France, *redeo ex Gallia*; de la ville, *ex urbe*.

L'ennemi s'est retiré des murs de la ville, *hostis ab urbe recessit*.

II. Redeo Lugduno.

323. — RÈGLE. A la question *unde*, les noms propres de villes se mettent à l'ablatif sans préposition; on emploie de même *humo*, *rure*, *domo*.

Ex. : Je reviens de Lyon, *redeo Lugduno*; de Rome, *Romā*; de la campagne, *rure*; de la maison, *domo*.

Il se lève de terre, *surgit humo*.

REMARQUE. *A* ou *ab*, devant un nom propre de ville, signifie *d'auprès de*, *des murs de*.

Ex. : Annibal s'éloigna de Rome, des murs de Rome; *Annibal a Roma recessit*.

III. Venio a patre, a venatione.

324. — RÈGLE. A la question *unde*, si le complément est un nom de personne ou de chose, il se met à l'ablatif avec *a* ou *ab*.

Ex. : Je reviens de chez mon père, *venio a patre*; de la chasse, *a venatione*.

QUESTION *QUA.*

La question *quā* marque le lieu par où l'on passe.

I. Iter feci per Galliam, per urbem.

325. — RÈGLE. A la question *quā*, le nom de lieu se met à l'accusatif avec *per*.

Ex. : J'ai passé par la France, *iter feci per Galliam*; par la ville, *per urbem*.

II. Iter feci per Lugdunum ou Lugduno.

326. — Règle. A la question *quā*, les noms propres de villes se mettent à l'accusatif avec *per*, ou à l'ablatif sans préposition; il en est de même s'il s'agit d'une porte, d'un chemin, d'une rue.

Ex. : J'ai passé par Lyon, *iter feci per Lugdunum*, ou *Lugduno*.

Un loup, entré par la porte Esquiline, s'était sauvé par la porte Colline; *lupus, Esquilinā portā ingressus, per portam Collinam evaserat* (Liv.).

III. Iter faciam per domum avunculi mei.

327. — Règle. A la question *quā*, si le complément est un nom de personne, le gallicisme *par chez* se traduit par *per domum* (par la maison de), que l'on fait suivre du génitif de la personne, ou d'un adjectif possessif s'accordant avec *domum*.

Ex. : Je passerai par chez mon oncle, *iter faciam per domum avunculi mei;* par chez vous, *per domum tuam*.

328. Remarques communes aux quatre questions de lieu.

1° Quand un nom propre de ville est suivi d'un nom commun qui lui sert d'apposition, on exprime d'abord le nom propre, puis le nom commun, chacun au cas demandé par la règle.

Ex. : Ils s'arrêtèrent à Corinthe, ville célèbre; *constiterunt Corinthi, in urbe nobili*.

Je vais à Rome, ville d'Italie; *eo Romam, in urbem Italiæ*.

2° Si le nom propre sert d'apposition au nom commun qui le précède, il se met après le nom commun et au même cas.

Ex. : Il demeure dans la ville de Lyon, *habitat in urbe Lugduno*.

3° *Domus* et *rus* prennent la préposition, quand ils sont suivis d'un génitif ou d'un adjectif.

Ex. : Il demeure dans la maison de César, *habitat in domo Cæsaris;* dans une campagne agréable, *in rure amœno*.

On dit de même : *in domum, e domo Cæsaris*.

Cependant, à la question *ubi*, l'on dit aussi : *domi Cæsaris*.

Avec *domi*, on peut mettre *meæ, tuæ, suæ, nostræ, vestræ, alienæ;* avec *domum* et *domos*, les adjectifs possessifs seulement.

COMPLÉMENTS DU VERBE.

4° Les règles des questions de lieu s'observent aussi avec les substantifs qui s'y rapportent.

Ex. : Mon séjour à Athènes, *mea Athenis commoratio*.
Mon retour à Rome, *reditus meus Romam*.
Mon départ d'Égypte, *mea ex Ægypto profectio*.

QUESTIONS DE TEMPS.

Les circonstances de temps répondent à ces quatre questions : quand ? *quando ?* — combien de temps ? *quamdiu ?* — depuis quand ? *a quo tempore ?* — en combien de temps ? *quanto tempore ?*

QUESTION *QUANDO*.

Veniet die dominica.

329. — RÈGLE. A la question *quando* (quand ?), le nom de temps se met à l'ablatif, et s'il y a un nom de nombre, on emploie l'adjectif ordinal.

Ex. : Il viendra dimanche, *veniet die dominica*; le mois prochain, *mense proximo*; à trois heures, *horā tertiā*.

Charlemagne fut couronné empereur, l'an 800 de l'ère chrétienne, le 25 décembre; *Carolus magnus imperatoriā coronā ornatus est, anno post Christum natum octingentesimo, die vigesima quinta decembris*.

REMARQUE. A la question *quando*, quand on veut préciser le temps, on se sert de certaines prépositions qui le déterminent plus exactement.

Ex. : Au point du jour, *cum prima luce*; sur le soir, vers le soir, *sub vesperum*; pendant le souper, *super cœnam*; d'ici à dix ans, *ad decem annos*; etc.

QUESTION *QUAMDIU*.

Regnavit tres annos.

330. — RÈGLE. A la question *quamdiu* (pendant combien de temps?), le nom de temps se met à l'accusatif.

Ex. : Il a régné trois ans, *regnavit tres annos*.
Il pleure toute la nuit, *flet noctem totam*.

REMARQUE. On trouve aussi l'ablatif, mais rarement.

QUESTION *A QUO TEMPORE*.

Tertium annum regnat.

331. — RÈGLE. A la question *a quo tempore* (depuis quand?), le nom de temps se met à l'accusatif; s'il est accompagné d'un adjectif numéral cardinal, on emploie en latin l'adjectif ordinal.

Ex. : Il y a trois ans qu'il règne, *tertium annum regnat.*
Il y a plusieurs années que je suis lié avec votre père; *multos jam annos utor familiariter patre tuo.*

1ʳᵉ REMARQUE. Si l'on parle d'un fait passé, le nom de temps se met à l'accusatif ou à l'ablatif avec *abhinc (depuis ce moment).*

Ex. : Il y a trois ans qu'il est mort, *abhinc annos tres* ou *annis tribus mortuus est.*

Avec *abhinc,* Cicéron emploie toujours le nombre cardinal.

2ᵉ REMARQUE. *Depuis* se rend par *a* ou *ab,* quelquefois par *e* ou *ex,* ou par *post :* depuis l'enfance, *a pueritia, a pueris, a puero* (s'il s'agit d'un seul homme); depuis la jeunesse, *ab adolescentia;* depuis ce temps, *ab* ou *ex illo tempore;* depuis la fondation de Rome, *ab Urbe condita,* ou *post Urbem conditam.*

3ᵉ REMARQUE. On exprime l'âge, en employant le participe *natus* (né), suivi du nombre des années à l'accusatif, ou bien le verbe *agere* (être dans), suivi du nombre ordinal à l'accusatif.

Ex. : Il est mort à l'âge ou âgé de trente-trois ans; *mortuus est tres et triginta annos natus,* ou *tertium et tricesimum annum agens.*

Agé de plus de trente ans, de moins de trente ans, se dit : *triginta annis major, minor.*

QUESTION *QUANTO TEMPORE*.

Sex diebus, intra sex dies.

332. — RÈGLE. A la question *quanto tempore* (en combien de temps, dans quel espace de temps?), le nom de temps se met à l'ablatif, ou bien à l'accusatif avec *intra;* dans les deux cas, on emploie l'adjectif cardinal.

Ex. : Dieu a créé le monde en six jours, *Deus mundum creavit sex diebus,* ou *intra sex dies.*

REMARQUE. Avec l'adjectif ordinal, *intra* signifie plutôt *en deçà du nombre indiqué : intra sextum diem,* en moins de six jours.

COMPLÉMENTS DU VERBE.

NOM DE DISTANCE.
Distat viginti passus.

333. — Règle. Le nom de distance se met à l'accusatif.
Ex. : Il est éloigné de vingt pas de la ville, *distat viginti passus ab urbe.*
Remarque. On trouve aussi l'ablatif, mais plus rarement.

DATIF D'AVANTAGE OU DE DÉSAVANTAGE.
Tibi laboras.

334. — Règle. Quand un verbe exprime un avantage ou un désavantage pour une personne ou pour une chose, le nom de cette personne ou de cette chose se met au datif.
Ex. : C'est pour vous que vous travaillez, *tibi laboras.*
Les dents lui tombent, *dentes illi cadunt.*
Je crains pour mon frère, *fratri meo timeo.*

NOMS D'INSTRUMENT, DE CAUSE, DE MANIÈRE ET DE PARTIE.
Ferire gladio. — Fame interiit.
Vincis forma. — Teneo lupum auribus.

335. — Règle. Les noms d'instrument, de cause, de manière et de partie, se mettent à l'ablatif, quand ils sont compléments d'un verbe.
Ex. : Instrument. Frapper de l'épée ou avec l'épée, *ferire gladio.*
Cause . . . Il mourut de faim, *fame interiit.*
Manière. . Vous l'emportez en beauté, en grandeur ; *vincis formâ, vincis magnitudine.*
Partie. . . Je tiens le loup par les oreilles, *teneo lupum auribus.*
Remarque. Le nom de cause se trouve quelquefois à l'ablatif avec *præ* : il ne put parler de douleur, *præ dolore loqui non potuit.*

NOM DE MATIÈRE.
Vas ex auro.

336. — Règle. Le nom qui exprime la matière dont une chose est faite, se met à l'ablatif avec *e* ou *ex.*
Ex. : Un vase d'or, *vas ex auro* (s.-ent. *factum*).
Remarque. Le nom de matière se change élégamment en adjectif : une statue d'or, d'argent, d'airain ; *signum aureum, argenteum, æreum.*

COMPLÉMENTS DU VERBE.

COMPLÉMENTS D'INFÉRIORITÉ ET DE SUPÉRIORITÉ.
Me superat capite.

337. — RÈGLE. Le nom qui exprime la quantité dont un objet est inférieur ou supérieur à un autre, se met à l'ablatif.
Ex. : Il me dépasse de la tête, de deux doigts ; *me superat capite, duobus digitis.*

L'Irlande est moitié plus petite que la Bretagne, *Hibernia est dimidio minor quam Britannia* (CÆS.).

NOMS DE PRIX ET DE VALEUR.
Constat viginti assibus.

338. — RÈGLE. Le nom qui marque le prix, la valeur d'une chose, se met à l'ablatif.
Ex. : Ce livre coûte vingt sous, *hic liber constat viginti assibus.*

La victoire coûta beaucoup de sang, *multo sanguine victoria stetit.*

REMARQUE. *Valeo*, valoir, gouverne l'accusatif ou l'ablatif.
Ex. : Cela coûte un sou, *hoc assem* ou *asse valet.*

Avec les verbes qui marquent le prix ou la valeur d'une chose (302, 5°), on peut employer : 1° les ablatifs *parvo, magno, permagno, paululo, minimo, plurimo* (s.-ent. *pretio*) ; 2° les génitifs *magni, maximi, pluris, parvi, minoris, minimi, tanti, tantidem, quanti, quanticumque* (s.-ent. *pretii*, 284).

Les verbes qui signifient acheter, vendre, admettent encore les adverbes *care, carius, carissime; bene, melius, optime, male, pejus, vilius, vilissime.*

ABLATIF ABSOLU.
Partibus factis, sic locutus est leo.

339. — RÈGLE. Quand une proposition incidente ne se rapporte directement ni au sujet ni au régime du verbe de la proposition principale, on la met à l'ablatif absolu, c'est-à-dire qu'on met à l'ablatif le sujet de la proposition incidente avec le participe du verbe.
Ex. : Les parts étant faites, *ou* quand les parts furent faites, le lion parla ainsi ; *partibus factis, sic locutus est leo.*

Jésus-Christ vint au monde pendant qu'Auguste régnait ; *Christus natus est, imperante Augusto.*

L'ablatif absolu est donc une proposition incidente, composée d'un nom ou d'un pronom, et d'un participe, tous deux à l'ablatif.

1re REMARQUE. Dans les cas où l'on emploierait le participe présent du verbe *sum*, s'il existait, l'ablatif absolu n'est composé que d'un nom ou d'un pronom, et d'un attribut.

> Ex. : Cicéron étant consul, *ou* sous le consulat de Cicéron ; *Cicerone consule*.

On dit de même : *me duce*, sous ma conduite.

2° REMARQUE. Il n'est pas permis d'employer l'ablatif absolu, lorsque le participe se rapporte au sujet du verbe principal.

> Ex. : César, étant parti d'Italie, alla en Grèce ; *Cæsar, ex Italia profectus, Græciam petivit.*
>
> Pompée, ayant été vaincu par César, s'enfuit en Égypte ; *Pompeius, victus a Cæsare, in Ægyptum fugit.*

Si le verbe, en latin, n'a pas de participe passé actif ou passif, on tourne la phrase en employant *quum* avec le plus-que-parfait du subjonctif.

> Ex. : Alexandre, ayant vaincu Darius, se rendit maître de l'Asie ; *Alexander, quum vicisset Darium, Asiā politus est.*
>
> Pompée, étant arrivé en Égypte, fut tué ; *Pompeius, quum in Ægyptum advenisset, interfectus est.*

Quum peut s'employer aussi quand le verbe a un participe passé.

3° REMARQUE. Lorsque, en français, dans une proposition incidente formée d'un participe et d'un nom, ce nom est représenté, comme régime, auprès du verbe principal, par un des pronoms *le, la, les, lui, leur* ; on tourne la proposition incidente de manière à en faire en latin le régime du verbe principal.

> Ex. : La ville ayant été prise, l'ennemi la pilla ; *tournez*, l'ennemi pilla la ville prise ; *urbem captam hostis diripuit.*
>
> Les citoyens devant être passés au fil de l'épée, le vainqueur leur pardonna ; *tournez*, le vainqueur pardonna aux citoyens devant être passés au fil de l'épée ; *civibus ferro necandis victor pepercit.*

CHAPITRE CINQUIÈME.

EMPLOI DU VERBE.

340. La signification naturelle et générale du *verbe* est d'exprimer le rapport qui existe entre le sujet et l'attribut d'une proposition. (71)

Souvent, néanmoins, il remplit le rôle de *substantif* ou d'*adjectif*; car, comme le substantif, il sert tour à tour de sujet, de régime direct ou indirect, de complément circonstanciel; enfin, au participe, il devient attribut et adjectif qualificatif.

Ces fonctions du verbe sont indiquées par les *modes*.

Les *modes* (de *modus*, forme) sont les formes diverses que prend le verbe, suivant le rôle qu'il remplit dans la phrase. (76)

Voici le tableau des différents emplois du verbe, et de ses modes.

Il est agréable de jouer; *ludere* jucundum est; infinitif, *sujet*.

Il est nécessaire que les enfants jouent; *pueros ludere* necesse est; proposition infinitive, *sujet*.

Je veux jouer, volo *ludere*; infinitif, *régime direct*.

Je sais que les enfants jouent, scio *pueros ludere*; proposition infinitive, *régime direct*.

Je veux qu'ils jouent, volo *ut ludant*; subjonctif, *régime*.

Le temps de jouer. . tempus *ludendi* . . . . . . ⎫ gérondif,
Prompt à jouer . . . promptus *ad ludendum* . . . ⎭ *régime*.

Pendant qu'il joue, in *ludendo*; gérondif, *complément circonstanciel*.

Je viens jouer. . . . venio *lusum* . . . . ⎫ supin,
Admirable à voir . . mirabile *visu* . . . . ⎭ *régime*.

Il aime le jeu, est ludi *amans*; participe, *attribut*.

L'enfant qui aime le jeu, puer ludi *amans*; participe, *adjectif qualificatif*.

L'enfant est joyeux pendant qu'il joue, lætus est puer, *dum ludit* . . . . ⎫ indicatif et
Il était joyeux, quand il jouait; lætus erat, ⎪ subjonctif,
quum luderet . . . . ⎬ *compléments*
Si vous jouez, je vous louerai; *si ludes* ou ⎪ *circonstanciels.*
luseris, te laudabo . . . . ⎭

MODES DU VERBE.

Art. I. — INDICATIF.

L'*indicatif* (de *indico*, indiquer) est le mode de l'*affirmation pure et simple*.

1. Lego.

341. — Règle. On emploie l'indicatif dans une proposition absolue, pour affirmer, pour nier, ou pour interroger.

Ex. : Je lis, *lego*; je ne lis pas, *non lego*; lit-il? *an legit?*

II. Bene est ubi est.

342. — Règle. On emploie l'indicatif, comme complément circonstanciel de lieu, de temps, de cause, de condition, toutes les fois qu'on énonce un fait d'une manière absolue; (c'est-à-dire sans établir un rapport intime de dépendance entre la proposition principale et la proposition complétive).

Ex. : Il est bien où il est, *bene est ubi est*.
Quand je lis, je m'instruis; *quum lego, disco*.
Vous m'avez fait plaisir en m'envoyant ce livre; *pergratum mihi fecisti, quod librum ad me misisti*.
Lisez, si vous voulez; *lege, si vis*.

Art. II. — IMPÉRATIF.

343. L'*impératif* (de *impero*, commander) est le mode du *commandement*.

Comme le présent de l'impératif n'a ni la 3ᵉ personne du singulier, ni la 1ʳᵉ et la 3ᵉ personne du pluriel, on emprunte ces personnes au subjonctif.

Ex. : Qu'il lise, *legat*; lisons, *legamus*; qu'ils lisent, *legant*.

La forme en *to, tor*, s'emploie surtout quand on rédige des lois, ou qu'on donne des préceptes qui regardent l'avenir, enfin quand on veut commander avec énergie.

Ex. : Que deux hommes soient revêtus du pouvoir royal, et qu'ils s'appellent consuls; *regio imperio duo sunto, iique consules appellantor* (Cic.).
Attache toujours tes regards sur le ciel, méprise les choses humaines; *cœlestia semper spectato, humana contemnito* (Cic.).

I. Puer, abige muscas.

344. — Règle. Quand on commande, le verbe se met à l'impératif.

Ex. : Laquais, chassez les mouches ; *puer, abige muscas.*
Qu'il s'en aille, le traître ; *abeat, proditor.*
Demandez demain, on vous donnera ; maintenant, allez-vous-en ; *cras petito, dabitur ; nunc abi* (Plaut.).

II. Ne insultes miseris, ou noli insultare miseris.

345. — Règle. Quand on défend, on met *ne* avec le subjonctif ; on peut aussi, pour adoucir la défense, employer *noli* (pour la 2e personne du singulier), *nolite* (pour la 2e personne du pluriel), avec l'infinitif.

Ex. : N'insultez pas les malheureux, *ne insultes miseris* ; ou bien, *noli insultare miseris.*

Remarque. Quand l'impératif exprime un conseil ou une invitation plutôt qu'un ordre précis, on emploie élégamment, surtout au singulier, *cura ut, fac ut* (ou simplement *fac*), avec le subjonctif ; si la proposition est négative, on met *cave ne* avec le subjonctif.

Ex. : Portez-vous bien ; *cura ut valeas, fac valeas.*
Ne faites pas cela, *cave ne hoc facias.*

Quelquefois, à la seconde personne, l'impératif est remplacé par le subjonctif : venez ici, *huc venias* (s.-ent. *impero, velim*).

Art. III. — SUBJONCTIF.

346. — Le *subjonctif* (de *subjungo*, joindre à) est le mode de la *dépendance*, parce qu'il dépend toujours et essentiellement d'une autre proposition, exprimée ou sous-entendue.

Ex. : Je veux que vous fassiez cela, *volo hoc facias*, ou simplement *hoc facias* (s.-ent. *volo*).
Qu'il parte, *abeat* (s.-ent. *volo*, ou *impero*, ou *concedo ut*).
Puissiez-vous être heureux ! *Sis felix!* (s.-ent. *opto ut*).

Le subjonctif s'emploie dans les quatre cas suivants :

1° Pour exprimer les actes de la *volonté*, à savoir : un ordre, une défense, un vœu, une crainte, un conseil, un encouragement, etc.

2° Pour exprimer le *but*, une *conséquence*, une *nécessité*.

3° Pour exprimer le *doute*, la *possibilité*, une *supposition*, une *condition*.

4° Pour exprimer le rapport de *dépendance intime* qui unit l'interrogation indirecte à la proposition principale.

LES ACTES DE LA VOLONTÉ.

I. Suadeo tibi ut legas, ne ludas.

347. — RÈGLE. Les verbes qui signifient *conseiller* ou *persuader*; *souhaiter*, *demander* ou *obtenir*; *ordonner* ou *permettre*; *avoir soin* et *faire en sorte*; gouvernent le subjonctif avec *ut*; si le second verbe est accompagné d'une négation, on remplace *ut* par *ne* ou *ut ne*. (503, 1°)

Ex. : Je vous conseille de lire, *suadeo tibi ut legas*; de ne pas jouer, *ne ludas*.

Dites-lui, avertissez-le, ordonnez-lui de prendre garde; *dic illi, præcipe illi, mone illum ut caveat*.

Ayez soin de vous bien porter, *cura ut valeas*; de ne pas tomber malade, *ne* ou *ut ne in morbum incidas*.

N. B. En général, lorsqu'on désire qu'une chose se fasse, on emploie *ut*; quand on craint qu'une chose n'arrive, on emploie *ne*.

REMARQUES. 1° *Ut* s'omet souvent, surtout après *volo*, *nolo*, *malo* et *fac* : je ne veux pas que vous mentiez, *nolo mentiare*.

2° *Volo*, *nolo*, *malo*, *cogo*, *patior* et *sino*, se construisent aussi avec la proposition infinitive (360); *jubeo* la demande toujours (286); *cupio*, *opto*, *rogo*, *postulo*, *persuadeo*, l'admettent quelquefois.

3° Lorsque *dico*, *moneo*, *persuadeo*, *scribo*, signifient *dire que*, *avertir que*, *persuader que*, *écrire que*, sans exprimer ni un conseil ni un ordre, ils veulent la proposition infinitive. (360)

Ex. : Dites-lui, avertissez-le que je suis arrivé; *dic illi, mone illum me advenisse*.

II. Hoc avertat Deus!

348. — RÈGLE. Pour exprimer un *souhait*, une *imprécation*, ou une *concession*, on emploie souvent le subjonctif tout seul.

Ex. : Puisse le ciel détourner ce malheur! *hoc avertat Deus!*

Que je meure, si cela n'est pas vrai! *moriar, nisi hoc verum sit!*

Je voudrais que vous fussiez ici, *velim te hic esse*.

Qu'il dissipe ses biens, cela ne me regarde pas; *rem suam profundat, nihil ad me attinet*.

Qu'il y pense, ou à lui d'y penser (c'est son affaire); *ipse viderit*.

N. B. On sous-entend toujours *opto*, *concedo*, *si fieri possit*, etc.

Remarque. Pour donner au souhait une expression plus vive, on se sert souvent des particules optatives *o! si! o si! utinam! o'utinam!* (oh! si..! plaise au ciel que! plût au ciel que! fasse le ciel que! puisse..!) *ut! quam!* (que..! combien..!) *sic! ita!* (puisse..!)

Ex. : Ah! qu'il me soit permis..! *o liceat mihi..!*

Plût au ciel que j'eusse obéi à mes parents! *utinam parentibus paruissem!*

III. Cave ne cadas.

349. — Règle. Les verbes qui signifient *prendre garde, craindre, dissuader, défendre, empêcher, refuser,* gouvernent le subjonctif avec *ne.* (503, 2°)

Ex. : Prenez garde de tomber, *cave ne cadas.*

Je crains que le maître ne vienne, *timeo ne præceptor veniat.*

Dissuadez-le de partir, *illi dissuade ne proficiscatur.*

Dieu nous défend de mentir, *Deus prohibet ne mentiamur.*

1ʳᵉ Remarque. *Prendre garde que,* signifiant *remarquer,* se rend par *animadvertere,* suivi de la proposition infinitive ; quand il veut dire *avoir soin,* on le rend par *curare, dare operam ut* (subj.).

Ex. : Il ne prend pas garde qu'on se moque de lui, *non animadvertit se derideri.*

Prenez garde que tout soit prêt, *cura ut omnia sint parata.*

2ᵉ Remarque. Lorsque les verbes *craindre, appréhender, avoir peur,* etc., sont suivis en français de la double négation *ne pas, ne point,* c'est-à-dire lorsqu'on craint qu'une chose que l'on désire n'arrive pas, on emploie le subjonctif avec *ut* ou *ne non.*

Ex. : Je crains que ma mère ne vienne pas, *timeo ut ou ne non mater veniat.*

3ᵉ Remarque. *Craindre de, appréhender de, avoir peur de,* etc., signifiant *faire difficulté de,* se rendent par *dubitare,* avec l'infinitif ; quand ils signifient *ne pas oser,* on les exprime par *non audere.*

Ex. : Il ne craint pas d'avouer, *fateri non dubitat.*

Je crains de dire, *non audeo dicere.*

4ᵉ Remarque. Après les verbes qui signifient *empêcher, défendre, refuser,* on peut, au lieu de *ne,* employer *quominus* (subj.).

Ex. : Cela m'a empêché de partir, *id impedivit ne* ou *quominus proficiscerer.*

Veto, défendre, a toujours en prose la proposition infinitive (286) ; en poésie, on le trouve aussi avec *ne* et le subjonctif.

IV. Non impedio quin, quis impedit quin proficiscaris ?

350. — RÈGLE. Quand les verbes qui signifient *empêcher, défendre, refuser*, sont accompagnés d'une négation ou d'une interrogation, on met après eux *quin* (ou *quominus*) avec le subjonctif.

Ex. : Je ne vous empêche pas, qui vous empêche de partir ? *non impedio quin* (ou *quominus*), *quis impedit quin* (ou *quominus*) *proficiscaris ?*

On dit encore, avec *quin* et le subjonctif : *non possum facere quin, non possum mihi temperare quin, non mihi tempero quin,* je ne puis m'empêcher de ; *vix teneor quin,* j'ai peine à m'empêcher de ; *parum abest quin,* peu s'en faut que... ne...

LE BUT, LA CONSÉQUENCE, LA NÉCESSITÉ.

Edere oportet ut vivas.

351. — RÈGLE. Pour marquer le *but*, la *conséquence* ou la *nécessité*, on emploie *ut* avec le subjonctif. (503, 3°)

Ex. : Il faut manger pour vivre, et non vivre pour manger ; *edere oportet ut vivas, non vivere ut edas.*

Il suit de là que l'âme est immortelle, *inde sequitur* (ou *fit*) *ut animus sit immortalis.*

Dieu est si grand que nous ne pouvons le comprendre, *Deus tantus est ut intelligi non possit.*

Il est nécessaire que l'homme meure, *necesse est ut homo moriatur.*

1ʳᵉ REMARQUE. *Ut* sert à traduire *afin que, pour que* (ou *afin de* et *pour* avec l'infinitif), *en sorte que, de manière que, de manière à. Ut* traduit aussi la conjonction *que*, placée après les adjectifs et les adverbes de quantité *tel, si grand, si petit, tellement,* etc. (*talis, tantus, adeo, tam, ita, sic,* etc.), pour exprimer un effet, une conséquence, et non un rapport d'égalité. (431)

Ex. : Afin que vous veniez, pour que vous veniez ; *ut venias.*

Je viens pour jouer, afin de jouer ; *venio ut ludam.*

Faites en sorte que, de manière que mon père vienne ; *fac ut pater veniat.*

Arrangez tout de manière à pouvoir venir, *omnia compone ut venire possis.*

Il est si bon qu'il fait du bien à tous ; *adeo* (ou *tam, ita, sic*) *bonus est ut omnibus benefaciat.*

2° Remarque. On emploie élégamment *qui, quæ, quod*, avec le subjonctif, pour *ut ego,* (*ut tu, is, ille, illum,* etc.); de même pour *talis ut, quoniam* ou *quum* (*puisque*), suivis d'un pronom.

Ex. : Je suis venu pour voir, *veni qui viderem* (pour *ut ego viderem*).

J'ai envoyé quelqu'un vous annoncer cela, *misi aliquem qui tibi hoc nuntiaret* (pour *ut is nuntiaret*).

Il m'a volé un vase d'or pour vous le donner; *vas aureum mihi subripuit, quod tibi daret* (pour *ut illud daret*).

Reposez-vous, pour mieux travailler; *otiare, quo melius labores* (pour *ut eo melius labores*).

Il y a, il se trouve, on trouve des hommes qui pensent...; *sunt, reperiuntur, invenias qui putent* (pour *homines tales ut putent*).

Pourquoi m'interrogez-vous, puisque vous savez tout? *cur me interrogas, qui omnia scias?* (pour *quoniam tu scis,* ou *quum tu scias*).

César, connaissant (c'est-à-dire parce qu'il connaissait) la marche de l'ennemi, passa le fleuve; *Cæsar, qui sciret hostium iter, flumen trajecit* (pour *quum is sciret*).

Le relatif *qui, quæ, quod,* employé pour *quum* (puisque), se trouve souvent et élégamment précédé des particules *quippe, ut,* ou *utpote* : *Cæsar, quippe qui sciret, ut qui sciret, utpote qui sciret*.

3° Remarque. Mériter, être digne de, se rendent en latin par *dignus ut* avec le subjonctif; on remplace élégamment *ut* par *qui, quæ, quod,* lorsque la proposition complétive renferme un pronom dont l'antécédent est déjà exprimé dans la proposition principale.

Ex. : Il mérite de commander, il est digne de commander; *dignus est ut* ou *qui imperet*.

Il ne mérite pas que j'aie pitié de lui, *non dignus est ut illius* ou *cujus me misereat*.

Vous méritez bien que j'agisse ainsi, *dignus es sane ut sic agam*.

4° Remarque. On emploie *quin* pour *ut non, qui non,* etc., après les propositions négatives ou interrogatives.

Ex. : Je ne doute pas, qui doute, doutez-vous, que la vertu ne soit aimable? *non dubito quin, quis dubitat quin, an dubitas quin virtus sit amabilis?*

Il n'est personne qui ne pleure, *nemo est quin lacrymet*.

LE DOUTE, LA POSSIBILITÉ, LA SUPPOSITION, LA CONDITION.

**Accipiam? negem? — Quærat quispiam. —
Si veniat. — Si vellet, vinceret.**

352. — RÈGLE. Quand on veut exprimer un *doute*, ou bien une *possibilité*, une *supposition* ou une *condition* tant soit peu douteuses, on met le verbe au subjonctif.

Ex. : DOUTE : Accepterai-je? refuserai-je? *accipiam? negem?* (CIC.)
Que pouvais-je faire? *quid facerem?*
Que faire maintenant? *nunc quid faciam?*

POSSIBILITÉ : On pourrait demander, *quærat quispiam.*
On me dira peut-être, *fortasse quis dixerit* ou *dicat.*
Qui pourrait ne pas admirer? qui n'admirerait pas? *quis non miretur?*

SUPPOSITION : Supposé qu'il vienne, *si veniat.*
Si vous le voulez, pour peu que vous le vouliez, je partirai; *si velis, proficiscar.*
Si vous ne prenez garde, vous tomberez; *nisi caveas, cades.*

CONDITION : S'il voulait, il vaincrait; *si vellet, vinceret.*

1re REMARQUE. Le subjonctif peut servir souvent à rendre avec beaucoup d'élégance certaines phrases dubitatives ou conditionnelles, formées par les verbes *pouvoir* et *vouloir*.

Ex. : Qui pourrait le croire? *quis credat?*
Vous voudriez faire cela? *tu hoc faceres?*

2° REMARQUE. Dans les phrases qui expriment une condition ou une supposition, le *conditionnel présent* se traduit en latin par l'imparfait du subjonctif; le *conditionnel passé*, par le plus-que-parfait du subjonctif.

Ex. : Si tu avais de la voix, aucun oiseau ne l'emporterait sur toi; *si vocem haberes, nulla prior ales foret* (PHÆD.).
Si tu t'étais contenté de nos demeures, tu n'aurais pas essuyé cet affront; *contentus nostris si fuisses sedibus, non illam expertus esses contumeliam* (PHÆD.).

EMPLOI DU VERBE.

LA DÉPENDANCE DANS L'INTERROGATION INDIRECTE.

Nescis quis ego sim.

353. — RÈGLE. Toutes les fois qu'une particule *interrogative* se trouve entre deux verbes, c'est-à-dire devant une proposition complétive, elle demande en latin le second verbe au subjonctif.

Ex. : Vous ne savez pas qui je suis, *nescis quis ego sim*.

On est convenu d'appeler *interrogation indirecte* l'emploi d'une particule interrogative unissant une proposition complétive à la proposition principale.

Les particules interrogatives sont toutes celles qui servent à interroger, c'est-à-dire :

1° Les pronoms et les adjectifs interrogatifs *quis*, *uter*, *qualis*, *quantus*, *quot*, *quotus* et leurs composés;

2° Les adverbes interrogatifs *cur*, *quare*, *quid*, *quamobrem*, *quomodo*, *an*, *num*, *ne* (enclitique), *utrum*; *ubi*, *quo*, *unde*, *quā*; *quando*, *quamdiu*, *quoties*; *ut*, *quam*, *quantum*; etc.

Autres Exemples.

Dites-moi quelle heure il est, *dic mihi quota hora sit*.
Je ne sais lequel des deux a été le plus éloquent, *nescio uter fuerit eloquentior*.
Écrivez-moi ce que vous faites, c'est-à-dire quelle chose vous faites; *ad me scribe quid agas*.
Je voudrais savoir où vous êtes, *scire velim ubi sis*; d'où vous venez, *unde venias*; où vous allez, *quo eas*; par où vous passez, *qua iter facias*.
Dites s'il a de quoi me payer, *dic an habeat unde mihi solvat*.
Interrogée pourquoi elle disait cela, *interrogata cur hoc diceret*.
Vous voyez combien je vous aime, *vides quantum te amem*.
Je dirai en peu de mots combien la liberté est douce; *quam dulcis sit libertas, breviter proloquar* (PHÆD.).

1re REMARQUE. Quand *ce qui*, *ce que*, signifiant *la chose qui*, *la chose que*, s'expriment par le pronom relatif neutre *quod*, *quæ* (au pluriel), on emploie l'indicatif.

Ex. : Faites ce qui est bien, *fac (illud) quod bonum est*.
Il a fait ce que j'avais commandé, *fecit (illa) quæ præceperam*.

EMPLOI DU VERBE. 261

2° REMARQUE. *Si*, employé en français dans l'interrogation indirecte, se traduit en latin par les particules *an*, *num*, ou l'enclitique *ně*, suivies du subjonctif.

Ex. : On demande s'il se porte bien ; *quæritur an* ou *num valeat*, ou *valeatně*.

Après *nescio*, *haud scio*, *incertum est*, on met *an* avec le subjonctif : je ne sais s'il se porte bien, *nescio an valeat*.

3° REMARQUE. *Douter que...* se rend par *dubito an*, *num* ou *ně*, suivi du subjonctif.

Ex. : Je doute qu'il se porte bien ; *dubito an* ou *num valeat* ; ou *valeatně*.

4° REMARQUE. Quand l'interrogation indirecte est formée de deux membres, *si* se rend par *utrum*, *ně* ou *num* ; lorsqu'il y a une négation, par *nonne* ; la conjonction *ou* se rend par *an* ou *ně* ; *ou non* par *necně* ou *annon*.

Toutes ces particules demandent après elles le subjonctif.

Ex. : Je ne sais, je demande s'il est bon ou méchant ; *nescio, quæro utrum bonus sit an malus*.

Je ne sais s'il vient, ou non ; *nescio num veniat, annon* (ou *necně*).

EMPLOI DES TEMPS DU SUBJONCTIF.

Timeo ne pluat.

354. — RÈGLE. 1° Si le second verbe est au subjonctif en français, on emploie en latin le même temps du subjonctif.

2° Si le second verbe est à l'indicatif en français, on emploie en latin le temps correspondant du subjonctif.

3° Si le second verbe est à l'infinitif en français, on tourne d'abord par le subjonctif, pour voir quel temps du subjonctif il faut employer en latin.

Ex. : Je crains qu'il ne pleuve, *timeo ne pluat*.

Je sais ce que vous faites, *scio quid agas*.

Je vous ordonne de lire, *tournez*, j'ordonne à vous que vous lisiez ; *præcipio tibi ut legas*.

N. B. Le présent du subjonctif correspond au présent de l'indicatif ; l'imparfait à l'imparfait ; le parfait au parfait ; le plus-que-parfait au plus-que-parfait ; le futur antérieur se rend par le parfait du subjonctif.

Pour le futur simple et les deux conditionnels, v. § 355.

EMPLOI DU VERBE.

1ᵉʳ Exemple.

Je crains que vous ne lisiez . . . . timeo ne *legas*.
— que vous n'ayez lu. . . . . ne *legeris*.
Je craignais que vous ne lussiez . . . . . timebam ne *legeres*.
Je craignais que vous n'eussiez lu . . . . timebam ne *legisses*.
J'ai craint que vous ne lussiez. . . . . . . timui ne *legeres*.
J'avais craint que vous ne lussiez . . . . timueram ne *legeres*.
Je craindrai que vous ne lisiez . . . . . . timebo ne *legas*.
— que vous n'ayez lu . . . . . . — ne *legeris*.
J'aurai craint que vous ne lisiez . . . . . timuero ne *legas*.
Je craindrais que vous ne lussiez. . . . . timerem ne *legeres*.
J'aurais craint que vous ne lussiez. . . . timuissem ne *legeres*.

2° Exemple. (*Interrogation indirecte.*)

Je sais, je saurai . . ⎫ ce que vous ⎧ scio, sciam. . . ⎫ quid *agas*.
J'aurai su, je saurais ⎭ *faites*. . . . ⎩ scivero, scirem. ⎭
Je sais, je savais . . ⎫ ⎧ scio, sciebam. . ⎫
J'ai su, j'avais su . . ⎪ ce que vous ⎪ scivi, sciveram. ⎪ quid *ageres*,
Je saurai, j'aurai su ⎬ *faisiez* . . . ⎨ sciam, scivero . ⎬
Je saurais, j'aurais su ⎭ ⎩ scirem, scivissem ⎭
Je sais, je savais . . ⎫ ⎧ scio, sciebam. . ⎫
J'ai su, j'avais su. . ⎬ ce que vous ⎨ scivi, sciveram. ⎬ quid *egeris*.
Je saurai, j'aurai su ⎭ avez fait . . ⎩ sciam, scivero . ⎭
Je sais, je savais . . ⎫ ce que vous ⎧ scio, sciebam. . ⎫ quid *egisses*.
J'ai su, j'avais su. . ⎭ *aviez fait*. . ⎩ scivi, sciveram ⎭
Je saurai ce que vous *aurez fait*. sciam. . . . . . quid *egeris*.

3° Exemple.

Je vous ordonne . . . ⎫ *de lire*, tournez ⎧ Præcipio tibi . . ⎫ *ut legas*.
Je vous ordonnerai . ⎪ ⎨ q. vous lisiez. ⎩ Præcipiam tibi . ⎪
Je vous ordonnais . . ⎬ Præcipiebam tibi ⎪
Je vous ai ordonné . ⎪ *de lire*, Præcepi tibi . . ⎪ *ut*
Je vous avais ordonné ⎨ tournez, Præceperam tibi ⎬ *legeres*.
Je vous ordonnerais. ⎪ q. vous lussiez. Præciperem tibi ⎪
Je vous aurais ordonné ⎭ Præcepissem tibi ⎭

REMARQUE. Lorsque, en français, le *présent* et l'*imparfait du subjonctif* ont le sens du *futur*, comme dans les phrases : je crains qu'*il ne vienne* demain, je craignais qu'*il ne vînt* le mois suivant, on exprime en latin ces futurs du subjonctif par l'une des manières indiquées au § 355.

EMPLOI DU VERBE.

APPENDICE. — FUTURS ET CONDITIONNELS.

1° Actif. — Scio quid acturus sis.
2° Passif. — Nescio an futurum sit ut laudetur.

355. Les *futurs* et les *conditionnels* employés dans l'interrogation indirecte; de plus, le présent et l'imparfait du subjonctif, quand ils marquent en français le futur; se rendent en latin : 1° *à l'actif*, par le participe futur en *rus*, avec *sim*, *essem*, *fuerim*, *fuissem*, suivant le sens; 2° *au passif*, par la locution *futurum sit*, *esset* ou *fuisset*, *ut* : le verbe suivant se met au temps du subjonctif passif voulu par le sens.

On fait de même pour les verbes actifs qui, manquant de supin, n'ont pas de participe futur actif en *rus*.

EXEMPLES.

Je sais, je saurai, etc., ce que vous *ferez*; scio, sciam, etc., quid *acturus sis*.

Je sais, je savais, etc., ce que vous *feriez*; scio, sciebam, etc., quid *acturus esses*.

Je sais, je savais, etc., ce que vous auriez *fait*; scio, sciebam, etc., quid *acturus fuisses*.

Je crains qu'il ne *vienne* bientôt; timeo ne mox *venturus sit*.

Je craignais, j'avais craint qu'il ne *vînt* le lendemain; timebam, timueram ne postridie *venturus esset*.

Je ne sais s'il sera loué, s'il se repentira un jour; *nescio an futurum sit ut laudetur, ut illum pœniteat*.

Je ne savais pas s'il serait loué un jour, *nesciebam an futurum esset ut laudaretur*.

Je doutais qu'il dût se repentir un jour, *dubitabam num futurum esset ut illum pœniteret*.

REMARQUE. Souvent les temps ordinaires du subjonctif tiennent lieu du futur, lorsque ce temps est suffisamment indiqué dans un des membres de la phrase par un adverbe de temps ou par un complément.

Ex. : Vous m'écrivez que, s'il vient demain, tout le monde sera dans la joie; *mandas, si cras veniat* (pour *venturus sit*), *omnes gavisuros esse*.

On peut dire de même : *timeo ne mox veniat, timebam ne postridie veniret; nescio an, dubito num illum unquam* (ou *mox, cras*) *pœniteat; nesciebam an unquam laudaretur*, etc.

Art. IV. — INFINITIF.

356. L'infinitif (de *infinitus*, indéterminé) est le mode de l'*indéfini*, de l'*indéterminé*.

Il s'appelle ainsi, parce que par lui-même il n'exprime que d'une manière générale l'état ou l'action signifiée par le verbe.

Le verbe à l'infinitif présent peut être regardé comme un véritable *substantif*; car il remplit dans la phrase les fonctions du substantif, et il en a les cas.

Comme les substantifs, il est tantôt *sujet*, tantôt *régime* ou *complément*; et, pour indiquer ces différentes fonctions, il prend, grâce aux *gérondifs* et aux *supins*, les différents cas qui lui manquent.

Voici la déclinaison du verbe à l'infinitif présent :

Nom. *Vidēre*, voir.
Gén. *Videndi*, de voir.
Dat. *Videndo*, à voir.
Acc. *Vidēre*, voir; *ad videndum*, à voir; *visum*, voir.
Abl. *Videndo, in videndo*, en voyant; *visu*, à être vu.

Les Latins ont imaginé les gérondifs et les supins, parce qu'ils n'avaient pas, comme les Grecs, l'article défini pour indiquer les différents cas de l'infinitif.

Le verbe à l'infinitif se construit, ou seul, ou avec un sujet à l'accusatif. Seul, il représente un substantif neutre singulier, et s'emploie, ou comme sujet, ou comme régime direct d'un autre verbe.

Quand l'infinitif a un sujet à l'accusatif, il forme une proposition appelée *infinitive*, qui s'emploie, elle aussi, ou comme sujet, ou comme régime direct d'un autre verbe.

Le verbe, employé au mode impersonnel de l'infinitif, au gérondif ou au supin, gouverne les mêmes cas qu'aux modes personnels : *amare, amandi Deum; eo quæsitum libros*.

L'INFINITIF, SUJET.

Pulchrum est oblivisci injurias.

357. — Règle. L'infinitif, seul ou avec un régime, sert souvent de sujet à un autre verbe.

Ex. : Il est beau d'oublier les injures; *tournez*, oublier les injures est beau; *pulchrum est oblivisci injurias*.

Question : Qu'est-ce qui est beau? — Réponse : *Oublier les injures*.

L'INFINITIF, RÉGIME DIRECT.
Vincere scis.

358. — RÈGLE. L'infinitif s'emploie comme *régime direct*, après les verbes *scio*, savoir; *volo*, vouloir; *soleo*, avoir coutume; et plusieurs autres, quand il n'y a qu'un seul sujet dans la phrase. (503, 4°)

Ex. : Tu sais vaincre, Annibal; mais tu ne sais pas profiter de la victoire; *vincere scis, Annibal; victoriā uti nescis* (Liv.).

Question : Annibal sait *quoi*? — Réponse : *vaincre*.

LA PROPOSITION INFINITIVE, SUJET.
Deum esse constat.

359. — RÈGLE. La proposition infinitive s'emploie comme sujet, 1° avec les verbes impersonnels, comme *constat, decet, refert*, etc.; 2° avec le verbe *est*, suivi d'un adjectif neutre, d'un adverbe ou d'un substantif servant d'attribut. (503, 5°)

Si on a en français la conjonction *que*, ou la préposition *de*, on ne la traduit pas, mais on met le verbe à l'infinitif, et son sujet à l'accusatif. Voir la *règle du que retranché*. (360)

Ex. : Il est certain que Dieu existe, *Deum esse constat*.
Question : Qu'est-ce qui est certain? — Réponse : *que Dieu existe*, ou *Dieu exister*.

Autres Exemples.

Il est honteux d'être paresseux, *turpe est pigrum esse* (s.-ent. *hominem, puerum*, etc.).

Il ne suffit pas, ou ce n'est pas assez que l'homme ne fasse pas le mal; *hominem malo abstinere non satis est*.

C'est une richesse que d'être content de son sort; *contentum esse sua sorte* (s.-ent. *hominem*), *fortuna est*.

REMARQUE. Avec le verbe *licet*, l'attribut de l'infinitif peut se mettre au datif, comme le régime de *licet*, ou bien à l'accusatif.

Ex. : Il fut permis à Thémistocle de se reposer; *licuit esse otioso Themistocli* (Cic.).

Pourquoi ne vous serait-il pas permis d'être libres? *cur esse liberos* (s.-ent. *vos*) *non liceat?* (Cic.)

Avec les autres verbes qui gouvernent le datif, il est mieux de mettre l'attribut de l'infinitif à l'accusatif.

Ex. : Il nous est avantageux d'être sages, *expedit nobis* (s.-ent. *nos*) *esse bonos* (Ter.).

LA PROPOSITION INFINITIVE, RÉGIME DIRECT
(ou règle du *QUE* retranché).

Credo Deum esse sanctum.

360. — RÈGLE. La proposition infinitive s'emploie comme régime direct, après les verbes qui signifient *croire, savoir, apprendre, dire, sentir, désirer, vouloir, espérer, promettre :* après ces verbes on ne traduit pas la conjonction *que*; mais on met le verbe suivant à l'infinitif, et son sujet à l'accusatif. (503, 6°)

C'est ce qu'on appelle communément la règle du *que* retranché.

Ex. : Je crois que Dieu est saint, *tournez*, je crois Dieu être saint ; *credo Deum esse sanctum.*

Question : Qu'est-ce que je crois ? — Réponse : que Dieu est saint, ou Dieu être saint. Cette proposition tout entière est le régime direct de *je crois*.

1re REMARQUE. Quand les verbes *croire, espérer, promettre, menacer, se souvenir*, sont suivis d'un infinitif, on tourne la phrase de manière que la conjonction *que* se trouve entre les deux verbes ; puis on observe la règle de la proposition infinitive.

Ex. : Je crois avoir lu, *tournez*, je crois que j'ai lu, ou moi avoir lu ; *credo me legisse.*

Vous croyez être heureux, *tournez*, vous croyez que vous êtes heureux, ou vous être heureux ; *credis te esse beatum.*

L'accusatif, sujet d'une proposition infinitive servant de régime direct, doit *toujours* être exprimé en latin.

2e REMARQUE. Les verbes *espérer, promettre, menacer*, veulent après eux, en latin, le futur de l'infinitif, parce qu'ils expriment toujours une action future.

Ex. : Charles espère partir bientôt, *tournez*, Charles espère qu'il partira bientôt, ou lui devoir partir bientôt ; *Carolus sperat se brevi profecturum esse.*

Après les verbes *memini* et *recordor* (se souvenir), on met ordinairement le présent de l'infinitif, au lieu du parfait qui est en français.

Ex. : Je me souviens d'avoir lu, *memini me legere.*

EMPLOI DU VERBE.

3° REMARQUE. Après les verbes *voir*, *sentir*, *écouter*, *entendre*, l'infinitif français se met en latin au participe présent, qui s'accorde avec le régime des verbes *voir*, *sentir*, etc.

Ex. : Je l'ai vu entrer, *vidi eum ingredientem*.

Si l'infinitif peut se tourner par le passif, on emploie l'infinitif passif : je vois amener des prisonniers, *video captivos adduci*.

4° REMARQUE. Quand il y a amphibologie dans la proposition infinitive, c'est-à-dire lorsqu'elle renferme deux accusatifs, l'un sujet, l'autre régime direct, il faut tourner par le passif.

Ex. : Je sais que Pierre loue Paul, *tournez*, que Paul est loué par Pierre ; *scio Paulum a Petro laudari*.

Il y aurait de l'amphibologie à dire : *scio Petrum laudare Paulum*.

5° REMARQUE. Dans les narrations vives, où les faits se succèdent rapidement, on emploie souvent plusieurs infinitifs de suite, précédés de leur sujet au nominatif, parce qu'on sous-entend le verbe *cœpi* (commencer, se mettre à).

C'est ce qu'on appelle *infinitif historique* ou *infinitif de narration*.

Ex. : Catilina s'étonne, il se lève, il s'indigne, il menace, il s'élance furieux hors de la salle du sénat ; *Catilina mirari, surgere, indignari, minari, prorumpere furens e curia*.

On dit de même en français : *Catilina de s'étonner, de se lever*, etc.

6° REMARQUE. Dans les interrogations et les exclamations vives de l'indignation ou de l'étonnement, on emploie quelquefois la proposition infinitive toute seule, en retranchant le verbe dont elle dépend.

Ex. : Faut-il que, vaincue, je renonce à mon entreprise ! *Mene incepto desistere victam* (s.-ent. *oportet*) ! (VIRG.)

EMPLOI DES TEMPS DANS LA PROPOSITION INFINITIVE.

Credo te legere, te legisse, te lecturum esse, fuisse.

361. — RÈGLE. En général, il faut donner à l'infinitif latin le même temps que l'on a en français, quand on a tourné par l'infinitif.

Ex. : Je crois que vous lisez, *tournez*, vous lire (présent) ; *credo te legere*.

Je crois que vous avez lu, *tournez*, vous avoir lu (parfait) ; *credo te legisse*.

Je crois que vous lirez, *tournez*, vous devoir lire (futur) ; *credo te lecturum esse*.

N. B. De même au passif : Je crois que vous êtes aimé, avez été aimé, serez aimé ; *credo te amari, amatum esse, amatum iri.*

On omet souvent *esse* ou *fuisse*, aux futurs de l'infinitif actif, ainsi qu'au parfait de l'infinitif passif.

1ʳᵉ Remarque. Le conditionnel présent se rend par le futur de l'infinitif ; le conditionnel passé, par le futur passé de l'infinitif.

Ex. : Je crois que vous liriez, si..., *tournez*, vous devoir lire, si... ; *credo te lecturum esse, si...*

Je crois que vous auriez lu, si..., *tournez*, vous avoir dû lire, si... ; *credo te lecturum fuisse, si...*

2ᵉ Remarque. Si le second verbe est au subjonctif en français, il faut tourner la phrase par la proposition infinitive, comme lorsqu'il est à l'indicatif.

Ex. : Je ne crois pas que vous lisiez, *tournez*, vous lire *non credo te legere.*

3ᵉ Remarque. Si le verbe latin de la proposition infinitive n'a pas de supin, par conséquent pas de futurs de l'infinitif, ni actifs ni passifs, on emploie les circonlocutions *fore ut*, ou *futurum esse ut* (devoir arriver que), pour le futur simple ; *futurum fuisse ut* (avoir dû arriver que), pour le futur passé.

Le verbe se met au présent du subjonctif après *fore* ou *futurum esse*, si le premier verbe est au présent ou au futur ; à l'imparfait du subjonctif, si le premier verbe est à un temps passé ; et toujours à l'imparfait du subjonctif après *futurum fuisse.*

Ex. : Je crois que vous vous repentirez, qu'il étudiera ; *credo fore ou futurum esse ut te pœniteat, ut studeat.*

Je croyais que vous vous repentiriez, *credebam fore ou futurum esse ut te pœniteret.*

Je ne crois pas qu'il eût étudié, si... ; *non credo futurum fuisse ut studeret, si...*

Je crois qu'il sera frappé, *credo fore ut feriatur.*

Les formes *fore ut, futurum esse ou fuisse ut*, s'emploient élégamment même avec les verbes qui ont un supin : *credo fore ut legat, futurum fuisse ut legeret ; credo fore ut liber legatur.*

4ᵉ Remarque. Quand le verbe de la proposition infinitive doit se mettre au futur passé de l'infinitif passif, on remplace cette forme, qui manque en latin, par *fore* ou *futurum esse ut*, suivi du parfait du subjonctif passif.

Ex. : Je crois que le livre aura été lu, quand... ; *credo fore ou futurum esse ut liber lectus sit, quum...*

EMPLOI DU VERBE.

362 — TABLEAU DES TEMPS DE L'INFINITIF
employés dans la proposition infinitive.

PRÉSENT.

Le *présent de l'infinitif* s'emploie, lorsque les deux verbes expriment des actions faites en même temps.

Je crois, croirai. . . .	*qu'il lit*. . . .	cred-o, -am	
Je ne crois pas.	*qu'il lise* . . .	non cred-o, -am . . .	*illum legere.*
Je croyais, j'ai cru . .	*qu'il lisait* . .	cred-ebam, -idi . . .	
J'avais cru	*qu'il lisait* . .	cred-ideram	
J'aurais cru.	*qu'il lisait* . .	cred-idissem	

(lui lire.)

PARFAIT.

Le *parfait de l'infinitif* s'emploie, lorsque le second verbe exprime une action faite avant celle du premier verbe.

Je crois, croirai. . . .	*qu'il lisait* . .	cred-o, -am	
Je crois, croirai. . . .	*qu'il a lu*. . .	cred-o, -am	
Je crois, croyais. . . .	*qu'il avait lu*.	cred-o, -ebam	*illum legisse.*
J'ai, j'avais cru. . . .	*qu'il avait lu*.	credid-i, -eram . . .	
Je ne crois pas	*qu'il ait lu* . .	non credo	
Je ne croyais pas . . .	*qu'il eût lu* . .	non credebam	
Je n'aurais pas cru. . .	*qu'il eût lu* . .	non credidissem . . .	

(lui avoir lu.)

FUTUR.

Le *futur de l'infinitif* s'emploie, lorsque le second verbe exprime une action postérieure à l'action du premier verbe.

Je crois, croirai. . . .	*qu'il lira* . . .	cred-o, -am	
Je croyais, croirais . .	*qu'il lirait* . .	cred-ebam, -erem . . .	*illum lecturum esse.*
J'ai, j'avais cru . . .	— —	credid-i, -eram . . .	
Je ne croyais pas . . .	— —	non credebam	
Je n'ai, n'avais pas cru	— —	non credid-i, -eram. .	

(lui devoir lire.)

FUTUR PASSÉ.

Le *futur passé de l'infinitif* s'emploie, lorsque le second verbe exprime une action à la fois postérieure à celle du premier, et antérieure à une troisième action, ou bien subordonnée à une condition.

Je crois, croirai. . . .	*qu'il aura lu*.	cred-o, -am	
Je croyais.	*qu'il aurait lu*.	cred-ebam	
J'ai, j'avais cru. . . .	*qu'il aurait lu*.	credid-i, -eram . . .	*illum lectur. fuisse.*
Je ne crois, croyais pas	*qu'il eût* ou	non cred-o, -ebam . .	
Je n'aurais pas cru. . .	*aurait lu* . . .	non credidissem . . .	

(lui avoir dû lire.)

EMPLOI DU VERBE.

APPENDICE I. — GÉRONDIFS.

I. GÉNITIF.

Tempus legendi.

363. — RÈGLE. L'infinitif, quand il est régime d'un substantif ou d'un adjectif qui gouverne le génitif, se traduit par le gérondif en *di*.

Ex. : Le temps de lire, *tempus legendi*.
Curieux de voir, *cupidus videndi*.

II. DATIF.

Assuetus laborando.

364. — RÈGLE. L'infinitif, quand il est régime d'un adjectif qui gouverne le datif, se traduit par le gérondif en *do*.

Ex. : Accoutumé à travailler, *assuetus laborando*.

III. ACCUSATIF.

Promptus ad irascendum.

365. — RÈGLE. L'infinitif, quand il est régime ou complément des adjectifs ou des verbes qui gouvernent les prépositions *ad, ob, inter,* etc., se traduit par le gérondif en *dum*.

Ex. : Prompt à se mettre en colère, *promptus ad irascendum*.
Je vous exhorte à lire, *te hortor ad legendum*.
Pendant qu'on boit, que je bois, etc.; *inter bibendum*.

REMARQUE. *Paratus*, prêt à, se construit souvent avec l'infinitif.

Ex. : Prêt à partir, *paratus proficisci*.

IV. ABLATIF.

Consumit tempus legendo.

366. — RÈGLE. L'infinitif, employé comme complément de manière, de cause, de lieu, ou comme régime des verbes qui gouvernent les prépositions *a, de, in,* etc., se traduit par le gérondif en *do*.

Ex. : Il passe son temps à lire, *consumit tempus legendo*.
Fatigué de pleurer, *fessus plorando*.
Pendant la navigation, *in navigando*.
Je reviens de me promener, *redeo ab ambulando*.

EMPLOI DU VERBE.

1ʳᵉ REMARQUE. Les gérondifs ont quelquefois le sens passif.

Ex. : *Athenas, erudiendi gratiā, missus* (JUST.) ; envoyé à Athènes pour y faire ses études.

2ᵉ REMARQUE. Les gérondifs gouvernent le même cas que les verbes d'où ils viennent.

Ex. : Le temps de lire l'histoire, *tempus legendi historiam*.

V. GÉRONDIF REMPLACÉ PAR LE PARTICIPE EN *DUS*.

Tempus legendæ historiæ.

367. — RÈGLE. Toutes les fois qu'un gérondif a un régime direct à l'accusatif, il est mieux de le remplacer par le participe passif en *dus, da, dum* : le régime direct du gérondif se met au cas du gérondif, et le participe s'accorde avec lui en genre, en nombre et en cas.

Ex. : Le temps de lire l'histoire, tournez, de l'histoire devant être lue ; *tempus legendæ historiæ*.

Accoutumé à supporter le travail, *assuetus tolerando labori*.

Prompt à venger une injure, *promptus ad ulciscendam injuriam*.

Je revenais de visiter mes terres, *redibam ab agris invisendis*.

N. B. Quand le verbe est neutre, on ne peut pas tourner par le participe en *dus* ; il faut garder le gérondif : disposé à favoriser les enfants, *paratus ad favendum pueris*.

APPENDICE II. — SUPINS.

I. Venio lusum.

368. — RÈGLE. L'infinitif, après les verbes qui expriment ou renferment l'idée d'un mouvement vers quelque lieu, ou d'une tendance vers quelque objet, se rend en latin par le supin en *um*.

Ex. : Je viens jouer, *venio lusum*.

Admis à voir, *spectatum admissi* (HOR.).

1ʳᵉ REMARQUE. Le supin en *um* gouverne le même cas que le verbe dont il est formé.

Ex. : Ils envoient demander la paix, *pacem petitum mittunt*.

2ᵉ REMARQUE. Si le verbe n'a pas de supin, on emploie *ad* avec le gérondif en *dum*, ou *ut* avec le subjonctif.

Ex. : Je viens étudier ; *venio ad studendum, ou ut studeam*.

II. Mirabile visu.

369. — RÈGLE. L'infinitif, après les adjectifs *admirable à, facile à, difficile à,* etc., se rend en latin par le supin en *u*. (503, 7°)

Ex. : Chose admirable à voir, *tournez*, à être vue ; *res visu mirabilis*, ou *mirabile visu* (sous-ent. *negotium*).
Chose facile à dire, *res dictu facilis.*

1re REMARQUE. Si le verbe n'a pas de supin, on le laisse à l'infinitif, et on en fait un sujet. (357)

Ex. : Ma leçon est difficile à étudier, *tournez*, il est difficile d'étudier ma leçon ; *difficile est studere lectioni meæ.*

2e REMARQUE. Le supin en *u* s'emploie aussi avec *fas, nefas* et *pudet.*

Ex. : Il est permis, il n'est pas permis de le dire ; *hoc fas est, nefas est dictu* (CIC.).
Cela fait honte à dire, *pudet dictu.*

ART. V. — PARTICIPES.

Gallus, escam quærens.

370. — RÈGLE. Les participes s'accordent en genre, en nombre et en cas, avec les noms auxquels ils se rapportent, et gouvernent le même cas que les verbes d'où ils viennent.

Ex. : Un coq, cherchant de la nourriture, trouva une perle ; *gallus, escam quærens, margaritam reperit.*
L'enfant, ayant été interrogé par le maître, répondit ; *puer, interrogatus a magistro, respondit.*

1re REMARQUE. Quelques participes passés passifs, employés ordinairement comme adjectifs, gouvernent le datif.

Ex. : Cet homme m'est connu, est connu de tous ; *hic vir mihi notus est, notus est omnibus.*

Tels sont : *acceptus*, agréé ; *cognitus, notus*, connu ; *compertus*, constaté ; *dilectus*, chéri ; *exploratus, perspectus, probatus, spectatus*, reconnu, éprouvé, prouvé ; etc.

Exosus, perosus, qui hait, qui déteste ; et *pertæsus*, ennuyé de ; ont la signification active, et gouvernent l'accusatif : un élève qui déteste la paresse, *discipulus pigritiam exosus.*

2e REMARQUE. Les adjectifs en *bundus*, dérivés d'un verbe, gouvernent le même cas que le verbe d'où ils viennent.

Ex. : Ravageant les campagnes, *populabundus agros.*

APPENDICE. — PARTICIPES FRANÇAIS QUI MANQUENT EN LATIN.

371. Quand un participe français n'a pas d'équivalent en latin, on emploie l'ablatif absolu, ou *quum* (lorsque, après que, puisque), suivi, d'après le sens, du présent, de l'imparfait, du parfait ou du plus-que-parfait du subjonctif. (339)

Ex. : Cicéron étant consul...; *Cicerone consule*, ou *quum Cicero esset consul...*

Cicéron ayant découvert la conjuration, Catilina s'enfuit; *quum Cicero conjurationem detexisset*, ou *conjuratione a Cicerone detecta, Catilina profugit*.

Un rat, ayant rencontré un éléphant; *mus elephanto quum fuisset obvius* (Phæd.).

Étant ainsi favorisé de Dieu, vous pouvez vaincre; *quum tibi Deus ita faveat, potes vincere*.

Poursuivi par des voleurs, il courut longtemps; *quum latrones eum persecuti essent, diu cucurrit*.

Les participes français qui n'ont pas d'équivalent en latin sont :

1° Le participe présent et le participe passé du verbe *être*;

2° Le participe passé actif, lorsque le verbe latin est actif ou neutre;

3° Le participe passé passif, lorsque le verbe latin est neutre ou déponent.

Patiens laboris.

372. — Règle. Les participes présents et certains participes passés, quand ils sont employés comme adjectifs, gouvernent le génitif.

Ex. : Dur au travail, *patiens laboris*.

Avide du bien d'autrui, prodigue du sien; *alieni appetens, profusus sui* (Sall.).

Tels sont surtout : *amans, consultus, expertus, impatiens, impotens, insolens, negligens* et *sciens*.

Remarque. Quelques-uns de ces participes, devenus adjectifs, ont aussi un comparatif en *or*, et un superlatif en *issimus*, comme *amans*, aimant, *amantior, amantissimus*.

Mais avant d'employer ces comparatifs et ces superlatifs, il faut s'assurer qu'ils sont usités, parce que la plupart des participes, surtout ceux en *us* et en *dus*, n'ayant ni comparatif en *or*, ni superlatif en *issimus*, se construisent avec *magis, maxime*.

EMPLOI DU VERBE.

PARTICIPE PASSIF D'OBLIGATION OU DE NÉCESSITÉ.

I. Mihi colenda est virtus.

373. — Règle. Lorsque les verbes *devoir, il faut, il est nécessaire*, etc., sont suivis d'un verbe actif accompagné de son régime direct, ou d'un verbe passif, on emploie en latin le participe passif d'obligation, en lui donnant pour régime au datif le nom de la personne pour laquelle il y a obligation ou nécessité.

Ex. : Je dois pratiquer, il faut que je pratique la vertu ; *tournez*, la vertu doit être pratiquée par moi (à moi) ; *mihi colenda est virtus*.

Je dis que l'homme doit pratiquer la vertu, *dico homini colendam esse virtutem*.

II. Vobis vincendum aut moriendum est.

374. — Règle. Si les verbes *devoir, il faut, il est nécessaire*, etc., sont suivis d'un verbe neutre, ou d'un verbe actif qui n'a pas de régime direct dans la phrase, on emploie impersonnellement le neutre du participe passif d'obligation avec le verbe *est*, *erat*, etc., en mettant au datif le nom de la personne pour laquelle il y a obligation ou nécessité.

Ex. : Soldats, il vous faut ici vaincre ou mourir ; *hic vobis vincendum aut moriendum, milites, est* (Liv.).

N. B. Le participe passif d'obligation gouverne le même cas que le verbe dont il est formé : *tibi tuis libris* (abl.) *utendum est*.

1ʳᵉ Remarque. Le participe passif en *dus* se construit élégamment avec les verbes *do, accipio, committo, suadeo, admoneo, censeo* et *curo*.

Ex. : Il m'a donné des livres à lire, *tournez*, pour être lus, devant être lus ; *dedit mihi libros legendos*.

On fut d'avis d'envoyer des ambassadeurs, *legatos mittendos* (*esse*) *censuerunt*.

Ayez soin de faire faire cela, *hoc faciendum cura*.

2ᵉ Remarque. Le participe passif d'obligation en *dus* correspond à l'adjectif verbal grec en τέος ; ils ont même origine, même signification et même emploi.

Ex. : Une lettre doit être écrite, il faut écrire une lettre ; *epistola est scribenda* ; en grec, ἐπιστολὴ γραπτέα ἐστί.

Il faut écrire, *scribendum est*, γραπτέον ἐστί.

CHAPITRE SIXIÈME.

PRONOMS.

N. B. Nous avons rejeté à cet endroit la syntaxe du pronom, parce qu'elle suppose la connaissance de celle du verbe.

PRONOMS NEUTRES.

Hoc litterarum.

375. — RÈGLE. Les pronoms neutres *hoc, id, illud, istud, quod, quid, quidquid, aliquid*, etc., s'emploient élégamment avec le génitif.

Ex. : Je vous ai envoyé ce bout de lettre, *hoc ad te litterarum dedi* (Cic.).
Tout ce qu'il y a de vin, *quidquid vini est.*

PRONOMS PERSONNELS.

Meo unius labore.

376. — RÈGLE. Les adjectifs possessifs *meus, tuus, suus, noster, vester*, lorsqu'on les emploie pour les génitifs des pronoms personnels, *meî, tuî, suî, nostrûm, vestrûm*, veulent au génitif l'adjectif ou le substantif qui les détermine.

Ex. : Par mes seuls efforts, par les efforts de moi seul; *meo unius labore*, pour *meî unius labore.*
L'intérêt que vous m'avez montré dès votre jeunesse; *tuum adolescentis in me studium*, pour *tuî adolescentis studium.*

Deus, memento nostri. — Quis nostrûm?

377. — RÈGLE. Les génitifs des pronoms personnels, *meî, tuî, suî, nostri, vestri*, se mettent après les adjectifs, les verbes et les participes qui gouvernent le génitif; *nostrûm* et *vestrûm* s'emploient après les adjectifs numéraux, les partitifs, les comparatifs et les superlatifs.

Ex. : Dieu, souvenez-vous de nous; *Deus, memento nostri.*
Qui de nous? *quis nostrûm?*

REMARQUE. Les génitifs des pronoms personnels, *mei*, *tui*, *sui*, *nostri*, *vestri*, s'emploient pour désigner une partie de nous-mêmes, ou pour indiquer un sens passif; les adjectifs possessifs, au contraire, s'emploient pour exprimer un sens actif, ou pour indiquer la possession.

Ex. : L'âme, la meilleure partie de moi-même, est immortelle; *animus, melior pars mei, immortalis est.*
Mon livre, *liber meus.*
Le souvenir que je garde de vous, *mea tui memoria.*

Cependant on dit : *imago mea, tua*, etc., pour *imago mei, tui*, etc.; mon portrait, c'est-à-dire *le portrait de moi*, non *le portrait que j'ai*; de même, *causā meā, tuā*, etc., à cause de moi, de toi, etc., pour *causā mei, tui*, etc.

Dans cet emploi de *meus, tuus*, etc., il faut avoir soin d'éviter l'amphibologie.

APPENDICE. — PRONOMS *ME, TE, NOUS, VOUS.*

378. Les pronoms *me, te, nous, vous*, se mettent en latin au cas que gouverne le verbe ou l'adjectif dont ils sont régimes.

Ex. : Il m'a obéi, c'est-à-dire il a obéi à moi; *mihi paruit.*
Vous me louez, vous me favorisez; *me laudas, mihi faves.*
Cela nous sera utile, *id nobis erit utile.*

PRONOMS *IL, ELLE, EUX, ELLES, LE, LA, LES, LUI, LEUR.*

I. **Dices ei.**

379. — RÈGLE. Quand les pronoms *il, elle, eux, elles, le, la, les, lui, leur*, ne se trouvent pas dans la même proposition que le mot qu'ils remplacent, ou ne se rapportent pas au sujet d'une proposition principale, on les traduit par *is, ille* ou *ipse.*

Ex. : Vous lui direz, *dices ei.*
Je vous ai promis un livre, je vous le donnerai; *tibi promisi librum, eum tibi dabo.*
Diogène disait cela : je crois qu'il mentait; *Diogenes hoc dicebat : credo illum mentitum fuisse.*

REMARQUE. Quand le pronom *le* signifie *cela*, on l'exprime par *id, hoc, istud* ou *illud.*

Ex. : Je ne le ferai pas, *id non agam.*

PRONOMS.   277

N. B. Pour connaître si ces pronoms se trouvent dans la même proposition que le mot qu'ils remplacent, ou se rapportent au sujet d'une proposition principale, il faut faire l'interrogation suivante : *qui il? qui elle? qui lui? à qui?* etc.

Ex. : Vous lui direz. *A qui?* Réponse : *à la personne*, dont on a parlé précédemment.

Je crois qu'il mentait. *Qui il?* Réponse : *Diogène*, qui se trouve dans la proposition précédente, indépendante de la phrase : je crois qu'il mentait.

II. Pater me ad se vocavit.

380. — RÈGLE. Quand les pronoms *il, elle, eux, elles, le, la, les, lui, leur*, se trouvent dans la même proposition que le mot qu'ils remplacent, ou se rapportent au sujet d'une proposition principale, on les traduit par le pronom réfléchi *sui, sibi, se*.

Ex. : Mon père m'appela auprès de lui, *pater me ad se vocavit*.

Le renard dit qu'il était innocent; *tournez*, soi être innocent; *vulpes dixit se esse innocentem*.

Il faut aimer la vertu pour elle-même, *virtus propter se diligenda est*.

Je désire que mon frère prenne garde à lui; *cupio ut frater sibi caveat*, ou *fratrem sibi cavere*.

N. B. On fait les mêmes questions que plus haut. (379)

Ex. : Mon père m'appela auprès de lui. *Qui lui?* Réponse : *mon père*, qui se trouve dans la même proposition.

Le renard dit qu'il était innocent. *Qui il?* Réponse : *le renard*, sujet de la proposition principale.

PRONOM *EN*.

Illius pulchritudinem miratus sum.

381. — RÈGLE. Le pronom *en*, qui veut dire *de lui, d'elle, d'eux, d'elles, de cela*, se traduit par *is* ou *ille*, qu'on met au cas demandé par le mot dont il est régime.

Ex. : J'ai vu votre maison, et j'en ai admiré la beauté; *tournez*, la beauté d'elle; *vidi tuam domum, et illius pulchritudinem miratus sum*.

J'aime mon frère, et j'en suis aimé; *tournez*, aimé de lui, par lui; *fratrem diligo, et ab eo diligor*.

Je vous en félicite, *tournez*, de cela; *id tibi gratulor*.

PRONOM Y.

Res est gravissima, illi operam dabo.

382. — RÈGLE. Le pronom *y*, employé pour un nom de chose, et signifiant *à lui, à elle, à eux, à elles, à cela*, se traduit par *is* ou *ille*, qu'on met au cas demandé par le verbe dont il est régime.

Ex. : L'affaire est très-importante, j'y mettrai tous mes soins; *res est gravissima, illi operam dabo.*

PRONOM SE, SOI.

I. Superbus se laudat.

383. — RÈGLE. Le pronom *se, soi*, se traduit par *sui, sibi, se*, quand il se rapporte à un nom de personne ou d'être animé.

Ex. : L'orgueilleux se loue, *superbus se laudat.*

L'âne se félicitait de sa belle voix, *asinus suam sibi præclaram vocem gratulabatur.*

1re REMARQUE. Quand le pronom *se* se rapporte à deux noms qui font l'un sur l'autre l'action marquée par le verbe, on ajoute au pronom l'adverbe *invicem* (réciproquement), ou bien on le met à l'accusatif avec *inter*; cette dernière construction peut seule s'employer, si le verbe est neutre.

Ex. : Pierre et Jean se louent; *Petrus et Joannes se invicem laudant*, ou *inter se laudant.*

Ils se battent, *inter se pugnant.*

2e REMARQUE. On emploie quelquefois *sui, sibi, se*, avec des noms de choses inanimées.

Ex. : Le poison se glisse dans les veines, *venenum sese in venas insinuat.*

Si l'occasion se présente, *si se dederit occasio.*

3e REMARQUE. Quand *ipse* se trouve dans une proposition avec *sui, sibi, se*, et qu'il se rapporte au sujet, il s'accorde ordinairement avec le sujet, et non pas avec le pronom.

Ex. : Antoine se tua lui-même, *Antonius se ipse interemit.*

L'avare se nuit à lui-même, *avarus sibi ipse nocet.*

4e REMARQUE. Si l'emploi de *sui, sibi, se*, produit une équivoque, on le remplace par *ipse.*

Ex. : Jugurtha envoya des ambassadeurs chargés de demander la vie sauve pour lui et pour ses enfants; *Jugurtha legatos misit, qui ipsi liberisque vitam peterent* (SALL.).

II. Puer surgens queritur.

384. Le pronom français *se* ne s'exprime pas en latin, quand le verbe réfléchi se traduit par un verbe neutre, ou lorsqu'il a le sens passif; dans ce dernier cas, on met le verbe au passif.

Ex. : L'enfant se plaint en se levant, *puer surgens queritur.*
Ce mot se trouve dans Phèdre, *tournez,* est trouvé dans Phèdre; *vox illa invenitur apud Phædrum.*
Il s'effraie de vos menaces, *minis terretur tuis.*

ADJECTIFS POSSESSIFS *SON, SA, SES, LEUR, LEURS.*

I. Pater amat suos liberos.

385. — RÈGLE. *Son, sa, ses, leur, leurs,* s'expriment par l'adjectif réfléchi *suus, sua, suum,* quand l'objet possesseur auquel ils se rapportent se trouve dans la même proposition, ou est sujet d'une proposition principale d'où dépend celle qui renferme *son, sa, ses.*

Ex. : Un père aime ses enfants, *pater amat suos liberos.*
Alexandre ordonna que son cheval fût enseveli avec honneur, *jussit Alexander equum suum honorifice sepeliri.*

Autres Exemples.

Sa modestie le rend recommandable, *sua eum commendat modestia;* l'enfant que sa modestie rend recommandable, *puer quem sua commendat modestia.*

L'ambition perdra cet homme, *sua hominem perdet ambitio.*

Cette mère vous prie de pardonner à son fils, *hæc mater te orat ut filiolo ignoscas suo.*

J'ai vu Paul avec son frère, *Paulum cum fratre suo vidi.*

N. B. Pour connaître si l'objet possesseur auquel se rapportent *son, sa, ses, leur, leurs,* se trouve dans la même proposition, ou s'il est sujet d'une proposition principale d'où dépend celle qui renferme *son, sa, ses..,* il faut faire l'interrogation *de qui?* après le mot précédé de *son, sa, ses.*

Ex. : Un père aime ses enfants. Les enfants *de qui?* Réponse : *du père.*
Alexandre ordonna que son cheval fût enseveli avec honneur. Le cheval *de qui?* Réponse : *d'Alexandre.*

1ʳᵉ Remarque. *Le sien, la sienne, le leur*, etc., se rendent toujours par *suus, sua, suum*.

Ex. : Il exhorte les siens, *hortatur suos*.

2ᵉ Remarque. Si l'emploi de *suus* devait produire une équivoque, on ajouterait *ipsius, ipsorum*, etc.

Ex. : César dit à ses soldats d'avoir confiance en sa fortune;
Cæsar militibus dixit, ut suæ ipsius fortunæ confiderent.

Suæ tout seul pourrait se rapporter aux soldats aussi bien qu'à César.

II. Eorum vitia odit.

386. — Règle. *Son, sa, ses, leur, leurs*, s'expriment par *ejus* ou *illius, eorum, earum*, etc., quand l'objet possesseur auquel ils se rapportent ne se trouve pas dans la même proposition, ou n'est pas sujet d'une proposition principale d'où dépend celle qui renferme *son, sa, ses*.

Ex. : Un père aime ses enfants, mais il hait leurs défauts;
pater amat suos liberos, at eorum vitia odit.

Son caractère est excellent, *ejus indoles est optima*.

Ordonnez qu'on vous amène son cheval, *jube illius equum tibi adduci*.

N. B. On fait les mêmes questions que plus haut. (385)

Ex. : Il hait leurs défauts. Les défauts de qui? Réponse : *des enfants*, objet possesseur qui se trouve dans la proposition précédente.

1ʳᵉ Remarque. Quand l'adjectif *son, sa, ses*, est précédé d'une conjonction copulative, comme *et, ou*, on le traduit par *ejus, illius*, etc.

Ex. : Paul et son frère sont venus, *Paulus ejusque frater venerunt*.

Je connais Paul et son frère, *Paulum novi et fratrem ejus*.

2ᵉ Remarque. On omet *suus* et *illius*, quand le sens le permet.

PRONOMS RELATIFS.

Deus qui me videt.

387. — Règle. Le relatif *qui, quæ, quod*, se met au cas demandé par le verbe qui le suit; s'il est sujet, il se met au nominatif; s'il est régime, il se met au cas régi par le verbe.

Ex. : Dieu qui me voit, *Deus qui me videt*.

Le roi qui a intérêt de..., *rex cujus interest*.

La grammaire que je veux étudier, *grammatica cui volo studere*.

L'enfant qui se repent, *puer quem pœnitet*.

1ʳᵉ REMARQUE. Quand le relatif français est suivi de deux verbes qui en latin gouvernent deux cas différents, il faut exprimer le pronom devant chaque verbe.

Ex. : Les pauvres que nous devons aimer et secourir, *pauperes quos amare et quibus opitulari debemus.*

2° REMARQUE. L'antécédent se met élégamment après le relatif, et au même cas; alors il est ordinairement remplacé devant le verbe de la proposition principale par *is, hic, ille, iste.*

Ex. : La lettre que vous m'avez écrite, m'a été très-agréable; *quas scripsisti litteras, eæ mihi fuerunt jucundissimæ.*

Que chacun exerce l'art qu'il possède; *quam quisque norit artem, in hac se exerceat* (Cic.).

3° REMARQUE. *Dont, de qui, duquel,* se rendent en latin par le cas que demande le substantif, l'adjectif ou le verbe dont le relatif latin est régime.

Ex. : Dieu dont nous admirons la providence, *Deus cujus providentiam miramur.*

La récompense dont vous êtes digne, *merces quā dignus es.*

Dieu de qui je suis aimé, *Deus a quo amor.*

PRONOMS ET ADJECTIFS INTERROGATIFS.

I. Quis sua sorte contentus est?

388. — RÈGLE. Les pronoms interrogatifs *qui, que, quoi, lequel, laquelle,* etc., s'expriment par les pronoms *quis, quæ, quid, quisnam, quænam, quidnam,* que l'on met au cas demandé par le verbe dont ils sont sujets ou régimes.

Ex. : Qui est content de son sort? *quis sua sorte contentus est?*

Autres Exemples.

Que se passe-t-il? *quid agitur?* — Qui appelez-vous? *quem ou quemnam vocas?* — Qu'étudiez-vous? *cui rei studes?* — Quoi de plus beau que la vertu? *quid virtute pulchrius?*

II. Uter est doctior, tune an frater?

389. — RÈGLE. *Qui des deux, lequel des deux,* s'expriment par *uter, utra, utrum;* si le pronom est suivi des deux noms sur lesquels tombe la question, on met *ne* après le premier, et *an* devant le second, pour traduire *ou;* quand il y a un superlatif en français, on emploie en latin le comparatif.

Ex. : Lequel des deux est le plus savant, de vous et de votre frère? *uter est doctior, tune an frater?*

III. Quæ mater?

390. — Règle. *Quel, quelle,* s'exprime par *quis, quæ, quod,* ou *quisnam, quænam, quodnam,* qui s'accordent avec le nom suivant en genre, en nombre et en cas.

Ex. : Quelle mère n'aime pas ses enfants? *quæ* ou *quænam mater liberos suos non amat?*

Quel avantage y a-t-il dans la vie? *quod commodum habet vita?*

Remarque. Il est plus élégant de dire : *quid commodi habet vita?* (375)

IV. Quota hora est? — Quanta pernicies! Qualis homo est?

391. — Règle. *Quel, quelle,* indiquant la division du temps, s'exprime par *quotus;* quand il signifie *combien grand,* il se rend par *quantus;* quand il veut dire *de quelle nature,* on le traduit par *qualis.*

Ex. : Quelle heure est-il? — Sept heures. *Quota hora est? — Septima.*

Quel malheur nous menace! *quanta nobis instat pernicies!*

Quel homme est-ce? *qualis homo est?*

Remarque. Au lieu de *qualis* on peut employer l'adjectif interrogatif *qui.*

Ex. : Quel homme est-ce que ton maître? *qui herus tuus est?*

APPENDICE. — PRONOM INDÉFINI *ALIQUIS.*

392. Le pronom-adjectif *aliquis* perd sa première partie *ali,* quand il est précédé de l'un des mots suivants : *si, nisi, ni, ne, num, sive, quo, quanto, quum, quando, ubi, unde, qua, quomodo.*

Ex. : Si quelqu'un, si quelque cité...; *si quis, si qua civitas.*

Si quelque crime, si des crimes...; *si quod facinus, si qua scelera.*

Est-il arrivé quelque chose? *num quid accidit?*

Plus on est grand..., *quo quis major est.*

On dit de même : *si quando,* pour *si aliquando,* si jamais; *ne quando,* pour *ne aliquando,* que jamais; *sicubi,* pour *si alicubi,* si quelque part; *necubi,* pour *ne alicubi,* de peur que... quelque part.

CHAPITRE SEPTIÈME.

PRÉPOSITIONS.

PRÉPOSITIONS QUI GOUVERNENT L'ACCUSATIF.

Ad januam.

393. — RÈGLE. Trente et une prépositions gouvernent l'accusatif :
    ad, adversum, ante, apud, circa, circum;
    circiter, cis, citra, contra, erga, extra;
    infra, inter, intra, juxta, ob, penes, per;
    pone, post, præter, prope, propter, secundum;
    supra, secus, trans, ultra, usque, versus.[1]

Ex. : Il se tient à la porte, *stat ad januam*.
REMARQUE. *Versus* se place toujours après son complément.
Ex. : Vers l'orient, *orientem versus*.

PRÉPOSITIONS QUI GOUVERNENT L'ABLATIF.

Cum patre meo.

394. — RÈGLE. Treize prépositions gouvernent l'ablatif :
    a (ab, abs), absque, clam, coram;
    cum, de, e (ex), palam;
    præ, pro, procul, sine, tenus.[2]

Ex. : Avec mon père, *cum patre meo*.

1ʳᵉ REMARQUE. *A* se met devant les consonnes; *ab*, devant les voyelles et devant les consonnes *j, l, r, s*; *abs* ne s'emploie guère que devant le pronom *te*.

Ex. : *a patre; ab Jove principium; contemnor abs te*.

E se met devant les consonnes; *ex*, devant les voyelles et devant différentes consonnes.

Ex. : *e schola; ex Africa; ex tota regione*.

2° REMARQUE. *Cum* se place toujours après les ablatifs *me, te, se, nobis, vobis*, et ne forme qu'un seul mot avec eux : *mecum*, avec moi; *tecum*, avec toi; *secum*, avec lui-même, avec eux-mêmes; *nobiscum*, avec nous; *vobiscum*, avec vous.

On dit : *cum quo* ou *quocum, cum quibus* ou *quibuscum*.

---

[1] Pour le sens de ces prépositions, consultez le livre Iᵉʳ, § 159.
[2] Pour le sens de ces prépositions, consultez le livre Iᵉʳ, § 160.

3° REMARQUE. *Tenus* se place toujours après son régime; si ce régime est au pluriel, il se met au génitif.

Ex. : Il enfonça l'épée jusqu'à la garde, *capulo tenus abdidit ensem* (VIRG.).

Jusqu'aux oreilles, *aurium tenus.*

PRÉPOSITIONS QUI GOUVERNENT TANTOT L'ACCUSATIF, TANTOT L'ABLATIF.

Les quatre prépositions *in*, dans; *super*, sur; *sub* et *subter*, sous; gouvernent tantôt l'accusatif, tantôt l'ablatif.

IN.

I. Eo in scholam.

395. — RÈGLE. *In* demande l'accusatif, quand on exprime un mouvement pour entrer dans quelque lieu; un changement, une direction, une tendance, l'amour ou la haine; le but ou le temps en vue duquel on agit.

Ex. : Je vais à l'école, *eo in scholam.*

Autres Exemples.

Dites-le moi à l'oreille, *dic in aurem.*

Lycaon fut changé en loup, *Lycaon in lupum mutatus est.*

La forêt a cent milles de longueur, *sylva centum millia in longitudinem patet.*

Votre bienveillance pour mon frère, *tua in fratrem meum benevolentia.*

La haine d'Annibal contre les Romains, *odium Annibalis in Romanos.*

Donner de l'argent pour la guerre, *pecuniam dare in bellum.*

La fourmi rassemble du grain pour l'hiver, *formica granum in hiemem congerit.*

II. Est, ambulat in horto.

396. — RÈGLE. *In* demande l'ablatif, quand on veut indiquer le repos, ou un mouvement renfermé dans un lieu.

Ex. : Il est, il se promène dans le jardin; *est, ambulat in horto.*

Il est étendu sur le rivage, *jacet in littore.*

REMARQUE. Avec les verbes *pono, impono, loco, colloco, statuo, constituo* (poser, placer, établir), *in* est plus souvent suivi de l'ablatif que de l'accusatif.

SUB.

Fugit sub scalas. — Sub floribus latet anguis.

397. — Règle. *Sub* demande l'accusatif, quand on veut exprimer le mouvement ou le temps; il gouverne l'ablatif avec les verbes de repos.

Ex. : Il se réfugia sous l'escalier, *fugit sub scalas*.
A l'aube du jour, vers le point du jour; *sub lucem*.
Souvent sous les fleurs est caché un serpent, *sæpe sub floribus latet anguis*.

SUPER.

Super bovem stabat. — Hac super re.

398. — Règle. *Super* gouverne l'accusatif, excepté quand il signifie *au sujet de;* alors il demande l'ablatif.

Ex. : Le lion se tenait debout sur un bœuf terrassé, *super bovem dejectum stabat leo* (Phæd.).
Pendant le repas, *super cœnam;* à table, *super mensam.*
Je vous écrirai sur ce sujet, *hac super re scribam.*

Remarque. *Super* a quelquefois l'ablatif avec les verbes de repos, surtout en poésie.

Ex. : Reposer sur un lit de feuillage, *requiescere... fronde super viridi* (Virg.).

SUBTER.

Subter mensam locare.

399. — Règle. *Subter* gouverne presque toujours l'accusatif; l'ablatif ne se trouve guère qu'en poésie.

Ex. : Placer sous la table, *subter mensam locare.*
Les oiseaux dorment la tête cachée sous l'aile, *aves dormiunt capite subter alam condito* (Plin.).

VERBES COMPOSÉS D'UNE PRÉPOSITION.

Adit judicem, ou ad judicem.

400. — Règle. Certains verbes composés d'une préposition demandent qu'on répète après eux la préposition, et d'autres qu'on l'omette; quelques-uns se construisent des deux manières.

Ex. : Il va trouver le juge; *adit judicem*, ou *ad judicem.*

REMARQUE. L'usage apprendra la syntaxe de ces verbes.

Voici quelques verbes qui, dans les bons auteurs, se trouvent ordinairement accompagnés de la préposition dont ils sont composés : *abduco, averto; adspiro, applico; comparo, confero, congruo, consentio, convivo; dejicio, depello, detraho, deturbo; educo, egredior, ejicio, emergo, emigro, emineo, emitto, evoco, evolo, excedo, exeo, expello, extermino, exturbo; incido, incurro, ingredior, insideo, insum, intro, invado.*

Quelques-uns de ces verbes gouvernent aussi le datif. (287, 304)

PRÉPOSITIONS EMPLOYÉES COMME ADVERBES.
Multis ante annis.

401. — RÈGLE. Dix-huit prépositions s'emploient aussi comme adverbes, c'est-à-dire sans régime; ce sont :

ante, circa, circiter, citra, clam, contra;
coram, extra, infra, intra, juxta, palam;
pone, post, procul, prope, supra, ultra.

Ex. : Plusieurs années auparavant, *multis ante annis*.
Peu de temps après, *brevi post tempore*.
Il est près d'ici, *prope adest*.

Annis et *tempore* sont à l'ablatif, comme noms de temps à la question *quando*.

APPENDICE. — PRÉPOSITIONS UNIES A D'AUTRES PRÉPOSITIONS.

402. Il a en latin certaines prépositions qu'on trouve souvent unies à d'autres prépositions.

Ainsi, *usque* signifiant *jusqu'à*, est suivi ordinairement de la préposition *ad*, excepté devant les noms propres de villes; quand il veut dire *depuis*, il demande après lui *a* ou *ab*.

Ex. : Jusqu'à la vieillesse, *usque ad senectutem* (Cic.).
Jusqu'à Rome, *usque Romam*.
Depuis sa première enfance, *usque a prima infantia*.

Versus et *prope* se construisent aussi quelquefois avec une autre préposition.

Ex. : Vers le midi, *ad meridiem versus* (Liv.).
Près de la Sicile, *prope a Sicilia* (Cic.).

On trouve encore fréquemment les locutions suivantes : *ex ante diem nonas junias*, depuis le jour des nones de juin; *usque ad pridie calendas septembres*, jusqu'à la veille des calendes de septembre; *in ante diem quartum calendas differre*, remettre au quatrième jour avant les calendes; etc.

CHAPITRE HUITIÈME.

ADVERBES.

Art. I. — RÉGIME DES ADVERBES.

NOMINATIF OU ACCUSATIF.

En, ecce lupus ou lupum.

403. — RÈGLE. *En, ecce,* voici, voilà, veulent après eux le nominatif ou l'accusatif.

Ex. : Voici, voilà le loup; *en, ecce lupus* ou *lupum*.

REMARQUE. L'adverbe *en* n'a guère l'accusatif que chez les poètes.

GÉNITIF.

I. Parum vini.

404. — RÈGLE. Les adverbes de quantité; en outre *ergo*, à cause de; *instar*, à la ressemblance de; gouvernent le génitif.

Ex. : Peu de vin, *parum vini*.

Beaucoup d'eau, *multum aquæ*; plus de forces, *plus virium*; moins de vertu, *minus virtutis*; assez de paroles, *satis verborum*; trop de piéges, *nimis insidiarum*; à cause de lui, *illius ergo*; comme une montagne, *instar montis* ou *montis instar*.

Il en est de même des adverbes *abunde, affatim,* assez de; *tantum,* tant de; *quantum,* combien de, etc.

REMARQUE. *Ergo,* à cause de, se met toujours après son complément; *instar* se met avant ou après.

II. Maxime omnium.

405. — RÈGLE. Les adverbes au superlatif se construisent comme les adjectifs au superlatif.

Ex. : Il est de tous celui qui a le plus étudié; *maxime omnium studuit,* ou *maxime ex omnibus*.

REMARQUE. Les adverbes au superlatif peuvent aussi avoir le régime de leur positif.

Ex. : Il est de tous le plus près de la ville, *omnium proxime urbem est.*

III. Ubi terrarum?

406. — RÈGLE. Les adverbes de lieu se mettent élégamment avec les génitifs *terrarum* et *gentium*.

Ex. : En quel lieu du monde? *ubi terrarum?*
Nulle part, en aucun lieu du monde; *nusquam gentium.*

Ainsi se construisent *ubi, ubicumque, ubinam, ubique, quo, quoquo, quovis, nusquam, usquam.*

1re REMARQUE. On dit encore : *longe gentium*, au loin; *minime gentium*, pas le moins du monde.

2e REMARQUE. Les adverbes *eo, huc*, s'emploient élégamment avec un génitif, pour signifier *à un tel point, à un tel excès, à ce point.*

Ex. : Il en est venu à un tel point d'insolence que..., *eo insolentiæ venit ut...* (subj.).

Ainsi l'on trouve dans les bons auteurs : *eo, huc negligentiæ, scelerum, contemptus, corruptionis, furoris, desperationis, discordiæ, magnitudinis, indignitatis, malorum venire, procedere, adduci.*

GÉNITIF OU ACCUSATIF.

Pridie, postridie calendarum ou calendas.

407. — RÈGLE. *Pridie*, la veille de; *postridie*, le lendemain de; se construisent avec le génitif ou avec l'accusatif.

Ex. : La veille, le lendemain des calendes; *pridie, postridie calendarum* ou *calendas.*

DATIF.

Mihi obviam venit.

408. — RÈGLE. Les adverbes formés d'adjectifs qui gouvernent le datif, demandent le même cas.

Ex. : Il est venu à ma rencontre, *mihi obviam venit.*

N. B. *Obviam* vient de *obvius*, qui gouverne le datif. (267)

Tels sont encore *congruenter, convenienter*, et quelques autres.

ABLATIF.

Lacryma nihil citius arescit.

409. — Règle. Les adverbes au comparatif se construisent comme les adjectifs au comparatif.

Ex. : Rien ne sèche plus vite qu'une larme ; *lacrymā nihil citius arescit* (Cic.), ou *nihil citius arescit quam lacryma*.

1re Remarque. Les adverbes au comparatif peuvent aussi avoir le régime de leur positif.

Ex. : Plus près de la ville que tous les autres, *propius urbem quam cæteri*.

2° Remarque. *Minus*, moins de ; *plus*, *amplius*, plus de ; veulent ou l'ablatif, ou le cas demandé par le verbe suivant, avec ou sans la conjonction *quam*.

Ex. : Il périt moins de trois cents hommes ; *minus trecentis, ou minus quam trecenti, ou minus trecenti perierunt*.
César ne perdit pas plus de deux cents soldats, *Cæsar non amplius ducentos milites desideravit*.

Art. II. — EMPLOI DES ADVERBES.

I. ADVERBES DE LIEU.

Les adverbes de lieu se divisent en cinq classes, qui répondent aux cinq adverbes *ubi*, où êtes-vous ? *quo*, où allez-vous ? *unde*, d'où venez-vous ? *quā*, par où passez-vous ? *quorsum*, vers quel endroit vous dirigez-vous ?

Hic est. — Huc veni. — Hinc abi. — Hac iter est. — Horsum procedit.

410. — Règle. On répond
A la question *ubi*, par les adverbes *hic, illic, ibi*, etc. ;
A la question *quo*, par les adverbes *huc, illuc, eo*, etc. ;
A la question *unde*, par les adverbes *hinc, illinc, inde*, etc. ;
A la question *quā*, par les adverbes *hac, illac, eā*, etc. ;
A la question *quorsum*, par les adverbes *horsum, illorsum, sursum*, etc.

Ex. : Il est ici, *hic est*. — Viens ici, *huc veni*. — Va-t-en d'ici, *hinc abi*. — C'est par ici le chemin, *hac iter est*. — Il s'avance de ce côté, vers moi ; *horsum procedit*.

411. TABLEAU des Adverbes de lieu.

UBI? OÙ? SANS MOUVEMENT VERS.		QUO? OÙ? AVEC MOUVEMENT VERS.		UNDE? D'OÙ?		QUA? PAR OÙ?		QUORSUM? VERS QUEL LIEU?	
Hic	ici (où je suis).	Huc	ici (où je suis).	Hinc	d'ici (où je suis).	Hac	par ici (où je suis).	Horsum	de ce côté (où je suis).
Istic	là (où tu es).	Istuc	là (où tu es).	Istinc	de là (où tu es).	Istac	par là (où tu es).	Istorsum	de ce côté (où tu es).
Illic	là (où il est).	Illuc, illo	là (où il est).	Illinc	de là (où il est).	Illac	par là (où il est).	Illorsum	de ce côté (où il est).
Ibi	là, en ce lieu.	Eo	là, en ce lieu.	Inde	de là, de ce lieu.	Ea	par là.		
Ibidi	} là-même;								
Ibidem	} au même lieu.	Eodem	au même lieu.	Indidem	du même lieu.	Eadem	par le même lieu.		
Alibi	ailleurs.	Alio	ailleurs.	Aliunde	d'ailleurs.	Alia	par un autre lieu.	Aliorsum	vers un autre lieu.
Alicubi	quelque part.	Aliquo	quelque part.	Alicunde	de quelque endroit.	Aliqua	par quelque lieu.		
Ubique	partout.	Quocumque	partout.	Undique	de toutes parts.	Quacumque	par tous les chemins.		
Utrobique	des deux côtés.	Utroque	des deux côtés.	Utrinque	de part et d'autre.	Utraque	des deux côtés.		
Ubinam?	où?	Quonam?	où?	Undenam?	d'où?	Quanam?	par où?		
Ubilibet	} partout où	Quolibet	} partout où	Undelibet	} de quelque lieu	Qualibet	} par quelque che-	Quoquoversum	} de tous côtés;
Ubivis	} en quelque lieu	Quovis	} en quelque	Undevis	} que ce soit.	Quavis	} min, par quelq.	Quoquoversus	} en tous sens.
Ubicumque	} que.	Quocumque	} lieu que.	Undecumque	} n'importe d'où.	Quacumque	} lieu que.		
Intus	au dedans.	Intro	dedans.	Intus (rare)	du dedans.			Introrsum	} au dedans.
								Introrsum	}
Foris	au dehors.	Foras	dehors.	Foris	du dehors.				
Nusquam	nulle part.	Nusquam	nulle part.						
Usquam	quelque part.	Usquam	quelque part.						
Supra	au-dessus.	Supra	au-dessus.	Superne	d'en haut.			Sursum	en haut.
Subter	au-dessous.	Subter	au-dessous.					Deorsum	en bas.
Infra	au-dessous.	Infra	au-dessous.					Prorsum	en avant.
Extra	en dehors.	Extra	en dehors.					Retror-sum	-sus, en arrière.
Circa	à l'entour.	Circa	à l'entour.					Rur-sum	-sus, en arrière.
Longe	loin.	Longe	au loin.						
		Neutro	ni d'un côté ni de l'autre.			de loin.	Dex-tera, —tra	à droite.	Dextrorsum	vers la droite.
				Eminus	de près.	Sinistra	} à gauche.	Sinistrorsum	vers la gauche.
				Cominus	du haut du ciel.	Læva		Lævorsum	du côté gauche.
				Cælitus					

ADVERBES.

II. ADVERBES DE QUANTITÉ.

ADVERBES QUI DONNENT LE SENS DU SUPERLATIF.

Valde doctus.

412. — RÈGLE. On peut donner aux adjectifs le sens du superlatif, en les faisant précéder des adverbes de quantité *valde, admodum, vehementer, perquam, oppido, sane, apprime, imprimis, cumprimis*, qui signifient : *très, fort, extrêmement, grandement, beaucoup, tout-à-fait, surtout, avant tout*, etc.

Ex. : Très-savant, *valde doctus*.

1re REMARQUE. La particule *per* donne aux adjectifs qui en sont composés le sens du superlatif.

Tel est le sens des adjectifs : *perdoctus, perabsurdus, peraccommodatus, peracer, peracerbus, peracutus, perantiquus* (CIC.), et de plusieurs autres semblables, autorisés par les bons écrivains.

2e REMARQUE. Les adverbes *longe*, *facile*, se joignent élégamment aux superlatifs, pour signifier *de beaucoup, sans contredit, évidemment*.

Ex. : Platon, l'homme sans contredit le plus savant de la Grèce ; *Plato, vir Græciæ facile doctissimus* (CIC.).

EMPLOI DES ADVERBES DE QUANTITÉ *QUAM, QUANTUM*, etc.

I. Quam bonus Dominus !

413. — RÈGLE. Les adverbes de quantité *quam, tam, quantum, multum*, etc., se mettent devant les adjectifs qui sont au positif, et devant les verbes.

Ex. : Que le Seigneur est bon ! *quam bonus Dominus!*
Que je suis content ! *quam gaudeo!*
Vous vous trompez fort, *multum falleris*.

REMARQUE. *Quam* se met très-élégamment devant un superlatif, pour lui donner plus de force.

Ex. : Venez au plus tôt, le plus vite possible ; *veni quam citissime* (s.-ent. *potes*).

Le verbe *possum*, qui est sous-entendu, s'exprime quelquefois.

Ex. : Il arme le plus de troupes qu'il peut, *quam maximas potest copias armat*.

ADVERBES.

II. Multo major.

414. — Règle. Avec les comparatifs, avec les verbes *præsto, malo, antecello, antepono*, et les adverbes *ante* et *post*, qui renferment une idée de comparaison, on emploie *multo, paulo, nimio, quanto, tanto, quo, eo*, etc.

Ex. : Il est beaucoup plus grand que moi, *multo major me est.*
Il vaut bien mieux..., *multo præstat...*
Un peu auparavant, longtemps après ; *paulo ante, multo post.*

APPENDICE. — MANIÈRE DE RENDRE EN LATIN LES ADVERBES DE QUANTITÉ.

I. Quantum aquæ !

415. — Règle. Devant le nom d'une chose qui ne se compte pas, si elle est considérée sous le rapport de la quantité, on emploie les adverbes *quantum, tantum, parum, multum, minus, plus*, etc., avec le génitif.

Ex. : Que d'eau, combien d'eau ! *quantum aquæ !*

II. Quanta doctrina !

416. — Règle. Devant le nom d'une chose qui ne se compte pas, si elle est considérée sous le rapport de la grandeur, on emploie les adjectifs *quantus, tantus, parvus, magnus, minor, major*, etc.

Ex. : Que de science ! *quanta doctrina !*

III. Quot ou quam multi libri !

417. — Règle. Devant le nom d'une chose qui se compte, considérée sous le rapport du nombre, on emploie les adjectifs pluriels *quot* ou *quam multi, tot* ou *tam multi, pauci, multi, pauciores, plures*, etc.

Ex. : Que de livres ! *quot* ou *quam multi libri !*

IV. Quam ou ut modestus est !

418. — Règle. Devant un adjectif ou un adverbe, on emploie les adverbes de quantité *quam* ou *ut, tam, parum, multum, minus, magis*, etc.

Ex. : Qu'il est modeste ! *quam* ou *ut modestus est !*

REMARQUE. Devant les comparatifs; avec les verbes *præsto, malo, antecello, antepono*; et les adverbes *ante* et *post*, on emploie *quanto, paulo, multo* ou *longe, tanto*, etc. (414)

V. Quam ou quantum amatur!

419. — RÈGLE. Devant les verbes, on emploie les adverbes de quantité *quam* ou *quantum* ou *ut, tam* ou *tantum, parum, multum*, etc.

Ex. : Qu'il est aimé! *quam* ou *quantum amatur!*

1re REMARQUE. Avec *refert* et *interest*, on emploie les génitifs *quanti, parvi, magni, permagni, tanti*, et les adverbes *parum, multum*, etc. (299)

Devant les verbes de prix ou d'estime, on emploie les génitifs *quanti, quam parvi, parvi, magni, pluris, maximi, minoris, minimi, tanti*, etc. (285)

2e REMARQUE. *Autant*, à la fin d'une phrase, s'exprime par les adverbes suivants : *tantumdem*, pour les choses qui ne se comptent pas; *totidem*, pour les choses qui se comptent; *item*, avec les adjectifs; *tantumdem*, avec les verbes ordinaires; *tantidem*, avec *refert, interest*, et les verbes de prix.

Ex. : Vous avez beaucoup de loisir, je n'en ai pas autant; *habes multum otii, non habeo tantumdem*.

J'ai beaucoup de livres, vous n'en avez pas autant; *sunt mihi libri bene multi, non sunt tibi totidem*.

VI. Tantum... quantum; tantus... quantus; tot... quot; tam... quam; tanti... quanti.

420. — RÈGLE. *Que*, placé après *autant, aussi*, se rend par le mot qui répond à *tantum, tantus, tot, tam, tanti*, etc.; c'est-à-dire par *quantum, quantus, quot, quam, quanti*, etc.

Ex. : Autant de vin que d'eau; *tantum vini, quantum aquæ*.

Autant de modestie que de science; *tanta modestia, quanta doctrina*.

Autant de fruits que de fleurs; *tot fructus, quot flores*.

Aussi prudent que brave, *tam prudens quam fortis*.

ADVERBES. 295

421. Tableau synoptique des Adverbes de quantité.

ADVERBES de QUANTITÉ.	1. Devant le nom d'une chose considérée sous le rapport de la quantité.	2. Devant le nom d'une chose considérée sous le rapport de la grandeur.	3. Devant le nom d'une chose qui se compte.	4. Devant les adjectifs et les adverbes.	5. Devant les comparatifs, les verbes d'excellence, et ante, post.	6. Devant les verbes ordinaires.	7. Devant les verbes de prix ou d'estime.
Que ou combien	Quantum	Quantus, a, um	Quot, quam multi, œ, a	Quam, ut	Quando, quo	Quam, ut, quantum	Quanti
Combien peu	Quam parum	Quam parvus	Quam pauci	Quam parum	Quantulo	Quantulum	Quam parvi
Peu	Parum	Parvus, a, um	Pauci	Parum	Paulo	Parum, leviter	Parvi
Beaucoup	Multum	Magnus, a, um	Multi		Multo	Multum, valde	Magni
Moins	Minus	Minor, us	Paucieres, a	Minus		Minus	Minoris
Très-peu, le moins	Minimum	Mininus, a, um	Paucissimi	Minime	Minimo	Minimum	Minimi
Plus	Plus	Major, us	Plures, a	Magis		Plus, amplius	Pluris
Le plus, fort	Plurimum	Maximus, a, um	Plurimi	Maxime	Maxime	Plurimum, maxime	Maximi
Tant, autant	Tantum	Tantus, a, um	Tot, tam multi	Tam	Tanto	Tantum	Tanti
Assez	Satis	Satis magnus	Satis multi	Satis		Satis	Satis magni
Trop	Nimis, nimium	Nimius, nimis magnus	Nimis multi	Nimis, nimium	Nimis, plus æquo	Nimis, nimium	Nimis magni

IV. ADVERBES INTERROGATIFS.

INTERROGATION SIMPLE.

I. Vidistine Romam? — Num dormis?

422. — Règle. Quand l'interrogation n'est pas accompagnée d'une négation, on met *ne* après le premier mot de la phrase; si la réponse est supposée négative, il est mieux de mettre *num* au commencement.

Ex. : Avez-vous vu Rome? *Vidistine Romam?*
Est-ce que vous dormez? *Num dormis?*

1re Remarque. *Num* peut être remplacé par *numquid*.
Ne s. sous-entend quelquefois, quand le mouvement de la phrase indique suffisamment l'interrogation.

2e Remarque. On fait la réponse en répétant le verbe ou le mot principal, seul ou avec *non*, suivant le sens; on peut aussi traduire *oui* par *ita, sane, profecto; non* par *non ita, minime*.

II. Nonne vidisti Romam?

423. — Règle. Quand l'interrogation est accompagnée d'une négation, on met *nonne* devant le premier mot de la phrase.

Ex. : N'avez-vous pas vu Rome? *nonne vidisti Romam?*

N. B. *Ne* peut s'omettre comme dans la règle précédente.

INTERROGATION DOUBLE.

Utrum pacem an bellum vultis?

424. — Règle. Quand deux interrogations sont opposées l'une à l'autre dans la même phrase, on exprime la première par *utrum*, ou *ne* placé après le premier mot; la seconde par *an*, et, s'il y a négation, par *annon*.

Ex. : Voulez-vous la paix ou la guerre? *utrum pacem an bellum vultis?* ou *pacemne an bellum vultis?*
Avez-vous vu Rome, ou ne l'avez-vous pas vue? *vidistine Romam, annon?*
Voulez-vous faire cela, oui ou non? *visne hoc facere, annon?*

Remarque. *Utrum* et *ne* peuvent être sous-entendus.

N. B. Dans l'interrogation *directe*, simple ou double, on n'emploie le subjonctif que lorsqu'on veut marquer un doute ou une condition. (341, 352, 353)

CHAPITRE NEUVIÈME.

CONJONCTIONS.

I. CAS DES MOTS UNIS PAR LES CONJONCTIONS.

Lupus et agnus venerant.

425. — RÈGLE. Les conjonctions copulatives ou disjonctives *et, que, ac, atque..., vel, ve, sive, aut*, etc., lorsqu'elles unissent des mots qui se rapportent au même verbe, veulent après elles le même cas que devant; il en est de même de *an, nisi, quam, præterquam*, et autres semblables.

Ex.: Un loup et un agneau étaient venus au même ruisseau, *ad rivum eumdem lupus et agnus venerant.*
Est-ce un chien ou un loup que vous avez vu? *canemne vidisti an lupum?*

REMARQUE. Il faut excepter les cas où les mots sont régis par des règles différentes.

Ex.: J'ai vécu à Rome et à Athènes, *vixi Romæ et Athenis.* (317)

II. MODES GOUVERNÉS PAR LES CONJONCTIONS.

426. Les conjonctions qui n'exercent aucune influence sur le verbe qui les suit, sont: *et, que, ac, atque, etiam, quoque; vel, ve, sive, aut; at, ast, sed, tamen; ergo, igitur, quare, itaque; nam, enim.*

Celles qui influent sur le mode du verbe et gouvernent, soit l'indicatif, soit le subjonctif, sont: 1° les conjonctions d'*opposition*: *etsi, tametsi, quanquam, etiamsi, quamvis, licet, ut* (mis pour *quamvis*); 2° les conjonctions de *cause* et de *motif*: *quod, quia, quoniam, quum*; 3° les conjonctions d'*intention*: *ut, ne*; 4° les conjonctions de *condition*: *si, sin, ni, nisi, dum, modo, dummodo*; 5° les conjonctions de *comparaison*: *ut, prout, quemadmodum, sicut, tanquam, quasi, perinde ac si*; 6° les conjonctions de *temps*: *quando, ut, ubi, ut primum, simul ac, postquam, posteaquam, antequam, priusquam, dum, donec, quoad, quamdiu.*

I. CONJONCTIONS D'OPPOSITION.

I. Etsi videor. — Etsi velis.

427. — RÈGLE. Les conjonctions *etsi, tametsi, quanquam* (quoique, bien que), gouvernent ordinairement l'indicatif; elles ne prennent le subjonctif que lorsqu'elles expriment une supposition, dans le sens de *quand bien même*; et lorsqu'elles dépendent d'une proposition subordonnée.

Ex. : Bien que je paraisse distrait, j'écoute; *etsi videor aberrare, audio.*

Quand bien même vous le voudriez, vous ne le pourriez pas ; *etsi velis, non possis.*

Je sais qu'il était venu, bien qu'il eût appris mon départ; *scio eum venisse, etsi de profectione mea audiisset.*

II. Quamvis rapidus esset.

428. — RÈGLE. Les conjonctions *quamvis, etiamsi, licet, ut* pour *quamvis* (quoique, bien que, quand même), gouvernent le subjonctif.

Ex. : Quoique le cerf fût rapide, le lion l'atteignit; *quamvis rapidus esset cervus, consecutus est eum leo.*

II. CONJONCTIONS DE CAUSE ET DE MOTIF.

Lætor quod vales. — Lætaturne quod valeam? Quæ quum ita sint.

429. — RÈGLE. Les conjonctions *quod, quia, quoniam* (parce que, de ce que, puisque), gouvernent ordinairement l'indicatif ; mais quand elles dépendent intimement d'une proposition interrogative ou subordonnée, elles demandent le subjonctif; *quum*, signifiant *puisque, quoique*, veut toujours le subjonctif.

Ex. : Je suis content de ce que vous vous portez bien, *lætor quod vales.*

Est-il content que je me porte bien, *lætaturne quod valeam?*

Vous dites qu'il est content que je me porte bien, *dicis eum lætari quod valeam.*

Puisqu'il en est ainsi, *quæ quum ita sint.*

III. CONJONCTIONS D'INTENTION, DE BUT.

I. Ut coroneris. — Ne pereat.

430. — Règle. *Ut*, signifiant *afin que, afin de, pour que, en sorte que*; *ne*, signifiant *de peur que, pour que... ne... pas*; demandent le subjonctif. (347, 348, 351)

Ex. : Combattez, afin d'être couronné ; *pugna, ut coroneris.*
Veillez sur lui, de peur qu'il ne périsse ; *invigila, ne pereat.*

1re Remarque. Au lieu de *ne*, on trouve quelquefois *ut ne*.
Ex. : Pour ne pas être trop long, *ut ne longior sim.*

2e Remarque. En poésie, on peut employer *ne* avec l'impératif, pour exprimer un ordre ou un conseil.
Ex. : Ne vous fiez point à ce cheval, Troyens; *equo ne fidite, Teucri* (Virg.).

II. Tam atra nox ut tremerem.

431. — Règle. *Ut*, après *talis, tantus, tot, is, hujusmodi, tantum, adeo, tam, ita, sic*, veut toujours le subjonctif.

Ex. : La nuit était si noire que je tremblais de frayeur, *tam atra nox erat ut pavore tremerem.*

Remarque. *Ut* avec le subjonctif, sert à rendre la conjonction *que*, lorsque, placée après les mots *tel, de telle nature, si grand, si petit, tant, si*, etc., elle indique un effet, un résultat ou une conséquence. (351)

IV. CONJONCTIONS DE CONDITION.

I. Si vis. — Si velis. — Si possem.

432. — Règle. *Si* (si), *sin* (mais si), *nisi* ou *ni* (si... ne... pas), demandent ordinairement l'indicatif; mais quand on veut présenter la condition comme incertaine, ou quand *si* se trouve en français devant un imparfait ou un plus-que-parfait, il faut employer le subjonctif. (352)

Ex. : Viens, si tu veux ; *veni, si vis.*
Si toutefois tu veux, *si velis.*
Je le ferais, si je pouvais ; *facerem, si possem.*
La mémoire s'affaiblit, si vous ne l'exercez pas ; *minuitur memoria, nisi eam exerceas.*

REMARQUE. Quand le verbe de la proposition principale est au futur, on met en latin les deux verbes au futur présent, et souvent même au futur passé, du moins le verbe précédé de *si*.

Ex. : Si vous lisez ce livre, j'en serai charmé ; *hunc librum si leges, lætabor*.

Si vous venez, vous me ferez plaisir ; *si veneris, pergratum mihi feceris*.

Vous briserez votre arc, si vous le tenez toujours tendu ; *rumpes arcum, semper si tensum habueris* (PHÆD.).

II. Moriar, dum vivant.

433. — RÈGLE. Les conjonctions *dum*, *modo*, *dummodo*, signifiant *pourvu que*, demandent le subjonctif.

Ex. : Que je meure, pourvu qu'ils vivent ; *moriar, dum vivant*.

V. CONJONCTIONS DE COMPARAISON.

I. Ut aiunt.

434. — RÈGLE. *Ut*, *prout*, *quemadmodum*, *sicut*, signifiant *comme*, *ainsi que*, *de même que*, demandent l'indicatif.

Ex. : Comme l'on dit, *ut aiunt*.

Comme le feu éprouve l'or, de même l'adversité éprouve l'homme courageux ; *ut ignis aurum probat, sic miseria fortes viros*.

II. Quasi tu sis dominus.

435. — RÈGLE. Les conjonctions *quasi*, *tanquam*, *velut*, *tanquam si*, *velut si*, *ceu*, *perinde ac si*, signifiant *comme si*, demandent le subjonctif.

Ex. : Vous parlez comme si vous étiez le maître, *loqueris quasi tu sis dominus*.

REMARQUE. *Ceu* est rare dans les bons auteurs, en prose du moins.

VI. CONJONCTIONS DE TEMPS.

I. Quando esurio.

436. — RÈGLE. Les conjonctions *quando* (quand, lorsque), *ut*, *ubi*, *ut primum* (dès que), *simul ac* ou *atque* (en même temps que), *postquam* et *posteaquam* (après que), demandent l'indicatif.

Ex. : Quand j'ai faim, *quando esurio*.

Dès qu'il fut venu, *ut venit*.

Après qu'il fut parti, *postquam profectus est*.

II. Antequam respondeo ou respondeam.

437. — Règle. *Antequam* et *priusquam* (avant que, avant de), se construisent avec l'indicatif ou avec le subjonctif; devant l'imparfait et le plus-que-parfait, il faut employer le subjonctif.

Ex. : Avant de répondre, *antequam respondeo* ou *respondeam*.
Avant qu'il vint, *antequam veniret*.

III. Donec eris felix.

438. — Règle. Les conjonctions *dum* (pendant que, tandis que), *donec*, *quoad*, *quamdiu* (tant que, aussi longtemps que), *quum* ou *quod* (pour *ex quo*, depuis que), demandent l'indicatif.

Ex. : Tant que vous serez heureux, vous compterez beaucoup d'amis; *donec eris felix, multos numerabis amicos* (Ov.).

Il y a bien des années qu'il me doit de l'argent, *multi sunt anni quum in ære meo est* (Cic.).

REMARQUE. *Dum*, pendant que, se trouve quelquefois devant l'imparfait du subjonctif.

IV. Exspecta dum venerim.

439. — Règle. *Dum*, *donec*, *quoad*, signifiant *jusqu'à ce que*, demandent le subjonctif.

Ex. : Attendez que (jusqu'à ce que) je sois venu; *exspecta dum* (*donec*, *quoad*) *venerim*.

V. Quum ambulo; quum ambularem, ambulassem.

440. — Règle. *Quum*, conjonction de temps, et signifiant *quand*, *lorsque*, demande l'indicatif, excepté devant l'imparfait et le plus-que-parfait, qu'il faut mettre au subjonctif.

Ex. : Quand je me promène, *quum ambulo*.
Quand il vint, *quum venit*.
Lorsque je me promenais, comme je me promenais; *quum ambularem*; quand je me fus promené, lorsque je m'étais promené; *quum ambulassem*.

REMARQUE. On trouve quelquefois *quum* devant l'imparfait ou le plus-que-parfait de l'indicatif, quand l'auteur n'a voulu marquer que la simple simultanéité de deux faits, sans présenter le second comme l'effet ou la suite du premier.

CHAPITRE DIXIÈME.

INTERJECTIONS.

Les interjections n'exercent par elles-mêmes aucune influence sur la construction de la phrase. Six d'entre elles cependant, à savoir : *o! heu! cheu! proh! hei!* et *væ!* sont suivies de différents cas, mais c'est grâce à des ellipses.

I. O ego lævus! — O me cœcum!

441. — RÈGLE. Après l'interjection *o* (ô, oh!) on peut mettre le nominatif ou l'accusatif ; mais, quand on appelle ou qu'on apostrophe quelqu'un, il faut employer le vocatif.
Ex. : Oh! maladroit que je suis! *o ego lævus!*
Oh! aveugle que je suis, de n'avoir pas vu cela! *o me cœcum, qui hæc non viderim!*
O Mélibée! *o Melibœe!*

II. Heu! vanitas humana! — Heu! me miserum!

442. — RÈGLE. *Heu! cheu! proh!* (hélas! ah! ô!) sont suivis du nominatif ou de l'accusatif.
Ex. : O vanité humaine! *heu! vanitas humana!*
Hélas! que je suis malheureux! *ou* malheureux que je suis! *heu! me miserum!*
Dieux immortels! *Proh dii* ou *deos immortales!*
Ah! j'en atteste les dieux et les hommes! *proh deûm hominumque fidem!*

III. Hei mihi! — Væ victis!

443. — RÈGLE. *Hei!* (hélas!) et *væ!* (malheur à...!) se construisent avec le datif.
Ex. : Hélas! *hei mihi!*
Ah! que je suis malheureux! *hei misero mihi!*
Malheur aux vaincus! *væ victis!*

SUPPLÉMENT A LA SYNTAXE.

MÉTHODE.

444. L'objet de la *méthode* est d'enseigner à bien écrire en latin.

Pour bien écrire en latin, il faut réunir les trois qualités fondamentales du style, à savoir : la *correction*, la *clarté* et l'*élégance*.

Sans la correction, le style est *barbare*; sans la clarté, il est *obscur* et *difficile à comprendre*; sans l'élégance, il est *plat* et *vulgaire*.

I. CORRECTION DU STYLE.

445. La *correction* du style consiste à éviter toute faute contre la grammaire, ou contre l'usage de la langue dans laquelle on écrit.

On peut, en latin, manquer à la correction de trois manières : 1° en employant des mots barbares ou inusités; 2° en violant les règles de la syntaxe; 3° en se servant de tours propres à la langue française et opposés au génie de la langue latine.

Il y a donc trois espèces de fautes à éviter en latin : 1° le *barbarisme*; 2° le *solécisme*; 3° les *gallicismes*.

N. B. Bien que l'application exacte des règles contenues dans les éléments et dans la Syntaxe suffise pour faire éviter les *barbarismes* et les *solécismes*, il ne sera pas inutile d'attirer ici l'attention des élèves sur ces deux espèces de fautes qui défigurent si souvent leurs compositions.

Art. I. — LE BARBARISME.

446. Le *barbarisme* (de βαρβαρισμός) est ou un mot tout-à-fait barbare, c'est-à-dire tout-à-fait étranger à la langue latine, comme serait *perla* mis pour *unio* (une perle); ou un mot d'origine latine, rendu barbare par un défaut qui le défigure; ce qui arrive surtout dans la terminaison; par ex. : *pauperorum* pour *pauperum*, des pauvres; *legebit*, pour *leget*, il lira.

Les barbarismes les plus ordinaires se rencontrent dans la déclinaison des noms, dans la conjugaison des verbes, et surtout dans les parfaits et les supins des verbes irréguliers.

On doit aussi avoir soin d'écrire correctement les mots. En latin, comme en français, les fautes d'orthographe altèrent les mots et les rendent barbares. Ainsi l'on doit écrire *brachia*, *pretium*, *oportet*, et non *bracchia*, *prœtium*, *opportet*.

Les poètes ont le droit de faire certaines contractions et de redoubler certaines lettres. Ils peuvent dire et écrire, par ex. : *tuguri* pour *tugurii*; *relliquiœ* pour *reliquiœ*; *alituum* pour *alitum* ; *extinxem* pour *extinxissem* ; *Æneadum* pour *Æneadarum* ; etc.

En prose même, on peut employer *liberum* pour *liberorum*; *sestertium* pour *sestertiorum*; *cognoram*, *norunt*, pour *cognoveram*, *noverunt*; etc. (Voir 96, 201).

ART. II. — LE SOLÉCISME.

447. Le solécisme (de σολοικισμός) est une faute de construction, c'est-à-dire une faute contre les règles de la syntaxe.

Les Grecs employaient le mot *solécisme*, pour désigner et flétrir les constructions incorrectes, et les locutions barbares de la colonie grecque de *Soles*, en Cilicie.

EXEMPLES DE CERTAINS SOLÉCISMES FRÉQUENTS DANS LES CLASSES.

D'un front serein, *lœto fronte*. . . . . il faut *lœta fronte*.
Ma douleur, *mea dolor*. . . . . . . — *meus dolor*.
Venez (à une seule personne), *venite*. — *veni*.
Il demande au roi, *petit regi*. . . . . — *petit a rege*.
J'écris avec une plume, *scribo cum calamo*; — *scribo calamo*.
Il espère vaincre, *sperat vincere*. . . — *se victurum esse*.
Il va chez son père, *it apud patrem*. — *it ad patrem*.
Je vais au forum, *eo foro*. . . . . . — *eo in forum*.
J'ai vu Paul et son frère, *vidi Paulum fratremque suum*; — *ejus*.
Moi aussi, *quoque ego*. . . . . . . — *ego quoque*.
Il est au dedans, *intro est*. . . . . . — *intus est*.
Venez ici, *hic*, *ibi* (double solée.) *veni*. — *huc veni*.
Si quelqu'un, *si aliquis*. . . . . . . — *si quis*.
Est-ce vous ou moi? *tune aut ego?* . — *tune an ego?*
Si vous l'aviez fait, *si feceras*. . . . — *si fecisses*.
Dites-moi où il est, *dic mihi ubi est*... — *ubi sit*.
Si vite que je ne puis le croire, *tam* (*adeo*, *ita*) *cito ut credere non possum*; il faut *ut credere non possim*.
Que faire? *quid facere?* il faut *quid faciam?* (*faciat? facerem?*).

SUPPLÉMENT A LA SYNTAXE. 305

Souvent aussi les élèves disent: *et non* au lieu de *nec* ou *neque*; *haud dubio* pour *procul dubio* ou *sine dubio*; *gladium*, *clypeum* et *nuntium* au nominatif singulier, comme si ces noms étaient neutres, au lieu de *gladius*, *clypeus* et *nuntius*; etc.

Pour éviter le solécisme, il faut, par des exercices fréquents et sérieux, se rendre familière l'application des règles de la syntaxe, surtout de celles qui sont le plus contraires au génie de la langue française.

APPENDICE. — FIGURES DE SYNTAXE.

448. On appelle *figures de syntaxe* certaines constructions, contraires en apparence aux règles ordinaires de la syntaxe, et employées par les bons auteurs pour donner à la phrase plus de rapidité, plus d'élégance ou plus d'énergie.

Les principales figures de syntaxe sont l'*énallage* et l'*ellipse*; on peut y ajouter l'*archaïsme* et l'*hellénisme*, qui se rencontrent plus rarement, et presque uniquement en poésie.

L'énallage.

449. L'*énallage* consiste à employer une partie du discours pour une autre, ou bien un temps ou un mode pour un autre.

Ex. : *Venio in senatum frequens* (Cic.), pour *frequenter*; je viens souvent au sénat.

Philotimus nullus venit (Cic.), pour *minime venit*; Philotimus n'est pas venu du tout.

Ostende, vicisti (Cic.), pour *vinces*; montrez-le et vous triomphez.

Lupus gregibus nocturnus obambulat (Virg.), pour *nocte* ou *noctu obambulat*; le loup rôde pendant la nuit autour des troupeaux.

L'ellipse.

450. L'*ellipse* consiste à retrancher un ou plusieurs mots, qui seraient nécessaires pour la régularité de la construction, mais que l'usage permet de supprimer.

Ex. : *Aiunt* (s.-ent. *homines*), on dit.

Quid multa (s.-ent. *verba dicam*)? bref.

Liste des principales ellipses usitées en latin.

Ædes. Ad Vestæ (ædes).
Æs. Ratio ou tabula accepti, expensi (æris).
Ante. Sexto (ante) Calendas.
Aqua. Frigida (aqua).
Campus. Per apertum ire (campum).
Canere. Scit fidibus (canere).
Caro. Bubula, ferina, suilla (caro).
Castra. Stativa, hiberna (castra).
Cœlum. Purum, serenum (cœlum).
Corona. Civicam, muralem, obsidionalem (coronam) adipisci.
Dies. Natalis meus est (dies).
Dii. Superi, inferi, manes (dii).
Esto, fac, da ou **pone.** (Esto, supposé que) ut ego absim.
Facio. Dii meliora (faciant)! Illa nocte nihil (factum est).
Festum. Bacchanalia, Saturnalia, Lupercalia (festa).
Hora. Ad quartam (horam) jaceo.
Ire. In Pompeianum cogito (ire).
Iter. Aberat bidui, tridui (iter).
Libra. Corona aurea pondo ducentum (librarum).
Locus. De proximo, ab humili, primo, secundo (loco); pervenire ad summum, convenire in unum (locum); occulta saltuum (loca).
Loqui. Scit latine, græce (loqui).
Ludi. Circenses, sæculares, funebres (ludi).
Mare. Profundum, altum (mare).
Modius. Mille frumenti (modii).
Navis. Biremis, triremis (navis); solvere, conscendere, appellere (navem).

Opus. Hoc fuit laboris et ingenii (opus); Bucolica, Georgica (opera).
Ovis. Bidentes, balantes (oves).
Pars. Decima ou decuma (pars); pro rata, pro virili (parte); primas, secundas, priores, posteriores (partes) habere, agere.
Passus. Ire duo millia (passuum).
Pecunia. Repetundarum (pecuniarum) postulare, accuser de concussion.
Prædium. Suburbanum, Tusculanum (prædium).
Servus. Est illi (servus) a pedibus (esclave qui fait les courses); a secretis (membre du conseil privé); ab epistolis (secrétaire); a rationibus (homme d'affaires, intendant).
Sestertium. Centum millia (sestertium); debet mihi decies (centena millia sestertium).
Signum. Bellicum ou classicum canere (signum).
Singuli, æ, a. In annos (singulos), in horas, in naves (singulas).
Tempus. Ex eo, ex illo, ex quo (tempore); optato, brevi, sero (tempore); prope adest (tempus), quum...; erit quum fecisse nolles; præsens, futurum (tempus).
Testor. Proh! deûm hominumque fidem (testor).
Valeo. Jubeo Chremetem (valere, ou salvere), salut à Chrémès.
Vas. Salinum, atramentarium (vas); fictilia, vitrea, crystallina (vasa).

SUPPLÉMENT A LA SYNTAXE. 307

L'archaïsme.

451. L'*archaïsme* (de ἀρχαϊσμός) est un mot ou un tour de phrase, employé par les anciens auteurs et abandonné par l'usage.

Ainsi Térence a dit : *absente nobis*, en notre absence ; il faut dire avec les bons auteurs : *absentibus nobis*.

Le bon goût réprouve l'emploi inconsidéré ou trop fréquent des archaïsmes ; il faut se borner à ceux qui ont été conservés et rajeunis par les meilleurs écrivains, tels que Cicéron, César, Tite-Live, Cornélius Népos, Virgile et Horace. Salluste ne peut servir de modèle sous ce rapport ; la complaisance qu'il montre pour les formes antiques n'est pas exempte d'affectation.

Virgile a su conserver dans la haute poésie *olli* pour *illi*, *admittier* pour *admitti*, etc.

L'hellénisme.

452. L'*hellénisme* (de ἑλληνισμός) est un tour de phrase propre à la langue grecque, et contraire à la syntaxe latine.

Ex. : *Triste lupus stabulis* (Virg.), le loup est funeste aux étables ; *triste* est mis pour *tristis*, ou *aliquid triste*.

Os humerosque deo similis (Virg.), il avait les traits et la démarche d'un dieu ; l'accusatif grec *os humerosque* (s.-ent. *secundum*) remplace ici l'ablatif de manière, *ore humerisque deo similis*. (276)

Tibi certet (Virg.), il lutterait avec toi ; la syntaxe latine demanderait *tecum certet*. (313)

Nequidquam... vitabis... celerem sequi Ajacem (Hor.), en vain tu éviteras Ajax ardent à poursuivre son ennemi ; *sequi* est mis pour *in sequendo*.

Les hellénismes, employés par les poètes latins, sont un ornement pour la poésie ; mais il faut les bannir généralement de la prose, à l'exception de ceux dont l'usage est consacré par Cicéron.

Art. III. — GALLICISMES.

453. On appelle *gallicisme* une locution propre et particulière à la langue française. Par ex. : *il va venir, il vient de partir*.

Nous allons passer en revue les principaux gallicismes formés 1° par des substantifs ; 2° par des adjectifs et par des pronoms ; 3° par des verbes ; 4° enfin, par des prépositions, des adverbes, des conjonctions et des interjections.

SUPPLÉMENT A LA SYNTAXE.

N. B. Les expressions et les tournures indiquées ici pour tel ou tel gallicisme, sont loin d'être les seules qu'on puisse employer pour le rendre. Souvent, au lieu de la locution proposée, on pourra en trouver plusieurs autres, parfois même plus élégantes : les donner toutes serait impossible.

Le point capital, quand il s'agit de traduire un gallicisme, est de saisir parfaitement le sens qu'il exprime, et les nuances de finesse, de délicatesse ou d'énergie qui le distinguent; avec un peu d'usage du latin et une certaine connaissance des bons auteurs, on trouvera aisément moyen de rendre la pensée, une fois que l'esprit l'aura bien conçue.

454. 1° Gallicismes formés par des substantifs.

Un homme de bien	*Vir bonus, probus, frugi*; etc.
Un homme de cœur	*Vir fortis, constantis, magni animi; magno fortique animo*; etc.
Un homme d'action	*Vir manu promptus.*
Un homme d'esprit	*Homo ingeniosus, salsus, non insulsus, non inficetus, peracutus*; etc.
L'homme du monde le plus savant	*Unus omnium doctissimus; hominum longe (facile) doctissimus*; etc.
Le haut, le bas de l'arbre	*Summa, ima arbor.*
La surface de l'eau, le fond de la mer	*Summa aqua; imum mare.*
Le pied de la montagne	*Imus mons.*
Le milieu d'un rocher	*Media rupes.*
Au milieu du forum	*In medio foro.*
L'extrémité du monde	*Extrema terra.*
Le bout des doigts	*Extremi digiti.*
L'intérieur, l'extérieur, de la maison	*Domus interior, exterior; pars interior, exterior domus.*
Au cœur (au milieu) de la ville	*In media urbe.*
Puiser au cœur même (au fond) de la philosophie	*Ex intima philosophia haurire.*
Au fort de l'hiver	*Summa hieme.*
Au point du jour	*Prima luce.*
A la tombée de la nuit	*Prima nocte.*

Une infinité de mulets.	Sexcenti muli, en prose (Cic.).
Un très-grand nombre de brebis.	Mille oves, en poésie (Ov.).
Avant, après la fondation de Rome.	Ante, post Romam conditam.
Avant, après la naissance de J.-C.	Ante, post Christum natum.
Avant, après ma censure, mon consulat.	Ante, post me censorem, me consulem.
Pendant, sous le consulat de Cicéron.	Cicerone consule; quum Cicero esset consul; etc.

455. 2° Gallicismes formés par des adjectifs et par des pronoms.

Autre; l'un, l'autre.

Il n'est pas autre qu'il n'était autrefois.	Non est alius quam (ac, atque) erat olim.
Tout autre peuple que le peuple romain eût perdu courage.	Quivis alius populus quam romanus despondisset animum.
Examinez lequel des deux a dressé des embûches à l'autre.	Quære uter utri insidias fecerit.
Les uns jouent, les autres chantent.	Alii ludunt, cantant alii.
L'un dit oui, l'autre dit non.	Alter (unus) ait, negat alter.
Les uns aiment une chose, les autres une autre.	Alii aliis rebus delectantur.
Les uns s'en allèrent d'un côté, les autres d'un autre.	Alii alio dilapsi sunt.
Ils se haïssent l'un l'autre.	Uterque alterum odit.
Ils ne s'aiment ni l'un ni l'autre.	Neuter alterum amat.
Je vous enverrai l'un des deux, l'un ou l'autre.	Alterutrum ad te mittam.
Il se mit à les saisir (les grenouilles) l'une après l'autre.	Corripere cæpit singulas (Phæd.).

Celui.

Celui-ci riait toujours, celui-là pleurait sans cesse.	Hic semper ridebat, ille indesinenter flebat.
Celui des deux qui se dédira, paiera l'amende.	Uter sententiam mutaverit, pecuniā mulctabitur.
Les qualités de l'âme sont bien préférables à celles du corps.	Animi dotes corporis dotibus longe præstant.
La vie des hommes est plus courte que celle des corneilles.	Brevior est hominum quam cornicum vita.

Ce, c'est.

C'est[1] moi qui l'ai fait.	*Ego feci; ego sum qui feci.*
Ce sont eux qui l'ont fait.	*Illi fecerunt.*
C'est vous-même que je cherche .	*Te ipsum quaero.*
C'est seulement cela, ce n'est que cela, etc.	*Id solum, id tantum, tantummodo id;* etc.
C'est ainsi qu'il parla	*Sic locutus est.*
Est-ce ainsi que vous défendez vos amis?	*Itane (siccine) tuos amicos defendis?*
C'est se tromper que de croire . .	*Errat qui putat.*
Ce n'est pas que j'approuve, mais c'est qu'il faut dissimuler pour le moment.	*Non quod approbem* (subj.), *sed quod dissimulandum est* (indic.) *in praesentia.*
Ce n'est pas que l'un me soit plus cher que l'autre, mais. . . .	*Non quo mihi sit alter altero carior, sed...*
Ce n'est pas que je ne pense. . .	*Non quin existimem.*
Quoique j'aie salué des méchants, ce n'est pas à dire pour cela que je sois méchant	*Quamvis improbos salutaverim, non continuo sum improbus.*
Est-ce à dire pour cela que je sois méchant?	*Num ideo sum improbus?*
Ce qui me chagrine le plus, c'est la mauvaise santé de mon père.	*Valetudo patris me potissimum sollicitat.*
Ce que je crains, c'est l'hiver. .	*Hiemem timeo.*
Ce que j'espère, c'est que je vivrai éternellement.	*Illud spero, me futurum immortalem.*
Ce que je crains, c'est que. . .	*Illud vereor, ne...*
Ce dont je doute, c'est que . . .	*Illud dubito, num...*
Ce qui me console, c'est que vous viendrez bientôt.	*Hoc me consolatur, quod brevi venturus es.*
Dites-moi ce que c'est.	*Dic mihi quid sit illud.*
Ignorez-vous ce que c'est que mentir?	*Num ignoras quid sit mentiri?*

---

[1] Pour traduire les locutions de ce genre, il suffit de placer en latin, au commencement de la phrase, le mot correspondant à celui qui en français est précédé des mots *c'est, est-ce?*

Même.

Vous n'êtes pas le même à mon égard que vous avez été autrefois.	Non idem es erga me, qui (ac, atque) fuisti olim.
Ma mère n'est pas aujourd'hui la même que je l'ai vue autrefois.	Non eadem est hodie mater mea quam vidi olim.
Je me sers des mêmes livres que vous.	Iisdem libris utor quibus tu (s.-ent. uteris).
Je ne l'ai pas même vu.	Eum ne vidi quidem.
Personne n'est venu, pas même mon frère.	Nemo venit, ne frater quidem meus.
Il n'en est pas de même des Romains.	Non item (eodem modo) de Romanis.
Même il osa dire.	Imo dicere ausus est.
De même que moi.	Ut ego.
Je l'aime de même que si c'était mon frère.	Illum perinde amo, ac si esset frater meus.

On.

1° On aime la vertu.	Virtus amatur.
On favorise la vertu.	Favetur virtuti.
On court, on est venu.	Curritur, ventum est.
2° On admire la vertu.	Admirantur virtutem.
On hait celui que l'on craint.	Oderunt homines quem metuunt.
On dit, on rapporte, on raconte.	Aiunt, ferunt, memorant, perhibent.
On se repent d'avoir mal vécu.	Homines pœnitet male vixisse.
3° On dit que les cerfs vivent très-longtemps.	Dicunt cervos (dicuntur cervi) diutissime vivere.
4° On enseigne la grammaire aux enfants	Pueri docentur grammaticam. (296)
5° On ne peut être heureux sans la vertu.	Nemo sine virtute potest esse beatus.
6° Quand on convoite le bien d'autrui, on perd justement le sien.	Qui (quum quis) bonum alienum appetit, merito amittit proprium.
Si l'on vous demande.	Si quis te interroget.
7° On voit des gens (on peut voir des gens) qui aspirent aux honneurs	Videas homines qui (videas qui, videre est qui) honores appetant (subj.).

Quelque, quel...que, quoi...que.

Quelque parti que vous preniez.	*Quodcumque capis consilium.*
Quel qu'il soit (*qualité*).	*Qualiscumque est.*
Quelle que soit sa mémoire (*grandeur*), il oublie cependant bien des choses.	*Quantacumque est ejus memoria, multa tamen obliviscitur.*
Quelques services que vous rendiez à un ingrat (*quantité*), vous ne lui en rendrez jamais assez.	*Quotcumque apud ingratum officia posueris, nunquam satis multa contuleris.*
Quel que soit celui des deux partis qui remportera la victoire, nous périrons.	*Utracumque pars vicerit, tamen perituri sumus.*
Quelque savant qu'il soit, il ignore cependant bien des choses.	*Quamvis (quantumvis) doctus sit, multa tamen ignorat.*
Quelque estimable qu'il soit.	*Quanticumque æstimandus est.*
Quoi qu'il arrive.	*Quodcumque acciderit.*
Quoi que je fasse.	*Quidquid egero.*

Tel.

Je ne suis pas tel que vous.	*Non sum talis qualis tu, non is sum qui tu* (s.-ent. *es*).
Tel qui rit aujourd'hui, pleurera demain; tel rit aujourd'hui, qui pleurera demain.	*Quidam hodie rident, qui cras flebunt; sunt qui hodie rident, qui cras flebunt.*
Tel père, tel fils.	*Qualis pater, talis filius; qui pater est, is est filius.*
La libéralité doit être telle qu'elle ne nuise à personne.	*Ea esse debet liberalitas, ut (quæ) nemini noceat.*
Tel ou tel, un tel et un tel.	*Hic atque ille.*

Tout.

Tout, toutes choses.	*Omnia, res omnes.*
Tout ce qui, tout ce que.	*Quidquid, omnia quæ.*
Les rois, tout puissants qu'ils sont, meurent comme les autres hommes.	*Reges, quamvis magni sint, ut cæteri mortales moriuntur.*
Tous, tant que nous sommes qui vivons des fruits de la terre.	*Omnes quicumque terræ munere vescimur* (Hor.).
Tous les gens de bien; tous les savants, tout ce qu'il y a de plus savant.	*Optimus quisque; doctissimus quisque.*

456. **3° Gallicismes formés par des verbes.**

Agir.

Il s'agit (il est question) de vous.	*De te agitur.*

Aller.

Je vais partir.	*Jamjam profecturus sum; modo (mox) proficiscar.*
N'allez pas mentir.	*Noli mentiri; cave ne mentiaris; ne mentiaris.*
Comment allez-vous?	*Ut (quomodo) vales?*
Il y va (il s'agit) de vos intérêts.	*De tua re agitur; ou mieux, tua res agitur.*

Avoir.

Vous avez beau crier.	*Frustra vociferaris; licet (quoique) vocifereris.*
J'ai eu le bonheur de voir ma mère.	*Mihi contigit ut matrem viderem.*
J'ai eu le malheur de perdre mon père.	*Mihi accidit ut patrem amitterem.*
Ayez la bonté de m'avertir.	*Admonere me velis; me admonitum velim; me, quæso, admoneas.*
J'ai cette affaire à cœur.	*Hoc mihi est curæ, cordi.*
Je n'eus rien plus à cœur que d'aller trouver votre père.	*Nihil antiquius habui, nihil mihi antiquius (potius) fuit, quam ut patrem tuum adirem.*
Vous avez le droit d'entrer.	*Intrare tibi licet, fas est.*
J'ai envie de dormir.	*Libet (placet) mihi dormire; cupio dormire.*
Vous avez le front de nier cela?	*Id tu audes negare?*
J'ai l'intention de partir.	*Mihi est in animo proficisci.*
Vous n'avez pas lieu de craindre.	*Tibi non est timendi locus; non est quod (cur) timeas.*
Je n'ai pas le loisir, le temps d'aller à la chasse.	*Venari mihi non vacat.*
Il a eu de la peine à obtenir cela.	*Ægre id impetravit.*
Je n'ai pas la présomption de croire.	*Non mihi tantum sumo ut putem.*

Vous avez raison, vous avez tort de l'accuser.	Bene facis, male facis quod eum accusas.
J'ai à parler.	Mihi loquendum est. (374)
J'ai à écrire une lettre.	Mihi scribenda est epistola.
Qu'avez-vous à dire?	Quid habes dicendum?
Je n'ai pas de livres à lire.	Non habeo libros legendos; non habeo libros quos legam.
Je n'ai que faire de votre argent.	Pecuniæ tuæ non egeo.
Il y a ici un trésor.	Est hic thesaurus.
Il y a (il est, il existe) des hommes qui pensent.	Sunt homines qui (sunt qui) putent.
Il y avait deux heures que.	Duæ horæ erant ex quo...

Coûter.

Il vous en coûtait donc de m'écrire	Ergo magnum (grave) tibi fuit ad me scribere.

*Devoir.

Dussent-ils tous en frémir, je dirai ce que je pense.	Fremant omnes licet (quoique), dicam quod sentio (Cic.).

Être.

Je ne suis pas homme à reculer.	Non is sum qui pedem referam.
Votre mère n'est pas femme à élever mal ses enfants.	Non ea est tua mater quæ liberos suos male instituat.
Il est capable de vaincre.	Is est qui vincat.
Tous les trésors du monde ne sont pas capables de satisfaire son avarice.	Thesauri quilibet illius avaritiam satiare non possunt.
Il était près de tomber.	In eo erat ut caderet.
Il était sur le point de prendre la ville.	Jamjam urbe potiturus erat.
Il était sur le point d'être pris.	In eo erat ut caperetur.

Faire.

Il fait nuit; il fait jour.	Nox est; dies est, lucet.
Il fait beau; il fait chaud, froid.	Sudum est; calor, frigus est.
Il fera du vent.	Ventus erit.
Il le fit tuer.	Jussit eum occidi.
Vous me faites mourir.	Mori me cogis.
Cela m'a fait croire	Id me impulit ut crederem.

Il fait faire un pont.	Pontem fieri jubet; pontem faciendum curat (Cæs.).
Faites-moi savoir	Fac ut sciam.
Il ne fait que badiner.	Perpetuo nugatur; nihil agit nisi nugas.
Il ne fait que d'arriver.	Modo (tout-à-l'heure) advenit.
Se faire donner par force.	Aliquid extorquere.
Faire sa paix avec quelqu'un.	In gratiam redire cum aliquo.
Faire espérer à quelqu'un que.	Aliquem in spem adducere (avec la propos. infin.).
Faire concevoir une bonne opinion de soi	Bonam sui (de se) opinionem concitare.
Faire semblant de.	Simulare (avec l'accusatif ou la propos. infin.).
Faire le malade	Simulare ægrum.
C'en est fait de moi	Actum est de me.

Falloir.

Il faut servir Dieu.	Oportet servire Deo; serviendum est Deo. (374)
Il faut réprimer ses passions.	Oportet comprimere libidines; libidines comprimantur oportet, comprimendæ sunt.
Tant s'en faut qu'il vous haïsse, qu'au contraire il vous aime.	Tantum abest ut te oderit; (adeo non te odit) ut contra te amet; te amat, nedum oderit.
Peu s'en faut que je ne sois très-malheureux.	Paulum abest quin sim miserrimus.
Peu s'en faut que je ne dise.	Pene dicam (Cic.).
Peu s'en est fallu (il n'a tenu à rien) qu'il ne tombât.	Parum abfuit quin caderet; tantum non occidit.
Il s'en faut beaucoup (de beaucoup) que vous surpassiez vos condisciples.	Multum abest ut tuos superes condiscipulos.
Il ne s'en faut pas beaucoup que vous ne surpassiez vos condisciples.	Non multum abest quin tuos superes condiscipulos.
Faut-il que je sois si malheureux!	Mene ita miserum esse (s.-ent. oportet) ! (360)

Laisser.

Vos chants ne me laissent pas dormir.	Cantus tui non sinunt me dormire.
Ne laissez pas de m'écouter.	Tamen (nihilominus) audi.

Manquer.

Il a manqué de tomber.	Parum abfuit quin caderet.
Je ne manquerai pas de lui écrire.	Ad illum profecto scribam.
Il n'a pas manqué de venir.	Non omisit venire.
Ne manquez pas de l'avertir.	Memento illum monere; memento ut illum moneas.

Se mettre.

Il se mit à pleurer.	Flere cœpit.

S'occuper.

Il s'occupe sans cesse à nuire, à chasser.	Versatur semper in nocendo, in venatione.
Il s'occupe à lire.	Legit.

Paraître, V. Sembler.

Passer.

Il passe pour sage.	Habetur doctus.
Il passe pour avoir trahi sa patrie.	Existimatur patriam prodidisse.

Penser.

Il a pensé tomber.	Parum abfuit quin caderet.
Je pensais (je songeais) à partir.	Proficisci cogitabam.

Plaire.

Plaise au ciel qu'il vienne.	Utinam veniat!
Plût à Dieu qu'il vînt! qu'il fût venu!	Utinam veniret, venisset!

Sembler.

Il me semble voir le port.	Videre mihi videor portum (Cic.).
Il semble que tout soit perdu.	Omnia videntur esse perdita.
Il me semble qu'il est malade.	Mihi videtur ægrotare.
Que t'en semble?	Quid tibi videtur?

Servir.

Cela ne sert qu'à irriter ma douleur.	*Hoc tantum ad augendum meum dolorem valet; hoc ad id tantum valet, ut meus augeatur dolor.*

Tarder.

Que tardez-vous à l'aller trouver?	*Quid cessas eum adire?*
Il me tarde (je suis impatient) de vous voir.	*Nihil mihi longius (antiquius) est, quam te videre, quam ut te videam.*

Tenir.

Il ne tient qu'à moi (il ne dépend que de moi) que cela ne se fasse.	*Per me unum stat, quominus id fiat.*
A quoi tient-il qu'il ne vient pas?	*Quid obstat quin veniat?*
Il tient à moi qu'il soit renvoyé.	*Per me stat ut dimittatur.*

Venir.

Il vient d'arriver.	*Modo advenit.*
Le premier venu (n'importe qui).	*Quivis, quivis unus.*
Il n'est pas donné au premier venu d'aller à Corinthe.	*Non cuivis contingit adire Corinthum* (Hon.).

457. 4° Gallicismes formés par des prépositions, par des adverbes, par des conjonctions et par des interjections.

A.

A dire vrai, à ne pas mentir.	*Ut verum dicam; ne mentiar.*
A l'entendre parler, vous diriez.	*Eum si loquentem audias, dicas.*
A ce que je crois, à ce qu'il me semble.	*Ut opinor; ut mihi videtur.*
A ce que l'on dit.	*Ut fertur.*
A tout prendre, c'est un coquin.	*In universum æstimanti homo nequam videbitur.*
A y bien regarder.	*Si diligenter perspexeris.*

A force de.

A force de travail, à force de travailler.	*Multo labore.*

A peine... que.

A peine fut-il arrivé qu'il tomba malade	Vix advenit quum in morbum incidit.

Assez.

Avez-vous assez de loisir pour lire même des fables ?	Estne tibi tantum otii, ut etiam fabulas legas?
Je ne suis pas assez insolent pour me dire roi.	Non sum ita insolens, ut (qui) regem esse me dicam.
C'est assez que... (de, avec l'inf.)	Satis est (inf.).
Assez (un peu) petit, assez obscur.	Minusculus, subobscurus.

Au lieu de, que.

Au lieu d'une épée, il saisit un bâton.	Pro gladio (loco gladii) fustem arripuit.
Au lieu de lire, il joue.	Quum legere deberet, ludit; nedum legat, ludit.
Au lieu de jouer, il lit.	Quum ludere posset, legit.
Lisez, au lieu de badiner	Lege, ne vero nugeris.
Il lit, au lieu que vous badinez. .	Legit ille, tu vero nugaris.

Aussi, autant... que.

Il est aussi prudent qu'homme du monde, que qui que ce soit. .	Tam prudens est quam qui maxime (s.-ent. est prudens).
Il est aussi estimé que qui que ce soit.	Tanti fit quanti qui plurimi (s.-ent. fit).
Cela m'est aussi agréable que quoi que ce soit.	Id mihi tam gratum est quam quod maxime (s.-ent. gratum est).
Il est aussi paresseux que jamais.	Tam piger est quam quum maxime (s.-ent. est piger).
La vieillesse était aussi honorée à Lacédémone qu'en aucun lieu du monde.	Senectus tantum honorabatur Lacedamone, quantum ubi maxime (s.-ent. honorabatur).
Autant ce jeune homme avait de science, autant il avait de modestie.	Quantum doctrinæ in eo adolescente inerat, tantum inerat modestiæ.
Autant d'hommes, autant de sentiments	Quot homines, tot sententiæ (Cic.).

SUPPLÉMENT A LA SYNTAXE.   319

Autant la politesse plaît, autant la grossièreté déplaît.	Quam delectat urbanitas, tam offendit rusticitas.
Il est d'autant plus modeste, qu'il est plus savant	Eo (tanto) modestior est, quo (quanto) doctior.
Cela parut d'autant plus surprenant qu'on ne s'y attendait pas.	Id eo mirabilius visum est, quod a nemine exspectabatur.

Aussitôt que.

Aussitôt qu'il fut arrivé (il ne fut pas plus tôt arrivé que), il tomba malade	Statim ut advenit, in morbum incidit; vix advenit, quum in morbum incidit.

Au su, à l'insu.

Au su et au vu de tout le monde.	Luce ac palam; in ore atque oculis omnium.
A l'insu du consul; à mon insu.	Consule nesciente; inscio me.

Avant.

Bien avant dans la nuit	Multa nocte; ad multam noctem.
Bien avant dans l'esprit	Penitus in anim-o, -um.

Avec.

Avec votre permission.	Pace tuā; te annuente.
Distinguer les tigres d'avec les léopards.	Discernere tigres a pardis.

Dans.

Je partirai dans trois jours. . .	Post tres dies proficiscar.

De.

De tous les vices, il n'en est pas de plus grand que l'orgueil. . .	Ex omnibus vitiis, nullum est majus superbiā.
Il tremblait de crainte d'être surpris.	Contremiscebat, ne apprehenderetur.
Il a une grande joie d'être le premier.	Magnā perfunditur lætitia, quod primas tenet.
Vous me ferez plaisir de lui écrire.	Pergratum mihi feceris, si ad eum scripseris.
Que vous êtes malheureux, de n'être pas venu plus tôt! . .	O te infelicem, qui non citius veneris!
De père en fils.	A majoribus ad posteros; per posteros; ab origine.
De la tête aux pieds.	A capite usque ad calcem; a vertice ad talos.

17

Eu égard à, par égard pour.

Eu égard à lui.	*Illius habita ratione.*
Eu égard à son âge	*Pro ejus ætate; pro ratione ætatis.*
J'espère, eu égard à votre sagesse.	*Spero, quæ tua est prudentia, ou quā es prudentiā.*
Par égard pour les Romains.	*In Romanorum gratiam.*

Loin de.

Loin de moi cette pensée!	*Absit ista cogitatio!*
Loin de moi la pensée d'abandonner mon hôte!	*Absit ut hospitem deseram!*
Loin (bien loin) de m'aimer, il me regarde à peine.	*Vix me respicit, nedum amet; tantum abest ut me amet, ut contra vix me respiciat.*

Malgré.

Il a fait cela malgré lui.	*Id invitus fecit.*
Je l'ai renvoyé malgré lui.	*Invitum dimisi.*
J'ai fait cela malgré lui.	*Id illo invito feci.*
Je le tuai malgré ses cris redoublés.	*Illum quamvis clamitantem interfeci.*

Ne... que.

La louange n'est due qu'à la vertu.	*Laus virtuti solummodo (solum, tantum, soli) debetur.*
Il n'a épargné que son ami.	*Nulli alii pepercit, nisi amico.*

Ou.

Qu'il le veuille ou non.	*Velit, nolit* (Cic.).
S'ils restent ou s'ils partent.	*Seu maneant, seu proficiscantur* (Phæd.).
Qu'il en soit comme ceci ou comme cela.	*Sive sic est, sive illo modo* (Cic.).
Est-il marchand ou laboureur?	*Mercator an arator* (Cic.)?
Est-il de retour ou non?	*Rediit, annon* (Ten.)?
Je doute si... ou si.	*Dubito, an... an vero* (subj.).

Plus, moins.

Plus il est savant, plus il est modeste.	*Quo (quanto) doctior, eo (tanto) modestior est.*
Moins il est orgueilleux, plus il est estimé.	*Quo (quanto) minus superbus est, eo (tanto) pluris fit.*

Plus on est vicieux, plus on est malheureux.............	*Quo quis vitiosior, eo miserior est; ut quisque vitiosissimus, ita miserrimus est.*
Plus qu'il ne faut.........	*Plus æquo; plus quam satis est; supra modum.*
Soyez le plus indulgent, le moins indulgent que vous pourrez...	*Esto quam facillimus; quam minime facilis.*
Il a employé le plus de diligence qu'il a pu.............	*Adhibuit quam maximam potuit diligentiam.*

Plus tôt, plutôt.

Il s'est levé plus tôt qu'à l'ordinaire...............	*Maturius solito (quam solet) surrexit.*
Il est arrivé plus tôt qu'on ne pensait...............	*Citius quam putabant, ou citius opinione venit.*
Un jeune homme, ou plutôt un enfant...............	*Juvenis, vel potius puer.*
Combattez, plutôt que de devenir esclave.............	*Depugna, potius quam servias* (Cic.).

Pour.

Je l'aime pour sa modestie....	*Illum propter modestiam amo.*
Je le ferai volontiers pour lui.	*Id libenter illius causâ faciam.*
Demander grâce pour quelqu'un.	*Veniam petere alicui.* (334)
Je craignais pour votre vie...	*Vitâ tuâ metuebam.* (334)
Il se leva pour répondre.....	*Surrexit ad respondendum; ut (qui) responderet; respondendi causâ ou gratiâ; responsurus.*
Reposez-vous, pour mieux travailler..............	*Otiare, quo melius labores.*
Pour ne pas vous ennuyer....	*Ne vobis tædium afferam.*
Pour avoir salué les méchants, ce n'est pas à dire pour cela que je sois un méchant.......	*Quod (quamvis) improbos salutaverim, non continuo sum improbus.*
Pour peu que vous réfléchissiez.	*Si vel minimum cogitaveris.*
Pour moi, je suis prêt.......	*Ego vero sum paratus.*
Pour moi, il me semble......	*Mihi quidem videtur.*
Fabius avait assez de littérature pour un Romain.........	*Multæ erant in Fabio, ut in homine romano, litteræ* (Cic.).
Il était instruit pour ce temps-là.	*Erat, ut eâ ætate, eruditus.*

Quant à

Quant à moi, je pensais	Equidem putabam (Cic.).

Que

Que tardez-vous?	Quid (cur) moraris?
Que n'accourez-vous ici?	Quin (cur non) huc accurris?
Que ne puis-je vous entretenir?	Utinam tecum loqui possim!
Que ma joie serait grande!	Quanta esset mea lætitia!
Que cette classe est petite!	Quantula est hæc schola!
Que de malheurs n'a-t-il pas essuyés!	Quot et quantas calamitates hausit!
Maintenant que...; hier que...	Nunc quum...; heri quum...
La dernière fois que je vous ai vu.	Proxime quum te vidi.
Un jour que j'étais avec vous.	Quadam die quum tecum essem.
Il y a longtemps que je vous attends.	Diu est quum te exspecto.
Du temps que Rome florissait	Tum quum Roma floreret.
Un jour viendra que...	Veniet (erit) tempus quum...
Il y a deux ans qu'il est mort.	Duo anni effluxere, ex quo mortuus est.
Je ne partirai pas d'ici que je ne vous aie vu.	Non hinc proficiscar, quin (nisi, priusquam) te viderim.

Sans

Il est sorti sans fermer la porte.	Exiit, nec jamuam clausit.
Personne ne devient savant sans lire beaucoup.	Nemo fit doctus, quin (nisi) multum legat.
Je ne partirai pas sans vous avoir dit adieu.	Non proficiscar, priusquam tibi valedixerim.
Sans pleurer; sans craindre	Sine lacrymis; sine metu.
Passer la nuit sans dormir.	Noctem insomnem ducere.
Sans blesser sa conscience.	Salva fide.
Sans se plaindre; sans rire.	Æquo animo; remoto joco.
Sans faire semblant de rien	Dissimulanter.
Je l'ai fait sans y penser.	Imprudenter, imprudens, feci.
Vous comprendrez cela sans que je vous le dise.	Id, etiam me tacente, intelliges.
Sans tarder.	Nulla interposita mora.

Si

Si vous ne prenez garde.	Nisi caveas!
Si je l'appelais, il s'en allait.	Si cum vocabam, abibat.

Que si; mais si	Quod si; sin, sin autem.
Si au contraire; si ce n'est que. .	Sin aliter, sin; nisi, nisi forte.
Personne n'est venu, si ce n'est votre frère	Nemo venit, nisi frater tuus, præter fratrem tuum.
La grenouille demanda si elle était plus grosse que le bœuf.	Rana interrogavit, an esset latior bove. (353)
Je ne sais s'il dort, ou s'il écoute; s'il dort ou non	Nescio utrum dormiat, an audiat; dormiat, necne.
Il fut si frappé de cette nouvelle, qu'il en mourut	Eo nuntio tam (ita, adeo) perculsus est, ut mortuus sit.
Il est si estimé que tous le consultent.	Tanti fit, ut omnes eum consulant.
Si grand que	Tantus ut... (subj. 431).
Si petit que	Tantulus ut .. (subj. 431).
La terre n'est pas si grande que le soleil	Non tanta est terra, quantus sol. (420)
Caton, ce citoyen si grave. . . .	Cato, gravissimus ille civis.

Tant.

Il n'y a pas tant de fruits que de fleurs	Non sunt tot fructus, quot flores. (420)
Il m'a tant aimé qu'il est mort pour moi	Me (tam, adeo, ita) dilexit, ut pro me mortuus sit. (431)
Les philosophes, tant anciens que modernes	Philosophi, tum ou quum veteres, tum recentiores.
Je vous écris, non pas tant pour vous louer que pour vous instruire	Ad te scribo, non tam ut te laudem, quam ut te doceam.

Trop.

Il a avalé trop de poison pour recouvrer la santé.	Plus veneni hausit, quam ut sanitati restituatur.
Il a commis trop de crimes, pour que les juges aient pitié de lui.	Plura admisit scelera, quam ut illius judices misereat.
Je suis trop grand et appelé à de trop hautes destinées, pour être esclave de mon corps	Major sum, et ad majora genitus, quam ut mancipium sim mei corporis (Sen.).
Il a trop peu d'esprit pour conduire cette affaire.	Minus habet ingenii, quam ut rem gerat.
Il avait trop peu de soldats pour vaincre	Pauciores habebat milites, quam ut vinceret.

17.

II. CLARTÉ DU STYLE.

458. Le style est *clair*, s'il est facile à comprendre.

Deux choses surtout contribuent à la clarté : d'abord la *propriété des termes*, ensuite une *construction simple, naturelle*, renfermant les mots nécessaires, sans être chargée d'expressions inutiles.

On appelle *terme propre* ou *mot propre*, celui qui rend exactement l'idée qu'on veut exprimer.

Le style devient *obscur*, quand on emploie des mots impropres ou inusités, des tours de phrase amphibologiques, des ellipses trop fortes, des parenthèses trop longues, des constructions embarrassées, des inversions trop hardies.

Tels sont les défauts des deux phrases suivantes :

Aio te, Æacide, Romanos vincere posse.

L'emploi du double accusatif (*te, Romanos*) rend le sens équivoque ; en effet, cette réponse de la sibylle à Pyrrhus signifie également *qu'il peut vaincre les Romains*, et *que les Romains peuvent le vaincre*.

Namque pila lippis inimicum et ludere crudis (Hor.) ; le jeu de paume ne vaut rien, ni pour les yeux malades, ni pour les mauvais estomacs.

Ce qui nuit à la clarté de cette phrase, c'est la construction embarrassée, provenant d'une inversion trop hardie.

III. ÉLÉGANCE DU STYLE.

459. L'*élégance* (de *eligere*) consiste à choisir des mots, des locutions, et une construction de phrase, qui rendent la pensée avec plus de grâce ou de force.

1° Élégance des mots.

On appelle *mots élégants*, ceux qui sont si bien choisis qu'ils rendent l'idée avec une grâce ou une énergie particulières.

Les mots les plus élégants sont ceux qu'on appelle *expressifs, pittoresques* et *délicats*.

460. — I. Un mot est *expressif*, quand il a une énergie particulière pour rendre une idée.

Ex. : *Venandi studium homines per nives ac pruinas in montes ac sylvas* rapit (Liv.) ; la passion de la chasse *entraîne* les hommes à travers les neiges et les frimas, dans les montagnes et au fond des forêts.

Les verbes *composés* et les verbes *dérivés*, les *fréquentatifs* et les *diminutifs*, sont, en général, plus expressifs, et, par conséquent, plus élégants que les mots simples et primitifs : c'est qu'ils ajoutent à l'idée générale renfermée dans le mot simple, une nuance particulière, qu'ils tiennent de leur terminaison ou de la particule dont ils sont composés.

Tels sont les verbes *depello*, *expello*, *impello*, *repello*, *pulso*, par rapport à *pello*; tels sont encore *curso*, *cursito*, *sorbillo*, *parvulus*, *gloriola*, par rapport à *curro*, *sorbeo*, *parvus* et *gloria*.

461. — II. Un mot est *pittoresque*, quand il exprime l'idée en la revêtant d'une image vive et frappante.

Ex. : . . . . *Late* ferreus *hastis*
Horret *ager*, campique armis sublimibus ardent (Virg.).
Les champs se hérissent au loin d'une moisson de fer,
et la plaine resplendit de l'éclat des armes.

Non ego vos posthac, viridi projectus in antro,
Dumosa pendere procul de rupe videbo (Virg.).
Non, (mes chèvres) je ne pourrai plus désormais, mollement couché dans une grotte tapissée de verdure, vous voir *suspendues* au sommet d'une roche buissonneuse.

Ast ego quæ divum incedo regina... (Virg.).
Mais moi qui *marche*... la reine des dieux...

Dans ces phrases, les mots *ferreus*, *horret*, *ardent*, *pendere*, *incedo*, sont pittoresques, parce qu'ils présentent autant d'images vives à l'esprit.

462. — III. Un mot est *délicat*, quand il rend l'idée en excitant dans le cœur un sentiment agréable et touchant.

Ex. : *Bis* patriæ *cecidere manus* (Virg.).
Deux fois ses mains *paternelles* retombèrent.

Cette épithète *patriæ* est d'un goût exquis; car elle exprime admirablement que c'est la douleur du cœur paternel qui, à deux reprises, fait tomber le burin des mains de Dédale, pendant qu'il veut graver sur l'airain le sort de son infortuné Icare.

Les expressions délicates ont leur source dans un cœur où le tact s'unit à la sensibilité.

La lecture attentive des grands poètes, surtout d'Homère, de Virgile et de Racine, sert merveilleusement à enrichir l'esprit, l'imagination et le cœur de pensées fortes, d'images vives, de sentiments nobles et tendres, d'où naîtront sans effort les mots *expressifs*, *pittoresques* et *délicats*.

2° Élégance des locutions.

463. On appelle *locutions* certaines manières de parler propres à une langue.

Toute langue a ses locutions particulières, qu'on nomme pour cela *idiotismes* (de ἴδιος, propre, particulier).

Ces idiotismes s'appellent, en grec, *atticismes*; en latin, *latinismes*; en français, *gallicismes*.

Les idiotismes renferment comme la fleur de chaque langue, c'est-à-dire ce qu'elle a de plus pur, de plus fin, de plus délicat, de plus poli, en un mot de plus élégant.

Il faut donc, lorsqu'on veut apprendre à bien écrire en latin, observer soigneusement dans les auteurs, noter et retenir fidèlement, pour les employer à propos, ces tours choisis, ces locutions fines et ingénieuses, ces *latinismes* enfin, qui donnent au style, chez Cicéron surtout, tant de charme et d'élégance.

3° Élégance de la construction.

464. L'*élégance de la construction* consiste à disposer les mots de la phrase, de manière à rendre la pensée avec toute l'énergie et toute la grâce qui lui conviennent.

On distingue deux espèces de constructions : la construction *grammaticale* et la construction *naturelle*.

La construction *grammaticale* est fondée sur les rapports de syntaxe que les mots ont entre eux ; elle veut que l'on mette d'abord le sujet avec son régime, puis le verbe, enfin l'attribut, le régime direct, le régime indirect et les compléments circonstanciels; par exemple : mon frère, donnez-moi du pain ; *frater, da panem mihi.*

La construction *naturelle* est fondée sur la nature même du langage humain ; car elle suit l'ordre dans lequel les idées se forment dans l'esprit, et cherche avant tout à faire ressortir ce qu'il y a de plus important dans la pensée de celui qui parle : *panem mihi da, frater.*

La construction naturelle l'emporte de beaucoup sur la construction grammaticale, et le discours est d'autant plus parfait qu'il imite davantage la marche de la nature.

Le latin, grâce surtout aux inflexions simples et variées des cas, peut se plier plus facilement que le français aux différentes nuances de la pensée.

Aussi la première et la principale règle de la construction latine est de faire ressortir l'énergie de la pensée; l'harmonie seule peut quelquefois faire modifier un peu l'ordre prescrit par la nature.

Donc, en latin, il faut avant tout mettre les mots les plus importants à la place où ils frappent davantage, c'est-à-dire au *commencement* ou à la *fin* de la phrase.

Mucius Scévola veut faire ressortir son titre de Romain, et Gavius, son titre de citoyen. Le premier dit :

Romanus *sum civis* (Liv.); je suis Romain;
le second s'écrie :

Civis *sum romanus* (Cic.), je suis citoyen romain.

En français, le mot principal peut souvent se mettre en tête de la phrase, à l'aide de la locution *c'est, ce sont, c'est moi qui, c'est lui qui*, etc. : *ego feci*, c'est moi qui l'ai fait (455).

La *fin* de la phrase convient surtout aux mots dont la cadence harmonieuse repose agréablement l'oreille, ou qui, grâce à une suspension habile, peuvent frapper fortement l'esprit, et y laisser une impression profonde.

Ex. : *Patris dictum sapiens temeritas filii comprŏbāvĭt* (Cic.); la témérité du fils prouva combien était sage la parole du père.

Te miror, Antoni, quorum facta imitere, eorum exitus non perhŏrrĕscĕre (Cic.); ce qui m'étonne, Antoine, c'est que le sort de ceux dont tu imites les actions, ne te fasse pas *frémir d'horreur*.

Aderat janitor carceris, carnifex prætoris, mors terrorque sociorum et civium, lictor Sestius (Cic.); là se trouvait le geôlier de la prison, le bourreau du préteur, la mort et la terreur des alliés et des citoyens, *le licteur Sestius*.

« Qui mettrait *lictor Sestius* au commencement gâterait tout : il faut que l'appareil terrible de ce bourreau marche avant lui. » (Rollin).

1re Remarque. Si la phrase renferme deux mots importants et dignes d'une attention spéciale, l'un se met au commencement, et l'autre à la fin.

Ex. : Cœdebatur *virgis in foro Messanæ* civis romanus (Cic.); *on battait* de verges, dans le forum de Messine, *un citoyen romain*.

2ᵉ REMARQUE. L'*harmonie* veut que l'on évite tout ce qui est dur et choquant pour l'oreille.

Si l'ordre naturel des mots présente quelque rencontre de voyelles ou de consonnes rude et désagréable, ou une chute de phrase trop brusque, il faut y remédier en déplaçant les mots, autant que le permet le génie de la langue.

Au lieu de dire : *Si quid ingenii in me est* (s'il y a quelque talent en moi), Cicéron a dit, par un arrangement beaucoup plus harmonieux : *si quid est in me ingenii*.

3ᵉ REMARQUE. Quoique la langue française se prête moins aux inversions que le latin et le grec, elle est néanmoins susceptible de ce genre d'ornements, même dans la prose.

Ex. : Restait cette redoutable infanterie de l'armée d'Espagne, dont les gros bataillons serrés, semblables à autant de tours, demeuraient inébranlables (Boss.).

Elle approche néanmoins, cette mort effrayante (Boss.).

Déjà frémissait dans son camp l'ennemi confus et déconcerté ; déjà prenait l'essor, pour se sauver dans les montagnes, cet aigle dont le vol hardi avait d'abord effrayé nos provinces (FLÉCH.).

Il est bon de se rappeler cette observation, quand on traduit en français les auteurs grecs et latins ; les inversions, pourvu qu'elles ne soient pas forcées, permettent à la traduction de suivre de plus près l'original, en même temps qu'elles donnent à la phrase française une allure plus libre et une marche plus ferme.

Règles de la construction latine.

465. — RÈGLE GÉNÉRALE.

La phrase latine prend habituellement la forme suivante :

1° Dans une proposition simple, le sujet se met généralement en tête, et le verbe à la fin ; entre le sujet et le verbe se rangent l'attribut, les régimes et les compléments, suivant qu'ils se rapportent de plus près ou de plus loin au sujet et au verbe.

2° Dans une phrase complexe, on commence par les propositions complétives, pour finir par la proposition principale :

Ex. : *Iisdem temporibus, Persarum rex, Darius, ex Asia in Europam exercitu trajecto, Scythis bellum inferre decrevit* (C.-N.) ; à la même époque, Darius, roi des Perses, ayant fait passer une armée d'Asie en Europe, résolut de faire la guerre aux Scythes.

Par cette phrase l'on voit que non-seulement les mots qui sont régimes (comme *Persarum*, *Scythis*, *bellum inferre*), mais encore les compléments circonstanciels (comme *iisdem temporibus*, *ex Asia*, *in Europam*), et les propositions complétives (comme *ex Asia in Europam exercitu trajecto*), se mettent devant les mots qui les gouvernent, ou devant la proposition principale dont ils dépendent.

Tel est le génie de la langue latine.

L'ablatif absolu, qui est un complément circonstanciel, n'est donc bien placé qu'au commencement ou au milieu de la phrase.

466. — RÈGLES PARTICULIÈRES.

1ʳᵒ RÈGLE. Le mot principal doit se mettre au commencement de la phrase ou de la proposition ; on réserve pour la fin un mot assez harmonieux pour satisfaire l'oreille, et assez frappant pour laisser dans l'esprit une impression heureuse.

> Ex. : Crux, crux, *inquam*, *infelici*... cōmpărābātŭr (Cic.); une croix, oui, une croix était préparée pour cet infortuné.
>
> Gladium *vaginā vacuum in urbe* nōn vīdīmŭs (Cic.); le glaive hors du fourreau, c'est ce que nous n'avons pas vu dans la ville.

2ᵒ RÈGLE. Le verbe se met ordinairement à la fin de la proposition ; il se déplace quelquefois pour cause de variété ou de vivacité.

> Ex. : *Ipse*, *inflammatus scelere et furore*, *in forum* venit ; ardebant *oculi*; *toto ex ore crudelitas* ēmĭnēbăt (Cic.).
> Verrès lui-même, enflammé par la fureur et par le crime, vient au forum ; ses yeux étincelaient ; tout son visage portait l'empreinte de la cruauté.

3ᵒ RÈGLE. Les adjectifs qualificatifs, les régimes et les compléments se mettent élégamment avant le mot dont ils dépendent.

> Ex. : Magna *molestia* (Cic.); une grande inquiétude.
>
> *Miltiades*, Cimonis *filius* (C.-N.); Miltiade, fils de Cimon.
>
> *Juvenes* patre *digni* (Hor.); jeunes gens dignes de votre père.

REMARQUE. Quand le régime d'une préposition a lui-même un génitif pour régime, ce génitif se met élégamment entre la préposition et son régime; il en est de même des adjectifs qui qualifient le régime de la préposition.

Ex. : *Propter* multas ejus *virtutes* (C.-N.), à cause de ses nombreuses vertus.

4° RÈGLE. Les adjectifs possessifs se mettent élégamment après le nom qu'ils déterminent.

Ex. : *Frater* meus (Cic.), mon frère.

5° RÈGLE. Quand il y a dans une phrase plusieurs pronoms ou adjectifs possessifs, ou des mots qui expriment une opposition, il est très-élégant de les rapprocher les uns des autres.

Ex. : Hunc ego te, *Euryale*, aspicio (Virg.)! C'est donc en cet état, Euryale, que je te revois !

Ego tibi *irascerer* (Cic.)? Moi, je me fâcherais contre toi ?

Rusticus urbanum murem mus *paupere fertur*
Accepisse cavo, veterem vetus hospes amicum (Hor.).
Un rat des champs reçut, dit-on, un rat de ville dans son humble trou : c'était un vieil hôte qui recevait un vieil ami.

6° RÈGLE. La clarté de la construction demande que le pronom relatif et les conjonctions restent au commencement des propositions.

Il faut excepter les enclitiques *que*, *ve*, *ne*, les conjonctions postpositives *quoque*, *vero*, *enim*, *autem*, *quidem*, qui se mettent toujours après le premier mot, ou après celui qu'elles servent à relier au reste de la phrase.

N. B. Pour ne pas trop augmenter le volume de cette grammaire, nous avons jugé à propos de retrancher les appendices et la liste des comparatifs et des superlatifs latins, qui devaient trouver leur place en ce lieu, comme nous l'avions annoncé dans la préface. Plus de trente paragraphes se trouvent ainsi supprimés. Cependant, afin que nos indications antérieures n'embarrassent pas les élèves dans leurs recherches, nous laisserons sous leurs numéros primitifs 501, 502 et 503, les listes d'adjectifs et de verbes auxquelles nous avons renvoyé dans les chapitres II, III et V de la Syntaxe.

Appendice aux chapitres II, III et V de la syntaxe.

501. — 1° ADJECTIFS QUI GOUVERNENT LE GÉNITIF (261).

Anxius, *inquiet*; avidus, *avide*; callidus, *habile*; capax, *qui contient*; certus, *certain*; compos, *maître de*; conscius, *qui a la conscience de*; consors, *qui participe à*; cupidus, *désireux*; curiosus, *curieux*; doctus, *savant*; dubius, *incertain*; edax, *qui ronge*; egenus, *dénué de*; expers, *privé de*; exsors, *qui n'a point de part à*; fastidiosus, *dégoûté*; fugax, *qui fuit*; gnarus, *qui sait*; ignarus, *ignorant*; imperitus, *inexpérimenté*; impos, *qui n'est pas maître de*; improvidus, *imprévoyant*; imprudens, *qui ignore*; incertus, *incertain*; incuriosus, *insouciant*; indoctus, *ignorant*; inscius, *qui ne sait pas*; insolens, *qui n'a pas l'habitude*; nescius, *qui ne sait pas*; particeps, *qui a part à*; peritus, *habile*; praescius, *qui sait d'avance*; providus, *qui prévoit*; prudens, *qui connaît*; rapax, *avide*; studiosus, *qui a le goût de*, *zélé*; tenax, *qui tient ferme à*.

2° ADJECTIFS QUI GOUVERNENT LE GÉNITIF OU L'ABLATIF (263).

Abundans, copiosus, *abondant*; dives, *riche*; fecundus, *fécond*; ferax, *fertile*; immunis, *exempt*; inanis, *dépourvu*; inops, *qui manque*; largus, *prodigue*; nudus, *dépouillé*; plenus, *plein*; refertus, *rempli*; vacuus, *vide*.

Ont plus souvent le génitif : egenus, *dénué de*; fertilis, *fertile*; indigus, *qui a besoin*; liberalis, *libéral*; parcus, *avare de*; pauper, *pauvre*; prodigus, *prodigue*; sterilis, *stérile*.

Ont plus souvent l'ablatif : locuples, *riche*; orbus, *privé de*; viduus, *veuf de*, *privé de*.

3° PARTITIFS ET ADJECTIFS NUMÉRAUX (264).

Aliquis, alius, alter, multi, nemo, neuter, nonnullus, nullus, omnes, pauci, quicumque, quidam, quilibet, quis? quispiam, quisquam, quisque, quisquis, quivis, solus, ullus, unusquisque, uter, utercumque, uterlibet, uterque, utervis, etc.

Pour le sens de ces partitifs, et pour les adjectifs numéraux qui peuvent être employés comme partitifs, voyez livre Ier, 33, 67, 69, 212.

4° ADJECTIFS QUI GOUVERNENT LE DATIF (266).

Adjectifs exprimant : 1° l'utilité ou le contraire : calamitosus, *funeste*; commodus, *avantageux*; damnosus, *nuisible*; fatalis, *fatal*; fructuosus, *utile*; funestus, *funeste*; incommodus, *désavantageux*; inutilis, *inutile*; noxius, *nuisible*; opportunus, *opportun*; perniciosus, *pernicieux*; saluber, *salubre*; salutaris, *salutaire*; utilis, *utile*.

2° La faveur ou le contraire : addictus, *dévoué*; adversus, *ennemi*; æquus, *équitable*; amicus, *ami*; asper, *dur*; aversus, *opposé*; benevolus, *bienveillant*; blandus, *caressant*; crudelis, *cruel*; dirus, *sinistre*; immitis, *cruel*; inimicus, *ennemi*; iniquus, *injuste*; infestus, *hostile*; malevolus, *malveillant*; mitis, *doux*; propitius, *propice*; prosper, *heureux*; secundus, *favorable*.

3° Le plaisir ou le contraire : acerbus, *fâcheux;* amarus, *amer;* dulcis, *doux;* gratus, *agréable;* gravis, *pénible;* jucundus, *qui plaît;* lætus, *agréable;* molestus, *qui est à charge;* tristis, *triste, malheureux.*

4° La fidélité ou le contraire : fidelis, fidus, *fidèle;* infidelis, infidus, *infidèle;* perfidus, *perfide.*

5° L'égalité ou le contraire : æqualis, æquus, *égal;* impar, inæqualis, *inégal,* par; *égal.*

6° L'habitude ou le contraire : assuetus, consuetus, suetus, *habitué;* insuetus, *qui n'est pas habitué.*

ADJECTIFS EN *BILIS*, ET COMPOSÉS DE *CUM* (267).

Affabilis, *affable;* amabilis, *aimable;* exorabilis, *qui peut être fléchi;* formidabilis, *formidable;* implacabilis, *implacable;* inexpugnabilis, *inexpugnable;* optabilis, *désirable,* etc.

Cognatus, *parent;* concolor, *qui a la même couleur;* concors, *qui est d'accord;* confinis, *voisin;* congruus, *conforme;* consentaneus, *d'accord avec;* conveniens, *conforme, qui convient.*

5° ADJECTIFS QUI GOUVERNENT LE DATIF OU L'ACC. AVEC *AD* (268)

Accommodatus, *propre à;* appositus, *convenable à;* aptus, *fait pour;* commodus, *commode;* facilis, *facile;* habilis, *qui va bien à;* idoneus, *propre à;* maturus, *mûr, en âge de;* natus, *né pour;* necessarius, *nécessaire;* opportunus, *opportun;* proclivis, *enclin à;* promptus, *prompt;* pronus, *porté à;* propensus, *qui a du penchant pour;* tempestivus, *qui arrive à temps.*

6° ADJECTIFS DE DIMENSION ET NOMS DE MESURE (269).

Altus, *haut, profond;* crassus, *épais;* latus, *large;* longus, *long;* profundus, *profond.*

Cubitus, *une coudée;* digitus, *un doigt;* milliarium, *un mille;* palmus, *un palme;* passus, *un pas;* pes, *un pied;* stadium, *un stade;* ulna, *une brasse, une aune.*

502. — 1° VERBES ACTIFS (278).

Amo, *aimer;* audio, *entendre;* capio, *prendre;* decipio, *tromper;* facio, *faire;* jacio, *jeter;* laudo, *louer;* lego, *lire;* moneo, *avertir,* etc., etc.

2° PRINCIPAUX VERBES DÉPONENTS-ACTIFS (279).

Adipiscor, *atteindre;* adorior, aggredior, *attaquer;* alloquor, *parler à;* aspernor, *mépriser;* assequor, *atteindre;* aucupor, *épier;* aversor, *repousser;* calumnior, *accuser à tort;* comitor, *accompagner;* conor, *entreprendre;* consolor, *consoler;* contemplor, *contempler;* deprecor, *détourner par des prières;* detestor, *détester;* dignor, *juger digne;* fateor, *avouer;* hortor, *exhorter;* imitor, *imiter;* intueor, *considérer;* lamentor, *déplorer;* loquor, *dire;* machinor, *tramer;* meditor, *méditer;* mentior, *simuler;* mercor, *acheter;* metior, *mesurer;* minor, *menacer;* miror, *admirer;* miseror, *avoir pitié de;* moderor, *modérer;* molior, *faire péniblement;* moror, *re-*

larder; muneror, *récompenser;* mutuor, *emprunter;* nanciscor, *trouver;* obliviscor, *oublier;* ordior, *commencer;* patior, *souffrir;* percontor, *s'enquérir de;* persequor, *poursuivre;* polliceor, *promettre;* populor, *ravager;* precor, *prier;* queror, *se plaindre de;* recordor, *se rappeler;* sequor, *suivre;* solor, *consoler;* speculor, *observer;* suspicor, *soupçonner;* testor, *attester;* tueor, *défendre;* ulciscor, *se venger de;* veneror, *vénérer;* vereor, *craindre.*

Ajoutez-y les composés et les dérivés de ces verbes, comme admiror, exhortor, minitor, etc.

3° PRINCIPAUX VERBES NEUTRES-ACTIFS (281).

Anhelo, *respirer;* calleo, *savoir parfaitement;* doleo, *être affligé de;* erubesco, *rougir de;* horreo, *avoir horreur de;* inclamo, *appeler à haute voix;* maneo, *attendre;* oleo, *sentir;* sapio, *avoir le goût de;* sono, *rendre le son de;* stupeo, *être stupéfait de;* sudo, *suer, distiller.*

4° VERBES ACTIFS QUI GOUVERNENT LE GÉNITIF (282).

Absolvo, *absoudre;* accuso, arguo, incuso, insimulo, *accuser;* adstringo, obstringo, *rendre coupable;* ago, *poursuivre (en justice);* alligo, *reconnaître coupable;* arcesso, *citer en justice pour;* coarguo, convinco, *convaincre;* condemno, damno, *condamner à, pour;* defero, *dénoncer pour;* infamo, *décrier pour;* postulo, *poursuivre pour.*

5° VERBES DE PRIX (284).

Æstimo, duco, facio, habeo, pendo, puto, *estimer;* sum, lio, liceo, *être estimé;* consto, *coûter;* emo, mercor, *acheter;* vendo, venumdo, *vendre;* liceor, *enchérir;* loco, *donner à bail, louer;* conduco, *prendre à bail, louer.*

6° VERBES ACTIFS QUI GOUVERNENT LE DATIF (286).

1° Donner : committo, *confier;* commodo, *prêter;* concedo, *concéder;* credo, *confier;* dedo, *livrer;* defero, *décerner;* do, dono, *donner;* impendo, *dévouer;* impertio, *accorder;* largior, *prodiguer;* mando, *confier;* ministro, *fournir;* mitto, *envoyer;* porrigo, *présenter;* præbeo, *offrir;* reddo, *rendre;* refero, *rapporter;* rependo, *donner en échange;* restituo, *restituer;* retribuo, *donner en retour;* solvo, *payer;* suppedito, *fournir;* trado, *livrer;* tribuo, *accorder.*

2° Promettre : polliceor, promitto, *promettre;* spondeo, *garantir.*

3° Déclarer : declaro, *déclarer;* dico, *dire;* explico, *expliquer;* expono, *exposer;* fateor, *avouer;* indico, *indiquer;* monstro, *montrer;* narro, *raconter;* nuntio, *annoncer;* ostendo, *montrer;* persuadeo, *persuader;* prodo, *révéler;* significo, *signifier;* suadeo, *conseiller.*

4° Unir : jungo, *joindre;* unio, *unir.*

5° Ordonner : impero, præcipio, *commander, ordonner.*

De plus, les composés de ces verbes.

7° VERBES ACTIFS COMPOSÉS QUI GOUVERNENT LE DATIF (287).

Addo, *ajouter*; adjicio, *mettre à côté*; adjungo, *joindre*; admisceo, *mêler*; admoveo, *mettre auprès*; affero, *apporter*; appono, *réunir*; impono, *placer sur*; incutio, *appliquer*; infero, *porter dans*; infigo, *enfoncer*; injicio, *jeter sur*; inuro, *imprimer (en brûlant)*; offero, *offrir*; oppono, *opposer*; præfero, *préférer*; præficio, *préposer*; præpono, *préférer*; subjungo, *attacher (sous, derrière)*; subtraho, *soustraire*; suggero, *fournir*; suppono, *mettre sous*; antefero, antepono, *préférer*; postfero, posthabeo, postpono, *mettre après, au-dessous de*, etc.

8° VERBES ACTIFS QUI GOUVERNENT L'ABLATIF (290).

1° Remplir, charger, vider : augeo, *augmenter*; compleo, expleo, impleo, repleo, farcio, *remplir*; cumulo, *combler*; dito, locupleto, *enrichir*; doto, *doter*; exonero, *décharger*; levo, *soulager*; obruo, opprimo, *accabler*; onero, *charger*; orno, *orner*; premo, *écraser*; satio, *rassasier*; saturo, *saturer*; vacuo, *vider*.

2° Priver : abdico (me), *abdiquer, se démettre*; abstineo, *écarter*; exhæredo, *déshériter*; fraudo, *frustrer*; orbo, privo, *priver*; pello, *chasser*; viduo, *dépouiller*.

3° Lier, délivrer : adstringo, *enchaîner*; expedio, *débarrasser*; impedio, *embarrasser*; implico, *envelopper*; irretio, *enlacer*; libero, *délivrer*; ligo, *lier*; solvo, *délier*.

4° Revêtir, dépouiller, entourer : amicio, *envelopper*; calceo, *chausser*; cingo, *ceindre*; circumdo, *entourer*; exuo, *dépouiller*; induo, *revêtir*; munio, *fortifier*; nudo, *dégarnir*; orno, *orner, garnir*; sepio, *enclore*; spolio, *dépouiller*; sterno, *joncher*; tego, *couvrir*; vestio, *vêtir*.

9° VERBES ACTIFS QUI GOUVERNENT L'ABLATIF AVEC A OU AB (292).

1° Demander, s'informer : deprecor, *implorer de*; exigo, *exiger de*; exoro, flagito, *demander instamment à*; obsecro, oro, *demander à (avec prières)*; percontor, *s'enquérir auprès de*; peto, quæro, quæso, *demander à*; posco, *réclamer de*; reposco, *redemander à*; requiro, *requérir de*; sciscitor, scitor, *s'informer auprès de*.

2° Recevoir, enlever, éloigner : abduco, abigo, *emmener de*; abrado, *retrancher de*; absterreo, *éloigner de (par la terreur)*; abstineo, *écarter de*; abstraho, *entraîner loin de*; accipio, *recevoir de*; amoveo, *écarter de*; arceo, *éloigner de*; arripio, *arracher à*; aufero, *enlever à, de*; avello, *arracher à, de*; averto, *détourner de*; capio, *prendre, recevoir de*; eripio, *enlever à, de*; fero, *recevoir de*; furor, *voler à*; prohibeo, *tenir loin de*; propulso, *repousser de*; removeo, *éloigner de*; repello, *repousser de*; reporto, *remporter sur*; surripio, *dérober à*.

3° Espérer, attendre, emprunter, acheter, délivrer : spero, *espérer de*; exspecto, *attendre de*; mutuor, *emprunter à*; emo, mercor, *acheter à*; redimo, *racheter de*; libero, vindico, *délivrer de*.

10° VERBES NEUTRES QUI GOUVERNENT LE DATIF (303).

1° *Favoriser, nuire, flatter* : adstipulor, *approuver ;* adulor, *flatter ;* arrideo, *sourire à ;* assentio, assentior, assentor, *approuver ;* auxilior, *secourir ;* blandior, *flatter ;* consulo, *pourvoir à ;* detraho, *faire tort à ;* displiceo, *déplaire à ;* faveo, *favoriser ;* medeor, medico et medicor, *guérir, remédier à ;* noceo, *nuire à ;* obtrecto, *dénigrer ;* officio, *faire obstacle à ;* opitulor, *secourir ;* palpor, *caresser ;* parco, *épargner ;* patrocinor, *protéger ;* placeo, *plaire à ;* proficio, *être utile à ;* prospicio, *veiller à ;* provideo, *pourvoir à ;* subvenio, succurro, *secourir, aller au secours de ;* suffragor, *voter pour*.

2° *Étudier* : studeo, *étudier ;* vaco, *vaquer à*.

3° *Obéir ou résister* : adversor, *s'opposer à ;* ausculto, *obtempérer à ;* cedo, *céder à ;* credo *croire* (qq.) ; famulor, *être au service de ;* indulgeo, *être indulgent, complaisant pour ;* inservio, *faire sa cour à ;* morigeror, *avoir de la complaisance pour ;* obedio, *obéir à ;* obsecundo, *se prêter à ;* obsequor, *céder à ;* obsisto, obsto, *résister à ;* obtempero, *obtempérer à ;* pareo, *être soumis à ;* reclamo, *protester contre ;* refragor, *s'insurger contre ;* reluctor, *lutter contre ;* resisto, *résister à ;* servio, *être esclave de*.

11° VERBES NEUTRES COMPOSÉS GOUVERNANT LE DATIF (304).

Accumbo, *être à table près de ;* adjaceo, *être situé près de ;* appropinquo, *approcher de ;* assideo, assisto, *être assis, siéger près de ;* assuesco, *s'accoutumer à ;* assurgo, *se lever par honneur pour ;* benedico, *louer, bénir ;* benefacio, *faire du bien à ;* consentio, *être de l'avis de ;* consuesco, *s'habituer à ;* illuceo, *luire sur ;* impendeo, *être suspendu sur ;* incumbo, *se pencher sur ;* ingemisco, *gémir sur ;* inhio, *être ébahi de ;* insideo, *être assis sur ;* insulto, *insulter ;* interjaceo, *être placé entre ;* maledico, *médire de, injurier ;* obequito, *chevaucher près de ;* obrepo, *se glisser près de ;* occurro, *courir à la rencontre de ;* praeeo, *précéder ;* praesideo, *être à la tête de ;* satisfacio, *satisfaire ;* subjaceo, *être situé sous ;* subscribo, *souscrire à,* etc.

12° VERBES NEUTRES QUI GOUVERNENT L'ABLATIF (311).

Abundo, *abonder ;* careo, *manquer de ;* diffluo, *nager dans ;* egeo, *avoir besoin de ;* exubero, *regorger de ;* fluo, *être inondé de ;* indigeo, *être dépourvu de ;* mano, *dégoutter de ;* roro, *être humide de ;* scateo, *fourmiller de ;* sudo, *suer, distiller ;* vaco, *être exempt de, vide de*.

503. — 1° VERBES QUI GOUVERNENT LE SUBJ. AVEC *UT* ET *NE* (347).

1° *Conseiller, persuader* : auctor sum, *conseiller de ;* exhortor, hortor, *exhorter à ;* impello, *pousser à, exciter à ;* moneo, *avertir de ;* persuadeo, *persuader de ;* suadeo, *conseiller de*.

2° *Souhaiter, demander, obtenir (de, que)* : consequor, *obtenir ;* cupio, *désirer ;* exigo, *exiger ;* flagito, *demander instamment ;* impetro, *obtenir ;* malo, *préférer ;* nolo, *ne pas vouloir ;* obsecro, *supplier ;* obtestor, *conjurer ;* opto, *souhaiter ;* oro, *prier ;* peto, posco, *demander ;* postulo, *exiger ;* quaeso, rogo, *prier ;* urgeo, *presser ;* volo, *vouloir*.

19.

3° Ordonner, permettre : *cogo, forcer à, de ; concedo, accorder de, que ; edico, ordonner de, que ; impero, commander de, que ; mando, enjoindre de ; patior, souffrir que ; permitto, permettre de, que ; præcipio, præscribo, prescrire de ; sino, laisser libre de ; statuo, décréter que.*

4° Avoir soin, faire en sorte : *contendo, s'efforcer de ; curo, avoir soin de, que ; efficio, facio, faire en sorte que ; evinco, venir à bout de ; operam do, tâcher de ; perficio, réussir à ; prospicio, veiller à ce que.*

2° VERBES QUI GOUVERNENT LE SUBJONCTIF AVEC NE (349).

1° Prendre garde : *caveo, prendre garde de, se garder de ; prospicio, provideo, video, veiller, pourvoir à ce que... ne pas, éviter de.*

2° Craindre : *timeo, vereor, metuo, formido, craindre, redouter, appréhender ; fremo, paveo, horreo, tremo, frémir, avoir peur, trembler.*

3° Dissuader, défendre, empêcher, refuser : *deprecor, prier de ne... pas ; deterreo, détourner de ; dissuadeo, dissuader de ; obsisto, obsto, s'opposer à ce que ; prohibeo, empêcher de, que ; détourner de ; recuso, refuser de.*

3° VERBES IMPERSONNELS QUI GOUVERNENT LE SUBJ. AVEC UT (351).

Accedit ut, ajoutez que ; accidit ut, contingit ut, evenit ut, fit ut, il arrive que ; fit ut, il s'ensuit que ; necesse est, oportet, opus est, il faut que, il est nécessaire que ; reliquum est, restat ut, il reste à ; æquum est, il est juste que, de ; fas est, il est permis de ; sequitur ut, il suit que ; superest ut, il reste à.

Æquum est, necesse est, oportet, sequitur, se construisent souvent avec la proposition infinitive (v. 359).

4° VERBES QUI GOUVERNENT L'INFINITIF COMME RÉGIME DIRECT (358).

Aggredior, entreprendre de ; amo, aimer à ; assuesco, s'accoutumer à ; audeo, oser ; aveo, désirer vivement ; cesso, cesser de ; cœpi, commencer à ; cogito, songer à ; conor, s'efforcer de ; consuesco, s'habituer à ; contendo, tâcher de ; cupio, desidero, souhaiter de, désirer de ; desino, cesser de ; disco, apprendre à ; erubesco, rougir de ; fastidio, être dégoûté de ; festino, se hâter de ; gaudeo, se plaire à ; gestio, être impatient de ; horreo, redouter de ; incipio, commencer à ; instituo, entreprendre de ; malo, aimer mieux, préférer ; maturo, s'empresser de ; meditor, songer à ; molior, travailler à ; moror, balancer à ; nego, refuser de ; nequeo, ne pas pouvoir ; nescio, ne pas savoir ; nitor, s'efforcer de ; nolo, ne pas vouloir ; opto, désirer de ; obliviscor, oublier de ; ordior, commencer à ; paro, se préparer à ; pergo, continuer à, de ; persevero, ne pas cesser de ; possum, pouvoir ; propero, se hâter de ; queo, pouvoir ; recuso, refuser de ; respuo, dédaigner de ; scio, savoir ; soleo, avoir coutume de ; statuo, prendre la résolution de ; studeo, s'étudier à ; tento, tenter de ; timeo, vereor, verecundor, craindre de, hésiter à ; volo, vouloir.

SUPPLÉMENT A LA SYNTAXE. 337

5° VERBES IMPERSONNELS, ET PROPOSITIONS FORMÉES DE EST, AUXQUELS LA PROPOSITION INFINITIVE SERT DE SUJET (359).

Constat, decet, dedecet, expedit, interest (142); juvat, *on aime à*; libet, licet, liquet, oportet, patet, placet (142); pœnitet, pudet, tædet (*me*, 143); præstat, *il vaut mieux*; refert, *il importe*.

Æquum, certum, falsum est, *il est juste, certain, faux que*; fama est, *on dit que*; fas est, *il est permis de*; necesse est; nefas est, *c'est un crime de*; opus est, *il faut que*; rumor est, *le bruit court que*; satis est, *il suffit de, que*; utile, verum est, *il est utile, vrai que*, etc.

6° VERBES QUI GOUVERNENT LA PROPOSITION INFINITIVE COMME RÉGIME DIRECT (360).

1° Croire, savoir, apprendre (que) : accipio, *entendre dire*; animadverto, *remarquer*; arbitror, *penser*; cognosco, *apprendre*; concludo, *conclure*; credo, *croire*; disco, *apprendre*; existimo, *penser*; ignoro, *ignorer*; intelligo, *comprendre*; memini, *se souvenir*; nescio, *ne pas savoir*; obliviscor, *oublier*; suspicor, *soupçonner*.

2° Dire (que) : assero, *alléguer*; affirmo, *affirmer*; aio, *dire*; confiteor, *confesser*; contendo, *soutenir*; declaro, *déclarer*; demonstro, *démontrer*; dico, *dire*; dissero, *établir*; divulgo, *divulguer*; fateor, *avouer*; indico, *indiquer*; juro, *jurer*; memoro, *rappeler*; minor, *menacer*; moneo, *avertir*; monstro, *montrer*; narro, *raconter*; nego, *nier*; nuntio, *annoncer*; ostendo, *montrer*; probo, *prouver*; prodo, *révéler*; respondeo, *répondre*; scribo, *écrire*; significo, *signifier*; trado, *rapporter*; et leurs composés et dérivés.

3° Sentir (que), éprouver une sensation : audio, *entendre*; doleo, *s'affliger*; fero, *supporter*; gaudeo, *se réjouir de, que*; indignor, *s'indigner de ce que*; lætor, *se réjouir de, que*; miror, *s'étonner de, que*; patior, *souffrir que*; queror, *se plaindre de ce que*; sentio, *sentir que*; video, *voir que*.

Les verbes qui expriment la joie ou la douleur se construisent aussi avec quod.

4° Désirer (de, que), vouloir (que) : concedo, *accorder*; cupio, *désirer*; jubeo, *ordonner*; malo, *préférer*; nolo, *ne pas vouloir*; opto, *souhaiter*; permitto, *permettre*; veto, *défendre*; volo, *vouloir*.

Volo, nolo, malo, concedo, gouvernent aussi *ut* avec le subjonctif (347).

5° Espérer, promettre (de, que) : confido, *avoir confiance*; despero, *désespérer*; polliceor, promitto, *promettre*; spero, *espérer*; spondeo, *garantir*.

7° ADJECTIFS QUI GOUVERNENT LE SUPIN EN U (369).

Acerbus, *fâcheux*; arduus, *pénible*; asper, *difficile*; bonus; credibilis, *croyable*; crudelis; difficilis; dulcis; durus; facilis; fœdus, *hideux*; gratus; gravis, *pénible*; horrendus, *horrible*; incredibilis, *incroyable*; infandus, *horrible*; inutilis; jucundus; lepidus, *plaisant*; levis, *léger*; malus; mirabilis, mirandus, mirus, *admirable*; necessarius; optimus; pessimus; pulcher; rarus; suavis; terribilis; turpis; utilis, etc.

503. — Exemples des règles de la Syntaxe, rangés par ordre alphabétique.

Abundat divitiis	311	Etsi videor §§	427
Accipiam regem?	352	Ex litteris tuis cognovi	294
Adit judicem ou ad judicem	400	Expecta dum venerim	439
Ad januam	393	Fame interiit	335
Admonui eum periculi ou de periculo	285	Ferire gladio	335
Affecerunt eum injuriis	291	Fruor otio	312
Altissima arborum	265	Fugit sub scalas	397
Amo Deum	278	Gallia Gallorum est	298
Amor a Deo	295	Gallus escam quærens	370
Antepono honorem pecuniæ	287	Graculus rediit mœrens	255
Antequam respondeo ou respondeam	437	Habitat Lugduni, Romæ	317
Assuetus laborando	364	Hac super re	398
Avidus laudum	261	Hæc via ducit ad virtutem	286
Bene est ubi est	342	Hei mihi!	443
Cave ne cadas	349	Heu! vanitas humana!	442
Cœnabam apud patrem	318	Hic est	410
Constat viginti assibus	338	Hoc ad me pertinet	309
Consulo tibi, non consulo te	308	Hoc avertat Deus!	348
Consumit tempus legendo	366	Hoc litterarum	375
Credo Deum esse sanctum	360	Ibo Lutetiam	320
Credo te legere, legisse	361	Id audivi ab ou ex amico meo	293
Cum patre meo	394	Id mihi accidit	305
Cupio matrem valere	241	Illi operam dabo	382
Defuit officio	302	Illius pulchritudinem miratus sum	381
Deum esse constat	359	Imitor patrem	279
Deus est	240	Implere dolium vino	290
Deus est sanctus	254	Insimulare aliquem furti	282
Deus, memento nostri	377	Iter faciam per domum avunculi mei	327
Deus qui me videt	387	Iter feci per Galliam, per urbem	325
Deus qui regnat	249	Iter feci per Lugdunum ou Lugduno	326
Deus sanctus	245	Lacryma nihil citius arescit	409
Dices ei	379	Lætor quod vales	429
Distat viginti passus	333	Lego	341
Doceo pueros grammaticam	288	Liber Petri	259
Doctior Petro	273	Ludovicus rex	253
Do vestem pauperi	286	Lupus et agnus venerant	425
Donec eris felix	438	Magis pius quam tu	271
Edere oportet ut vivas	351	Maledixisti mihi	304
Ego et tu valemus	242	Maxime omnium	405
Ego nominor Leo	255	Meo unius labore	376
Ego sum qui feci	250	Me pœnitet culpæ meæ	283
Eu, ecce lupus ou lupum	403	Me superat capite	337
Eo ad patrem, ad concionem	321	Mihi colenda est virtus	373
Eo in Galliam, in urbem, ad rivum	319	Mihi obviam venit	408
Eo in scholam	395	Mihi opus est amico	271
Eorum vitia odit	386	Mihi ou me illudit	306
Est, ambulat in horto	396	Mihi utile est	266
Est mihi liber	301	Mirabile visu	369

	§§		§§
Miserere pauperum	300	Quum ambulo, ambularem	440
Mœrore conficior	295	Redeo ex Gallia, ex urbe, ab urbe	322
Moriar, dum vivam	433	Redeo Lugduno	323
Multis ante annis	401	Refert ou interest regis	290
Multo major	414	Regem petiere ab Jove	292
Musica me juvat ou delectat	280	Regnavit tres annos	330
Natus armis ou ad arma	266	Sex diebus, intra sex dies	332
Natus est Avenione, Athenis	317	Soxtus a Romulo	272
Ne insultes miseris	348	Similis patris ou patri	263
Nescis quis ego sim	353	Si vellet, vinceret	352
Non impedio quin proficiscaris	350	Si veniat	352
Nonne vidisti Romam?	423	Si vis; si velis; si possem	432
O ego lœvus! O me cœcum!	441	Studeo grammaticœ	303
Partibus factis, sic locutus est leo	339	Suadeo tibi ut legas, ne ludas	317
Parum vini	404	Sub floribus latet anguis	307
Parvus corpore	279	Subter mensam locare	309
Pater amat suos liberos	385	Sum in Gallia, in urbe	316
Pater et filius boni	246	Super bovem stabat	308
Pater et mater boni	247	Superbus se laudat	383
Pater et mater qui adsunt	251	Tam atra nox ut tremerem	431
Pater me ad se vocavit	380	Tantum vini quantum aquœ	420
Patiens laboris	372	Tardo ingenio est	310
Petrus et Paulus ludunt	241	Tempus legendœ historiœ	307
Plenus vini ou vino	265	Tempus legendi	308
Porta tibi pervia est	267	Teneo lupum auribus	335
Pridie, postridie calendarum ou calendas	407	Tertium annum regnat	331
		Tibi laboras	384
Promptus ad irascendum	365	Timeo ne pluat	354
Puer, abige muscas	344	Turba ruit ou ruunt	243
Puer egregiœ indolis ou egregia indole	260	Ubi terrarum?	406
Puer surgens queritur	384	Unus militum	264
Pugnare cum hoste	318	Ut aiunt	434
Pulchrum est oblivisci injurias	387	Ut coroneris, ne pereat	430
Quœ pater?	390	Uter est doctior, tune an frater?	360
Quœ quum ita sint	426	Utrum pacem an bellum vultis?	424
Quœrat quispiam	352	Vœ victis!	443
Quam bonus Dominus!	413	Valde doctus	412
Quam ou quantum amatur!	431	Vas ex auro	336
Quam ou ut modestus est!	418	Velum longum tres ulnas ou tribus ulnis	269
Quamvis rapidus esset	418		
Quando esurio	436	Veniet die dominica	319
Quanta doctrina!	416	Venio a patre, a venatione	324
Quanti emisti hanc domum?	284	Venio lusum	308
Quantum aquœ	415	Vidistine Romam?	422
Quasi tu sis dominus	435	Vincere scis	358
Quis nostrûm?	377	Vincis forma, vincis magnitudine	385
Quis sua sorte contentus est?	348	Virtus et vitium contraria	248
Quis te redemit? — Jesus Christus	286	Virtus et vitium quœ sunt contraria	252
Quota hora est? — Quanta pernicies! — Qualis homo est?	391	Virtute prœditus	270
		Vobis vincendum aut moriendum est	374
Quot ou quam multi libri!	417	Vox cum defecit	307

19.

TABLE ALPHABÉTIQUE DES MATIÈRES.

(Les chiffres indiquent les paragraphes.)

ABLATIF. Ablatif plur. en *abus*, 179; en *ubus*, 23; emploi de l'ablatif comme régime et comme complément, 260, 263, 271-276, 285, 290, 291, 295-297, 310-312, 366; oblatif avec *ab* et *ex*, 292, 294; avec *cum*, 313; abla if absolu, 339.

ACCENT en latin, 237.

ACCORD. Syntaxe d'accord, 240-256.

ACCUSATIF. Son emploi comme régime, 269, 278-280, 306-308, 393, 395, 397-399, 403, 407, 441, 442; accusatif avec *ad*, 268, 289, 309, 365; accusatif grec, 276, 314, 451.

ADJECTIFS. Leur déclinaison, 30-36, 207-212; comparatifs et superlatifs, 37-46; adj. numéraux, 47-52, 213-214; adj. possessifs, 58, 215, 376-377, 385-386; adj. démonstratifs, 59-64, 216, 217; adj. relatif, adj. interrogatif et adj. indéfinis, voy. *pronoms*; adj. en *tor, trix*, 211; adj. défectifs et indéclinables, 211; syntaxe de l'adjectif, 245-248, 261-276; adj. en *bundus*, 370.

ADVERBES. Tableau des adverbes, 163; leur formation, 164; leurs comparatifs et superlatifs, 165; adverbes de nombre, 212; syntaxe des adverbes, 403-425; adverbes de lieu, 410-411; adverbes de quantité, 412-421; adverbes interrogatifs, 163, 353, 422-424.

AMPHIBOLOGIE. 360, 458.

ANALYSE grammaticale, 235.

ARCHAÏSME, 451.

ARTICLE, 4.

ATTRIBUT, 71, 254 255.

BARBARISME, 446.

CAS. Leur nature et leur usage ordinaire, 7-8; cas semblables, 27; noms irréguliers dans les cas, 205.

CLARTÉ du style, 458.

COLLECTIFS (noms), 243, 248.

COMPARATIF, 37-38; comparatifs réguliers, 39; irréguliers, 40-44; comparatifs des participes, 372; comparatifs des adverbes, 165; régime du comparatif, 273-274, 409; comparatifs d'infériorité et d'égalité, 275.

COMPLÉMENT, 257; compléments du verbe (lieu, temps, avantage ou désavantage, instrument, cause, moyen, partie, matière et prix, 315-338; complément circonstanciel rendu par l'ablatif absolu, 339.

CONDITIONNELS, 78, 355, 361, 362.

CONJONCTIONS, 167; leur place, 168; leur syntaxe, 425-440.

CONJUGAISONS, 80; conjugaison des verbes actifs, passifs, neutres, etc., voy. *verbe*; conjugaison active composée, 153; — passive composée, 156.

CONSONNES, 2.

CONSTRUCTION latine, 464-466.

CORRECTION du style, 445-458.

DATIF plur. en *abus*, 179; en *ubus*, 23; emploi du datif, 262, 266-268, 286-287, 301-305, 334, 364, 373-374, 408; double datif, 286, 301.

DÉCLINAISON, 7; déclinaison des substantifs, 12-26; supplément, 179-206; déclinaison des noms composés, 177-178; — des noms grecs, 180-181, 185-186, 193-199; — des noms patronymiques, 181; — des noms irréguliers, 205. Déclinaison des adjectifs, 30-35, 39, 48-52, 210-211. Déclinaison des pronoms, 53-69, 214-216.

DÉFECTIFS, voy. *noms, adjectifs, verbes*.

DIPHTHONGUES, 3.

DISTRIBUTIFS (adjectifs), 47, 52, 219, 268.

ÉLÉGANCE du style, 459-466.

ELLIPSE, 450, 458.

ÉNALLAGE, 449.

TABLE ALPHABÉTIQUE DES MATIÈRES.

FIGURES de syntaxe, 448.

GALLICISMES, 453-457.

GÉNITIF en ius dans les adjectifs, 33; génitif pluriel de la 3e décl., 20-22, 191, 195, 199; syncopes des génitifs pluriels, 201; emploi du génitif, 259-265, 282-285 298-300, 317, 363, 372, 375-377, 404-407.

GENRES, 5, 170-176, 201.

GÉRONDIFS, 77; emploi du gérondif, 259, 264, 267, 268, 363-367.

GRAMMAIRE latine, 1, 10; division de l'enseignement de la grammaire, IX; termes de grammaire traduits en latin, 236.

HELLÉNISME, 452.

IMPÉRATIF, 76; impératifs irréguliers, 134; emploi de l'impératif, 343-346, 430.

INDICATIF, 76; emploi de l'indicatif, 341-342, 427, 429, 432, 434, 436-438, 440.

INFINITIF, 76, 356-362.

INTERJECTIONS, 169; leur syntaxe, 441-443.

INTERROGATION directe, 388-391, 422-424; indirecte, 353; accord de la réponse avec la demande, 246; adverbes d'interrogation, 163; pronoms et adjectifs interrogatifs, 66, 68, 388-391.

IRRÉGULIERS; voyez *noms, adjectifs, verbes.*

LATIN, sur l'usage de parler latin, X.

LETTRES de l'alphabet latin, 1.

LIEU (questions de —), 315-328.

LOCUTIONS latines, 460.

MODES, 76; emploi des modes, 340-374.

MOTS expressifs, pittoresques, délicats, 459, 460, 461.

NÉGATION; adverbes de négation, 163; 347, 349-350, 430.

NOMBRES, 6, 74; noms irréguliers dans le nombre, 202-203; noms et adverbes de nombre, voy. *adjectifs, adverbes.*

NOMINATIF, 7, 8, 240, 441.

NOMS ou SUBSTANTIFS, 12; leurs déclinaisons, 12-24, 177-207; leurs genres, 170-176; noms composés, 177-178; noms patronymiques, 181; noms irréguliers, 202-206; accord des noms, 253; régime des noms, 259-260.

PARFAIT. Syncopes, 96; redoublement, 221; verbes sans parfait, 111; parfaits irréguliers, 227-230.

PARTICIPE, 76, 149-156; syntaxe des participes, 370-374; participe passif d'obligation, 77, 154-156, 367, 373-374; participes français manquant en latin, 339, 371.

PARTICULES: met, 214-215; te, 214; pte, 215; ce, 216

PERSONNES, 73, 242.

PRÉPOSITIONS, 158-161; prépositions inséparables, 162; changements subis par les prépositions dans les verbes composés, 220; syntaxe des prépositions, 393-403 prépositions employées comme adverbes, 401; prépositions unies à d'autres prépositions, 402.

PRONOMS, 53-70, 214-217, 375-392. Pronoms personnels, 54-58, 214, 376-384; — démonstratifs, 59, 216-217, 375; — relatif, 65, 249-252, 387; — interrogatifs, 66, 388-391; — composés, 67; — indéfinis, 69, 352.

PRONONCIATION latine, 237.

PROPOSITION, 71; proposition infinitive, 244, 359-362.

QUANTITÉ (adverbes de), voy. *adverbes.*

RADICAL dans les mots qui se déclinent, 9; dans les verbes, 82.

RÉGIME, 257; syntaxe de régime, 257-443; v. *noms, adjectifs, verbes, pronoms,* etc.

SOLÉCISME, 447.

SUBJONCTIF, 76, emploi du subjonctif, 346-355; subjonctif après les conjonctions, 427-433, 435, 437, 439, 440.

SUBSTANTIFS, voy. *noms.*

SUJET, 71; son accord avec le verbe, 240-245.

SUPERLATIF, 37-38; superlatifs réguliers, 39; irréguliers, 40-44; régime du superlatif, 265, 405.

SUPIN, 77; verbes sans supin, 111, 226; supins irréguliers, 227-229; syntaxe, 368-369.

SYNCOPES dans les verbes, 96, 446; dans les noms, 201, 446.

SYNTAXE, 239; voy. *accord, régime.*

TEMPS, 75; temps primitifs et dérivés, 81; formation des temps à l'actif, 95; au passif, 105; questions de temps, 329-332.

TERMINAISON dans les mots qui se déclinent, 9 ; dans les verbes, 82 ; terminaisons des 5 déclinaisons, 26 ; — des 4 conjugaisons à l'actif, 94 ; au passif, 104.

VERBE, 71 ; verbe substantif, 83 ; verbes attributifs, 87 ; — actifs, 88-97 ; — passifs, 98-108 ; — neutres, 109-110 ; — déponents, 112-118, 230, 233 ; — semi-déponents, 119 ; — irréguliers, 121-134, 227-230 ; — défectifs, 135-140, 231 ; tableau général des verbes irréguliers et défectifs, 234 ; verbes impersonnels, 141-145 ; — composés, 218-222 ; — dérivés, 222 ; — fréquentatifs, 222 ; — diminutifs, 223 ; — inchoatifs, 224 ; — désidératifs, 225 ; verbes à 2 conj., 232 ; verbes en *o* ou *or*, 233. Accord du verbe avec le sujet, 240-245 ; régimes du verbe actif, 277-294 ; — du verbe neutre-actif, 281 ; — du verbe passif, 295-297 ; — du verbe neutre-passif, 296 ; — du verbe neutre, 298-314 ; — du verbe déponent-actif, 279, 286, 297 ; — du verbe déponent-neutre, 300-312 ; — du verbe impersonnel actif, 280-283 ; — du verbe impersonnel passif, 297, 4° ; — du verbe impersonnel neutre, 299, 308, 369 ; — des verbes composés d'une préposition, 400 ; emploi du verbe aux différents modes, 340-374.

VOCATIF, 7, 8, 441 ; vocatif en *i* dans la 2e décl., 152.

VOIX des verbes, 83.

VOYELLES, 2.

TABLE.

	PAG.
Préface	IX
Extrait du *Ratio studiorum*	XI
Notions préliminaires	1

LIVRE PREMIER. — ÉLÉMENTS.

CHAP. I. — SUBSTANTIFS ... 5

1re déclinaison	6
2e déclinaison	8
3e déclinaison	10
4e décl. — Dat. et abl. plur. en *ubus*	15
5e déclinaison	17
Tableau général des cinq déclinaisons	18
Tableau synoptique des terminaisons dans les 5 déclinaisons	19
App. — Cas semblables	20
Règle *liber Petri*	20

CHAP. II. — ADJECTIFS ... 21

Art. I. — Déclinaison des Adjectifs ... 21

1re classe : *bonus, miser, niger*	22
Génitif en *ius*, datif en *i*; *solus*	24
2e classe : adj. parisyllabiques; *fortis, celeber*	25
Adjectifs imparisyllabiques; *felix*	27
Règle *Deus sanctus*	27

Art. II. — Degrés de signification ... 28

Formation du comparatif et du superl.	29
Règles *doctior Petro; magis pius quam*	32
Règle *altissima arborum*	32

Art. III. — Adjectifs numéraux ... 33

1o Cardinaux : *Unus, duo, tres; mille.*	33
2o Ordinaux et distributifs	35

CHAP. III. — PRONOMS ... 36

I. Pronoms personnels : *ego, tu, sui.*	36
II. Pronoms-adjectifs possessifs : *meus, tuus,* etc.	38
III. Pronoms-adjectifs démonstratifs : *is, hic, iste, ille, ipse, idem.*	38
IV. Pronom-adjectif relatif : *qui, quæ, quod*	42
V. Pronom-adjectif interrogat.: *quis?*	43
App. — Pronoms-adjectifs composés de *qui*, de *quis*	44
VI. Pronoms-adjectifs indéfinis	45
Règles *Deus qui regnat; id (caput) parvum est*	46

CHAP. IV. — VERBES ... 47

Verbe, sujet et attribut; verbe substantif; verbes attributifs; personnes; nombres; temps; modes; conjugaisons; temps primitifs ... 47

Art. I. — Conjugaison du verbe substantif

SUM	53
Composés de SUM	56
Règles *Deus est ubique, Deus est sanctus*	56

Art. II. — Conjugaison des verbes attributifs ... 57

I. VERBES ACTIFS	57
Amo	58
Moneo	60
Lego	62
Audio	64
Capio	66
Tableau synoptique des terminaisons de la voix active dans les 4 conjug.	68
Tableau général de la formation des temps à la voix active	70
Syncopes usitées dans les verbes	72
Règle *amo Deum*	73
II. VERBES PASSIFS	73
Amor	74
Moneor	76
Legor	78
Audior	80
Capior	82
Tableau synoptique des terminaisons de la voix passive dans les 4 conjug.	84
Tableau général de la formation des temps à la voix passive	86
Règle *amor a Deo, mœrore conficior.*	88
III. VERBES NEUTRES	89
Règle *studeo grammaticæ*	89
App. — Verbes sans supin; sans parfait.	90
IV. VERBES DÉPONENTS	90
Imitor, pollicor	92
Utor, blandior	94
Patior	96
App. — Verbes semi-dép.: *gaudeo* ...	98
Règles *imitor patrem; miserere pauperum*	99

TABLE.

	PAG.
V. VERBES IRRÉGULIERS	99
Possum, prosum	100
Fero, feror	102
Volo, no o	104
Malo, edo	106
Fio, eo	108
Remarques sur les verbes irréguliers et leurs composés	110
APP. I. — *Queo et nequeo*	112
APP. II. — *Dic, duc, fac*	113
VI. VERBES DÉFECTIFS	113
Memini, cœpi, novi, odi, consuevi	114
Inquam, aio	116
VII. VERBES IMPERSONNELS	116
Oportet	117
Me pœnitet ; pugnatur	118
Règle *ferire gladio, fame interiit*, etc.	121
Règles *tempus legendi, assuetus laborando*, etc.	121
Règles *venio lusum, mirabile visu*	122
CHAP. V. — PARTICIPES	123
Participe présent ; — passé	123
Participe futur	123
Conjugaison active composée : *lecturus sum*	125
APP. — Participe passif d'obligation	126
Conjugaison passive composée : *Deus amandus est*	127
Règles *puer audiens magistrum ; mihi colenda est virtus*	129
CHAP. VI. — PRÉPOSITIONS	130
APP. — Prépositions inséparables	132
CHAP. VII. — ADVERBES	133
Formation des adverbes de manière	134
Degrés de compar. dans les adverbes	135
Règle *parum vini*	136
CHAP. VIII. — CONJONCTIONS	137
Place des conjonctions	139
CHAP. IX. — INTERJECTIONS	140

SUPPLÉMENT AU LIVRE PREMIER.

	PAG.
I. SUPPLÉMENT AUX NOMS	141
Art. I. — Genre des Noms	141
Genre déterminé par la signification	141
APP. — Noms épicènes, — des 2 genres	142
Genre déterminé par la terminaison	143
APP. — Noms m. et f., m. et n., f. et m.	148
Art. II. — Déclinaison des Noms	149
I. Noms composés	149
Triumvir, paterfamilias, respublica, jusjurandum	149

	PAG.
II. Remarques sur chaque déclinaison	150
1re Décl. — Dat. et abl. plur. en *abus*	150
Noms grecs : *musæ, Æneas, cometes*	151
2e Décl. — Vocatifs irréguliers	152
Noms en *er*. — *Deus*	153
Noms grecs : *Delos, Ilion, Orpheus*	153
3e Décl. — Tableau des terminaisons avec leur génitif	154
Accus. sing. en *im* ; en *em* ou en *im*	156
Ablatif singulier en *i* ; en *e* ou en *i*	157
Génitif pluriel en *ium*	159
Datif, accusatif et ablatif pluriels	160
Noms grecs : *heros, hæresis, Paris, Socrates, Dido, poëma*	160
4e Décl. — *Jesus, domus*	165
APP. — Syncopes des génitifs pluriels	166
III. Noms irréguliers — dans le nombre, — dans le genre, — dans la déclinaison, — dans les cas	167
II. SUPPLÉMENT AUX ADJECTIFS	171
Art. I. — Déclinaison des Adjectifs	171
Adjectifs en *er*	171
Adjectifs de la 3e déclinaison	171
APP. — Mots en *tor, trix*	173
Adjectifs défectifs et indéclinables	173
Art. II. — Adjectifs numéraux	173
Tableau des noms de nombre	174
Remarques	176
III. SUPPLÉMENT AUX PRONOMS	177
Particules *me, te, pte, ce*, ajoutées aux pronoms	177
Nostras, vestras, hiccine, illic, istic	178
APP. — Différence entre *is, hic, iste, ille, ipse*	178
IV. SUPPLÉMENT AUX VERBES	179
Art. I. — Verbes composés	179
Changements subis par les verbes et par les prépositions	179
Conjugaison des verbes composés	182
Art. II. — Verbes dérivés	183
Verbes fréquentatifs, diminutifs, inchoatifs, désidératifs	183
Art. III. — Verbes sans supin	185
Art. IV. — Parfaits et supins irréguliers	185
Art. V. — Verbes défectifs moins usités	187
APP. I. — Verbes à deux conjugais.	188
— II. — Verbes en *o* ou *or*	189
— III. — Tableau général des verbes irréguliers et défectifs	190
— IV. — Modèle d'analyse gramm.	199
— V. — Termes de grammaire traduits en latin	202
— VI. — Prononciation et quantité	203

TABLE.

LIVRE DEUXIÈME — SYNTAXE.
PREMIÈRE PARTIE.

	PAG.
SYNTAXE D'ACCORD	205
Accord du sujet avec le verbe et du verbe avec le sujet	205
Accord de l'adjectif avec le substantif	207
Accord du pronom avec son antécédent	209
Accord du substantif avec un substantif	210
Accord de l'attribut avec le sujet	211
Accord de la réponse avec la demande	212

SECONDE PARTIE.

	PAG.
SYNTAXE DE RÉGIME	213
CHAP. I. — RÉGIME DU SUBSTANTIF	214
CHAP. II. — RÉGIME DE L'ADJECTIF	215
Partitifs et adjectifs numéraux	216
Superlatifs	216
Comparatifs	219
CHAP. III. — RÉGIMES DU VERBE	222
Art. I. — Verbe actif	223
Régime direct	223
Verbes neutres actifs	224
Régime indirect	224
Art. II. — Verbe passif	232
Verbes neutres-passifs	233
Art. III. — Verbe neutre	234
CHAP. IV. — COMPLÉMENTS DU VERBE	242
Questions de lieu	242
Questions de temps	247
Nom de distance	249
Datif d'avantage ou de désavantage	249
Noms d'instrument, de cause, de manière, de partie	249
Nom de matière	249
Compléments d'infériorité et de supériorité	250
Noms de prix et de valeur	250
Ablatif absolu	250
CHAP. V. — EMPLOI DU VERBE	252
Art. I. — Indicatif	253
Art. II. — Impératif	253
Art. III. — Subjonctif	254
Emploi des temps du subjonctif	261
Art. IV. — Infinitif	264
Proposition infinitive	265
Emploi des temps de l'infinitif	267
App. I. — Gérondifs	270
— II. — Supins	271
Art. V. — Participes	272
CHAP. VI. — PRONOMS	275
Pronoms neutres	275
Pronoms personnels	275
Pronoms-adjectifs possessifs	279
Pronoms relatifs	280
Pronoms et adjectifs interrogatifs	281
CHAP. VII. — PRÉPOSITIONS	283
Prépositions avec l'accusatif	283
Prépositions avec l'ablatif	283
In, sub, super, subter	284
Verbes composés d'une préposition	285
Prépositions employées comme adverbes	286
Prépositions unies à d'autres prépositions	286
CHAP. VIII. — ADVERBES	287
Art. I. — Régime des adverbes	287
En, ecce	287
Parum, multum..., ergo, instar	287
Ubi, nusquam, longe, eo, huc	288
Pridie, postridie, obviam, plus, minus	288
Art. II. — Emploi des adverbes	289
Adverbes de lieu; tableau	289
Adverbes de quantité; manière de les rendre et tableau	292
Adverbes interrogatifs	296
CHAP. IX. — CONJONCTIONS	297
I. Cas des mots unis par les conjonctions	297
II. Modes gouvernés par les conjonctions	297
Etsi, tametsi, quanquam	298
Quamvis, etiamsi, licet	298
Quod, quia, quoniam quum (puisque)	298
Ut, ne; ut après talis, tantus, etc.	297
Si, sin, nisi ou *ni*	299
Dum, modo, dummodo	300
Ut, prout, quemadmodum, sicut	300
Quasi, tanquam, velut, tanquam si, velut si, ceu, perinde ac si	300

	PAG.		PAG.
Quando, ut, ubi, ut primum, simul ac ou atque, postquam et posteaquam.	300	3° Gallicismes formés par des verbes : *Agir, aller, avoir, coûter, devoir, être, faire, falloir, laisser, manquer, se mettre à, s'occuper, paraître, passer, penser, plaire, sembler, servir, tarder, tenir, venir*..	313
Antequam, priusquam................	301		
Dum, donec, quoad, quamdiu, quum ou quod (pour ex quo)...........	301		
Quum (lorsque).....................	301		
CHAP. X. — INTERJECTIONS..	302	4° Gallicismes formés par des prépositions, par des adverbes, par des conjonctions et par des interjections :	
O !................................	302		
Heu ! eheu ! proh !................	302		
Hei ! væ !.........................	302	*A, à force de, à peine...que, assez, au lieu de ou que, aussi, autant...que, aussitôt que, au su, à l'insu, avant, avec, dans, de, eu égard à, par égard pour, loin de, malgré, ne...que, ou, plus, moins, plus tôt, plutôt, pour, quant à, que, sans, si, tant, trop*.........	317
SUPPLÉMENT A LA SYNTAXE.			
Méthode.............................	303		
I. CORRECTION DU STYLE...	303		
I. BARBARISME......................	303		
II. SOLÉCISME.......................	304	**II. CLARTÉ DU STYLE**.........	324
APP. — Figures de syntaxe.........	305	**III. ÉLÉGANCE DU STYLE**......	324
Énallage, ellipse...................	305	Élégance des mots..................	324
Archaïsme, hellénisme..............	307	Élégance des locutions.............	326
III. GALLICISMES...................	307	Élégance de la construction........	326
1° Gallicismes formés par des substantifs..............................	308	Règles de la construction latine...	328
2° Gallicismes formés par des adjectifs et par des pronoms :		APP. — Listes des adjectifs et des verbes qui se rapportent aux chap. II, III et V de la Syntaxe.........	330
Autre, celui, ce, c'est, même, on, quelque, quel...qui, quoi...que, tel, tout..........................	308	EXEMPLES des règles de la Syntaxe, rangés par ordre alphabétique.....	338
		TABLE alphabétique des matières...	340
		TABLE...............................	343

FIN.

Amiens. — Typ. Lambert-Caron, place du Grand-Marché.

www.ingramcontent.com/pod-product-compliance
Lightning Source LLC
Chambersburg PA
CBHW070610160426
43194CB00009B/1241